铁山港年鉴

TIESHANGANG NIANJIAN

北海市铁山港区地方志编纂委员会 编

2020

方志出版社
Publishing House of Local Records

图书在版编目（CIP）数据

铁山港年鉴．2020 / 北海市铁山港区地方志编纂委员会编．-- 北京 ：方志出版社，2020.9
ISBN 978-7-5144-4355-4

Ⅰ．①铁… Ⅱ．①北… Ⅲ．①区（城市）—北海市—2020 —年鉴 Ⅳ．① Z526.74

中国版本图书馆 CIP 数据核字(2020) 第 232147 号

铁山港年鉴（2020）

编　　者：北海市铁山港区地方志编纂委员会
责任编辑：黄　彦

出 版 者：方志出版社
地址　北京市朝阳区潘家园东里 9 号（国家方志馆 4 层）
邮编　100021
网址　http://www.fzph.org
发　　行：方志出版社图书经销中心
电话（010）67110500
经　　销：各地新华书店
装帧设计：南宁市佳彩广告设计有限公司
印　　刷：深圳市精一瑞兰印刷有限公司

开　　本：889 × 1270　　1/16
印　　张：24
字　　数：545 千字
版　　次：2020 年 9 月第 1 版　　2020 年 9 月第 1 次印刷
印　　数：001 ～ 600 册

ISBN　978-7-5144-4355-4　　定价：260.00 元

《铁山港年鉴(2020)》编写小组

（排名按文稿刊出先后为序）

中国共产党北海市铁山港区委员会办公室

钟　伟　吴志全　王功海　庞进凤　余娴子　黄海鸥　陈远天

北海市铁山港区人民代表大会常务委员会办公室

黄小健　王才儒　严锡强　李　静　刘汉明　杨中敏　龙晓雯

北海市铁山港区人民政府办公室

欧小兵　廖民中　朱剑华　杨家梅　张春波

中国人民政治协商会议北海市铁山港区委员会办公室

彭岳军　管务光　陈旭昌　陈德萍　邓明仪　黄晓科　骆家权

北海市铁山港区发展和改革局

陆国忠　李　洋　王肖凤　黎　锋　张海涛　谢子扬

北海市铁山港区财政局

张祖钊　宁振辉　许　丽　杨权昌

北海市铁山港区民政局

李源军　唐文媛

中国共产党北海市铁山港区委党史办公室(北海市铁山港区地方志编纂委员会办公室)

周　芳　马瑞银　苏周娟

北海市铁山港区农业农村和水利局

黄家琳　张正勇　刘大庆　郑韵桦　蓝新禄　梁统模　陈权伟　陈新国　周　毅　郑日维　黄少东　农　忠

北海市铁山港区统计局

李文键　黄韵如　伍定一　谢宗庆

北海市铁山港区民族宗教侨务局

刘将远　劳浦强　陈家宁　庞富霜　卢　娜

北海市铁山港区投资促进中心

叶培高　蔡美燕　林月凤

北海市铁山港区精神文明建设委员会办公室

林昌斌　卓　伟　陈传栋　傅小萍　欧作合　邓　符　唐国辉　彭　鹏

中国共产党北海市铁山港区委员会组织部

沈志平　吴丽华　陈　锋　何　鹏　陈宏宇　苏桓绩　钟东强　马　娴　岳琳茵

中国共产党北海市铁山港区委员会宣传部

林昌斌　卓　伟　陈传栋　傅小萍　欧作合　邓　符　唐国辉　彭　鹏

中国共产党北海市铁山港区委员会统一战线工作部

刘将远　谢余红　劳浦强　陈家宁　庞富霜　卢　娜

中国共产党北海市铁山港区委员会全面深化改革委员会办公室

钟　伟　王功海　庞进凤　黄　蝶

中国共产党北海市铁山港区委员会巡察工作领导小组办公室

郑春贺　李恩晓

中国共产党北海市铁山港区委员会老干部局

吴丽华　钟东强　蔡卓静

中国共产党北海市铁山港区直属机关工作委员会

黄家忠　李世凤　谢文丽

中国共产党北海市铁山港区委员会机构编制委员会办公室

范先铭　包德芳　李启方

中国共产党北海市铁山港区委员会　北海市铁山港区人民政府督查绩效考评办公室

劳成兴　卢虹杏

中国共产党北海市铁山港区委员会北海市铁山港区人民政府信访局

陈远成　甘焕远

北海市铁山港区档案馆

陈宏宇　钟　燕　陈红霞　陈丽萍

中国共产党北海市委党校铁山港区分校

李玉婷　沈志平　卓　伟　梁　燕　陈宏宇　王常武

北海市铁山港区机关后勤服务中心

林　洪　刘奕波　卢栋宏　劳振才　杨之逸

北海市铁山港区政务服务中心

郑珍庭　韦宏斌

北海市铁山港区人民政府土地房屋征收中心

叶大柱　谢元芹　罗　媛　林海华

北海市铁山港区退役军人事务局

甘绍强　廖元景　关国英

北海市铁山港区人力资源和社会保障局

陈凯华　陆柏桦　赖崇海

中国共产党北海市铁山港区纪律检查委员会(北海市铁山港区监察委员会)

叶　艳　徐水宗　黄　洪　赖满棠　陈　冰　冯新毅

北海市铁山港区总工会

梁毅峰　吴海峰　蔡欧玲

中国共产主义青年团北海市铁山港区委员会

聂文龙　班玉玲　冯　巍

北海市铁山港区妇女联合会

陈丽艳　莫瑗瑜　黄启莉

北海市铁山港区科学技术协会

黄晓平　陈翠华

北海市铁山港区残疾人联合会

庞明　吴伟霞

北海市铁山港区社会科学界联合会

林昌斌　卓　伟　陈传栋　傅小萍　欧作合　邓　符　唐国辉　彭　鹏

北海市铁山港区工商业联合会

邓明仪　谢余红　陈俊良　李丽菁

中国共产党北海市铁山港区委员会政法委员会

陈文初　李焕辉　林胜峰　彭　云　陈冬梅

北海市铁山港区人民法院

孟繁刚　杜华发　廖仁英　梁新伟

许思琦

北海市铁山港区人民检察院

于　海　卿钟月　汪　凯

北海市公安局铁山港分局

杨　彬　罗秋鹏　曹宝群

北海市铁山港区司法局

吴礼有　欧　萍

中国人民解放军广西北海市铁山港区人民武装部

宋小平　段　航

北海市铁山港区民兵训练基地

宋小平　段　航

北海市公安消防支队铁山港区大队

冯　浩　杨海超　石　丽

北海市铁山港区人民防空和海防工作办公室

肖慧敏　林丽冰

北海市铁山港区科技商务和工业和信息化局

黄元贵　郑宪安

广西北部湾新材料有限公司

黄　磊　蓝　健　张小英　陈　文

高以撒　陈方容　谢小玲

斯道拉恩索(广西)浆纸有限公司

朱伟言　勃朗登　刘　鸿　吕丹丹

广西电网有限责任公司北海供电局铁山港供电分局

刘得锂　梁泽均

广西投资集团北海发电有限公司

麦勇军　段艳青　赵　华

神华国华广投(北海)发电有限责任公司

欧祥彬　杨　帆

北海市铁山港(临海)工业区管理委员会

吴华强　陈云气　陈清海

北海市铁山港区扶贫开发和水库移民工作局

刘忠华　李腾远　黄业栋

北海市铁山港区海洋局

韩有才　叶瑞山　程戈夫　陈定军

农　忠

北海市铁山港区交通运输局

陈家瑶　卓家程　邓　符　麦　黎

黄海芬　石祧慧

北部湾港股份有限公司北海港分公司铁山港作业区

付秋明

北海市铁山港区住房和城乡建设局

肖慧敏　林丽冰

北海市铁山港生态环境局

吴子乐　陈晶晶

北海市铁山港区粮食局

陆国忠　李　洋　王肖凤　黎　锋

张海涛　谢子扬

广西壮族自治区北海市城区烟草专卖局铁山港专卖所

欧发就　陈　阳　周　云　韩宇海

郑海媚　庞　源　陈春强　符志纤

中国电信股份有限公司北海铁山港区分公司

陈江庆　欧　芳

中国移动通信集团广西有限公司北海市铁山港分公司

何华聪　吴晓媛　杨　娟

中国联合网络通信有限公司铁山港区分公司

李保华　李振发

北海市邮政公司南康支局、北海市邮政公司营盘支局

陈宗胜　陈　健　王晶晶　顾裕全

北海市铁山港区政府采购中心

刘小文　刘小梅

国家税务总局北海市铁山港区税务局

陈建福　廖　鹏　吴日清　官建国

中国农业银行股份有限公司北海铁山港支行

卢龙海　陈宇东　邱光和　程　雯

中国银行股份有限公司北海市铁山港支行

张海诚　刘　轩

中国建设银行股份有限公司北海铁山港支行

许　彪　王锋梅

北海市区农村信用合作联社南康信用社

陈　荣　张泰庆

北海市区农村信用合作联社营盘信用社

蓝志兴　廖崇智

中国太平洋财产保险股份有限公司北海中心支公司(铁山港营销服务部)

谢　斌　李汶倩

北海市铁山港区物价局

陆国忠　李　洋　王肖凤　黎　锋

张海涛　谢子扬

北海市铁山港区市场监督管理局

叶晓文　唐海鹏　李其祜　梁　平

杨钧淇　陈明媚

北海市铁山港区自然资源局

郑国忠　欧永忠　陆镇武　何积伟

北海市铁山港区审计局

莫深伟　隋文勃　蔡冬春

北海市铁山港区应急管理局

叶晓龙　李祥光　董文华

中华人民共和国北海铁山港海事处

李　平　余　飞　林静梅

中华人民共和国北海出入境边防检查站执勤一队

赵云龙　文逢辉

北海市铁山港区教育局

陈翔宇　赖铭珠

北海市铁山港区文体广电旅游局

陈传栋　邓有亮　黄昌能　刘存艳

欧发增　谭萍萍

北海市铁山港区卫生健康局

钟羚玮　卢小莲　李　锋　杜有坤

吴智勇　陈胜丽　石日花

中国共产党北海市铁山港区委员会台湾工作办公室(北海市铁山港区人民政府台湾事务办公室)

刘将远　谢余红　庞富霜　卢　娜

北海市铁山港区南康镇人民政府

吴少锋　卢小美

北海市铁山港区营盘镇人民政府

朱　超　石子升　欧祥胜

北海市铁山港区兴港镇人民政府

张宗泉　陈锡宽　苏　玲

编辑说明

一、本年鉴以马克思列宁主义、毛泽东思想、邓小平理论、“三个代表”重要思想、科学发展观、习近平新时代中国特色社会主义思想为指导，坚持辩证唯物主义和历史唯物主义的立场、观点、方法，存真求实，客观地记载2019年铁山港区的基本情况。

二、《铁山港年鉴》由北海市铁山港区人民政府主持编纂，系统记述铁山港区自然、政治、经济、文化、社会等方面情况的资料性文献，旨在为领导机关决策提供翔实的信息，为社会各界和全国各地投资者以及海外人士了解认识铁山港区提供资料。

三、本年鉴采用分类编辑法，栏目设类目、分目和条目三级，以条目为主要载体，部分条目设子目。条目标题统一用黑体字加【 】表示，条目下的子目标题用楷体字。全书分为34个类目，依次是：特载、大事记、总述、中国共产党北海市铁山港区委员会、北海市铁山港区人民代表大会、北海市铁山港区人民政府、中国人民政治协商会议北海市铁山港区委员会、中国共产党北海市铁山港区纪律检查委员会（北海市铁山港区监察委员会）、社会团体、法治、军事·国防事务、工业、北海市铁山港（临海）工业区、农业农村·水利、渔业、交通运输·港口码头、城乡规划建设和管理、环境保护、商务·旅游、信息产业·邮政、财政·税务、银行·保险、经济行政管理和监督、口岸管理、科学技术、教育、文化·广播电影电视·体育、医疗卫生·计划生育、侨务·台湾事务、社会事务、乡镇概况、统计资料、附录、索引。

四、本年鉴刊登的文稿，均由铁山港区直各部门及有关单位编写组撰写和提供，并经撰稿单位负责人审核。某些专业性数据由主管部门提供。

五、本年鉴计量单位使用国家法定规定。在货物运输中计量单位仍使用“吨公里”，人员运输中计量单位仍使用“人公里”，在运动员级别按照行业管理仍使用“公斤级”。

六、本年鉴记述农业事项时仍使用“亩”作为土地面积的计量单位。1亩=666.67平方米，随文不再括注同比例平方米数。

七、本年鉴部分数据因四舍五入的原因，存在着总项与分项合计不等的情况。

八、本年鉴图片专辑、特载、附录所记述的内容不受年度限制。

九、本年鉴配备书后检索系统。索引采用内容分析法，款目按汉语拼音（同音字按声调）排列，索引范围详及条目、图片和表格等。

目　录

特　载

大事记

总　述

中国共产党北海市铁山港区委员会

北海市铁山港区人民代表大会

北海市铁山港区人民政府

中国人民政治协商会议北海市铁山港区委员会

中国共产党北海市铁山港区纪律检查委员会（北海市铁山港区监察委员会）

社会团体

法　　治

军事·国防事务

工　业

北海市铁山港（临海）工业区

农业农村 · 水利

渔 业

交通运输·港口码头

城乡规划建设和管理

环境保护

商务·旅游

信息产业·邮政

财政·税务

银行·保险

经济行政管理和监督

口岸管理

科学技术

教 育

文化·广播电影电视·体育

医疗卫生·计划生育

侨务·台湾事务

社会事务

乡镇概况

统计资料

附　　录

索　　引

铁山港区地图

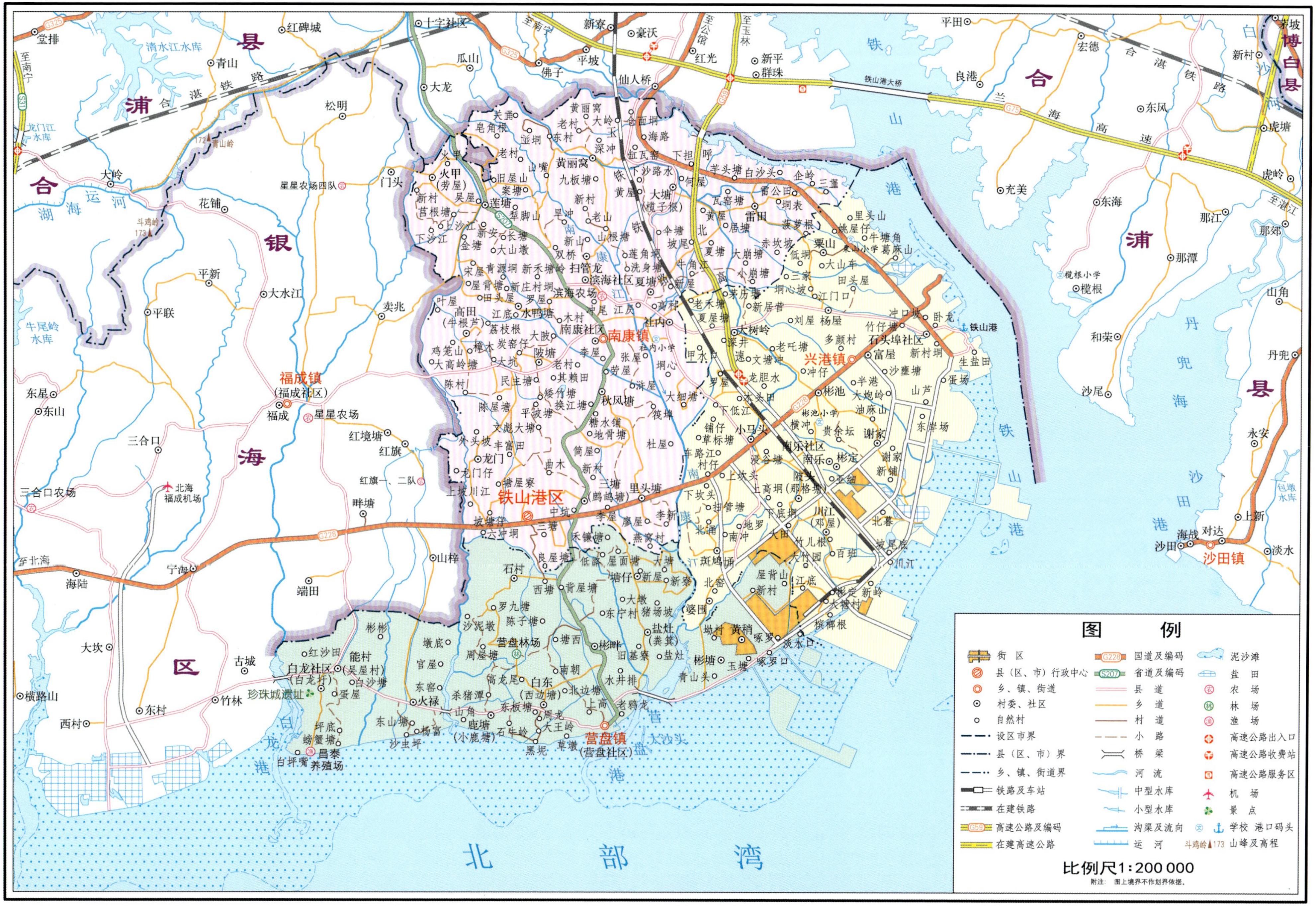

广西壮族自治区地图院编制

审图号：桂S(2019)05-001号

2019年12月

2019 年 10 月 25 日，铁山港区委书记余兴国（主席台）在区政务服务综合楼五楼会议室上主题教育党课　　区委办　供

2019 年 7 月 1 日，铁山港区委常委、区委宣传部部长、副区长林昌席台右二）到南康镇秋风塘村委开展“不忘初心　牢记使命”主题教育
区政府

2019 年 9 月 23 日晚，铁山港区四家班子领导参观北海市委党校主题教育基地

2019 年 10 月 23 日，铁山港区委副书记李玉婷（正面中）到兴邦保安服务公司上“不忘初心、牢记使命”铁山港区“三有三送”走进兴邦保安主题教育党课

区委办　供

2019 年 10 月 25 日，铁山港区人大常委会主任黄小健（主席台）为兴港镇小马头村党支部的党员上主题教育党课

区人大办　供

区委办　供

2019 年 10 月 28 日，铁山港区人大常委会副主任王才儒（主席台）到兴港镇陂头村党总支部上主题教育党课

区人大办　供

2019 年 11 月 12 日，铁山港区政协副主席管务光（主席台右）到南康镇陂塘村委党总支部上“不忘初心、牢记使命”主题教育专题党课

区政协办　供

2019 年 3 月 5 日，铁山港区委书记余兴国出席 2019 年一季度铁山港产业树招商项目集中开工仪式并致辞　　区委办　供

2019 年 9 月 20 日，铁山港区区长龙起云在 2019 年第十六届中国－东盟博览会铁山港区投资推介会暨项目签约仪式上作推介发言　　区政府办　供

2019 年 2 月 12 日，铁山港区委常委、副区长吴志全（左二）带队到南康镇检查南康特色小镇项目建设情况　　区政府办　供

2019 年 6 月 22 日，全国企业家年会在北海香格里拉大酒店

2019 年 9 月 20 日，铁山港区在南宁名都大酒店举行招商推
签约仪式。图为铁山港（临海）工业区在签约　　邓

2019 年 3 月 6 日，北京牛栏山庄饮品有限公司与铁山港区南
康社区合作签约仪式在南康社区会议室举行　　邓

港区区长龙起云（前排右三）在 2019 年全国企业家活动日暨中国企业家年会北海专场项目签约仪式上与在铁山港区投资的企业签约　区政府办　供

2019 年 10 月 16 日，2019 年第四季度铁山港区稳投资补短板重大项
中开工仪式在铁山港（临海）工业区举行。图为太阳纸业 350 万吨林
一体化项目开工仪式现场　邓符　摄

2019 年 9 月 20 日，铁山港区在南宁名都大酒店举行招商推介会暨签约仪式　邓符　摄

年 4 月 11 日，中航化、南珠新城征地拆迁现场　邓符　摄

2019 年 3 月 5 日，铁山港区集中开工签约项目仪式　邓符　摄

2019 年 9 月 28 日，铁山港区区长龙起云（二排右一）到北海市铁山港区南康镇康荣手套厂就业扶贫车间调研　区政府办

2019 年 6 月 6 日，铁山港区副区长卢道云（左二）到铁山港（临海）工业区检查 1 号—4 号泊位铁路专用线建设情况　区政府办　供

2019 年 3 月 27 日，铁山港区黄丽窝紫姜种植基地　邓符

2019 年 1 月 28 日，铁山港区在区政务服务综合楼二楼会议室召开民营企业座谈会　邓符　摄

2019 年 1 月 4 日，铁山港区在区政务服务综合楼二楼会议室召开市铁山港（临海）工业区企业座谈会　邓符

2019 年 3 月 7 日，铁山港区委常委、副区长吴志全（左三）到南康镇调研水产养殖项目　　区政府办　供

2019 年 11 月 27 日，自治区招商现场会参会代表参观信义（广西）玻璃项目　　邓符　摄

2019 年 1 月 3 日，北海市政协主席李蔚（主席台）在铁山港区南珠会堂作南珠振兴专题讲座　　邓符　摄

2019 年 3 月 29 日，广西港澳台青少年文化交流和创新创业基地北海交流站揭牌仪式　　邓符　摄

2019 年 11 月 11 日，自治区和北海市媒体集中采访铁山港金鲳鱼养殖基地　　邓符　摄

2019 年 9 月 10 日，铁山港区人大常委会主任黄小健（左二）到南康中学调研并慰问教师　　区人大办　供

2019 年 10 月 23 日，铁山港区委常委、区委宣传部部长、副区长林昌斌（右）到区辖学校调研教师午休房情况　　区政府办　供

2019 年 9 月 27 日，铁山港区人大常委会副主任严锡强（右二）跟踪督办南康镇校外午托机构管理整改情况　　区人大办　供

2019 年 8 月 26 日，铁山港区非物质文化遗产“卖鸡调”文化惠民演出在南康镇秋风塘村委举办　　区委组织部　供

2019 年 1 月 25 日，铁山港区“新时代新跨越”领导干部大讲
在主讲

2019 年 3 月 21 日，铁山港区在区政务服务综合楼五楼会议室

务服务综合楼二楼会议室举行。图为铁山港区区长龙起云（正面）
邓符　摄

纂工作暨业务培训会议　邓符　摄

2019 年 1 月 17 日，铁山港区政协副主席邓明仪（右一）到南康镇陂塘村委参加“迎春送福’惠民活动　区政协办　供

2019 年 11 月 27 日，铁山港区政协副主席陈旭昌（二排左二）带队到梧州市考察政协文史馆筹建、文物保护和扶贫产业融合发展工作　区政协办　供

2019 年 9 月 10 日，中央电视台记者到铁山港公用码头采访　邓符　摄

2019 年 9 月 29 E，铁山港区在南珠会堂举行庆祝中华人民共和国成立 70 周年“我和我的祖国”大型文艺会演　邓符　摄

2019 年 12 月 28 日，铁山港区政协主席彭岳军（左二）到南康镇陂塘村委了解卫生室建设情况　　区政协办　供

2019 年 11 月 21 日，铁山港区委常委、区委宣传部部长、副区长林昌斌（前排左二）在南康镇邮政局门口参加“社区动员同防艾，健康中国我行动”防艾宣传活动。图为向群众宣传并发放宣教资料和计生用品　　区政府办　供

2019 年 5 月 6 日，斯道拉恩索—南乐社区绿色篮球场落成仪式暨揭幕赛友谊赛在南乐社区文化广场举行　　邓符　摄

2019 年 3 月 7 日，中央第二巡视组对广西开展脱贫攻

2019 年 11 月 7 日，铁山港区在南康镇举办“青年志愿服务　助力创城冲刺”活动暨“不忘初心、牢记使命”青年志愿服务活动　　区委组织部　供

馈意见整改落实大会在区政务服务综合楼五楼会议室召开　　邓符　摄

2019 年，南康镇秋风塘村委糖水铺
寸风貌改造中　　区委组织部　供

2019 年 12 月，新鑫党支部到北海冠岭山庄开展“健康徒步行　奋勇攀高峰”活动
区委组织部　供

2019 年 4 月 28 日，铁山港区在营盘镇召开整治浅海滩涂专项清理行动布置会　　邓符　摄

2019 年 12 月 11 日，铁山港区委书记余兴国（正面右二）以人大代表身份走进营盘镇盐灶人大代表联络站开展活动

2019 年 9 月 27 日，铁山港区人大常委会主任黄小健（左排左一）到南康镇重点督办人大代表提出的关于修复南康—福成路建议落实情况　　区人大办　供

2019 年 7 月 18 日，北海浙江商会第三小组到铁山

2019 年 3 月 15 日，南康镇扫管龙村甜蜜杨桃丰收　　邓符　摄

2019 年 4 月 28 日，铁山港区开展清海行动后，渔民在快乐赶海　　邓符　摄

2019 年 8 月 28 日，铁山港区邮政爱市揭牌　　邓

区委办　供

塘村委慰问退伍老兵

邓符　摄

2019 年 1 月 23 日，铁山港区副区长、市公安局铁山港分局局长裴强昌（左）到兴港镇斑鸠冲村委走访贫困户

区政府办　供

2019 年 6 月 3 日，铁山港区政协社情民意信息联系点挂牌　　区政协办　供

2019 年 8 月 29 日，铁山港区“同心助学”仪式在区政务服务综合楼（新楼）五楼会举行　　邓符　摄

2019 年 9 月 12 日，营盘镇盐灶村村民集体分红　　邓符　摄

2019 年 9 月 12 日，营盘镇盐灶村肉牛养殖基地一角　　邓符　摄

2019年9月9日（中秋节前夕），铁山港区人大常委会主任黄小健（右一）到兴港镇小马头村慰问贫困户　区人大办　供

2019年9月29日，铁山港区政协主席彭岳军（右二）到陂塘村了解贫困户危房改造情况　区政协办　供

2019年6月11日，铁山港区委常委、副区长吴志全（左二）到兴港镇黄丽窝村委检查脱贫攻坚危房改造工作情况　区政府办　供

2019年6月26日，铁山港区委常委、区委宣传部部长、副区长林昌斌（右一）到秋风塘村委下刘村慰问困难老党员　区政府办　供

2019年6月26日，铁山港区委常委、区委组织部部长沈志平（右二）在高田村委走访贫困户　区委组织部　供

2019年6月12日，铁山港区副区长、南康镇党委书记杨晓峰（右三）到南康镇夏塘村检查扶贫工作　区政府办　供

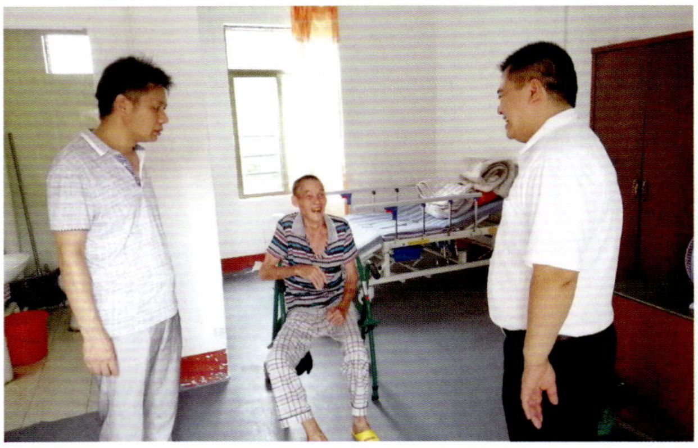

2019年7月15日，铁山港区副区长卢道云（右一）到银滩福利院慰问结对贫困户　区政府办　供

2019年11月25日，铁山港区政协副主席陈德萍（右二）到塘仔村开展脱贫攻坚工作督导　区政协办　供

19 年 6 月 28 日，铁山港区区长龙起云（右）到南康镇夏塘村委居塘村走访慰问老党员　　区政府办　供

019 年 11 月 26 日，铁山港区人大常委会副主任刘汉明(右
刂营盘镇盐灶村为贫困户筹措助学金　　区人大办　供

2019 年 6 月 21 日，北海市铁山港区脱贫攻坚宣传培训班在区政务服务综合楼五楼会议室举行。图为广西日报社记者亏继川在讲课　　邓符　摄

2019 年 4 月 17 日，北海市委常委、市纪委书记、市监委主任缪佃江（左排中）调研督导铁山港区扫黑除恶专项斗争工作座谈会在区司法局四楼会议室召开　　邓符　摄

2019 年 3 月 21 日，北海市扫黑除恶督导组在区政务服务综合楼二楼会议室召开北海市扫黑除恶专项斗争铁山港区督导座谈　　区委区政府督查绩效办　供

2019 年 4 月 15 日，铁山港区副区长、南康镇党委书记杨晓峰（正面中）到南康社区检查扫黑除恶专项斗争开展情况工作　　区政府办　供

2019 年 4 月 12 日，铁山港区法院配合中央扫黑除恶专项斗争督导动员部署会在该院综合办公楼五楼大会议室召开。图为区法院院长孟繁刚（主席台中）主持会议并作动员讲话　　梁新伟　摄

2019 年 4 月 3 日，铁山港区检察院检察长于海（右）在营盘镇石村参加扫黑除恶专项斗争驻村联系点揭牌仪式　　区检察院　供

特 载

全力谋划打造四大千亿级临港产业集群 奋力夺取现代化工业新城区建设更大胜利

——中共北海市铁山港区第五届委员会第五次全体会议报告

中共北海市铁山港区委书记　余兴国

2020 年 3 月 25 日

这次区委全会的主要任务是，深入学习贯彻习近平新时代中国特色社会主义思想和党的十九届四中全会精神，全面落实中央、自治区经济工作会议以及自治区党委十一届七次全会、市委十一届九次全会的决策部署，回顾总结区委五届四次全会以来的工作，分析当前形势，安排部署 2020 年重点任务，动员全区党员和干部群众，担当新使命，展现新作为，竭力完成“十三五”规划目标任务和全面建成小康社会的庄严承诺，全力谋划打造四大千亿级临港产业集群，奋力夺取现代化工业新城区建设更大胜利。

现在，我代表区委常委会向全会作报告，请予审议。

一、区委五届四次全会以来的工作

2019 年，在自治区党委、市委的坚强领导下，区委团结带领全区党员和干部群众，深入学习贯彻习近平新时代中国特色社会主义思想，全面落实党的十九大和十九届二中、三中、四中全会以及习近平总书记视察广西及北海重要讲话精神，以庆祝新中国成立 70 周年为统领，以解放思想、激励担当、推动高质量发展为主线，以招商引资、项目建设、新城建设为主攻方向，坚持开局就是决战、起步就要冲刺，在脱贫攻坚、乡村振兴、生态环保等领域集中攻坚，在补齐农村人居环境和公共服务短板上加快脚步，在破解征地搬迁、营商环境、社会治理等焦点热点问题上狠下功夫，在干事创业中锤炼了干部队伍，凝聚了全区上下奋发有为的精神状态，实现了思想再解放、发展大突破、党建新加强，有力推动我区在高质量发展道路上迈出了坚实步伐。全年地区生产总值增长 9.1%、增速居全市第一，规模以上工业增加值增长 9.9%，财政收入 49.41 亿元、增长 8.34%，固定资产投资增长 37%。经济社会发展保持稳中向好、稳中快进的良好态势。

（一）坚持初心使命、深学笃行，理论武装深化强化，主题教育走深走实。坚定不移把学习贯彻习近平新时代中国特色社会主义思想作为头等大事和首要政治任务，认真贯彻落实习近平总书记视察广西及北海的重要讲话精神，增强“四个意识”、坚定“四个自信”、做到“两个维护”。全面加强新时代宣传思想工作，强化意识形态阵地建设管理，开展意识形态专项督查和政治巡察，积极防范化解意识形态领域重大风险，累计创建“无邪教村（社区）”28 个。深化精神文明创建活动，全市农村精神文明建设现场推进会在我区召开。区委常委班子以上率下、示范带动，扎实开展“不忘初心、牢记使命”主题教育，组织开展集中学习和专题研讨活动，深入推进“8+1+3”专项整治，广大党员干部知信行合一能力得到有效提升，信仰之基更加牢固、精神之钙更加充足，为党分忧、为国奉献、为民造福的责任感进一步增强，一批群众生产生活面临的难点、痛点、堵点问题得到有效解决，形成了推动铁山港高质量发展的强大正能量。我区超常“加速度”推进川化硫酸钾项目的经验做法被市委主题教育办选树为正面典型推广。

（二）坚持解放思想、实干担当，招商引资捷报频传，产业发展热火朝天。坚持把招商引资和项目建设作为推动高质量发展的主抓手，深入推进“解放思想、改革创新、扩大开放、担当实干，推动经济社会高质量发展”大讨论活动，激发干事创业热情。成立 7 个招商工作组，区四家班子领导挂帅出征，围绕“产业树”精准招商。全年累计签约项目 48 个，总投资 974.55 亿元。纳入自治区统筹推进重点项目 5 个，列入自治区“双百双新”重大产业项目 12 个。成立 7 个片区征地搬迁工作组，全面落实和推动项目建设，累计移交净地 9741 亩、搬迁 213 户。信义玻璃项目首条生产线点火试产，太阳纸业、川化硫酸钾等一批重点项目开工建设。全年完成规模以上工业总产值 886.63 亿元，在全市占比 50%。铁山港（临海）工业区获批为自治区级经济技术开发区。

（三）坚持因地制宜、科学布局，新城建设有条不紊，城乡统筹步伐加快。紧紧抓住北海加快市县城区连片发展的契机，全力推动南珠新城建设。修编完成工业区综合服务组团建设规划，编制完成营盘青山头片区滨江组团规划设计。重点推进行政中心等片区土地收储，完成清场并移交净地 1174.95 亩。向海大道铁山港段改建工程扎实推进。工业区人民医院、区实验学校和幼儿园动工建设，区中医院、人才培训中心等项目前期工作扎实推进。进一步加大新城建设资金筹措力度，积极争取上级财政资金支持和银行机构提供融资支持，有序引导社会资本参与建设。南康特色小镇建设规划通过自治区评审，营盘镇白龙村入选中国传统村落名录，兴港镇、南康镇上榜全国综合实力千强镇，在广西 34 个入围榜单中分别排名第一和第四。扎实推进向海大道至白龙珍珠城二级公路改建工程，动工建设南康至福成公路改扩建工程。

（四）坚持精准发力、产业富民，脱贫攻坚决战决胜，乡村振兴提质增效。统筹财政资金 1 亿多元，打好产业扶贫、基础设施建设、村集体经济发展组合拳。扶持 1981 户贫困户发展特色产业，“5+2”产业覆盖率达 98.01%，我区产业扶贫典型经验在自治区现场推进会上推介。建立广西首家重度残疾人集中托养扶贫示范基地，打造自治区巾帼脱贫基地 2 个，我区获评“四好农村路”自治区示范县区。全区村级集体经济年收入平均达 11 万元以上，最高收入 46.49 万元。全年减贫 681 户 2645 人，贫困发生率下降到 0.21%，脱贫攻坚取得决定性进展。加快发展现代特色农业，累计创建自治区级示范区 2 个，建立农业创业孵化基地 2 个。投入 1000 多万元扶持发展壮大南珠产业，成功举办北海南珠节暨国际珍珠展“璀璨南珠 · 活力铁山港”系列活动。广西创新驱动海洋牧场智能服务示范基地落户我区，深水抗风浪养殖模式在自治区渔业发展现场推进会上推介。投入 3600 多万元加快乡村旅游建设，营盘白龙珍珠城获评国家 AAA 级旅游景区。

（五）坚持共建共享、利民惠民，社会事业提标扩面，民生答卷亮眼暖心。全年民生领域投入 8.6 亿元，占一般预算支出八成以上。大力推进教育高质量发展，累计建成公办幼儿园 5 所，44 所义务教育学校办学条件达全面改薄“20 条底线”要求。高质量推进文化惠民工程，农家书屋实现行政村全覆盖,《白龙湾不倦的歌谣》获评自治区群众文艺会演舞蹈类二等奖,“南康卖鸡调”获评自治区“全民终身学习周品牌项目”。积极解决拖欠农民工工资问题,对一家失信企业实施联合惩戒。建成镇级就业社保服务中心1个、村级综合服务中心37个,公共就业服务实现全覆盖。全面启动城市公立医院综合改革,营盘卫生院公卫楼建成投用,疾控中心项目加紧推进,实现村卫生室覆盖率、乡村医生配备率、家庭医生签约率“三个百分百”。扎实开展城镇脱困解困工作,精准兜底保障城乡困难群体。加强和创新社会治理,全面完成信访基础设施标准化规范化建设,我区被推荐为全国信访工作“三无”县区,人民调解工作经验在自治区“枫桥经验”现场会上推广。全面加强社会治安防控体系建设,刑事发案率全市最低,群众安全感满意度连续8年稳步上升,位居广西县区前列。

(六)坚持生态优先、绿色发展,污染防治势头不减,生态环境持续改善。坚持走绿色发展道路,集中力量打好蓝天保卫战,扎实开展清水行动、净土行动,生态环境质量稳中向好。近岸海域环境质量保持优良,空气优良率达96.33%,大气污染防治“百日攻坚”各项考核指标排名全市前列。持续抓好中央、自治区环保督察反馈问题整改,启动工业区固废填埋场、污水管网建设。严格落实“河长制”,强化水环境保护和重点流域治理。加强集中式饮用水源保护区整治,推进南康镇污水收集系统工程建设。开展违建别墅问题清查整治专项行动,严厉打击非法采砂等违法行为。深入推进农村环境综合整治,实施村屯绿化景观提升工程,建设一批“绿美乡村”、设施完善型村庄、精品示范型村庄,完成8个市级生态村创建工作。

(七)坚持深化改革、扩大开放,营商环境全面优化,发展活力不断增强。统筹推进并全面完成32项年度重点改革任务,出台25个重要改革方案。稳妥有序完成党政机构改革任务。成立区级农村产权流转交易中心,新增镇级农合联1个、股份经济合作社17个。深入开展“优化营商环境攻坚突破年”活动,在自治区优化营商环境百日攻坚行动综合排名中,我区名列广西县区第三名。大力推进政务服务“简易办”改革,实现企业开办“1个工作日办结”目标,网上审批率达93.94%。成立项目落实办,严格落实重点项目跟踪服务责任人考核,为企业提供“一站式”“保姆式”服务。开展“护航民营企业”活动助力民营经济健康发展,我区被定为自治区民营经济示范创建区。积极做好开放“大文章”,加快完善园区基础设施,铁山港1—4号泊位铁路即将建成,中石化铁路专用线开通运营。加强外引内联,广借外力牵线搭桥,推动落实川桂合作项目、太阳纸业等一批投资超百亿元项目落地建设。

(八)坚持党要管党、从严治党,主体责任落深落细,党的建设全面加强。坚持把党的政治建设摆在首位,开展全面从严治党政治责任“书记点题谈”活动,专门听取区人大常委会、政府、政协、法院、检察院党组工作汇报,加强党的全面领导。建立党组织书记落实管党治党主体责任清单,实现区镇村三级“联述联评联考”全覆盖。实施区管“一把手”素质能力提升工程。出台关心关爱干部人才系列措施,提拔重用担当作为好干部39名。认真贯彻落实党支部工作条例,建立自然村党组织119个。推行“基层党建 + 农村警务 +N”治理模式,排查整顿软弱涣散村16个,扎实推进扫黑除恶专项斗争,打掉涉恶团伙2个。深入开展扶贫领域腐败和作风问题专项治理,开展违规使用公务油卡和“私车公养”专项整治。增强政治监督,深化运用监督执纪“四种形态”处理党员干部167人次。深化政治巡察,本届区委巡察覆盖率达76.4%。扎实做好中央脱贫攻坚专项巡视、自治区党委巡视我区反馈问题的整改。落实中央八项规定精神成果巩固拓展。深入开展形式主义、官僚主义突出问题专项整治,推进基层减负各项举措进一步落地落实。

一年来,区委总揽全局、协调各方,全力支持人大、政府、政协和监察委、法院、检察院依法履职、开展工作。全面加强党的民族、宗教、侨务、老干部工作，巩固和发展最广泛的爱国统一战线。充分发挥工青妇、工商联等群团组织的桥梁纽带作用，支持人民武装深化改革和正规化建设。区法院民事审判庭妇女儿童维权岗获评全国巾帼建功先进集体，区工商联先后获评全国和广西“五好”县级工商联。全区凝心聚力、团结奋进的政治局面持续巩固。

一年来，全区上下积极应对经济下行压力，勇于担当各项繁重艰巨的工作任务，各级领导干部身先士卒、带头垂范，广大党员干部践行初心加油干、沉下身心抓落实，为全区高质量发展做出了突出贡献。盘点一年来的收获，有以下三条宝贵经验值得总结和发扬：一是通过破除不想为、不敢为思想，进一步营造干事创业的良好氛围。我们始终坚持实干担当主动作为，全区上下精诚团结、砥砺奋进，展现出高昂的斗志和饱满的精神状态，有力推动了招商引资、项目建设、营商环境等工作取得明显突破。二是通过破除官本位、等靠要思想，进一步健全便捷高效的服务体系。我们始终坚持把解放思想贯穿抓落实全过程，保持眼睛向下、脚步向下，打出一系列改作风提效率优服务的“组合拳”，持续推进政务服务体系提速增效，打造最优营商环境，“铁山港速度”获得了上级点赞和广大企业家认可。三是通过破除前怕狼、后怕虎思想，进一步强化一抓到底的坚韧定力。我们始终坚持以执行力建设为引领，咬住目标、铆足干劲、持之以恒，不以事艰而不为、不以任重而畏缩，用实际行动诠释了铁山港“铁”的精神，一些制约发展的突出问题得以解决，一些群众期盼已久的心愿得以实现。

春华秋实，岁物丰成。2019 年亮眼成绩单的背后，是异常艰辛的付出与努力。但唯其艰难，才更显勇毅；唯其笃行，才弥足珍贵。我们深知，前进道路上还有不少困难和挑战，比如：产业发展层次不高、结构不优，引领高质量发展的新动能培育仍需加强；开放合作平台缺乏，对外交流合作领域还不够宽广，营商环境还有较大改善提升空间；脱贫攻坚、民生保障等任务依然艰巨，基本公共服务还存在薄弱环节；高层次人才明显不足，一些干部专业素养、专业能力有所欠缺，形式主义官僚主义问题仍不同程度存在，党的建设还需进一步加强，等等。我们一定直面问题，采取针对性措施，切实加以解决。

二、深入贯彻落实党的十九届四中全会精神，全面提高治理能力和水平

党的十九届四中全会是我们党站在“两个一百年”奋斗目标历史交会点上召开的一次十分重要的会议。深入学习贯彻党的十九届四中全会精神，是当前和今后一个时期全党全国的重要政治任务。自治区党委十一届七次全会、市委十一届九次全会为我们贯彻中央《决定》提供了重要遵循。全区上下必须深入学习、深刻领会、全面贯彻全会精神，坚定推动党中央重大决策部署和自治区党委、市委工作部署在铁山港区落地生根。

这次提交全会审议的《实施意见》，对全面提升我区治理能力水平作出全面部署。全会审议通过后，我们要认真抓好贯彻落实，扎实做好加强制度创新和治理能力建设，把制度优势转化为推动铁山港发展的治理效能。

（一）提高政治站位，深刻认识重大意义。党的十九届四中全会专题研究国家制度和国家治理问题并作出决定，这是从政治上、全局上、战略上的全面考量，是应对百年未有之大变局的战略之举，是开启“中国之治”新境界的铿锵之音，是实现中华民族伟大复兴中国梦的长远之策，充分体现了以习近平同志为核心的党中央高瞻远瞩的战略眼光和强烈的历史担当。全区上下要从政治和战略高度，深刻领会坚持和完善中国特色社会主义制度、推进国家治理体系和治理能力现代化是实现“两个一百年”奋斗目标的重大任务，是把新时代改革开放推向前进的根本要求，是应对风险挑战、赢得主动的有力保证。

（二）保持政治定力，推动制度刚性落实。要切实把制度自信转化为政治自觉，把做到“两个维护”融入党内各项制度，始终做政治上的明白人，增强政治敏锐性和政治鉴别力。要切实把制度优势转化为治理效能，全面落实党中央关于国家制度和治理体系、治理能力建设新部署新要求，在坚持和巩固上下功夫，在完善和发展上出实招，在遵守和执行上见成效，确保制度时时生威、处处有效。要切实把制度意识转化为执行能力，带头维护制度权威，严格按法规制度办事，增强战略谋划力和战术执行力，力争多出制度成果，多见基层治理效应，推动各项工作在制度轨道上有序开展，确保党中央重大决策部署和自治区党委、市委、区委重大工作安排都按照制度要求落到实处。

（三）强化政治责任，提升基层治理能力。全面贯彻党的十九届四中全会精神，提高基层治理能力水平，必须坚持以习近平新时代中国特色社会主义思想为指导，紧紧围绕“十三个坚持和完善”，着力固根基、扬优势、补短板、强弱项，在系统治理、依法治理、综合治理、源头治理能力上不断实现新提升。要坚决做到“两个维护”，落实和完善党的领导制度体系，坚决落实维护党中央权威和集中统一领导的制度，坚决执行党的全面领导制度，坚决贯彻全面从严治党制度。要强化党的创新理论武装，深化对习近平总书记关于国家制度和治理体系、治理能力重要论述的学习领会，常态化学习贯彻习近平总书记视察广西及北海的重要讲话精神，把学习成效转化为治理实效。要深入践行新发展理念，切实在健全铁山港区经济社会发展急需的制度上下功夫，为高质量发展注入强劲动力。要践行以人民为中心的发展思想，切实在健全完善满足人民对美好生活新期待必备的制度上下功夫，不断增强群众获得感、幸福感、安全感。要始终坚持改革创新，把功夫和精力花在畅通堵点、理顺体制机制上，用创新的办法解决治理中的新问题，用绣花的功夫补齐治理短板，用制度治本的方式巩固治理成果，不断增强治理的针对性、精准性、有效性。

三、锚定目标，决胜高水平全面建成小康社会，奋力夺取现代化工业新城区更大胜利

2020 年是全面建成小康社会和“十三五”规划收官之年，做好今年的工作，意义重大。必须坚持以习近平新时代中国特色社会主义思想为指导，全面贯彻落实中央、自治区党委、市委决策部署，正确看待当前经济发展新特点新态势，牢牢把握西部陆海新通道战略地位日益凸显、自治区“双百双新”重大战略工程实施、北海加快融入北部湾城市群建设等一系列交会机遇，坚持在广西产业发展大格局中找准位置，在北海发展全局中对标使命，以自强不息、蓬勃向上，逢山开路、遇水搭桥的精气神，持之以恒查找发展的差距，进一步补齐发展短板，努力形成铁山港向海经济蹄疾步稳、纵深推进的局面。必须深入践行新发展理念，对标全面建成小康社会必须完成的硬任务，保持不胜不休的决战态势，只争朝夕，不负韶华，深入实施乡村振兴战略，坚决打赢三大攻坚战，大力提升基层治理能力水平，确保“十三五”规划圆满收官、高水平全面建成小康社会。必须坚持高标准高水平规划引领，进一步谋划完善工业区产业布局，做深做细做实“十四五”规划编制相关工作，加强与自治区、北海市有关部门沟通对接，争取有更多重大事项、重大项目纳入上级“十四五”规划盘子。必须坚持推动高质量发展，牢固树立以产业项目为中心的思想，主动承担起北海经济发展“主战场”、北海工业发展“顶梁柱”重任，按照“四三二一”总体工作思路，集中精力抓招商、推项目、强产业、增动能、补短板，加快南珠新城建设，全力谋划打造四大千亿级临港产业集群，奋力夺取现代化工业新城区建设更大胜利。

2020 年的主要预期目标是：地区生产总值增长 8%，财政收入剔除不可比因素增长 5%，规模以上工业总产值增长 13%，固定资产投资增长 120% 以上，城镇居民可支配收入增长 7%，农村居民人均可支配收入增长 7%。

围绕上述总体思路和目标任务，对照全面小康短板和不足，重点要抓好以下几方面工作：

（一）全面推进“四三二一”工作思路，奋力打造千亿级临港产业集群。坚持大方向、大布局，加强工业区产业布局规划调整的前瞻性和执行规划的定力，融入生态发展理念，朝着未来10—20年发展目标，同步编制完善工业区发展规划和控规。紧紧围绕谋划打造四大千亿元产业、实施三大会战、突出招商引资和征地清场“双超”主线、开展营商环境优化再提升专项行动，坚持大干快上，把铁山港区建设成为北海的重大工业基地。

——打造“四大千亿元产业”，更多集聚发展动能。落实自治区“实施龙头企业培育计划”，谋划打造石化、临港新材料、玻璃、林纸四大千亿元产业园，引领带动海洋装备、港航物流、加工贸易、表面处理四大百亿元产业发展。科学合理安排八大产业发展空间，推动形成相对独立的产业发展组团。

打造千亿元石油化工产业。以北海炼化为龙头，推动化工新材料、LNG、LPG深加工等投资超500亿项目落地，建设精细化工高质量发展产业园，打造石化产业基地。以三聚环保等项目为重点，建设全国最大的生物柴油生产基地。力争川化硫酸钾等项目尽快建成投产，推进北海炼化结构调整、LNG项目二期、精细化工生产基地等项目加快建设，力促汉邦脲醛树脂等项目年内尽快开工建设。推动规划建设铁山港30万吨液体化工码头及配套航道。

打造千亿元临港新材料产业。以北部湾新材料为龙头，不断完善临港新材料产业链结构，建成一批具有较强带动力的新材料骨干企业，打造临港新材料制品基地。重点推进新材料标准厂房及深加工等项目建设，加快推进新材料填平补齐精品、亚王储能材料深加工等一批项目建设。谋划建设不锈钢交易中心，推动临港新材料产业发展壮大。

打造千亿元玻璃产业。依托信义玻璃项目，加快建设玻璃深加工产业园。重点推进信义玻璃项目一期建设，确保5条生产线年内点火。加快信义太阳能光伏玻璃、信合节能玻璃等项目建设，引进落地纯碱光伏组件、建筑节能玻璃、电子玻璃深加工等项目，丰富多种类玻璃制造业。

打造千亿元林纸产业。重点推进斯道拉恩索二期、太阳纸业等项目建设。积极推进山东熙来变性淀粉、银泉过氧化氢等七个配套项目建设，推动发展制浆造纸及配套深加工相结合的产业集群，力争早日建成全球规模最大的林浆纸一体化产业园。

——实施“三大会战”，更高提升发展质效。坚持以项目建设为抓手，大力实施“三大会战”，推动产城融合高质量发展。

实施产业项目落地建设大会战。落实自治区“产业发展攻坚年行动”和市委“重大项目落地建设投产助推行动”，推动形成项目建设热火朝天、处处是工地的局面。建立一个产业项目、一名处级领导、一个责任单位、一个责任干部、一抓项目到底“五个一”服务项目机制，实行“一张表”责任制和一跟到底、挂图作战制，集中力量推进37个重点项目建设，争取年内开工建设23个项目。尽快策划申报“双百双新”项目，抓紧推进已开工的“双百”项目，推动开金北燃等已签约项目落地建设。加快建设表面处理中心项目二期、恒利源电子线路板等一批产业项目。全力推动香港众诚、金山化工、东方希望、金鹰高档纸等在谈项目落地建设。

实施园区基础设施和环境提升大会战。优化园区国土空间总体布局，统筹谋划工业区扩园。委托专业机构编制完善工业区铁路、管廊、管线、电力、供热、传送带等专项规划。实施园区道路畅通工程、绿化亮化提升工程，加快新建排污口建设。开工建设滨海大道（港口段）工程项目一期。加快铁路专用线、铁路支线建设，力促1—4号泊位专用线早日建成通车。加快建成铁山港航道三期工程，推进铁山港7—10号泊位建设，力争年内开工建设铁山港30万吨级进港航道工程。积极推进北暮作业区 3—4 号泊位口岸扩大开放。进一步完善铁山港联检设施、危险品泊位建设。

实施铁山港产业新城（南珠新城）建设大会战。加快完成工业区综合服务组团建设规划调整和行政中心片区规划调整。启动新城基础设施建设，组织实施一批地产项目。重点谋划建设一批市政基础设施、一家综合性医院、一条商业街、一家以上星级酒店、一个以上住宅小区、征下一个片区、改造一所学校等“七个一”工程。规划推进南珠湾新城一期、南珠海港城建设，加紧营盘中心渔港建设，打造“一湾三岛一渔港”。坚持“文旅 + 康养 + 娱乐 + 酒店 + 产业融合 +N”模式，引进并兴建商住购物、金融、教育、文体、医疗康养等项目，形成产业发达、宜居宜业、产港城相融合的新城区。加快推进南康特色小镇核心区项目建设，推动城镇品质更上新台阶。

——围绕“两条主线”，更好服务项目建设。坚持征地搬迁和招商引资双线并进，切实保障项目用地，不断扩大有效投资。

实现招商引资超千亿元。落实市委“招商引资持续发力行动”，优化组建意向项目洽谈、石化及林纸产业链招商、不锈钢及玻璃产业链招商等三个招商工作组，由处级领导带队精准招商。借助各地商会资源牵线搭桥，完善招引项目进调评估机制，推动实现由“拉大网”招商转变为靶向招商、由以干部为主招商转变为借力社会资源并重招商、由注重招商引资数量向招商引资质量转变三个转变。大力推行产业集群配套型、补缺扶弱强链型、关联企业集聚型招商，着力引进一批龙头企业、配套企业、补链条企业，提升项目储备量和产业整体实力。强化重点项目履约率、开工率和资金到位率的考核，确保招到的项目都能落地建设。力争 2020 年签约项目 50 个以上，总投资 1000 亿元以上。

实现征地清场超万亩。创新征地搬迁领导体制和工作机制，推广“一二三四五”工作法，着力建强一支队伍，强化工作和廉政两项纪律，坚持强化拆违执法、严管歪风邪气和违法经营“三管齐下”，协调村委干部和群众参与、供电和通信等部门协助、财政金融和征收等部门全程跟踪服务、乡村能人配合等四方发力推进，创新分类施策、宣传引导、搬迁服务、审核定价、安置补偿五项措施，强力推进七个片区征地搬迁工作，举全区之力确保完成征地搬迁 10000 亩以上，保证开金北燃等 11 个项目开工建设，保障项目用地需求。实行一个片区一个工作组负责制，区四家班子主要领导分工推动，处级干部分片负责，赋予工作组更大决策权，鼓励探索行之有效的工作推进模式，自主研究制定激励措施和考评办法。将征地搬迁完成情况纳入年度绩效考评，组织开展大作战大比拼活动，倒排工期、挂图作战。修订优化搬迁安置补偿方案，让搬迁户多受益，确保群众搬得出、住得下、能发展。

——突出“一个重点”，更优打造营商环境。以优化营商环境为重点，打好改革创新、对外开放、优化环境“三张牌”，为推动更高质量发展凝聚强大动力。

实施营商环境优化再提升专项行动。持续深化“放管服”改革和“一网通办”“一事通办”改革，推动更多审批服务事项实现线上“全程网办”“掌上可办”，线下办事“只进一扇门”和“最多跑一次”，甚至一次不用跑。重点抓好政务服务流程再优化、园区项目审批流程再精简、企业开办再提速、承诺办结时限再压缩、即办件比例再提高、全程帮办代办服务再贴心等重点工作。落实市委“走企连心解困”“走企护商除乱”“走企问政督效”和大走访大调研大服务活动，全力以赴帮助企业纾困解难，扎实推进广西民营经济示范区创建。推行“该干即办”工作模式，开展“一周协调、一月通报、一季小结、一年评比”的项目跟踪服务活动，对重点招商项目执行优先开展审批或认定、优先办理证照、优先安排规划和项目用地“三个优先”，全方位为企业提供“一站式”“保姆式”服务。大力开展营商环境整治，建立营商环境“红黑榜”制度，聘请一批营商环境义务监督员，加强对全区行政审批、政务公开、服务承诺、行政执法及窗口服务等情况的监督。

以更大力度推动改革创新。统筹推进各领域重点改革,组织开展已出台改革方案落实情况“回头看”,确保各项改革举措落实落地。积极稳妥推进事业单位公益类改革。认真落实自治区“三百二千”科技创新工程,大力培育企业创新主体,加速科技成果转化,不断释放创新动能。积极在税费减免、财政补助、金融帮扶和奖励支持等方面狠下功夫,激励“双百双新”企业加强产学研用创新平台建设,引进和培育一批高新技术企业,更大释放创新创造潜力,把科技创新转化为区域经济竞争力。

推进高水平对外开放合作。落实市委“开放合作建格局求实效促发展行动”,加快融入“一带一路”和西部陆海新通道建设,全面对接粤港澳大湾区、海南和广西自贸试验区发展,积极推进落实北钦防一体化发展部署。加强与西南、泛珠三角、东盟等经济圈区域联通协作,充分利用泛北部湾经济合作论坛、东盟博览会和珠三角、北部湾等城市群建设重要契机,主动在各领域深化合作交流。进一步提升铁山港口岸通关效率,支持园区企业扩大出口,提高开放型经济水平。优化口岸基础设施建设,规划建设 15 万—30 万吨级泊位及配套航道、锚地,加快形成面向东盟和西南中南地区的海陆双向开放合作新格局。

(二)扎实做好“三农”工作,激活乡村振兴内生活力。坚持把乡村振兴作为新时代“三农”工作的总抓手,把农业做强,将农村建美,让农民更富,推动城乡融合发展。

——大力发展富民乡村产业。深化台企农渔业项目合作。推进现代特色农业示范区建设增点扩面提质升级项目,创建和提升一批现代特色农业示范区,打造乡村振兴示范点。抓实现代渔港经济区、营盘特色渔业小镇建设,做大做强深水网箱养殖,大力推动优势海产品精深加工。全力振兴南珠产业,打造南珠特色小镇。扎实做好恢复生猪养殖和保供稳价工作。积极扩大电子商务进农村覆盖面。加强现代农业产业发展规划,推进农业产业化经营,推动农村一、二、三产业融合发展。

——着力补齐农村基础设施短板。集中一批资金投放,加快补上农村交通、水利、饮水等基础设施和公共服务短板。深入推进“四好农村路”建设,统筹推进镇、村联网公路建设及城乡交通运输一体化。加快村内道路、产业基地道路和小型农田水利项目建设。实施饮水安全巩固提升工程,新建一批人饮工程。

——加快建设宜居幸福乡村。深入实施农村人居环境整治和乡村风貌提升三年行动,持续推进“三清三拆”环境整治。精心组织编制村庄规划,打造一批绿美乡村、精品示范村和生态村。加快村级公共服务中心建设,扩大乡村文化惠民工程覆盖面。推动公共服务向农村延伸、社会事业向农村覆盖,促进生产要素向农村流动,不断改善农村生产生活环境。

(三)决战决胜脱贫攻坚,打好打赢“三大攻坚战”。今年是脱贫攻坚的决胜之年,必须一鼓作气,尽锐出战,坚定不移打赢打好三大攻坚战,加快补齐全面建成小康社会短板。

——高质量打赢精准脱贫攻坚战。把贫困人口全部脱贫作为必须完成的底线任务,围绕解决“两不愁三保障”突出问题,坚决打赢打好脱贫攻坚“四大战役”。进一步巩固扩大脱贫成果,落实落细低保、医保、养老保险等综合社会保障政策,加大对因病、因残致贫等特殊群体的兜底保障和救助力度。持续推进产业、就业扶贫,抓好特色主导产业发展,推行“龙头企业 + 基地 + 合作社 + 贫困户”脱贫带贫模式,落实壮大村级集体经济政策措施,扶持打造一批特色产业和扶贫车间。实行挂牌督战,集中全区力量和优势资源合力攻坚,一鼓作气实现剩余 340 人贫困人口脱贫、深度贫困村黄丽窝村出列。加大消费扶贫力度,多渠道解决贫困村和贫困群众农产品卖难问题。深化扶贫扶志扶智，激发贫困人口内生动力。持续加大后援单位对帮扶联系点的扶持力度和向贫困村、党组织软弱涣散村、集体经济薄弱村精准选派工作队员力度。从严抓好中央脱贫攻坚专项巡视回头看、国家脱贫攻坚成效考核、扶贫审计、督查巡察、脱贫攻坚督导等反馈问题整改落实工作，认真查找漏洞缺项，确保逐项整改清零、逐户对账销号。扎实整改农村饮水工程遗留问题。加强对不稳定脱贫户、边缘户动态监测，及时做好返贫人口和新发生贫困人口的帮扶。推动脱贫攻坚与乡村振兴有效衔接。

——坚持不懈打好污染防治攻坚战。持续推进中央、自治区环保督察反馈问题的整改，建立健全生态环境保护长效机制。实施工业区扬尘撒漏、工业企业大气污染防治等专项治理行动。加强南珠湾海洋生态建设，构筑沿海生态屏障，打造生态支点。推进入海流域治理和近岸海域污染防治，加强饮用水源地保护整治。加大农业农村污染治理力度，开展农业面源污染治理。坚决制止和惩处破坏生态环境行为，严厉打击非法开采海砂、河砂、高岭土等矿产资源行为。

——积极稳妥打好防范化解重大风险攻坚战。牢固树立底线思维，着力防范化解当前发展中面临的政治、意识形态、经济社会、党的建设等领域重大风险。积极应对经济下行风险，扎实做好政府债务、环境污染、自然灾害等重点领域风险防范，坚决防止出现拖欠农民工工资、群体性事件等重大问题，确保我区各项事业行稳致远。

（四）突出抓好“三大保障”，不断满足人民美好生活需要。主动顺应人民期盼，大力兴办民生实事，不断增进民生福祉、提升群众幸福指数。

——强化民生改善保障。持续增加基本民生投入，抓好普惠性、基础性、兜底性的工作。加快推进教育现代化，扎实推进区实验学校和一批公办幼儿园建设，推动寄宿制小学建设。坚持把人民群众生命安全和身体健康放在第一位，坚决打赢新冠肺炎疫情防控阻击战。加快工业区人民医院、区中医院和疾控中心建设，统筹推进医共体建设。巩固提升主题教育为群众办实事解难题活动成果，解决好就业创业、交通出行、住房保障、就学就医、社会保障、居家养老等民生问题，积极回应群众期盼。

——强化安全稳定保障。深化平安铁山港建设。深入推进社会治理创新，健全完善社会治安防控体系。用好新时代“枫桥经验”，精细化解各类社会矛盾，强化信访维稳专项督导检查，全面化解信访积案。纵深推进扫黑除恶专项斗争和禁毒严打整治，严打各种违法犯罪活动。全面做好公共安全、安全生产、医药卫生、食品安全等各方面工作，坚决维护社会平安和谐稳定。

——强化民主法治保障。加强民主政治建设，巩固发展安定团结的政治局面。大力支持人大、政府、政协、纪检监察机关及法院、检察院依法依章履行职能。坚持大统战工作格局，创新做好民营经济和党外知识分子、新的社会阶层人士统战工作，着力解决宗教领域突出问题。加强党管武装。深入推进群团改革，增强群团组织发展活力。加快法治铁山港建设，推进全面依法治区。坚持严格执法、公正司法，提升执法司法质效和公信力，营造公平公正法治环境。

四、全面加强新时代党的建设，为铁山港区高质量发展提供坚强保障

认真贯彻落实新时代党的建设总要求和新时代党的组织路线，抓好全面从严治党工作，不断提高党的建设质量，营造风清气正的政治生态。

（一）牢牢抓住政治建设这个根本，进一步夯实思想基础。坚持以党的政治建设为统领，把旗帜鲜明讲政治贯穿到党的建设全过程，严守党的政治纪律和政治规矩，严肃党内政治生活，增强“四个意识”、坚定“四个自信”、做到“两个维护”。坚持把不忘初心、牢记使命作为加强党的政治建设的永恒课题和全体党员干部的终身课题，加强党员干部理想信念、政治忠诚、革命传统、斗争精

神教育，巩固拓展主题教育成果。扎实开展全面从严治党政治责任“书记点题谈”活动，压实全面从严治党“两个责任”。紧紧围绕“一个高举”“两个巩固”“三个建设”根本任务，加强和改进党的政治思想宣传工作，牢牢掌握意识形态工作领导权。严格落实意识形态工作责任制，深化意识形态工作责任制专项巡察、督查和考核评议工作。坚持正确舆论导向，持续做好网络舆情管控，妥善应对突发舆情。大力弘扬社会主义核心价值观，深化群众性精神文明创建活动，加快凝聚高质量发展的强大合力。

（二）牢牢抓住选人用人这个导向，进一步建强干部队伍。深入实施区管“一把手”素质能力提升工程，着力锤炼政治素质、统筹谋划、干事创业、抓班子带队伍四种能力。贯彻新时期好干部标准，大力选拔任用勇于担当、善于作为、能力过硬、实绩突出的优秀干部。在正向激励、容错纠错、关心关爱上持续发力，积极选树“担当作为善作善成好干部”，激励干部知责担责尽责。坚决调整一批不担当不作为、不敢碰硬的干部，形成调整一个、教育一片、警示一批的震慑效应。加大优秀年轻干部培养选拔力度，重视培养女干部、少数民族干部和党外干部。激励年轻干部在基层一线经风雨、壮筋骨、练胆魄、长才干，以克难攻坚的作风争创一流业绩。坚持党管人才原则，加强人才政策创新，加快集聚“高精专缺”人才，充分激发各类人才创新创造创业活力。

（三）牢牢抓住基层组织这个关键，进一步筑牢执政根基。贯彻落实自治区“提质聚力”系列文件精神，扎实推进基层党组织标准化建设，建好建强各领域基层党组织。推进党的基层组织设置和活动方式创新，着力整治基层党建弱化虚化边缘化问题，增强基层党组织政治功能和组织力。打造好“基层党建 + 农村警务 +N”党建品牌，积极推进“互联网 + 党建”改革。深入推进抓党建促脱贫攻坚、促乡村振兴、促基层治理。坚持常态化、制度化加强基层党员教育管理，全面提升基层党组织的战斗力。

（四）牢牢抓住廉政建设这个重点，进一步强化正风肃纪。全面落实“两个责任”，推动全面从严治党向纵深推进、向基层延伸、向每个党支部和每名党员覆盖。严格执行中央八项规定精神和实施细则，打好作风建设“组合拳”，全力解决“等、拖、靠”散漫作风和“不作为、慢作为、乱作为”突出问题，坚决杜绝形形色色的形式主义、官僚主义。精准运用监督执纪“四种形态”，从严加强干部管理监督。更好发挥巡察、问责“利剑”作用，持续整治群众身边的腐败问题，坚决查处扶贫领域腐败、涉黑涉恶腐败和充当“保护伞”问题。深刻把握党风廉政建设规律，一体推进不敢腐、不能腐、不想腐，以永远在路上的执着把全面从严治党引向深入。

使命呼唤担当，奋斗成就梦想。让我们更加紧密地团结在以习近平同志为核心的党中央周围，认真贯彻落实党的十九届四中全会作出的重大决策部署，保持“赶考”的心态和“奔跑”的状态，心无旁骛谋发展，坚定不移干实事，为实现全面建成小康社会目标，谋划打造四大千亿级临港产业集群，夺取现代化工业新城区建设更大胜利而努力奋斗！

北海市铁山港区人大常委会工作报告

——在北海市铁山港区第五届人民代表大会第五次会议上

北海市铁山港区人大常委会主任 黄小健

2020 年 5 月 20 日

2019 年主要工作

2019 年，在区委的坚强领导和市人大常委会的精心指导下，区人大常委会深入学习贯彻习近平新时代中国特色社会主义思想，全面落实党的十九大和十九届二中、三中、四中全会精神，贯彻落实习近平总书记关于坚持和完善人民代表大会制度的重要思想和对地方人大及其常委会工作重要指示精神，紧紧围绕区委“加快南珠新城建设，加速产城融合发展，为打造向海发展的临港大工业集群而努力奋斗”的战略目标，坚持党的领导、人民当家做主、依法治国有机统一，依法行使职权，充分发挥人大机关和人大代表的作用，为铁山港区经济和社会发展作出了积极贡献。全年共召开人民代表大会 1 次、常委会议 9 次，主任会议 18 次，开展视察、调研、执法检查、跟踪督办共 15 次，听取专项工作报告、履职工作汇报共 18 次。全面完成区五届人大四次会议提出的各项任务。

一、讲政治，顾大局，强力推进人大工作全面发展

把握新时代人大工作的正确方向。常委会坚持以习近平新时代中国特色社会主义思想统揽人大工作，牢固树立“四个意识”，坚定“四个自信”，做到“两个维护”，自觉在思想上政治上行动上同以习近平同志为核心的党中央保持高度一致。牢牢把握人民代表大会制度是坚持党的领导、人民当家做主、依法治国有机统一的根本制度安排，始终把党的领导贯穿于人大工作的全过程、各方面，努力推动人民代表大会制度和人大工作与时俱进。常委会自觉维护区委统揽全局、协调各方的核心领导地位，依法行使决定权、监督权、任免权三项职权，认真落实重大事项向区委请示报告制度，切实将区委的决策部署和人事任免通过人大法定程序成为人民群众的共同意愿、国家机关工作人员，确保我区人大工作与党的十九大和十九届二中、三中、四中全会精神同频共振、与区委决策部署同向发力。

增强大局意识，积极参与中心工作。区人大常委会在依法做好本职工作的同时，按照区委工作部署，积极主动融入，较好完成了征地搬迁和招商引资任务。努力营造良好营商环境，主动与非公企业结对帮扶，积极走访联系非公有制经济代表人士和非公有制企业，着力解决了企业在经营资金、技术、资源、用地和用电等方面的难题。坚持深入基层，到群众中去的原则，积极参与脱贫攻坚和乡村振兴工作，支持联系点（村）的集体经济项目建设，积极支持扫黑除恶专项斗争、法治建设、安全生产、污染防治等工作，为促进铁山港区经济发展和社会稳定作出了积极贡献。

坚持民主决策，依法决定重大事项。常委会严格监督预算调整范围，完善初审程序，依法审议并批准了区本级财政预算、区本级财政决算、年度预算调整方案，促进稳增长、促改革、调结构、惠民生、防风险、保稳定等工作；审议通过了区人民法院提请的《关于增选人民陪审员的请示》，确定

铁山港区人民法院人民陪审员名额数为 33 名；批准了铁山港区与新疆维吾尔自治区和田市缔结为友好城市，促进铁山港区与新疆和田市交流发展。

二、强化监督，精准发力，助推经济社会高质量发展

加强对“一府两院”工作的监督。召开听取“一府两院”半年工作报告会，督促“一府两院”完成全年工作任务。通过视察检查、跟踪监督、听取履职汇报等途径，及时掌握政府工作部门负责人的履职情况，全年听取了区财政局等 8 个政府工作部门主要负责人的履职报告，既督促他们依法履行职责，又增强了新任命人员的法律意识、公仆意识、责任意识和人大意识。

加强预算审查和经济领域监督。常委会认真落实预算法，强化对预算编制、执行、调整、决算等进行监督，听取和审议计划预算执行、财政决算、审计工作，审计查出问题整改报告 5 份。针对存在的问题，提出 18 条具体的审议意见并得到逐条落实，促进了政府全面、精准编制预算，推动预决算公开，确保财政决算依法执行；强化经济领域监督，对重大项目建设、产业发展、营商环境等工作开展调研、视察，推动政府及相关部门主动适应经济发展新常态，落实产城融合发展，为我区培育新的经济增长点注入新动能。

扎实推进生态保护。认真贯彻落实习近平总书记生态文明思想，多形式、多举措狠抓生态环境保护监督。组织我区人大代表进行专题调研和视察，听取和审议了区政府关于环境状况和环境保护工作情况的报告，紧盯中央环保督查组和中央、自治区巡视组反馈意见的整改落实情况，深入开展关于环境状况和环保工作情况的专项调研，专项视察我区生态环境保护及相关整改工作情况，对南康镇和营盘镇污水处理厂、珍港水产养殖农民专业合作社对虾养殖排污口、诚德公司工地矿渣清运处理项目进行视察，助推我区环境保护和生态文明建设的健康发展。

着力推动民生事业。牢固树立“以人民为中心”的发展思想，充分发挥人大及其常委会在改善民生中重要作用。常委会通过实地查看、会议座谈、代表参与、听取汇报等方式，先后对社区卫生服务中心建设整改工作及全区校外午托机构管理整改工作进行督办，对全区脱贫攻坚工作及中央第二巡视组脱贫攻坚专项巡视整改情况、现代特色农业示范区建设情况和乡村文化建设情况、农村土地承包经营权确权登记颁证工作等民生热点工作开展专题调研；对南珠养殖、川化、北部湾表面处理中心、信义玻璃等项目进行重点视察；听取了区人民政府关于 2019 年重点项目推进情况的报告，督促解决了一批群众反映强烈的热点难点问题，推动一批事关民生福祉的项目落实建成。

依法开展法律监督。常委会以促进社会公平正义为重点，推进法治建设，认真开展法律监督。听取区人民政府关于法治政府建设工作情况报告，督促区政府始终把法治政府建设要求贯穿于全区改革发展稳定各个方面；组织视察扫黑除恶专项工作落实情况并听取区人民政府关于扫黑除恶工作情况报告，扎实推进了扫黑除恶的专项工作；依法对《中华人民共和国人民调解法》进行执法检查，进一步促进了人民调解工作的制度化和规范化；扎实开展公益诉讼工作调研，聚焦生态环境和资源保护，促进“守护海洋”行动，服务向海经济；积极配合自治区、市人大开展执法检查和各项调研活动，依法监督司法部门围绕政府中心工作，依法履职、公正办案，维护公平正义，服务社会经济发展。

认真办理来信来访。区人大常委会坚持把信访工作作为密切联系群众，维护群众合法权益，促进法治社会建设的重要渠道，热情接待群众来访，及时批办和转办、督办群众来信来访。全年共受理群众来信来访批 8 件次，接待群众 18 人，转（交）相关部门办理信访件 8 件，办结率达 100%。为维护人民群众合法权益，化解社会矛盾发挥了积极作用。

三、严格依法，规范秩序，认真做好人事任免工作

区人大常委会始终坚持把党管干部和人大依法行使选举任免权有机统一起来，认真履行法律赋予的职权，充分发扬民主，严格依法办事，依法开展补选代表和人事任免工作。依法补选市人大代表 6 名，区人大代表 18 名。严格依照法律程序，依法任免区人大和“一府一委两院”有关国家机关工作人员，始终坚持认真落实任前法律考试、表述发言、宪法宣誓等制度。全年依法任免干部 43 人，其中任职 27 人，免职 16 人。

四、强化服务、依法保障，代表履职成果丰硕

代表履职平台建设跃上新台阶。2019 年，区人大常委会召开全区人大代表履职平台建设现场推进会，严格按“十有”标准建设人大代表履职平台，全区共建立镇人大代表履职活动中心 3 个、村（社区）人大代表之家 43 个。组织对“代表之家”进行检查验收，并按要求更名为“人大代表联络站”。此外还创建了北海市第一家企业人大代表联络站——“铁山港（临海）工业区人大代表联络站”，填补了我市工业区无人大代表联络站的空白，实现了人大代表履职平台镇、村（社区）网格化全覆盖。

联系群众倾听民意有了新举措。2019 年在全区范围内开展了代表接待周和“双联”主题活动。接待代表和选民的接待周活动，共接访代表选民 86 人次，收集选民意见 26 条，转交办理代表建议 9 条，开展专题调研 6 次；“双联”活动，共联系代表、选民 50 人，常委会组成人员分别到 3 个镇 8 个选区向选民述职，共收集意见建议 20 件，进一步密切了代表与人民群众的联系，解决群众反映的一批实际问题。按照人大代表“混合编组、多级联动、履职为民”的要求，把五级人大代表混合编入 44 个代表联络站，并开展了以“助力清水行动，打好水污染防治攻坚战”为主题的履职活动，自治区、北海市和铁山港区的相关领导以代表身份进站了解情况、解决问题，共提出代表建议 58 条，进一步提升了代表履职工作水平。

服务保障水平得到新提升。区人大常委会高度重视代表履职培训工作，把学习培训工作作为提高人大代表履职能力的重要抓手。首次组织我区人大代表到市委党校进行集中培训，代表履职能力不断增强，人大工作水平不断提升。常委会扩大代表对常委会及“一府一委两院”工作的参与度，一年来，共邀请 27 名基层人大代表列席常委会会议，共组织代表参与专题调研、督查、执法检查 100 多人次，组织代表视察 130 多人次，拓宽了代表知情知政的渠道。

代表建议办理取得新实效。全年转交“一府一委两院”办理人大代表建议意见 80 件，通过召开交办会集中交办、区人大常委会领导班子成员重点督办、“回头看”、区人大常委会听取办理情况报告，形成提议交办、督办审议良性循环，有效解决了南康至福成路段维修等一批事关人民群众切身利益的民生问题。2019 年，代表提出建议 80 件已全部办理并答复代表，办理满意率达 100%。

五、强化责任，担当作为，努力加强常委会自身建设

以“不忘初心、牢记使命”主题教育活动为契机，狠抓常委会自身建设，着力提高服务水平和履职能力，不断开创人大工作新局面。

扎实开展主题教育。区人大常委会党组把“不忘初心、牢记使命”主题教育工作作为重要政治任务，认真研究，精心部署，科学统筹，扎实推进，严格按照“守初心、担使命、找差距、抓落实”的总体要求，结合人大工作实际开展学习讨论，检视问题，精准选题，突出实效，在针对如何进一步提高代表建议意见办理的质量、如何解决群众饮用水安全问题、如何加强铁山港区人大信访工作、如何监督政府服务优化营商环境和提高工作质量等一系列重点工作上做了专题调研，并在充分调研，形成高质量研究报告的基础上，组织召开调研成果交流会，促进了调研成果转化为解决问题的实际行动。真正做到了学思用贯通、知信行统一。

加强自身建设。坚持树牢“四个意识”，坚定“四个自信”，坚决做到“两个维护”，深入开展“解

放思想，改革创新，扩大开放，担当实干”大讨论，结合人大工作实际，加强人大机关和党支部的人员调整和充实，全面落实从严治党主体责任，切实抓好机关党建工作，严格落实中央八项规定及其实施细则精神，不断加强党风廉政建设。

加强联谊交流。分别组织常委会组成人员和代表赴区内外有关县（区）学习取经，区辖三镇人大主席团也按照代表小组活动计划组织开展视察活动。在组织常委会组成人员和代表赴凭祥市、田阳县、靖西市、覃塘区、贵港市湛江镇等地考察学习和赴外地学习的同时，也做好接待外地人大的来访工作，接待来访2批，共50人次，达到了互相交流，取长补短，共同提高。

加强人大宣传和意识形态工作。2019年，区人大常委会高度重视人大宣传和意识形态工作，积极上报各类信息稿件、经验交流材料共22篇。参加自治区举办的全区经验交流会议4次，我区人大关于助力脱贫攻坚助推乡村振兴、人大宣传和意识形态工作、学习贯彻习近平总书记关于坚持和完善人民代表大会制度的重要思想等材料均作大会经验交流，促进了我区人大宣传工作与其他先进县区的交流。

各位代表，区人大常委会一年来取得的工作成绩，是区委坚强领导的结果，是“一府一委两院”支持的结果，是全区各级人大代表和全区人民群众共同努力的结果。在此，我谨代表区人大常委会表示衷心的感谢！回顾一年来的工作，我们也清醒地认识到，常委会工作还存在一些不足，如：监督工作还存在薄弱环节，代表议案建议办理质量有待进一步提高，个别履职平台作用发挥还不够明显等。在今年的工作中，我们将以问题为导向，虚心听取改进意见，不折不扣加以改进。

2020年主要任务

2020年是全面建成小康社会和“十三五”规划收官之年。区人大常委会的工作要以习近平新时代中国特色社会主义思想为指导，全面贯彻党的十九大和十九届二中、三中、四中全会精神，深入学习贯彻习近平总书记关于坚持和完善人民代表大会制度的重要思想，认真贯彻落实习近平总书记对地方人大及其常委会工作的重要指示精神，全面贯彻落实自治区党委、市委、区委关于加强新时代人大工作的意见，全面贯彻落实自治区、北海市人大工作会议和区委五次全会精神，围绕中心、服务大局、造福百姓，在区委的领导下，重点围绕临港大工业集群建设、现代化工业新城区建设和民生改善人民幸福，增强监督实效，做实代表工作，推动人民代表大会制度优势转化为基层治理能力和治理水平现代化，以新担当、新作为助力夺取疫情防控和经济发展全面胜利，助推政府工作，贡献人大智慧和人大力量。

一、坚定正确政治方向，加强新时代人大工作

坚持中国特色社会主义政治发展道路，深入学习贯彻习近平总书记关于坚持和完善人民代表大会制度的重要思想，自觉增强“四个意识”，坚定“四个自信”，坚决做到“两个维护”。认真落实中央、自治区、市委、区委关于加强新时代人大工作的新要求，积极发挥人大职能作用，支持政府从严从细常态化落实疫情防控、复工复产措施。助推政府做好“六稳”、落实“六保”工作，围绕区委提出的“四三二一”工作思路，找准工作切入点，精准发力，依法推动、务实创新，推动人民代表大会制度在铁山港区实施发展，把地方人大作用更加有效地发挥好。

二、以发展为主题，进一步增强履职实效

围绕区委重大决策部署、“一府一委两院”的重点工作以及群众反映强烈的民生热点问题，综合运用各种监督方式，精准确定监督内容，切实提高监督实效，着力做好对“三大攻坚战”的监督，聚焦“两不愁三保障”“蓝天保卫战”等持续发力；全面推进区委“四三二一”工作思路的落实，继

续加强对教育、文化、卫生、社会保障等社会普遍关注的民生问题进行监督。

严格贯彻执行人大监督法，完善人大预算审查监督制度，推进预算联网监督工作，加大对预算支出的监督力度，推动经济发展提质增效、结构优化、预算和绩效管理一体化。听取和审议国有资产管理情况、政府性债务管理情况等报告、新型冠状病毒肺炎疫情防控工作情况、代表建议办理情况等专项工作报告，拓展专题调研广度深度，推动调研成果转化。加强司法公正监督的力度，积极推动普法、执法工作。多形式开展普法宣传教育活动，紧扣全区中心工作，采取对法律法规学习培训、专题讲座、实地调研等形式。对法律法规情况开展执法检查，特别是对野生动物保护法实施的检查，确保法律法规在我区正确实施。落实宪法宣誓制度，组织好国家宪法日活动，深入开展宪法宣传教育活动。探索建立政府工作部门对口向人大汇报工作制度，推动政府及部门负责人更加自觉接受人大及其常委会的监督。

三、以平台建设为载体，努力做好代表工作

继续推进“混合编组、多级联动、履职为民”活动，完善代表履职服务中心功能，结合实际确定每年的活动主题，努力打造具有铁山港区特色的人大工作品牌。推动各级人大代表每年进联络站开展活动1—2次，联系群众，履职为民，持续开展“人民选我当代表，我当代表为人民”系列活动。积极推进代表履职网络平台建设，为各级人大代表密切联系人民群众，推动民主法治建设和经济社会发展提供更好的平台保障。继续做好代表接待周和“双联”工作，密切常委会与代表、代表与群众的联系。完善代表列席人大常委会会议制度，邀请代表参加常委会、专门委员会组织的调研、视察、检查等活动，联系非公企业，开展结对帮扶保障代表参与权、表达权和监督权。坚持常委会领导牵头督办、专(工)委对口督办、选联工委协调督办的议案办理制度，加强与代表的联系和沟通，提高建议办理质量，切实解决群众和代表关注的热点难点问题。认真抓好代表履职培训，拓宽学习培训的广度和深度，不断提升代表素质和培训实效。

四、贯彻区委决策部署，做好重大事项决定和人事任免工作

确保区委的意图通过法律形式予以落实，依法行使决定权、监督权、任免权三项职权，完善人大讨论决定重大事项制度，推动政府完善重大决策出台前向人大报告制度，加强调研、咨询、论证工作，正确规范行使重大事项决定权，把区委的决策部署、群众的意愿通过法定程序变成全区人民的共同意志。

五、巩固主题教育成果，全面加强自身建设

加强政治理论学习，深入学习贯彻习近平新时代中国特色社会主义思想，自觉用习近平关于坚持和完善人民代表大会制度重要思想指导推进人大工作；不断巩固“不忘初心、牢记使命”主题教育成果。切实把人大及其常委会建设成为全面担负起宪法法律赋予的各项职责的工作机关，成为同人民群众保持密切联系的代表机关。加强常委会组成人员、机关干部以及人大代表的培训，提高专业化本领，进一步增强适应新时代、实现新目标、落实新部署的能力，不断提高政治理论水平。加强人大机关制度建设，以制度管人管事，持之以恒抓好政治、思想、组织、作风和廉政建设，严格贯彻落实中央八项规定精神和相关规定，严防“四风”反弹。

强化意识形态工作，通过建机制、强宣传、重整治等一系列举措助力意识形态工作常态长效；加强人大宣传力度，拓展宣传广度和深度，充分展示代表新风采，传播人大好声音。

唯其艰难，方显勇毅；唯其磨砺，始得玉成。让我们更加紧密团结在以习近平同志为核心的党中央周围，在区委的坚强领导下，解放思想，开拓进取，依法履职，扎实工作，不断推动人大工作与时俱进，为推动实现高水平全面建成小康社会目标，奋力打造四大千亿级临港大工业集群，夺取现代化工业新城区建设更大胜利而努力奋斗！

政府工作报告

——在北海市铁山港区第五届人民代表大会第五次会议上

北海市铁山港区区长　龙起云

2020 年 5 月 20 日

一、2019 年工作回顾

过去一年，是我区砥砺奋进、勇创佳绩之年。一年来，我们坚持以习近平新时代中国特色社会主义思想为指导，全面贯彻落实党的十九大和十九届二中、三中、四中全会精神，以及习近平总书记视察广西及北海重要讲话精神，紧紧依靠市委、市政府和区委的坚强领导，在区人大、区政协的监督支持下，坚持新发展理念，落实“六稳”工作要求，凝心聚力、主动作为，全力以赴推进铁山港高质量发展，在招商引资、项目建设、产业发展和优化营商环境等方面实现重大突破，全区经济社会发展保持稳中向好的态势。实现地区生产总值增长 9.1%、增速位列全市第一；第一产业增加值增长 6.1%；第二产业增加值增长 9.8%；第三产业增加值增长 5.9%；固定资产投资增长 37%；财政收入 49.41 亿元、增长 8.34%；城镇居民人均可支配收入为 35779 元、增长 7.6%；农村居民人均可支配收入为 16189 元、增长 10.5%。铁山港（临海）工业区获批为自治区级经济技术开发区。

一年来，我们坚持以发展为要务，以人民为中心，把抓落实作为政府工作的最鲜明举措，重点做了以下工作：

（一）抓项目大力发展产业，工业经济有力挺进

积极贯彻落实北海市把铁山港区作为工业主战场，和区委推动形成临港大工业集群的决策部署，举全区之力抓招商，抓项目落地建设，引进了一批投资超百亿元的大项目，突出解决制约项目用地难、落地难瓶颈问题，形成了招商引资捷报频传、项目建设如火如荼的良好态势，掀起了新一轮发展热潮。

招商引资全市第一。深入实施“招商突破年”活动，围绕“产业树”按图索骥、精准招商。健全招商工作机制，组建石化、不锈钢、玻璃、林纸、农渔业等 7 个招商工作组，区四家班子领导领命出征。采取多种有效招商方式，充分发挥行业商会、地方商会等社会资源作用，广借外力牵线搭桥，主动对接粤港澳大湾区招商。招商队伍不辞辛劳，两三天跨越数千里，奔赴四五个城市招商是常态，艰苦付出换来丰硕成果，全年新签约项目 48 个，其中工业项目 38 个，农渔业、新城开发等项目 10 个，计划投资 974.55 亿元，项目投资规模、“双百”项目数均在全市排名第一，创近年来最佳成果。工业项目全部建成达产后预计年新增产值约 1700 亿元，将会使我区工业总产值至少翻一番。

项目建设热火朝天。深入开展“项目落实年”活动，积极贯彻市委、市政府和区委关于大力加强征地搬迁、确保项目顺利建设的部署安排，成立七大片区征地搬迁工作组，区四家班子领导率先垂范，亲赴一线征迁，全体干部加班加点、日夜奋战，广大群众顾全大局、积极支持，有力扫除了障碍、推进了工作。全年征地搬迁工作成效显著，共实施征地搬迁项目 33 个，完成征地清场 9741 亩、搬迁 213 户。实行重点项目跟踪服务机制，一大批重大产业项目快速落地、快速推进，掀起了投资

建设新热潮。年内新开工项目20个，太阳纸业林浆纸一体化、鱼峰新型胶凝材料等10个项目实现了当年签约当年开工。川桂合作首个项目48万吨/年优质硫酸钾项目，自首次考察到开工建设仅用40天时间，跑出服务项目落地的"北海速度"。纳入自治区统筹推进项目5个，列入自治区年中经济工作会议观摩项目3个，列入自治区产业大招商现场观摩会项目1个。项目服务能力和工作成效得到自治区、北海市领导高度评价。

工业集群日趋成型。围绕向海经济发展目标，推动石化、新材料、玻璃、林纸等产业项目加速聚集。信义玻璃首条生产线、中航化液化气综合利用、新鑫能源扩能改造、北部湾新材料填平补齐技改等项目如期建成投产；太阳纸业林浆纸一体化、信义太阳能光伏玻璃、中石化北海炼油结构化调整、北部湾表面处理中心二期、新材料产业园（启动区）标准厂房等一大批项目相继开工建设；三聚环保项目、瑞和生物柴油项目等一批"双百双新"项目前期工作加紧推进。港口、码头加快建设，北暮作业区5—6号泊位后方陆域工程基本完成，铁路专用线、铁山港航道三期等配套项目建设扎实推进。随着招商项目的逐步聚集，在建项目的逐步建成，配套设施的逐步完善，石化、新材料、玻璃、林纸"四大千亿元产业"集群已现雏形。

（二）抓产业推进乡村振兴，"三农"发展稳步向好

特色农业持续扩大。广西创新驱动海洋牧场智能服务示范基地落户我区，深水抗风浪养殖模式得到自治区典型推广，金鲳鱼、象鼻螺、珍珠养殖等产业规模进一步扩大，海水网箱养殖面积达32.3万平方米，产值5.8亿元、比增13.6%，鲜活金鲳鱼等产品远销欧美等地；投入1198万元振兴南珠产业，养殖面积超万亩，完成插核1300多万贝，珍珠产量620多公斤；推广水肥一体化技术，种植特色经济作物18万亩，产量35.1万吨，产值3.58亿元。粮食种植7.68万亩、产量达2.25万吨，生产面积和产量均保持稳定。

基础设施持续改善。投入3270多万元，建设斑鸠冲至婆围、莲塘至案塘等22条村屯道路硬化项目共37.7公里。争取上级支持，投资2216万元，动工建设群众反映强烈，影响群众出行的高德至南康公路（福成至南康段）改扩建工程。完成客货运输站改建，和5个便民候车亭等一批交通设施建设。通过积极争取，我区获评为自治区"四好农村路"示范县。投入1360多万元，巩固提升大塘村、盐灶村委低路村等饮水安全工程，修复白龙坪底、火禄、富屋海堤水毁等项目。投资5000多万元，推进南康镇三塘村耕地提质改造。农业基础设施得到进一步改善。

乡村旅游活力增强。全年投入3600多万元，建设完善旅游基础设施。白龙珍珠城获评国家AAA级旅游景区，游客中心、旅游厕所、停车场、标志牌等硬件全面改造提升。青山头、大王岭旅游项目建设有新进展。茂业生态园、金不换海上牧场和富哥农家乐等旅游项目建设特色鲜明。我区全年接待游客117.43万人、增长31.56%，旅游消费达13.38亿元、增长55.22%。

（三）抓规划统筹城乡发展，新城建设有条不紊

紧紧抓住北海加快市县区连片发展的机遇，大力推进南珠新城建设。优化调整南珠新城行政中心片区控规，营盘镇总体规划修编。加大招商力度，引进了一批南珠新城建设项目，计划投资超百亿元。重点推进行政中心等片区土地收储，搬迁47户，清场并移交土地1174.95亩，为新城项目建设提供用地保障。服务和推进向海大道建设，加快工业区人民医院、区实验学校和区七幼建设步伐，区妇女儿童活动中心项目前期工作扎实推进。南康特色小镇建设规划通过自治区评审，投资7500万元的南康、营盘两镇污水管网项目开工建设，南康镇、兴港镇荣膺全国综合实力千强镇，白龙村入选中国传统村落名录。

（四）抓生态加强环境整治，夯实绿色发展根基

坚定不移地走绿色发展之路，集中力量开展蓝天保卫战、清水行动和净土行动。集中整治工业区工地粉尘、车辆撒漏、扬尘问题，严格监控烧结废气烟尘存在小时浓度超标情况，坚决遏制燃烧秸秆，全区生态环境质量持续稳中向好，空气优良率达 96.33%，大气污染防治“百日攻坚”各项考核指标排名全市前列。严格落实“河长制”，建立“一河一档”、编制“一河一策”，定期开展巡河，累计完成巡河 1300 余次。严防污染水环境行为，水环境保护和重点流域治理及集中式饮用水源保护区整治得到加强。铁山港污水处理厂提标改造扎实推进，工业区污水管网建成 102 公里。加大海域生态保护监管力度，海域水质环境功能区达标率 100%，近岸海域环境质量保持优良。认真抓好中央环保督察“回头看”反馈问题整改，完成铁山港码头废渣清运工作，累计清运尾渣及受污染土壤 257.78 万吨。积极消纳处置尾渣及受污染土壤，累计消纳处置 192.81 万吨。投入资金 550 多万元，加强农村环境综合整治，大力开展“三清三拆”及违建别墅问题清查整治专项行动，取得阶段性成果。严厉打击矿产资源违法行为，对涉嫌无证开采、加工经营矿产品企业一律取缔。加强生态修复，24 个非法采坑修复成效明显。实施村屯绿化景观提升工程，创建 8 个市级生态村，建设一批“绿美乡村”、精品示范村和设施完善村。

（五）抓保障强化精准帮扶，脱贫攻坚决胜在望

按照“两不愁三保障”要求，打好脱贫攻坚“四大战役”。控辍保学切实加强，投入资金 1250 多万元，资助贫困学生 8925 人次。全面落实“198”医疗保障政策，全区贫困人口参保率达 100%。农村危改工程全部竣工，完成农村危房改造 153 户，贫困户住房安全有保障进一步巩固。农村饮水安全实现全覆盖，完成黄丽窝村、高田村等 4 个人饮巩固提升工程。大力实施产业扶贫，投入 3370 多万元对贫困户产业扶持，“5+2”产业覆盖率达 98.01%，贫困村“3+1”产业覆盖率均超 90%；创新“公司 + 创业孵化基地 + 贫困户”产业扶贫模式，打造陂塘村、黄丽窝村现代农业孵化基地，发展经验在自治区产业扶贫会上得到典型推介。落实小额信贷 5410 多万元，解决 1110 户贫困户发展资金；整合资金 2900 多万元，加强贫困村基础设施建设。统筹 1155 万元扶持发展村级集体经济，全区 43 个村（社区）收入全部超过 5 万元，提前一年完成自治区下达的目标任务。探索贫困残疾人集中托养服务模式，建立了广西首家重度残疾人集中托养扶贫示范基地。全年投入财政专项扶贫资金 5160 多万元，实现贫困人口再减少 681 户 2645 人，贫困发生率下降到 0.21%，圆满完成年度脱贫任务。

（六）抓改革优化营商环境，发展活力不断增强

深入推进各项改革，大力优化营商环境，不断提升我区投资吸引力和发展活力。

改革创新不断深入。完成政府机构改革，理顺职责、提高效能。落实减税降费政策，新增减税降费 7.92 亿元。农村土地确权颁证“回头看”通过农业部数据汇交、颁证率 99.6%，农村集体资产清产核资通过市级验收。成立区级农村产权流转交易中心，新增镇级农合联 1 个、股份经济合作社 17 个。全面落实口岸开放措施，外贸进出口总额 89.37 亿元、增长 26.5%。

营商环境明显优化。拓展提升政务服务能力，投入 300 多万元改扩建政务服务中心。“一窗受理、集成服务”更加便利，广西数字政务一体化平台网上可办率 100%。持续深化“放管服”等重点改革，加快推进“证照分离”，推行企业简易注销、注册登记全程电子化、容缺后补等制度。审批流程更优化，取消、调整行政许可事项 30 项，保留行政许可事项 177 项。成立项目落实办，为企业提供“一站式”“保姆式”服务。开设重大招商引资项目绿色通道，实现项目建设“三快一好”。推进政府采购“全市一张网”线上交易，实现采购“最多跑一次”目标。我区“优化营商环境攻坚突破年”活动成效显著，在自治区优化营商环境百日攻坚行动综合排名中位列广西 111 个县区的第三名。

（七）抓民生增强社会保障，持续增进人民福祉

始终把改善民生作为最大责任，持续加大民生领域投入，全年累计投入财政资金 8.6 亿元，占全区一般公共财政支出的 82.19%，为民生事业发展提供了有力资金保障。

教育事业持续进步。学前教育规模扩大，投入 480 多万元的区第五幼儿园已建成使用，增加学位 240 个；开工建设区第七幼儿园，建成后将增加学位 270 个。义务教育均衡发展，投入 950 多万元改善办学条件，44 所义务教育学校达到全面改薄“20 条底线”要求。推进高品质学校建设，投入 1.02 亿元建设区实验学校，建成使用后可增加 1260 个学位，逐步满足群众对优质教育的需求。

医疗服务更加完善。营盘卫生院公卫楼建成使用，区中医院、区疾控中心等项目前期工作加快推进。投入 750 多万元推进基本公共卫生服务项目，乡村卫生所、医生配备率和家庭医生签约率均为 100%。人均基本公共卫生服务经费标准逐步提高，服务项目由 12 类增加到 19 类。实现县域内贫困人口先诊疗后付费和“一站式”结算，较好解决贫困患者看病难的问题。

社会保障持续增强。镇村就业服务平台更健全，营盘镇就业社保服务中心建成使用，村级公共就业服务实现全覆盖。城镇新增就业 1037 人、登记失业率 2.91%。城乡低保标准均有提高，居民养老、医疗保险均完成目标任务率的 100%。扶持政策有力落实，发放农村特困、高龄和残疾人等供养金及补贴共 1060 多万元，发放农业补贴 1100 多万元、惠及 32740 多户群众。积极解决农民工工资拖欠问题，对列入失信“黑名单”企业实施了联合惩戒。

文体事业稳步发展。推进文化惠民工程，农家书屋实现行政村全覆盖，《白龙湾不倦的歌谣》荣获自治区群众文艺会演舞蹈类二等奖，“南康卖鸡调”获评自治区“全民终身学习周品牌项目”。推进“壮美广西·智慧广电”惠民工程建设，盐灶村建成全市示范点。成功举办北海南珠节暨国际珍珠展“璀璨南珠·活力铁山港”系列旅游文体活动。大力推进公共文体设施建设，体育场地建设的全国人均目标提前 6 年完成。

综合治理切实加强。法治铁山港和平安铁山港建设深入推进，群众安全感、政法队伍和扫黑除恶满意度等均居广西县区前列。加强公安基层设施、科技兴警项目建设，执法办案管理中心建成使用，兴港派出所业务用房完成建设，“平安二期”补点工程持续推进，移动上网终端定位设备及电子数据取证设备投入使用。以最严执法、最强措施、最大力度纵深推进“扫黑除恶”专项斗争，彻底打掉广大人民群众深恶痛绝的涉恶团伙 2 个、破获涉黑恶案件 43 起。对违法犯罪始终保持严打高压态势，全年侦破刑事案件 174 起、刑拘 296 人、提请批准逮捕 314 人。建立完善“三调联动”工作机制，成功调处民间纠纷 546 起。我区被评为全国信访工作“三无”区，人民调解工作经验在自治区“枫桥经验”现场会上推广。8 个村级自然灾害应急避难场所通过自治区验收。退役军人事务扎实推进，安全生产、交通、校园、食品药品、水旱灾害、森林火灾等重点领域安全隐患排查治理覆盖率进一步提升，全年没有发生重特大安全生产事故和食品药品安全事故。

（八）抓作风加强自身建设，提升政府治理能力

坚持和加强党的全面领导，严格履行全面从严治党主体责任。扎实开展“不忘初心、牢记使命”主题教育，在找差距、抓落实中守初心、担使命，推动学习习近平新时代中国特色社会主义思想不断走深走实。切实加强作风建设，专项整治形式主义、官僚主义突出问题。坚持依法行政，落实法治政府建设任务，不断提高政府行政效能和服务水平。健全重大行政决策机制，严格落实“三重一大”集体决策制度，行政监督和审计监督得到加强。深入推进政府系统廉政建设，坚决贯彻中央八项规定及实施细则精神。自觉接受区人大依法监督和区政协民主监督，办理人大代表建议 106 件、政协委员提案 116 件，办结率和满意率均达到 100%。

一年来，国防动员、人民防空、海防、侨务、档案、地方志、防震减灾、优抚安置、妇女儿童、残联、统计、民族、宗教、科技、综合执法等工作均取得新进展，在经济社会发展中发挥了重要作用。

过去的一年,我们不忘初心、牢记使命,紧抓机遇、担当作为,经济发展稳中向好,改革开放扎实推进,民生保障持续改善,社会大局稳定和谐。成绩来之不易,进步更显弥足珍贵。这是市委、市政府和区委统筹全局、正确领导的结果,是区人大、区政协有效监督、大力支持的结果,是全区广大干部职工和人民群众众志成城、团结拼搏的结果。在此,我谨代表区人民政府,向始终理解、信任和支持政府工作的各位人大代表和政协委员,向所有参与、关心和帮助铁山港建设的广大干部群众、社会各界人士,致以崇高的敬意和衷心的感谢!

在看到成绩的同时,我们也清醒地认识到,当前经济下行压力仍然很大,发展中还面临不少困难和问题,主要是:产业发展层次不高、结构不优、链条不完善,高质量产业体系尚未形成;一些项目落地建设还存在不少问题,园区规划还需要进一步调整优化;城乡公共服务功能不够完善,民生领域短板急需补齐;开放合作领域不广、水平不高;少数干部担当作为意识不强,干事创业精气神仍需提振;等等。尽管当前面临的困难很多、压力很大,但我们有信心、有决心顶住压力、破解难题,努力把我区发展得更好、建设得更美!

二、2020 年工作安排

今年春节前夕,一场新冠肺炎疫情突如其来。面对严峻的防控形势,我们认真贯彻落实习近平总书记关于新冠肺炎疫情防控工作重要讲话精神和中央、自治区及北海市的决策部署,迅速行动、积极落实各项防控措施,有力保障人民群众的身体健康和生命安全。同时,全力抓好春节期间正常运营企业的帮扶力度,建立"一企一策一人"服务机制,工业区管委会全员服务企业,确保企业不停工不停产。在疫情得到有效控制后,根据中央、自治区和北海市的部署要求,我们统筹做好疫情防控和经济社会发展工作,深入一线指导企业做好防控,帮助企业解决实际困难和问题,稳健扎实推进企业复工复产。当前疫情防控向好态势进一步巩固,在常态化疫情防控中经济社会运行趋于正常,生产生活秩序加快恢复。我们要珍惜来之不易的防控成绩,继续抓好常态化疫情防控,因时因势外防输入、内防反弹,千方百计抓项目、促生产,抢时间、争进度,努力把疫情造成的损失补回来,全力以赴推动经济社会平稳健康发展。

今年政府工作的总体要求是:坚持以习近平新时代中国特色社会主义思想为指导,深入贯彻落实党的十九大和十九届二中、三中、四中全会精神,全面落实习近平总书记视察广西及北海重要讲话精神,以及自治区党委十一届七次全会、自治区经济工作会议精神,认真落实市委、市政府决策部署,按照区委"四三二一"工作思路和五届五次全会的工作部署,在广西产业发展大格局中找准位置,在北海发展全局中对标使命,在突出的区位优势中坚定发展方向,坚持高标准规划引领,优化工业区产业布局,坚持用新发展理念,做深做实"十四五"规划编制,坚持抓招商引资和项目建设两项重点工作不放松,坚持决战决胜脱贫攻坚和实施乡村振兴战略融合发展,坚持生态立区和环保整治一体推进,坚定打好三大攻坚战,扎实做好"六稳"工作,落实"六保"任务,主动承担起北海经济发展"主战场"、北海工业发展"顶梁柱"重任,努力保持经济持续健康发展与社会大局和谐稳定,奋力夺取现代化工业新城区建设更大胜利!

由于受到新冠肺炎疫情的影响,北海市今年的经济指标有所下调,我们紧密结合当前发展实际,经过认真分析研究,并经区委研究同意,也对我区今年的一些经济指标进行了适当下调。今年我区经济社会发展的主要预期目标是:区地区生产总值预计增长 7% 左右,财政收入剔除不可比因素增长 5% 左右,规模以上工业总产值增长 13% 左右,固定资产投资增长 100% 以上,城镇居民人均可支配收入增长 6%,农村居民人均可支配收入增长 7%,城镇登记失业率控制在 4% 以内。

加快教育发展步伐。大力实施教育提升三年行动，提高我区教育整体发展水平。全年计划投入9000万元，加大教育投入力度，加快区实验学校建设，争取6月份竣工、8月底投入使用；进一步改善学校办学条件，持续推进义务教育学校优质均衡发展；继续增强学前教育，推动南康镇中心幼儿园、营盘镇中心幼儿园等5所幼儿园建设，争取年内投入使用第七幼儿园，实现公办幼儿园占比50%以上，全面提升幼儿园普惠率。合理调整学校布局，推动寄宿制小学建设，加快建设教师周转房等项目。加强师德师风建设，开展"师德模范"和"优秀德育工作者"评选活动，树立一批先进典型，强化立德树人成效。

提升医疗服务水平。加快建成并投入使用工业区人民医院，启动区人民医院、区妇幼保健院异地搬迁，区中医院、区疾控中心等项目建设。推进紧密型医共体试点建设，确保乡镇卫生院参与率达100%。规范村卫生室管理，巩固乡村医生"乡聘村用"成效，有效缓解群众看病难问题。抓好新冠肺炎疫情常态化防控，打好阻击战、持久战；加大公共卫生投入，提高应对重大公共卫生突发事件的能力，坚决守住人民群众生命健康防线。实施服务百姓健康行动计划，加强妇女儿童保健工作，维护和增进人民群众健康。

繁荣发展文体事业。积极推进文化创作创新，加强抗疫文艺作品、脱贫攻坚精品舞蹈等创作。推动基层公共文化设施提质建设，投资320万元加快南康社区、石头埠社区等6个村（社区）公共服务中心建设，实现村级公共服务中心全覆盖。抓好智慧广电云工作，建设1个乡镇服务站，实现7个行政村联网，新增用户5100户，推动信息化、数字化新时代惠及更多群众。开展群众体育运动，推动全民健身。加快体育设施建设，打造扫管龙村、大树岭村等5条健身路径，推进社内村委会江灰村等3个篮球场建设。

完善社会保障体系。落实低收入家庭、低保群体和特困家庭等保障政策，切实保障困难群体基本生活。大力实施全民参保计划，基本养老、基本医疗保险参保率达100%。全面落实惠企惠民政策，提高社会保障，促进就业创业。紧扣群众就业需求，扩大职业技能培训，加强劳务对接和专场招聘，充分借助工业区企业多的突出优势，多渠道推动贫困群体就业，力争完成城镇就业1.8万人以上、农村劳动力转移就业3.4万人以上。推行农民工工资保证金制度，加强治欠保支工作。落实第七次全国人口普查任务，统筹做好退役军人服务管理等工作。

强化社会综合治理。加强法治建设和平安建设，深入推进社会治理创新。纵深推进"七五"普法，不断提高群众懂法用法水平。推进扫黑除恶专项斗争和禁毒严打整治，持续打击各种违法犯罪活动。充分用好新时代"枫桥经验"，做好各类社会矛盾化解工作。打好防范化解重大风险攻坚战，着力做好政府债务、环境污染、自然灾害等重点领域风险防范。开展安全生产专项整治三年行动和"强监管严执法年"专项行动，加强安全生产监管，坚决遏制重特大事故发生。强化食品药品安全监管，加强防灾减灾救灾、消防救援和应急管理工作。开展全国文明城市和国家卫生城市创建工作，提升城镇文明程度。加强农村基层治理，畅通信访诉求渠道，全力维护群众合法权益。积极回应群众对高品质公共服务的新需求，努力营造和谐安定的环境。

三、全面加强自身建设，打造担当实干高效廉洁政府

今年是我区发展的关键之年，必须进一步加强政府自身建设，讲担当、守规矩、重落实，不断提高新时代推动高质量发展的治理能力和服务水平，加快建设人民满意的服务型政府。

坚持推进依法行政。坚持和加强党的全面领导，不折不扣贯彻落实市委、市政府的决策部署，不折不扣坚决执行区委的决议决定，自觉做到政令畅通。坚持依法决策，严格规范公正文明执法，增强政府工作人员法治思维，提高依法行政水平。依法接受区人大及其常委会监督，认真落实各

项决议、决定并定期报告工作，自觉接受区政协的民主监督，接受社会舆论监督，认真办理人大代表建议和政协提案。

持续提升治理效能。持续践行“三坚持两改变”，深入开展“转作风、抓落实、提效能”专项整治行动，推动解决制约治理效能突出问题。巩固拓展“不忘初心、牢记使命”主题教育成效，加强政府治理体系建设。坚持解放思想，努力破除一切影响、制约发展的旧思想、旧观念，推动形成想作为、敢作为、善作为的良好风尚。加强执法队伍建设，深入开展“强基础、正风纪、树形象”行动，切实提高执行力、落实力，用创新思维、专业方法将各项工作落到实处。改进工作方式，增强群众观念，树牢服务意识，践行“一线工作法”，把牢企业需求、基层呼声和群众期盼，服务好企业、服务好项目、服务好群众。

筑牢廉政建设底线。认真履行管党治党主体责任，全面落实“一岗双责”。遵守党章党规，严守党纪国法红线、廉洁从政防线、道德操守底线。坚决落实中央八项规定及实施细则精神，大力整治形式主义、官僚主义，坚持不懈纠正“四风”，深入整治群众身边的腐败和作风问题，积极营造求真务实、清正廉洁的新风正气。规范公共财政支出，加强工程建设、政府采购、公共资源交易等重点领域监管，加强财政检查和审计监督。

收获源于汗水浇灌，实干方能笃定前行。让我们更加紧密地团结在以习近平同志为核心的党中央周围，高举习近平新时代中国特色社会主义思想伟大旗帜，在市委、市政府和区委的坚强领导下，不忘初心、牢记使命，担当为民、砥砺前行，为推动实现高水平全面建成小康社会目标，奋力打造四大千亿级临港产业集群，夺取现代化工业新城区建设更大胜利而努力奋斗！

名词解释：

“双百双新”项目：“双百”即投资超过百亿元或产值超过百亿元的重大产业项目；“双新”即新产业项目、新技术产业项目。

“四好农村路”：要求农村公路建设要因地制宜、以人为本，与优化村镇布局、农村经济发展和广大农民安全便捷出行相适应，要进一步把农村公路建好、管好、护好、运营好，逐步消除制约农村发展的交通瓶颈，为广大农民脱贫致富奔小康提供更好的保障。

“河长制”：由市、县、乡镇各级党政主要负责人担任辖内河湖水域的“河长”，负责组织领导属地内河湖的管理和保护治理工作。

“三清三拆”：“乡村风貌提升三年行动”的着力点，即清理村庄垃圾、乱堆乱放、池塘沟渠，拆除乱搭乱盖、违规广告招牌、废弃建筑。

“两不愁三保障”：不愁吃、不愁穿，义务教育、基本医疗、住房安全有保障。

“四大战役”：义务教育保障战役、基本医疗保障战役、住房安全保障战役、饮水安全保障战役。

“一窗受理、集成服务”：“前台综合受理、后台分类审批、统一窗口出件”的“一窗受理、集成服务”审批服务新模式。

“放管服”改革：放管服，就是简政放权、放管结合、优化服务的简称。“放”即简政放权，降低准入门槛。“管”即公正监管，促进公平竞争。“服”即高效服务，营造便利环境。

“证照分离”：市场准入领域的“先照后证”，就是只要到工商部门领取一个营业执照，就可以从事一般性的生产经营活动，如果从事需要许可的生产经营活动，再到相关审批部门办理许可手续。

“一站式”服务：即让群众享受一步到位的便捷服务，不再东奔西走，节省时间，提高效率。

“容缺后补”制度：是指允许某些审核材料在规定时间内暂时缺少，实行非主审要件缺项受理和审批。

“保姆式”服务:主动服务、靠前服务、延伸服务,“保姆式”政务服务。

“三快一好”:即选址快、供地快、建设快、服务好。

“最多跑一次”:是指群众和企业到政府办理行政权力和公共服务等事项,在申请材料齐全、符合法定受理条件时能够“最多跑一次”办结。

“三调联动”工作机制:即区、镇、村(社区)三级联合调解矛盾纠纷的制度。

“枫桥经验”:“发动和依靠群众,坚持矛盾不上交,就地解决。实现捕人少,治安好”的“枫桥经验”。

“四三二一”工作思路:区委五届五次全会提出,谋划推动打造石化千亿元产业、临港新材料千亿元产业、玻璃千亿元产业、林纸千亿元产业四大千亿元产业;实施产业项目落地建设、园区基础设施和环境提升、铁山港产业新城(南珠新城)三大会战;围绕招商引资和征地搬迁两条主线,实现全年招商引资超千亿元、征地清场超万亩;以优化营商环境为重点,实施营商环境优化再提升专项行动。

“六稳”:指的是稳就业、稳金融、稳外贸、稳外资、稳投资、稳预期,涵养了我国目前经济生活的主要方面。

“六保”:2020 年 4 月 17 日召开的中央政治局会议上首次提出,指的是保居民就业、保基本民生、保市场主体、保粮食能源安全、保产业链供应链稳定、保基层运转。

“五个一”:一个产业项目、一名处级领导、一个责任单位、一个责任干部、一抓项目到底。

“一二三四五”工作法:区委五届五次全会提出,着力建强一支队伍;强化工作和廉政两项纪律;坚持强化拆违执法、严管歪风邪气和违法经营“三管齐下”;协调村委干部和群众参与、供电和通信等部门协助、财政金融和征收等部门全程跟踪服务、乡村能人配合等四方发力推进;创新分类施策、宣传引导、搬迁服务、审核定价、安置补偿五项措施。

“七个一”工程:区委五届五次全会提出,重点谋划建设一批市政基础设施、一家综合性医院、一条商业街、一家以上星级酒店、一个以上住宅小区、改造一所学校、征下一个片区等“七个一”工程。

“四个不摘”:摘帽不摘责任、摘帽不摘政策、摘帽不摘帮扶、摘帽不摘监管。

乡村医生“乡聘村用”:乡村医生与乡镇卫生院(社区卫生服务中心)签订聘用劳动合同,身份由个体转变为乡镇卫生院(社区卫生服务中心)自聘职工。

“三百二千”科技创新工程:是指突破 100 项重大技术、创建 100 个国家级创新平台、引育 100 个高层次创新人才和团队“3 个 100”;新增 1000 家高新技术企业、转化 1000 项重大科技成果“2 个 1000”。

“一网通办”:依托一体化在线政务服务平台,通过规范网上办事标准、优化网上办事流程、搭建统一的互联网政务服务总门户、整合政府服务数据资源、完善配套制度等措施,推行政务服务事项网上办理,推动企业群众办事线上只登录一次即可全网通办。

“全程网办”:政务服务事项实行全程网上办、“不见面审批”。

“掌上可办”:政务服务事项手机 APP、客户端掌上可办。

“七五”普法:指中央宣传部、司法部关于在公民中开展法治宣传教育的第七个五年规划(2016—2020 年)。

“一线工作法”:为引导广大党员干部切实转变作风,深入实际、深入基层、深入群众,及时有效解决各种问题和矛盾,大力推行一线工作法,工作重心下移,让干部在一线为民服务中,提高工作本领,密切党群干群关系。

中国人民政治协商会议
北海市铁山港区委员会常务委员会工作报告

——在政协第四届北海市铁山港区委员会第五次会议上

北海市铁山港区政协主席　彭岳军

2020 年 5 月 19 日

一、2019 年工作回顾

2019 年，在区委的正确领导下，区政协坚持以党的十九大精神为指导，深入学习贯彻习近平新时代中国特色社会主义思想，把握团结和民主两大主题，认真履行政治协商、民主监督、参政议政职能，坚持建言资政和凝聚共识双向发力，主动作为，履职尽责，较好地完成了全年工作任务。

（一）加强党的全面领导，坚定正确的政治方向

一年来，区政协坚决落实中央加强党对政协工作领导的要求，采取多种措施广泛凝聚共识，筑牢共同思想政治基础，以党建引领人民政协事业发展的正确方向。

把握协商民主政治方向。坚持把学习习近平新时代中国特色社会主义思想作为首要政治任务，深学细研十九届三中、四中全会精神和习近平视察广西及北海的重要讲话。在思想上、政治上、行动上始终与党中央保持高度一致，牢固树立“四个意识”、坚定“四个自信”、落实“两个维护”，切实把中央重大决定、自治区党委和市委、区委的部署要求贯彻落实到政协履职全过程，引导参加政协各民主党派、各人民团体和社会各界人士不断增强对党的基本理论、基本路线、基本方针的政治认同、思想认同、理论认同和情感认同，夯实团结奋斗的共同思想政治基础，积极投身港区发展稳定大局，推动全区经济社会不断发展。

强化理论武装，筑牢思想根基。将理论武装融入日常学习教育，抓好中心组、主席会、常委会、机关党支部学习会和委员专题培训，组织委员加强学习、强化交流，确保学习制度化、有效果。通过举办专题党课、党日活动、理论学习研讨会，集中学习贯彻习近平总书记在中央政协工作会议上的重要讲话精神和自治区党委、市委政协工作会议精神，把思想和行动统一到党中央的决策部署上，切实增强做好新时代人民政协工作的责任感和使命感。

加强党对政协工作的全面领导。坚决落实党的领导，全面把握人民政协协商组织的政治定位，以更高的站位深刻认识坚持党的领导的极端重要性，增强坚持党的领导的自觉性，确保有效实现党的政治领导、思想领导和组织领导。坚持请示报告制度，一切重大决策和重要活动及时向区委请示，重点工作围绕区委中心任务开展，重点调研课题和年度民主协商议题报区委审定。充分发挥政协党组在政协工作中的主导作用，重要决策先均由党组会研究决定，重要工作由党组统一部署，把党的领导贯穿于政协工作全过程。

（二）强化责任担当，以工作创新展现新时代委员风采

适应新时代、新使命、新任务的要求，积极拓展委员履职渠道，丰富委员履职形式，强化委员责

任担当,不断提升委员履职能力和水平。

拓展委员履职平台。着力搭建调研视察、政情通报、社情民意联系点、新媒体等履职平台,密切委员与政府部门和群众的联系,围绕项目建设、营商环境、服务群众、脱贫攻坚等方面出谋划策。制定年度党员委员履职任务,做好党员委员履职考核和评价,促进党员委员带头履职,进一步提高委员履职的积极性和主动性。

完善委员服务机制。制定委员履职登记表,建立委员"一人一卡"履职档案,将委员积极参与会议、研讨、协商、视察、考察、培训、提案、信息等工作内容建档立案。细化委员履职工作规则,建立委员履职评价体系,全面了解掌握委员参加会议、调研视察、学习培训、提交提案、报送信息等方面的履职"成绩单"。实行政协委员履职情况通报制度,将委员们年内履职总体情况通报委员所在单位和委员推荐单位;加强委员联络管理考核,促进委员自觉履行职责,主动投身发展大局。

创新委员履职方式。建立健全专委界别小组和委员活动室制度,将4个界别小组和4个委员活动室实行归口管理,积极开展委员走访活动,落实政协领导、常委联系委员和委员联系群众制度,走访委员部门,组织委员围绕重点工作深入群众开展视察调研。实施"精准扶贫　委员在行动""雨露助学　委员行动""同心·助学"等活动,委员走访群众300多户,协调帮助企业发展、群众子女上学、扶贫帮困等诉求30余件,组织委员企业开展社会帮扶慰问活动20多人次,送温暖慰问活动80人次,帮困助学30人次。

(三)聚焦中心任务,主动作为助推经济发展

充分发挥政协委员主体作用,致力抓重点促成效,为区委区政府重大决策建言立论,为全区经济发展献计出力。

积极参与招商引资和征地搬迁。班子成员认真落实区委要求,全力服务招商引资,带队赴广东、江苏、山东、福建、四川、重庆等地洽谈,推介港区投资环境和营商环境,积极参与包括太阳纸业、亚王储能等在内的16个项目400多亿元投资项目的洽谈,为完成全年招商引资和征地搬迁工作任务贡献力量。向全体委员发出"积极参与招商引资全力支持港区发展"倡议书,开展"建立一个关系、传递一条信息、邀请一个客户、促成一个项目、引进一笔资金"活动,鼓励委员争做产业树招商引资的践行者、宣传员和投资环境的监督员,为产业树招商引资牵线搭桥,形成人人关心招商、宣传招商、支持招商的良好局面。

扎实推进脱贫攻坚。统筹推进政协机关扶贫工作,按季召开1次脱贫攻坚专题会议,推进联系的陂塘等6个村委和32户贫困户的扶贫工作,督促落实精准扶贫各项要求。想方设法解决帮扶挂点村和32户贫困户在扶贫工作和生产生活中遇到的困难问题,挤出资金扶持贫困户发展种植、养殖产业,截至2019年年底已有31户顺利脱贫。向委员发出"就业脱贫　委员行动"倡议,鼓励各行各业委员通过不同方式参与和支持脱贫攻坚工作,支持委员企业与贫困村组建农村合作社,发展养殖、种植产业,为贫困户提供产业分红资金、工作岗位及产业技术的支持。

认真开展民主监督。围绕区委、区政府的决策部署和群众关心的热点难点问题,积极拓展民主监督的层次和领域。开展了脱贫攻坚专项巡视整改、调研督导和扶贫领域腐败及作风问题专项治理工作,选派委员50多人次参与全区各类民主监督活动,列席政府常务会议、述职民主测评、扫黑除恶专项斗争、脱贫攻坚巡察督查活动、旁听案件审判、法制宣传、产业树招商成果交流等监督活动;组织委员60多人次参与组织部门的绩效考评测评、政法部门的满意度测评、落实党的政治生态建设考评等民主评议活动,推动民主监督工作广泛开展。

（四）坚持建言资政，深化协商民主促进工作落实

充分发挥建言资政的独特优势，围绕民众诉求、民生改善、民策落实，进一步深化协商民主工作。

精品提案推动工作落实。健全和完善区领导领衔督办重点提案制度。2019 年，21 件重点提案由区领导直接督办，推动了提案办理成效的提升。加大提案办理前和办理中的协商力度，各提案办理单位及时与委员联系沟通，尽最大努力推动措施的落地和问题的解决。政协常委会对政府各部门提案办理工作进行认真审理评估，做出民主测评，政协常委会对政府 2019 年提案办理工作满意率达到 96.8%。开展 A 类提案由政协常委和提案人民主评议的试点工作。四届四次会议期间，委员提交提案 65 件，立案 53 件，办结率 100%。委员提出提案的针对性、可操作性不断增强。如委员提出关于优化我区营商环境扶持企业发展的提案，从新的角度提出建议，区政府完善相关计划，拨出 100 多万元专项资金，对政务中心进行搬迁改造，政务大厅从 500 平方米扩建到 2500 平方米，投入 30 万元设立助推服务区，企业开办登记从原来的 3 个工作日压缩到半天时间办结；委员连续多年提出关于南康至福成公路修复改造的提案，交通部门不断向市级部门反映，积极协调，在去年年底该路段终于列入市级建设规划，第一期资金 1000 万元已到位，近期即将开工建设，沿线农民反映强烈的行路难问题有望得到解决。

信息反映助推民意落实。进一步发挥社情民意信息联系点的作用，继续深化“委员走访日”活动，依托各种履职交流平台，积极引导委员深入基层深入群众，围绕热点难点问题，及时反映社情民意。如非洲猪瘟疫情监控期间，有委员反映我区一些树林河塘沟渠里经常有丢弃的死猪，区政协及时向相关部门反映，持续追踪，督促相关部门及时处置，防止防范疫情蔓延。刘宗琪委员《关于简化商标变更手续的建议》被全国政协采用，推动国家商标总局简化商标变更手续，减免了办理费用。去年，委员共撰写社情民意信息 60 篇，采用 46 篇，向市政协报送信息 37 篇，采用 25 篇，其中有 10 篇信息被市政协选报全国政协，占全市选报信息的 23.5%。我区社情民意信息工作在全市考核中排名第二，在一县三区政协中名列第一，连续两年被评为全市先进集体。

调研视察助力决策参考。围绕我区中小企业发展、林下经济现状及农田水利建设开展重点调查研究，形成三份调研报告。《关于铁山港区民营中小企业发展情况的调研报告》提出了组建中小企业服务中心、加大民营企业研发奖励补助、鼓励企业转型升级、走“专精特新”发展之路等建议；《关于铁山港区林下经济发展情况的调研报告》提出了完善林地开发管理政策、加大金融支持力度、培育龙头、示范推动、推进品牌战略等建议；《关于铁山港区农田水利基础设施建设的调研报告》提出了做好规划工作、规范农田水利建设管理体系、强化资金整合、理顺管理机制，加强工程管护等建议，供政府部门决策参考。积极开展对外交流活动，2019 年接待广西区内外政协调研考察组 21 批 270 人次，与外地政协开展良性互动，达到了学习交流借鉴的目的。

（五）加强自身建设，提升政协机关服务水平

坚持推进自身建设，积极探索政协履职服务新载体、新途径，不断提升机关整体服务保障水平。

强化干部思想建设。深入开展“不忘初心、牢记使命”主题教育，通过中心组学习、上党课、外出培训学习等多种形式，深入学习党的十九大精神，深刻领会习近平新时代中国特色社会主义思想，准确把握中央及自治区党委关于政协工作的新思想新部署新要求，抓好专题党课、专题调研、专题民主生活会和上级巡视整改落实等关键环节，保证了主题教育效果。党组强化责任意识，落实从严治党主体责任，狠抓机关干部教育，将学习成果转化为谋划工作思路、推进工作措施，转化为守初心、担使命、找差距、抓落实的实际行动,推动政协工作高质量发展。

加强委员履职培训。先后组织政协常委及部分骨干委员赴贵州大学学习、全体政协委员到市委党校进行履职能力提升专题培训,选派委员参加市级以上政协系统举办的业务培训班 10 期,参加党委系统组织的党建理论专题培训班 19 期,让委员及时认清形势、交流思想、领会精神,促进委员围绕党政所需、群众所盼、政协所能的重要问题,主动履职尽责,担当作为。

扎实推进制度建设。健全和完善委员教育培训、联络服务、履职通报、作风建设、提案评价规章制度,强化履职制度刚性约束;坚持和完善党组议事规则、常委会议事规则、党支部学习制度等工作制度,形成了科学规范的政协制度管理体系。

区政协一年来所取得的成绩,是区委正确领导和区人大、区政府大力支持的结果,是各参加单位、各级组织、全体委员和社会各界人士共同努力的结果。在此,我谨代表区政协常委会向支持、关心政协工作的各位领导、各位同志、各界朋友表示衷心的感谢!

在总结成绩的同时,我们清醒地认识到,我们的工作有很多方面需要不断改进,如协商民主的形式方法及效果有待进一步探索,民主监督有待进一步加强,委员履职的主动性、积极性还需进一步提高等,这些问题和不足,需要我们在今后的工作中认真解决。

二、2020 年工作部署

2020 年,是全面建成小康社会和"十三五"规划收官之年,也是我区推进项目建设和新城区建设关键一年。区政协常委会今年工作的总体思路是:坚持以习近平新时代中国特色社会主义思想为指导,全面贯彻落实党的十九大和十九届二中、三中、四中全会精神以及习近平总书记关于加强和改进人民政协工作的重要思想,认真落实区委五届五次全会精神,坚持团结和民主两大主题,围绕中心,服务大局,把加强思想政治引领、广泛凝聚共识作为中心环节,认真履职、敢于担当,主动作为,为我区的经济社会高质量发展作出新的贡献。

(一)进一步学习贯彻落实习近平总书记关于政协工作的重要讲话精神

习近平总书记关于政协工作系列重要讲话,标志着党对人民政协工作的规律性认识达到新高度,为新时代人民政协事业发展进一步指明了方向、提供了根本遵循。我们一定要严格按照习近平总书记的要求,把握主轴、抓实主线、履行主责,完善制度机制,找准履职切入点和结合点,发挥专门协商机构作用,不断开创新时代政协工作新局面。

(二)围绕中心服务大局,积极履职主动作为

积极参加党委、政府中心工作,切实贯彻落实区委提出的"四三二一"工作目标,主动作为,积极开展招商引资工作,调动委员中的企业家、非公经济人士的积极性和创造性,发挥政协委员联系面广的作用,提高招商引资的质量;主动参与重大项目建设,开展项目征地搬迁工作;主动服务企业项目,主动发现问题,主动解决问题,定期开展走访联系活动,优化营商环境,促进项目落地开工。

(三)聚焦民生福祉,积极反映社情民意

进一步完善社情民意信息联系点机制,充分发挥社情民意信息作用,一方面积极收集反映民计民生等热点、难点、焦点问题。协助党委政府做好协调关系、化解矛盾、舒缓群众情绪工作,做好知民情、解民忧、暖民心的工作,促进解决民生、理顺民意。另一方面,积极反映我区在推进项目建设,促进经济发展等方面的好经验、好做法,发出铁山港的声音。

(四)广泛凝聚共识,深入开展民主协商

重点围绕区委"新型工业"核心定位,开展关于铁山港(临海)工业区供排水情况的调研,为助推现代化工业新城区建设的决策部署建言献策;围绕教育发展、理顺教育体制机制、加强师资队伍

建设、强化职工素质培养，开展关于我区教育事业发展的调研，为区委区政府发展教育事业决策提供参考。围绕“关于加强建设教师周转房”“工业园区企业供排水问题”“推进扫管龙红色教育基地建设”“完善行政中心基础设施建设”等议题开展民主协商，积极建言献策。

（五）加强自身建设，推动履职提质增效

加强机关干部和委员学习培训，做好委员履职服务管理，畅通委员意见诉求表达渠道。健全完善委员履职通报制度、提案信息评优制度、委员走访日制度。加强政协机关队伍建设，激励机关干部担当作为，为政协有效履行职能、顺利开展工作提供有力保障。

各位委员，集众智可定良策，合众力必兴伟业。让我们在区委的坚强领导下，牢记初心和使命，坚定信心与决心，开拓进取，锐意尽责，为奋力谱写人民政协事业发展新篇章，夺取现代化工业新城区建设更大胜利努力奋斗！

关于北海市铁山港区2019年国民经济和社会发展计划执行情况及2020年国民经济和社会发展计划(草案)的报告

——在北海市铁山港区第五届人民代表大会第五次会议上

北海市铁山港区发展和改革局

2020年5月20日

一、2019年国民经济和社会发展计划执行情况

2019年以来,面对严峻复杂的宏观经济形势,全区上下在区委、区政府的正确领导下,在区人大和区政协的大力支持和监督下,全区各级各部门认真贯彻习近平总书记视察广西及北海重要讲话精神,全面贯彻落实党的十九大和十九届二中、三中、四中全会精神,坚决落实中央、自治区、北海市一系列决策部署,坚持新发展理念,坚持推动高质量发展,坚持以供给侧结构性改革为主线,凝心聚力、开拓创新、真抓实干、奋力拼搏,全力抓产业、抓招商引资、抓项目建设、抓新城建设、抓征地搬迁、抓优化营商环境,努力克服经济下行压力,经济社会保持持续健康较快增长的良好势头。

计划执行总体情况良好,主要目标任务顺利完成。2019年,全区实现地区生产总值340.70亿元,同比增长9.1%。三次产业增加值分别为33.23亿元、275.18亿元、32.3亿元,分别增长6.1%、9.8%、5.9%。三次产业结构为9.75∶80.77∶9.48,三次产业对经济增长贡献率分别为6.3%、87.4%、6.3%,分别拉动经济增长0.57、7.96、0.57个百分点。规模以上工业总产值886.63亿元,总量占全市的50.76%,增加值增长9.9%;辖区内税收134.47亿元,占全市的62.36%;财政收入49.41亿元,同比增长8.34%;完成固定资产投资51.5亿元,同比增长37%;外贸进出口额89.37亿元,同比增长26.5%;城镇居民人均可支配收入35779元、同比增长7.6%,农村居民人均可支配收入16189元、同比增长10.5%。

(一)扎实推动产业高质量发展,发展动能日益增强

临港产业集群发展步伐加快。落实《加快铁山港临港产业集群发展实施方案》,以石化、新材料、林纸、玻璃等优势产业集群发展为引领,推动海洋装备、线路板及电镀、加工贸易等产业加快集群聚集,坚定不移发展壮大临港产业。北海炼化结构调整改造加快推进,中航化液化气综合利用项目试产,川化硫酸钾等

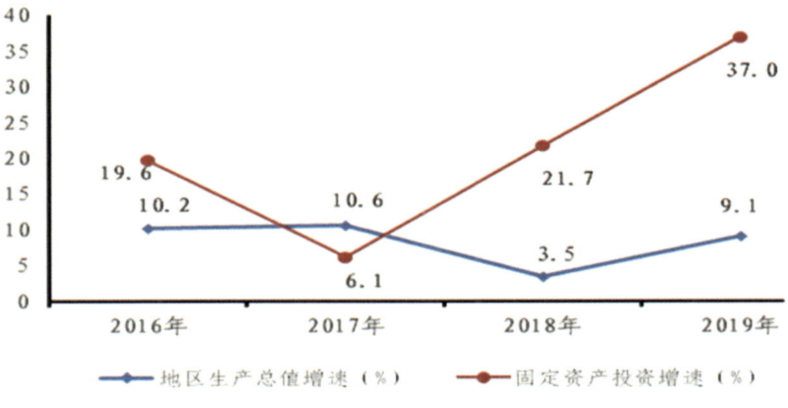

2016—2019年铁山港区地区生产总值、固定资产投资增速

项目开工建设，和源化工、新鑫能源等一批下游企业发展壮大，石化产业基地初步形成。临港新材料结构不断优化，新材料产业园（启动区）标准厂房等项目开工建设，产业集群发展逐步形成。信义玻璃首条生产线竣工试产，太阳能光伏玻璃、信合节能玻璃等项目建设加快推进，一批配套产业链项目加快引进，产业初步形成集聚效应。林纸产业方面，斯道拉恩索总产量突破 100 万吨，太阳纸业 350 万吨林浆纸一体化项目开工建设，造纸助剂项目、配套智能仓储物流等上下游产业链项目前期工作加快推进。四大主导产业石化、临港新材料、玻璃、林纸实现产值共计 829.92 亿元，占园区工业总产值的 93.47%。科学布局港海洋装备、线路板及电镀、加工贸易等产业并大力推动发展壮大，积极推动工业区转型升级，铁山港（临海）工业区成功获批自治区经济技术开发区，临港产业发展基础日益牢固。

现代特色农业初显成效。积极落实各项农业农村政策，全力推动现代特色农业快速发展，全区农林牧渔业总产值 51.04 亿元，同比增长 6.2%。积极创新现代农业模式，有序推进南康江鑫生态种养、营盘对虾、兴港生态循环等示范区及水鸭塘百香果间种油茶、彬塘蛋鸭、杨屋香蕉产业等示范点的创建工作，全年创建 3 个乡级、12 个村级示范区。积极推动北京牛栏山庄饮品、香港喜记“蟹将军”餐饮集团落户南康。大力发展向海富民经济，不断壮大发展金鲳鱼、象鼻螺、珍珠贝等浅海养殖，扩大深海网箱养殖规模，养殖面积 32.3 万平方米。持续扶持发展南珠产业，完成养殖面积 1.01 万亩，产量 1200 斤，成功举办“2019 北海南珠节暨国际珍珠展”铁山港区分会场活动，绽放南珠迷人魅力。现代特色农业成效显著，我区在全区渔业稳增长和绿色高质量发展现场推进会作典型发言。

现代服务业加快成长。交通运输业保持快速增长，年旅客周转量 3227.7 万人公里，增长 6.5%。货运量 709 万吨，增长 7.42%，货运周转量 9702.9 万吨公里，增长 6.47%。港口物流业再创新高，货物吞吐量完成 2760 万吨、集装箱 21.9 万标箱，分别增长 5%、14.4%。乡镇通班车率 100%，建制村通班车率 100%。城乡居民消费持续增长，完成社会消费品零售总额 13.7 亿元，增长 8.6%；完成批发、零售、住宿、餐饮业营业额分别为 56.37 亿元、50.04 亿元、0.45 亿元、7.83 亿元，分别增长 9.1%、8.8%、16.1%、11%。挖掘本土文化资源，打造优秀文化精品，投入 3600 多万元助推乡村旅游蓬勃发展。白龙珍珠城获批国家级 AAA 景区，大王岭、夏塘高村、青山头等乡村旅游区建设持续推进。全年共接待国内游客 117.43 万人，消费 13.38 亿元，分别增长 31.56%、55.14%。

（二）产业树模式彰显成效，招商引资创佳绩

围绕“强龙头、补链条、聚集群”的产业发展要求，深入实施“投资促进年”“招商突破年”活动，全方位、多渠道开展产业树精准招商。在“全员招商 + 专业招商 + 精准招商”基础上，创新招商模式，成效显著。全年累计签约项目 48 个，合同投资总额 974.55 亿元，完成北海市下达任务的 541.41%；实际到位资金 77.09 亿元，完成北海市下达任务的 128.48%；实际利用外资 5396 万美元，同比增长 310.26%，占全市实际利用外资总额的 70%；招商引资创建区以来最佳业绩。产业树枝强叶茂态势日趋明显，经济发展新动能不断积厚。

（三）项目落地加快推进，投资建设如火如荼

深入开展“项目落实年”活动，完善项目管理机制，成立项目落实办公室，制定印发重点项目跟踪落实服务责任表，实行挂图作战，全力推进项目建设。科学有序推进征地搬迁工作，实行区领导挂点征迁负责制，成立七大片区征地搬迁工作组，落实新的征地搬迁补偿安置办法，提高补偿标准，让利于民，完成征地清场 9741 亩，搬迁 213 户，破解项目落户瓶颈。项目建设呈现出项目多、规模大、质量高、推进快的可喜局面。2019 年，我区固定资产投资增长 37%，增速在全市县区排名第一。纳入自治区统筹项目5个,列入自治区年中经济工作会观摩项目3个,列入全区产业大招商现场观摩会项目1个,项目推进获得自治区、北海市领导高度评价。列入自治区“双百双新”项目12个,“双百双新”项目总数和“双百”项目数、投资额均排全市第一,有效形成“谋划一批,储备一批、招商一批、开工一批、投产一批”的良性循环。列入北海市“四定”重点项目共75个,开工任务15个,实现开工15个,开工率为100%,竣工任务8个,实现竣工8个,竣工率为100%。

专栏1 2019年中央预算内投资项目情况

2019年,我区中央预算内投资项目包含农村饮水安全巩固提升工程、工业园区人民医院(一期工程)等项目,下达计划总投资4366万元,均全部为中央预算内资金。项目已全部开工建设,开工率100%,中央预算内资金到位率100%,中央预算内资金支付率为75.72%。

专栏2 2019年“双百双新”项目情况

2019年,铁山港区列入自治区“双百双新”项目12个。其中:

开工建设4个:信义铁山港玻璃产业园项目,350万吨林浆纸一体化项目,48万吨/年优质钾肥项目;

开展前期3个:年产300万吨超低甲醛释放脲醛树脂,60万吨/年先进生物液体燃料项目,年产10万吨环保生物质液态能源项目;

策划5个:1000万吨/年芳烯一体化项目,210万吨/年LPG深加工项目,亚王储能电池材料制造项目,恒利源电子线路板科技产业园项目,惠科电子北海产业新城配套PCB线路板及新型电子元器件生产项目。

专栏3 2019年“四定”重点项目情况

2019年,我区列入市“四定”重点项目75个,区本级32个,工业区43个,总投资696.34亿元。

1.农林水项目4个。现代特色农业示范区建设增点扩面提质升级项目县级农业示范区实现竣工;铁山港区山羊养殖项目、扶贫产业扶持项目等2个项目建设按计划推进;北海市铁山港区兴港镇粟山海堤标准化建设工程项目前期工作加快推进。

2.工业能源项目30个。北海炼化结构调整改造项目、特种超白超厚超薄优质浮法玻璃生产线及其深加工项目、太阳能光伏玻璃项目、年产48万吨优质钾肥项目、凯森物流北部湾总部项目、铁山港工业固废资源综合利用项目、利用信义玻璃余热建设海洋生物提炼及研发项目、节能玻璃开发与制造项目、年产10万吨环保生物柴油及配套设施项目、北部湾天然气利用项目等一批项目建设按计划推进;北部湾铁山港区物流服务中心等前期工作加快推进。

3.交通基础设施项目9个。铁山港区万吨级锚地一期项目实现竣工;向海大道工程、营盘中心渔港、北铁路经白龙珍珠城至珍珠养殖基地公路项目、村屯硬化道路、航道三期工程等项目建设按计划推进;高德至南康公路等项目前期工作加快推进。

4.市政及园区基础设施项目16个。工业区九号路支线、七号路路面维修工程、220KV盐田变电站配套110千伏送出线路工程等项目实现竣工;南康镇城镇污水管网工程、营盘镇污水处理厂管网续建工程、铁山港区污水管网工程、滨海大道铁路跨线桥工程、一般工业固体废物集中处置场、信义玻璃项目配套道路、北部湾资源再生环保服务中心项目、经四路、经四路延长线、临港新材料产业园(启动区)标准厂房及配套设施等项目建设按计划推进;经十一路工程等项目前期工作加快推进。

5.社会事业项目8个。兴港派出所业务用房、公安局铁山港分局执法管理中心、营盘镇卫生院公共卫生服务楼项目等项目实现竣工;工业区人民医院、就业创业公共实训基地、疾病预防控制中心建设项目等项目建设按计划推进;中医院项目、妇女儿童活动中心等项目前期工作加快推进。

6.旅游商贸项目8个。北海旅游厕所工程、南康特色小镇、大王岭滨海养生旅游度假区项目、青山头乡村旅游区项目等项目建设按计划推进,白龙珍珠城等项目前期策划工作加快推进。

(四)新城建设加快推进,生态环境持续优化

大力推进新城建设。完成营盘镇总体规划、工业区向海大道综合服务组团等规划的编制工作,南康特色小镇建设规划编制并通过了自治区级评审。推动行政中心、营盘青山头和向海大道综合服务组团三个片区土地收储，清场并移交净地 1174.95 亩，向海大道等项目开工建设，区就业创业实训基地等项目前期工作正在推进。南康特色小镇基础设施建设基本完成，营盘镇白龙村入选中国传统村落名录中央财政支持范围，兴港镇入选全国综合实力千强镇、在广西排名第一。扎实推进向海大道至白龙珍珠城二级公路改建工程，南康至福成公路改扩建工程即将动工。

持续改善生态环境。全力打好污染防治攻坚战，开展蓝天保卫战、清水行动和净土行动，区域环境质量持续改善，全年空气优良率为 96.33%，海域水质环境功能区达标率 100%。巩固提升中央环境保护督察“回头看”反馈问题整改成效，贯彻落实保护矿产资源相关措施，督促诚德集团矿渣整治到位，推进工业区污水管网建设，累计建成工业区污水管网 102 公里，覆盖面积达 12 平方公里。持续高压打击海上非法抽砂行为，抓好休渔期海上执法工作，促进海洋产业稳定有序发展。绿色行动持续推进，完成四号路、七号路绿化提升，完成植树造林 2115 亩，完成率 105.75%。深入推进农村环境综合整治，完成 8 个市级生态村创建工作。

（五）乡村振兴稳步实施，脱贫攻坚精准有力

聚焦“两不愁三保障”突出问题，统筹财政资金 1 亿多元，全力打好产业扶贫、基础设施建设、村集体经济发展组合拳。创新“公司 + 创业孵化基本 + 贫困户”模式，因地制宜发展高效特色产业，打造现代农业孵化基地，在自治区产业扶贫会上作经验交流发言。继续发挥小额信贷、“雨露计划”、民政保底兜底作用，积极探索贫困残疾人集中托养模式，建立广西首家重度残疾人集中托养扶贫示范基地。脱贫攻坚战取得新成效，全年实现贫困户 681 户 2645 人脱贫，贫困发生率下降到 0.21%。深入实施乡村振兴战略，投入 1000 多万元扶持南珠产业，特色农业加快发展，不断完善农村基础设施，推动集体经济快速增长。全年建设村屯硬化道路 37.77 公里，提升大塘村、低路村等饮水安全工程，修复大田头、粟山、黄丽窝等扶贫水利项目。一批便民候车亭建成使用，市场化管理垃圾收集高效运转，农村污水治理得到加强，乡村人居环境明显改善。集体经济蓬勃发展，全区 43 个村（社区）集体经济收入 476.92 万元，平均收入达 10 万元以上。

（六）营商环境持续优化，服务理念不断创新

坚持以优化营商环境、增强发展软实力为抓手，深入开展“优化营商环境突破年”活动，全年完成 32 项重点改革任务，出台 25 个重要改革方案，落实减税降费政策，新增减税降费 7.92 亿元，不断提升我区投资置业吸引力。简化审批流程，缩短审批时限，降低企业办事成本，成立工业区项目帮办中心，为入园企业提供“一站式”“保姆式”服务。推进“最多跑一次”，企业登记“立等可取”，企业开办 0.5 个工作日办结；新设企业免费刻制印章服务，让“零成本”办企业成为现实。年产硫酸钾项目从首次考察到确定建设仅用 10 天时间，跑出了服务项目超常“加速度”。对标全国先进标准，积极推动行政审批和公共服务事项集中办理，实现实体政务大厅与网上政务服务平台有机融合，广西数字政务一体化平台网上可办率 100%。开展“作风建设年”活动，全面治理推诿扯皮、故意刁难等现象。继续推行“农事网通”“阳光红页”“354560”改革，推进网上办事互联互通，实现网上审批率达 93.94%。发展壮大民营经济，印发实施《北海市铁山港区解决民营企业突出问题百日攻坚行动工作方案》，成立区非公企业金融服务工作室，着力解决非公企业资金难题。

（七）深入推进重点领域和关键环节改革，开放合作水平持续提升

深入推进关键领域改革，高标准完成政府机构改革任务，组建区综合行政执法局。深化医药卫生体制改革，启动区人民医院和妇幼保健院城市公立医院综合改革。深入推进农村体制改革，开展农村土地承包经营权确权颁证“回头看”，顺利通过农业部数据汇交；加快推进农村集体产权制度改革，三资清查、农村集体经济成员身份认定等工作扎实推进。加快推进财政体制改革，实现国库集中支付电子化,建成政府采购“全市一张网”网上超市。持续深化“放管服”改革。开放合作持续扩大,主动参与“一带一路”和西部陆海新通道建设,积极对接粤港澳大湾区,承接优势产业转移,推动经济高质量发展。中石化铁路专用线开通运营,铁山港 1#—4# 泊位铁路专用线、石头埠作业区 1—2# 泊位工程、公共执法码头建设加快推进,有序推进铁山港至石头埠铁路支线、铁山港至啄罗铁路支线前期工作,打通铁山港物流通道。持续推进开放合作平台建设,口岸环境持续优化,通关效率不断提高。2019 年,外贸进出口额 89.37 亿元,同比增长 26.45%。

(八)加大力度补齐民生短板,民生福祉不断增进

推动社会事业全面发展。全面深化教育改革,不断提高办学水平,投入 950 多万元推进学校办学达标建设,区第二幼儿园和第五幼儿园已正式投入使用,第七幼儿园和实验学校开工建设,全区义务教育巩固率达 92.3%,44 所义务教育学校办学条件达全面改薄“20 条底线”要求。发明专利有效拥有量 86 件,每万人口发明专利拥有量达到 5.4 件。乡村文化设施进一步完善,建成斑鸠埇村级公共文化服务中心等一批设施。积极深入推进文化惠民活动,全年开展文化下乡演出、农村公益性电影放映共 516 场,《白龙湾不倦的歌谣》和《阿公出嫁》分别荣获自治区群众文艺会演舞蹈类二等奖、曲艺类三等奖。卫生事业进一步发展,工业园区人民医院开工建设,营盘卫生院公卫楼建成使用,区中医院、区疾控中心等建设项目加快推进。村卫生室和乡村医生配备率 100%,贫困人口家庭医生签约服务率 100%,重点人群签约率达到了 75.4%。全区基本公共卫生服务项目由 12 大类增加到 19 大类。

持续改善和保障民生。不断加大民生领域投入,民生支出达 8.6 亿元,占一般公共预算支出的 82.19%。城乡低保、特困供养人员等救助标准持续提高,发放农村特困供养金 411.35 万元、高龄老人津贴 322.18 万元、残疾人补贴 204.61 万元,发放农业补贴 1100 万元、惠及 32740 多户群众,城乡居民基本养老保险完成率 100%。落实补贴政策,推动重点群体创业就业,建成创业孵化基地 2 个,发放各类补贴资金 475.21 万元,鼓励企业吸纳及开发新岗位带动就业,城镇新增就业 1037 人,城镇登记失业率为 2.91%。建成镇级就业社保服务中心 1 个、村级综合服务中心 37 个,公共就业服务实现全覆盖。

切实提升政府治理能力。纵深推进法治政府建设,全面抓好法制工作,扎实推进平安铁山港建设。完善社会治安防控体系,持续推进“平安二期”补点工程建设;移动上网终端定位设备及电子数据取证设备投入使用;执法管理中心、兴港派出所业务用房建成完工。结合中央扫黑除恶专项斗争精神,坚持以群众反映的突出治安问题为重点,以人民群众满意为标准,始终保持对违法犯罪的高压态势,严厉打击各类刑事犯罪活动,重点开展了扫黑除恶、两抢一盗、涉枪涉暴、电信诈骗、禁毒反传销、行业乱象整治等专项行动。2019 全年打掉涉恶团伙 2 个,破涉黑恶案件 43 起。打击涉赌犯罪团伙 3 个、涉黄犯罪团伙 1 个,立毒品案件 21 起,破建筑市场强迫交易案件 1 起,立案查处非法采矿(高岭土)案件 11 件,破获非法捕捞案 7 宗。构建安全监管长效机制,重点领域排查整治覆盖率进一步提升,全区未发生重特大安全生产事故和食品药品安全事故。2019 年刑事发案率全市最低,群众安全感满意度连续 8 年稳步上升,位居广西县区前列。

此外,区志、档案、审计、防震减灾、国防动员、海防、消防、信息化建设、妇女儿童、残疾人保障、退役军人事务、民族宗教、外事侨务、优抚双拥等工作进一步发展。

从计划执行情况看,过去一年,面对复杂严峻国际形势和经济下行压力,我区经济发展持续稳定向好,发展新动能加速成长,主要经济指标明显改善。其中:地区生产总值增速全市领跑,主要原因是价格指数影响,工业增加值率上升,带动工业增加值增速、地区生产总值增速明显提速;固定资产投资高速增长，主要原因是招商引资持续发力，信义玻璃、太阳纸业、川化硫酸钾等一批重大项目落地建设，加速形成发展新动能；外贸进口额、财政收入等经济指标继续保持稳定增长。

2019 年，我区经济社会发展总体持续向好，但还是存在一些困难和问题：一是三次产业结构不合理，经济增长过于依赖工业，现代服务业发展明显滞后；二是受非洲猪瘟影响，畜牧业发展面临巨大压力，生猪生产影响大，猪肉等食品价格上涨影响较快；三是新城建设推进不快，城市基础设施、公共服务设施远未完善；民生领域短板依然不少，离人民日益增长的美好生活需要还有较大差距；四是工业区财力有限，产业扶持资金严重不足，保障项目落户配套设施建设困难，制约了产业快速发展壮大；五是石油化工码头及配套罐区、航道支撑不足，制约打造国家级石化基地；六是土地、能源、水等资源约束开始初步显现，节约保护与合理利用工作亟待加强；七是与发达地区相比，营商环境、开放水平仍需进一步提升。

二、2020 年经济社会发展主要目标安排

2020 年我区经济社会发展主要预期目标建议：地区生产总值增长 7% 左右，财政收入剔除不可比因素增长 5%，规模以上工业产值增长 13%，固定资产投资增长 100% 以上，城镇居民人均可支配收入增长 6%，农村居民人均可支配收入增长 7%，城镇登记失业率控制在 4% 以内。

提出上述目标，体现了稳增长的迫切要求，体现了贯彻新发展理念和高质量发展的根本要求，与全面建成小康社会和“十三五”规划收官相衔接，也是我区项目建设热火朝天场景的反映。主要考虑如下：一是宏观层面，我国经济稳中向好、长期向好的基本趋势没有改变。中央在深化供给侧结构性改革上持续用力，科学稳健把握宏观政策逆周期调节力度，不断减税降费，增强了企业活力。二是从自治区、北海市层面看，全面对接粤港澳大湾区建设深入推进，面向东盟的金融开放门户、中国—东盟信息港、北钦防一体化等一系列重大决策和平台，招商引资和项目建设掀起热潮，将对我区产生积极影响。三是我区招商引资推动新动能加速成长，项目多、规模大、质量高、推进快前所未有。2020 年工业产值将有较快增长，带动我区地区生产总值、规模以上工业产值继续保持较快增长。工业增量主要来源于新投产项目拉动和现有企业增量的贡献，包括北部湾新材料公司推广索氏体不锈钢规模化生产，信义玻璃、中航化、川化硫酸钾、鱼峰固废循环利用等一批招商引资项目将相继建成投产。四是我区招商引资持续发力，太阳纸业、亚王储能新材料、众诚能源化工、三聚环保、青岛惠城等一批重大项目加速落地建设，固定资产投资增速将会大幅度上升。

三、2020 年经济社会发展主要任务和措施

2020 年是全面建成小康社会和“十三五”规划收官之年，是决战决胜扶贫攻坚关键之年，也是铁山港区加快新一轮发展、巩固提升的重要之年。必须坚持以习近平新时代中国特色社会主义思想为指导，全面贯彻党的十九大和十九届二中、三中、四中全会精神以及中央、全区经济工作会议精神，贯彻落实自治区党委、政府和市委、市政府的决策部署，围绕推动铁山港高质量发展，紧扣全面建成小康社会目标任务，坚持稳中求进工作总基调，坚持新发展理念，坚持以供给侧结构性改革为主线，坚持以改革开放为动力，全面推进“四三二一”工作思路，谋划打造石化、临港新材料、玻璃、林纸四大千亿元产业，实施产业项目落地建设大会战、园区基础设施和环境提升大会战、铁山港产业新城（南珠新城）建设大会战等三大会战，实现全年招商引资超千亿元、征地清场超万亩，实施营商环境优化再提升专项行动，打造好向海经济，坚决打赢三大攻坚战，坚决打赢疫情防控阻击战，全面做好“六稳”工作，落实“六保”任务，统筹推进稳增长、促改革、调结构、惠民生、防风险、保稳定，保持经济持续稳定健康发展，确保全面建成小康社会和“十三五”规划圆满收官。实现上述目标任务，重点要做好六个方面的工作：

（一）进一步加快发展向海经济，着力打造“4+4”产业集群

完善向海空间格局，大力发展向海产业，着力打造石化、临港新材料、玻璃、林纸四大千亿元产业，以及海洋装备、港航物流、加工贸易、表面处理四个百亿元产业，推动产业集群发展。

石化产业方面。坚持园区化集群发展的道路，推动石化产业扩能提升，加快推进中石化北海炼化结构调整改造项目，力争年底前投产；积极推进化工新材料、LNG、LPG 深加工、精细化工产业园等双百项目尽快落户，力争香港众诚化工新材料项目在今年国庆节前开工建设，东方希望精细化工产业园、开金北蓝 LNG、LPG 产业链及氢能综合利用项目、川桂绿色化工产业园争取近期签订投资协议；推进铁山港 30 万吨液体化工码头及配套航道前期策划，重点发展炼油、乙烯、丙烯、芳烃、精细化工等产业链，加快构建以原油加工、LNG、LPG 为源头，烯烃、芳烃为下游，精细化工和终端化工应用产品为延伸的生态链条，形成炼油化工一体化临港石化产业基地。

临港新材料产业方面。支持龙头企业北部湾新材料有限公司做大做强，尽快启动高品质长材生产线优化结构项目、100T 电炉智能制造技改项目；推动亚王储能材料深加工基地、广投临港循环经济产业园、鼎龙集团氯化法钛白粉项目等双百项目尽快落地建设，争取年内开工建设；尽快完成配套标准厂房建设，加大对上下游招商引资力度，不断完善临港新材料产业链结构，建成一批具有较强带动力的新材料骨干企业，推动一批上下游企业落户、投产，谋划建设不锈钢交易中心，力争早日实现千亿元新材料产业园。

玻璃产业方面。全面规划建设玻璃产业园，将玻璃产业打造成为优势产业。重点推进信义玻璃项目一期建设，确保一期 6 条生产线今年全部投产；推进玻璃产业链上游配套的金山化工项目，争取年内开工建设。以信义玻璃产业园项目为龙头，大力发展高端玻璃及制品的开发和生产、玻璃纤维、光伏组件、非通信光纤及制品，努力打造国内一流、国际领先的全产业链玻璃产业园。

林纸产业方面。推动林纸产业做强做优，加快建设太阳纸业 350 万吨林浆纸一体化项目，力争明年 6 月如期建成投产；跟踪洽谈亚太森博纸业高档纸和纸浆项目，力促落户铁山港区，争取早日开工建设；加强与斯道拉恩索公司协商洽谈，推动林纸一体化项目启动二期工程；加快积极推进山东熙来变性淀粉、银泉过氧化氢等七个配套项目建设，进一步完善上下游产业链，积极发展纸制品、包装装潢产业，形成制浆造纸、包装、液体食品、日化用品、印刷出版相结合的产业集群，将铁山港打造成为全国最大的林纸产业基地。

海洋装备产业方面。依托现有船舶修造基地，整合各方资源，着力打造可持续发展的海洋装备产业。引入知名海洋装备研发科技公司，将高附加值海洋装备的设计研发作为重点攻关项目，实现由低端装备制造到装备研发设计及高端装备制造的转型升级。

表面处理产业方面。合理规划产业布局，支持北部湾表面处理中心项目加大招商引资力度，引进一批线路板、阳极氧化、电子元器件生产企业，推动惠科电子配套 PCB 线路板及新型电子元器件生产项目、恒利源电子线路板科技产业园加快落地建设，尽快形成产业聚集，打造一个集研发、加工、销售线路板电子产品及配件于一体的现代化产业园区。

加工贸易产业方面。深化与东盟和海上丝绸之路沿线国家的开放合作，重点发展“就地配套”“内外兼销”的加工贸易，打造龙头企业引领、产业集群发展、生产研发共进的加工贸易产业发展新格局，实现“加工贸易倍增计划”发展目标。

港航物流产业方面。加强与国家发展改革委、交通运输部、国家铁路集团等部门沟通，积极争取国家加大对铁山港港航及园区建设基础设施建设的支持力度。立足港口优势，引进一批龙头物流企业，加快港航物流产业发展。

（二）按图索骥精准招商，狠抓项目落地建设

招商引资是推动经济发展的强大动力，抓好项目建设是做大做强铁山港经济总量、推动铁山港高质量发展的关键之举。

开展招商引资持续发力行动，实现招商引资超千亿元。紧紧围绕“产业树全景图精准招商”主题，继续开展产业大招商三年行动计划。优化组建意向项目洽谈、石化及林纸产业链招商、不锈钢及玻璃产业链招商等三个工作组，由处级领导带队精准招商。借助各地商会资源牵线搭桥，完善招引项目进调评估机制，推动实现由“拉大网”招商转变为靶向招商、由以干部为主招商转变为借力社会资源并重招商、由注重招商引资数量向招商引资质量转变三个转变。大力推行产业集群配套型、补缺扶弱强链型、关联企业集聚型招商，着力引进一批龙头企业、配套企业、补链条企业，提升项目储备量和产业整体实力。强化重点项目履约率、开工率和资金到位率的考核，确保招到的项目都能落地建设。力争 2020 年签约项目 50 个以上，总投资 1000 亿元以上。紧密结合铁山港向海经济和产业发展要求，认真谋划“十四五”时期的招商引资工作，制订更亲商实用的优惠政策。

强力推进征地搬迁工作，实现征地清场超万亩。创新征地搬迁领导体制和工作机制，推广“一二三四五”工作法，着力建强一支队伍，强化工作和廉政两项纪律，坚持强化拆违执法、严管歪风邪气和违法经营“三管齐下”，协调村委干部和群众参与、供电和通信等部门协助、财政金融和征收等部门全程跟踪服务、乡村能人配合等四方发力推进，创新分类施策、宣传引导、搬迁服务、审核定价、安置补偿五项措施，强力推进七个片区征地搬迁工作，举全区之力确保完成征地搬迁 10000 亩以上，保证开金北燃等 11 个项目开工建设，保障项目用地需求。实行一个片区一个工作组负责制，区四家班子主要领导分工推动，处级干部分片负责，赋予工作组更大决策权，鼓励探索行之有效的工作推进模式，自主研究制定激励措施和考评办法。将征地搬迁完成情况纳入年度绩效考评，组织开展大作战大比拼活动，倒排工期、挂图作战。修订优化搬迁安置补偿方案，让搬迁户多受益，确保群众搬得出、住得下、能发展。

加强项目谋划储备。立足铁山港项目库，围绕“一带一路”、乡村振兴、向海经济等重大战略，紧密结合西部陆海新通道、北部湾经济区等规划，针对国家发展改革委提出的铁路、公路等 10 个补短板重点领域，重点谋划基础设施、产业发展、城市建设、全域旅游、乡村振兴、社会民生、生态环保等领域的项目，加强项目策划包装，扩大重大项目储备数量，积极申报“双百双新”项目、不断完善三年滚动计划项目库，形成接续不断、滚动实施的项目储备和良性循环机制。加强策划项目论证和前期工作，落实前期工作经费投入，为项目早日获批和招商引资创造条件。

实施项目落地建设大会战。2020 年，我区坚决落实自治区“产业发展攻坚年行动”和市委“重大项目落地建设投产助推行动”，把项目落地建设作为重中之重，全年重点推进建设项目 40 个，项目总投资 2192.8 亿元，其中在建项目 19 个，上半年开工项目 8 个，下半年开工项目 13 个。太阳纸业 350 万吨林浆纸一体化、信义玻璃产业园、惠科电子配套 PCB 线路板及新型电子元器件生产等已列入自治区“双百双新”项目 12 个（自治区本级 2 个）。加强“双百双新”项目策划申报，抓紧推进已开工的“双百”项目，推动开金北蓝等已签约项目落地建设。全力推动香港众诚、金山化工、东方希望、亚太森博等在谈项目落地，力争年内开工建设。完善项目落地推进工作机制，建立健全领导服务机制。建立“五个一”（一个产业项目、一名处级领导、一个责任单位、一个责任干部、一抓项目到底）工作机制，责任领导、责任单位、责任干部全程跟踪该项目，实行一跟到底制，直至项目竣工投产。实行“一张表”责任制，将项目建设任务细化为 20 大项 200 多小项并列成工作清单，每个事项均明确责任人具体跟踪负责，完成一项工作即消减一项。实行挂图作战制，每个重点项

目制定任务书、时间表和路线图,根据项目进度,实时更新挂图作战表,实现实时调度和节点预警。加强重点项目调度管理,有序组织对计划开工项目的前期服务,强化项目落地各环节的沟通衔接,加快规划土地报建、环评能评安评评审,提高审批效率。组建专门的维护组,防范和快速解决正在开工建设项目的阻工问题,确保项目建设顺利实施。

专栏 4 2020 年落地建设大会战重点产业项目

在建项目:中国石化北海炼油结构化调整项目、川化年产 48 万吨硫酸钾项目、新材料填平补齐精品项目、北部湾资源再生环保服务中心项目(一期)、蓝钛切削工具制造项目、鑫新汽车零部件表面处理项目、利用信义玻璃余热建设海洋生物提炼及研发项目、太阳纸业 350 万吨林浆纸一体化项目、鱼峰铁山港固废循环利用环保综合体项目、信义玻璃产业园项目、新材料产业园(启动区)标准厂房及配套设施项目、新奥铁山港区天然气利用项目、恒丽工贸年产 10 万吨萤石球项目、凯森物流北部湾总部项目、北海中诚再生资源年产 100 万吨废钢加工配送和汽车拆解项目、广西液化天然气(LNG)项目二期工程项目、信合节能玻璃开发与制造项目、好士利气体充装项目、瑞和环保生物柴油及配套设施项目等 19 个项目。

上半年开工项目:100 万吨超细碳酸钙和造纸助剂项目、变性淀粉精准高效标准化生产示范基地项目、年产 20 万吨过氧化氢项目、石英砂深加工及固体资源综合利用项目、20 万吨/年聚丙烯改性塑料项目、神华国华广投北海能源基地一期工程项目、青岛惠城炼油催化剂资源化利用项目、燕化正邦北海炼油维保基地项目等 8 个项目。

下半年开工项目:鼎龙年产 60 万吨钛白粉项目、三聚环保 60 万吨/年先进生物液体燃料项目、佛山海盛达 100 万吨/年重油改质与综合利用建设项目、年产 300 万吨超低甲醛释放尿醛树脂项目、众诚能源化工新材料项目、开金控股、北燃蓝天广西液化气(LPG)产业及氢能综合利用项目、年产 200 万吨高档纸和 100 万吨纸浆项目、金山化工玻璃生产配套暨传统盐化工升级改造项目、亚王储能材料深加工基地项目、惠科电子配套 PCB 线路板及新型电子元器件生产项目、恒利源电子线路板科技产业园项目、强一年产 20 万吨优化柴油项目、锋龙环保型生物柴油仓储及配套项目等 13 个项目。

(三)积极推动城乡融合,促进城乡协调发展

实施铁山港产业新城(南珠新城)建设大会战。加快完成工业区综合服务组团建设规划调整和行政中心片区规划调整。启动新城基础设施建设,组织实施一批地产项目。重点谋划建设一批市政基础设施、一家综合性医院、一条商业街、一家以上星级酒店、一个以上住宅小区、征下一个片区、改造一所学校等"七个一"工程。规划推进南珠湾新城一期、南珠海港城建设,加紧营盘中心渔港建设,打造"一湾三岛一渔港"。坚持"文旅 + 康养 + 娱乐 + 酒店 + 产业融合 +N"模式,引进并兴建商住购物、金融、教育、文体、医疗康养等项目,形成产业发达、宜居宜业、产港城相融合的新城区。加快推进南康特色小镇核心区项目建设,推动城镇品质更上新台阶。

实施园区基础设施和环境提升大会战。开展工业区控规编制,优化工业区国土空间布局。委托专业机构编制和完善工业区铁路、管廊、管线、电力、供热、传送带等专项规划,形成产业发展的完整支撑体系,提升园区综合竞争力。围绕项目落地建设和投产需要,编制和动态调整工业区区域环评,加快新建排污口建设。加快推进铁山港至石头埠铁路支线、铁山港至琢罗铁路支线、铁山港 7—10 号泊位、铁山港区航道三期建设,力促铁山港 1—4 号泊位铁路专用线早日建成通车,着力打通海铁联运的"最后一公里",提升工业区海运条件。谋划推进北暮作业区 19—20 号泊位工程建设,积极推进北暮作业区 3—4 号泊位口岸扩大开放,力争年内开工建设铁山港 30 万吨级进港航道工程,进一步完善铁山港联检设施、危险品泊位建设。配合完成向海大道(北铁公路)改造提升,促使铁山港区与北海主城区沟通更加便捷。进一步完善工业区路网、管廊建设,大力实施道路畅通工程、园区绿化亮化提升工程,开工建设铁山港区滨海大道(港口段)工程(一期)项目。

全力推动乡村振兴。积极培育乡村旅游、健康养老、休闲农业等新产业、新业态，加快农业现代化进程。深化农村集体产权制度改革，优化农业结构，引导土地经营权有序流转，发展壮大特色农业。推进盐灶肉牛养殖基地、石村茂谷柑产业（核心）、彬畔稻鱼生态种养示范点建设，提高农产品附加值和产品市场竞争能力，提高农业生产效益。扎实做好恢复生猪养殖和保供稳价工作。集中技术力量抓好水稻全程机械化生产技术推广，综合运用测土配方施肥技术、化肥减量增效技术、绿色植保技术等，确保粮食稳定安全生产。加大生态循环农业技术的推广和应用，大力推广质量控制技术。扎实做好强农惠农各项工作，指导农民专业合作社及家庭农场规范建设，确保粮食生产稳定。扎实开展向海经济建设，坚持"向海要资源、向海要财富、向海要发展"理念，做大做强深水网箱养殖，发展壮大金鲳鱼、象鼻螺、对虾等特色产业并力争形成品牌。深化台企农渔业项目合作，加快振兴南珠产业，培育龙头企业，打造自治区级南珠养殖保护区，将南珠产业打造成北海最具资源优势和文化内涵的特色优势产业。

加快发展现代服务业。发挥铁山港资源和产业基础优势，大力发展现代服务业，增强经济高质量发展支撑力度。着力培育壮大市场竞争主体，提升商贸流通行业整体发展水平。落实鼓励消费政策，促进批、零、住、餐业加快发展，促进消费升级发展。落实鼓励发展高端服务业优惠政策，依托京东云、新奥南方总部等龙头企业入驻北海契机，引入一批项目和企业，大力推动高端服务业发展。建立健全电商公共服务设施，加快发展农村电子商务，实现电子商务进农村覆盖面。充分发挥临港优势，构建多样化物流服务项目建设，吸引更多知名物流企业入驻，打造港航物流业集聚区，构建区域物流枢纽。推进特色旅游业加快发展。制订全域旅游发展行动计划，打好创建自治区级旅游示范区的基础。促进南珠文化与旅游产业融合发展，打造南珠养殖体验基地、白龙珍珠城等一批南珠特色旅游品牌。加快青山头滨海旅游、大王岭滨海康养度假区等滨海旅游项目建设。挖掘南康老街、赤江陶瓷等资源拓展旅游潜力。积极打造旅游大数据平台，促进智慧旅游建设。

（四）聚焦重点精准发力，坚决打赢"三大攻坚战"

坚决打好防范化解重大风险、精准脱贫、污染防治三大攻坚战，是党的十九大提出的重大政治任务，是 2020 年决胜全面建成小康社会的迫切要求。

高质量打赢精准脱贫攻坚战。把贫困人口全部脱贫作为必须完成的底线任务，围绕解决"两不愁三保障"突出问题，坚决打赢打好脱贫攻坚"四大战役"。进一步巩固扩大脱贫成果，落实落细低保、医保、养老保险等综合社会保障政策，加大对因病、因残致贫等特殊群体的兜底保障和救助力度。持续推进产业、就业扶贫，抓好特色主导产业发展，推行"龙头企业 + 基地 + 合作社 + 贫困户"脱贫带贫模式，落实壮大村级集体经济政策措施，扶持打造一批特色产业和扶贫车间。实行挂牌督战，集中全区力量和优势资源合力攻坚，一鼓作气实现剩余 340 人贫困人口脱贫、深度贫困村黄丽窝村出列。加大消费扶贫力度，多渠道解决贫困村和贫困群众农产品卖难问题。深化扶贫扶志扶智，激发贫困人口内生动力。持续加大后援单位对帮扶联系点的扶持力度和向贫困村、党组织软弱涣散村、集体经济薄弱村精准选派工作队员力度。从严抓好中央脱贫攻坚专项巡视回头看、国家脱贫攻坚成效考核、扶贫审计、督查巡察、脱贫攻坚督导等反馈问题整改落实工作，认真查找漏洞缺项，确保逐项整改清零、逐户对账销号。扎实整改农村饮水工程遗留问题。加强对不稳定脱贫户、边缘户动态监测，及时做好返贫人口和新发生贫困人口的帮扶。推动脱贫攻坚与乡村振兴有效衔接。

坚持不懈打好污染防治攻坚战。持续推进中央、自治区环保督察反馈问题的整改，建立健全生态环境保护长效机制。实施工业区扬尘撒漏、工业企业大气污染防治等专项治理行动。加强南珠湾海洋生态建设，构筑沿海生态屏障，打造生态支点。推进入海流域治理和近岸海域污染防治，加强饮用水源地保护整治。加大农业农村污染治理力度，开展农业面源污染治理。坚决制止和惩处破坏生态环境行为，严厉打击非法开采海砂、河砂、高岭土等矿产资源行为。

积极稳妥打好防范化解重大风险攻坚战。牢固树立底线思维，着力防范化解当前发展中面临的政治、意识形态、经济社会、党的建设等领域重大风险。积极应对经济下行风险，扎实做好政府债务、环境污染、自然灾害等重点领域风险防范，坚决防止出现拖欠农民工工资、群体性事件等重大问题，确保我区各项事业行稳致远。

（五）聚焦营商环境改革，构建全面开放格局

实施营商环境优化再提升专项行动。持续深化“放管服”改革和“一网通办”“一事通办”改革，推动更多审批服务事项实现线上“全程网办”“掌上可办”，线下办事“只进一扇门”和“最多跑一次”，甚至一次不用跑。重点抓好政务服务流程再优化、园区项目审批流程再精简、企业开办再提速、承诺办结时限再压缩、即办件比例再提高、全程帮办代办服务再贴心等重点工作。落实市委“走企连心解困”“走企护商除乱”“走企问政督效”和大走访大调研大服务活动，全力以赴帮助企业纾困解难，扎实推进广西民营经济示范区创建。推行“该干即办”工作模式，开展“一周协调、一月通报、一季小结、一年评比”的项目跟踪服务活动，对重点招商项目执行优先开展审批或认定、优先办理证照、优先安排规划和项目用地“三个优先”，全方位为企业提供“一站式”“保姆式”服务。大力开展营商环境整治，建立营商环境“红黑榜”制度，聘请一批营商环境义务监督员，加强对全区行政审批、政务公开、服务承诺、行政执法及窗口服务等情况的监督。

持续深化综合改革。加快农村综合改革，优化资源配置，加快农业科技创新发展，促进农业农村经济繁荣发展。深化财税体制改革，规范财政事权和支出责任，落实减税降费政策。深化医药卫生改革，推进区人民医院和区妇幼保健院综合改革。稳步推进事业单位改革，全面释放依法行政新活力。持续深化“放管服”改革和深化政务服务“简易办”改革，优化服务流程，简化工作程序，提高行政审批效能，推进广西数字政务一体化平台建设。

推进更高水平的开放合作。积极融入“一带一路”和西部陆海新通道建设，对接粤港澳大湾区、海南和广西自贸试验区发展，主动承接产业转移，推进更高层次的开放合作。持续深化与西南、泛珠三角及东盟国家的交流合作，加快推进北钦防一体化建设，提升互联互通水平。落实利用外资和稳外贸的优惠政策措施，引导更多境外投资进驻落户，进一步提升铁山港口岸通关效率，优化口岸基础设施建设，不断提升进出口总额和发展质量。

（六）突出抓好“三大保障”，不断满足人民美好生活需要

强化民生改善保障。持续增加基本民生投入，抓好普惠性、基础性、兜底性的工作，将继续把80%以上的财力用于民生领域。加快推进教育现代化，扎实推进区实验学校和一批公办幼儿园建设，推动寄宿制小学建设。坚持把人民群众生命安全和身体健康放在第一位，坚决打赢新冠肺炎疫情防控阻击战。加快工业区人民医院、区中医院和疾控中心建设，统筹推进医共体建设，确保乡镇卫生院参与率达100%。巩固提升主题教育为群众办实事解难题活动成果，解决好就业创业、交通出行、住房保障、就学就医、社会保障、居家养老等民生问题，积极回应群众期盼。完善社会保障体系，扩大社会保险参保覆盖面，积极推进被征地农民参保、辖区企业工伤保险参保工作。推行农民工工资保证金制度，保证农民工利益。加强社会求助，强化对低收入群体、丧失劳动能力人口的低保兜底保障。

强化安全稳定保障。深化平安铁山港建设。深入推进社会治理创新，健全完善社会治安防控体系。用好新时代“枫桥经验”,精细化解各类社会矛盾,强化信访维稳专项督导检查,全面化解信访积案。纵深推进扫黑除恶专项斗争和禁毒严打整治,严打各种违法犯罪活动。全面做好公共安全、安全生产、医药卫生、食品安全等各方面工作,严格落实安全生产和环保“党政同责、一岗双责”责任制,研究制定安全生产“十四五”规划。坚决维护社会平安和谐稳定。严格落实环保“党政同责、一岗双责”责任制,巩固提升中央环保督察和国家海洋专项督查反馈问题整改成果。加强工业废气、建筑扬尘、公路撒漏、禁烧秸秆等综合整治,深入实施大气污染防治攻坚行动。全面落实“河长制”“滩长制”,严厉打击违法用海、非法采砂和破坏海洋环境行为,加强陆源入海排污口监管整治,全面推进南康江流域、青山头等近岸海域综合治理。推进土壤污染防治,强化固体废物监管,推进固废综合利用,推广循环经济发展模式,大力发展生态经济。坚决以“零容忍”态度严惩破坏生态环境行为,珍惜保护好良好的生态环境。

强化民主法治保障。加强民主政治建设,巩固发展安定团结的政治局面。大力支持人大、政府、政协、纪检监察机关及法院、检察院依法依章履行职能。坚持大统战工作格局,创新做好民营经济和党外知识分子、新的社会阶层人士统战工作,着力解决宗教领域突出问题。加强党管武装。深入推进群团改革,增强群团组织发展活力。加快法治铁山港建设,推进全面依法治区。坚持严格执法、公正司法,提升执法司法质效和公信力,营造公平公正法治环境。

同时,做好年度计划与“十三五”规划收官、“十四五”规划编制相衔接,为“十四五”时期发展打下坚实基础。高水平编制“十四五”规划纲要草案,同步推进各类专项规划编制,做好专项规划、空间规划与发展规划的协调衔接。持续推动重大工程项目、重大政策、重大改革举措研究,争取更多事项纳入国家、自治区、北海市规划盘子。

名词解释:

1.“放管服”改革:放管服,就是简政放权、放管结合、优化服务的简称。“放”即简政放权,降低准入门槛。“管”即公正监管,促进公平竞争。“服”即高效服务,营造便利环境。

2. 最多跑一次:是指群众和企业到政府办理行政权力和公共服务等事项,在申请材料齐全、符合法定受理条件时能够“最多跑一次”办结。

3. 一次性告知:是指依照行政许可法的有关规定,行政许可机关向申请人提供法律、法规、规章规定的行政许可的相关事项、依据、条件、数量、程序、期限以及需要提交的全部材料等事项。

4. 农事网通:涉及农村的行政审批事项全部在网上办理,是深入推进行政审批制度改革的重要举措。

5. 阳光红页:涉及群众切实利益的惠民政策及落地情况全部在网上公开,与“农事网通”相辅相成,是深入推进行政审批制度改革的重要举措。

6.“354560”改革:企业开办手续 3 个工作日内完成,不动产登记 5 个工作日内完成,园区企业投资项目施工许可 45 个工作日内完成,企业投资项目施工许可 60 个工作日内完成。

7. 三个零:零花费、零见面、零纸张

8. 两不愁、三保障:不愁吃、不愁穿,义务教育、基本医疗、住房安全有保障。

9. 八有一超:指贫困户脱贫摘帽标准,即有收入来源、有住房保障、有基本医疗保障、有义务教育保障、有路通村屯、有饮用水、有电用、有电视看,家庭当年人均纯收入超过国家现行扶贫标准。

10. 五个一工作机制:一个产业项目、一名处级领导、一个责任单位、一个责任干部、一抓项目到底。

11.“双百双新”项目:“双百”即投资超过百亿元或产值超过百亿元的重大产业项目;“双新”即新产业项目、新技术产业项目。

12.“六稳”:指的是稳就业、稳金融、稳外贸、稳外资、稳投资、稳预期,涵养了我国目前经济生活的主要方面。

13.“六保”:2020年4月17日召开的中央政治局会议上首次提出,指的是保居民就业、保基本民生、保市场主体、保粮食能源安全、保产业链供应链稳定、保基层运转。

14.“四三二一”工作思路:谋划推动打造石化、临港新材料、玻璃、林纸四大千亿元产业;实施产业项目落地建设、园区基础设施和环境提升、铁山港产业新城(南珠新城)三大会战;围绕招商引资和征地搬迁两条主线,实现全年招商引资超千亿元、征地清场超万亩;以优化营商环境为重点,实施营商环境优化再提升专项行动。

15.“一二三四五”工作法:建强一支队伍;强化工作和廉政两项纪律;坚持强化拆违执法、严管歪风邪气和违法经营“三管齐下”;协调村委干部和群众参与、供电和通信等部门协助、财政金融和征收等部门全程跟踪服务、乡村能人配合等四方发力推进;创新分类施策、宣传引导、搬迁服务、审核定价、安置补偿五项措施。

16.“七个一”工程:一批市政基础设施、一家综合性医院、一条商业街、一家以上星级酒店、一个以上住宅小区、改造一所学校、征下一个片区等“七个一”工程。

17.“七五”普法:指中央宣传部、司法部关于在公民中开展法治宣传教育的第七个五年规划(2016—2020年)。

18.“一站式”服务:即让群众享受一步到位的便捷服务,不再东奔西走,节省时间,提高效率。

19.“保姆式”服务:主动服务、靠前服务、延伸服务,“保姆式”政务服务。

20.“4+4”产业集群:着力打造石化、临港新材料、玻璃、林纸四大千亿元产业,以及海洋装备、港航物流、加工贸易、表面处理四个百亿元产业,推动产业集群发展。

21.“四大战役”:义务教育保障战役、基本医疗保障战役、住房安全保障战役、饮水安全保障战役。

22.“一事通办”改革:依托政务服务“一张网”,优化再造办事流程,创新服务模式,力争让办事群众“进一扇门”“跑一次腿”就能办成“一件事情”。

23.“全程网办”:政务服务事项实行全程网上办、“不见面审批”。

24.“一网通办”:依托一体化在线政务服务平台,通过规范网上办事标准、优化网上办事流程、搭建统一的互联网政务服务总门户、整合政府服务数据资源、完善配套制度等措施,推行政务服务事项网上办理,推动企业群众办事线上只登录一次即可全网通办。

25.“掌上可办”:政务服务事项手机APP、客户端掌上可办。

26.“枫桥经验”:“发动和依靠群众,坚持矛盾不上交,就地解决。实现捕人少,治安好”的“枫桥经验”。

27.“河长制”:由市、县、乡镇各级党政主要负责人担任辖内河湖水域的“河长”,负责组织领导属地内河湖的管理和保护治理工作。

关于北海市铁山港区2019年财政预算执行情况和2020年财政预算草案的报告

——在北海市铁山港区第五届人民代表大会第五次会议上

北海市铁山港区财政局

2020年5月20日

一、2019年全区预算执行情况

2019年,在区委、区政府的正确领导下,在区人大、区政协的监督指导下,全区各部门以习近平新时代中国特色社会主义思想为指导,以开展“不忘初心、牢记使命”主题教育为动力,全面贯彻落实党的十九大和十九届二中、三中、四中全会精神,坚持稳中求进工作总基调,按照高质量发展要求,持续深化财政改革,加强财政收支管理,财政运行总体良好。

(一)全区公共财政预算执行情况。

全区财政总收入113509万元,其中:一般公共预算收入22931万元;上级补助收入87728万元;债券转贷收入1900万元;上年结余538万元;调入资金412万元。

全区一般公共预算总支出107035万元,其中:一般公共预算支出104581万元;上解上级支出454万元;地方债券还本支出2000万元。收支相抵,年终滚存结余6474万元,扣除结转下年继续使用的专款6474万元,净结余为0。

1. 收入预算执行情况。全区组织的财政收入完成494107万元,完成年度预算492569万元的100.31%,同比增加38025万元,增长8.34%。

2. 支出预算执行情况。全区一般公共预算支出104581万元,同比增加11270万元,增长12.08%。部分主要科目支出如下:一般公共服务支出11353万元,增长6.5%;公共安全支出3139万元,增长8.99%;教育支出27690万元,增长16.43%;社会保障和就业支出10911万元,下降1.7%,主要是落实减税降费政策机关事业单位养老保险缴费比例由20%降至16%,造成该项支出下降;卫生健康支出18387万元,增长53.78%,主要是增加临海工业区人民医院项目建设支出;节能环保支出1499万元,增长256.06%,主要是增加上级补助生态环境保护和农村环境整治支出;城乡社区支出6222万元,下降52.49%,主要是减少上级补助一次性项目美丽北海乡村建设资金;农林水支出16114万元,增长32.37%,主要是扶贫、水利和美丽乡村项目支出增加;交通运输支出1977万元,增长53.37%,主要是道路建设和养护支出增加;资源勘探信息等支出2166万元,增长26.3%,主要是上级补助工业园区基础设施建设项目支出增加;住房保障支出1517万元,增长57.53%,主要是危房改造项目支出增加。

(二)政府性基金预算执行情况。

全区政府性基金预算总收入1227万元,其中:基金收入7万元;上级补助收入882万元;上年结余338万元。

全区政府性基金预算总支出755万元,其中:当年基金支出731万元,下降74.38%,主要是上级专项转移支付减少;调出资金24万元。收支相抵,年终滚存结余472万元。

（三）社会保险基金预算执行情况

全区社会保险基金预算收入 21035 万元，完成预算的 103%，增长 3%。其中：机关事业单位基本养老保险基金收入 5595 万元，增长 4%；城乡居民医疗保险基金收入 11416 万元，增长 4%；城乡居民养老保险基金收入 4024 万元，增长 1%。

全区社会保险基金预算支出 17180 万元，完成预算的 88%，下降 12%。其中：机关事业单位基本养老保险基金支出 5861 万元，增长 20%；城乡居民医疗保险基金支出 8324 万元，下降 28%；城乡居民养老保险基金支出 2995 万元，下降 1%。收支相抵，全区社会保险基金预算当年收支结余 3855 万元，基金历年滚存净结余 24046 万元。

（四）政府债务情况

2019 年年初全区政府负有偿还责任债务余额为 15507 万元。2019 年新增政府债券 1900 万元，其中：2019 年当年全区新增政府债券 100 万元，用于农村道路建设；2019 年再融资债券 1800 万元，用于偿还 2019 年到期的地方政府债券本金。2019 年地方政府债务还本 2000 万元。2019 年年末政府负有偿还责任债务余额 15407 万元。

以上报告的 2019 年预算执行数均为快报数，与实际决算数相比会有一些差距，待决算汇编完成后，再按规定报区人大常委会备案。

二、落实人大预算决议有关情况

（一）全力完成财政收支预期目标

积极应对中石化炼化公司 2019 年 2 月份停产检修导致原油加工量减少及减税降费政策造成的政策性减收影响，狠抓收入征管和支出预算执行工作，完成了全年财政收支目标。2019 全区财政收入实现 494107 万元，完成年度预算的 100.31%，增长 8.34%。全区一般公共预算支出 104581 万元，增长 12.08%。一般公共预算支出在建区以来首次突破 10 亿元。

（二）优化支出结构，加大民生投入

严格落实上级要求压减一般性支出 518 万元，集中财力保工资、保运转、保基本民生投入。全年民生支出 85954 万元，增长 12.14%，占一般公共预算支出的 82.19%。一是不断加大脱贫攻坚投入。投入扶贫专项资金 5167 万元，用于扶贫基础设施建设、产业开发、小额信贷贴息、信贷风险补偿金、一帮一联、雨露计划、健康扶贫等项目，落实好产业脱贫、教育脱贫、就业脱贫、社保兜底脱贫、医疗救助脱贫等政策，确保所有脱贫政策及相关资金落实到位。二是大力支持教育事业发展。投入教育资金 27690 万元，支持扩大学前教育资源，提升义务教育基础质量建设等，改善农村中小学办学条件，支持做好七幼、实验学校项目建设。三是全力保障社会保障和就业支出。全年社会保障和就业支出 10911 万元，着力保障城乡低保、医疗救助、基础养老金、残疾人保障、就业补助等支出，民生得到持续改善。四是大力支持医疗卫生事业发展。投入 5433 万元建设临海工业区人民医院，基本公共卫生服务及重大公共卫生专项投入 1527 万元；城乡居民医疗保险投入 7615 万元；五是扎实推进乡村振兴建设及生态环境事业发展。投入农机购置补贴、渔船补贴等强农惠民补贴资金 2702 万元；投入农村危房改造项目 540 万元，实施建档立卡贫困户、低保、五保、残疾等重点对象危房改造；投入 1588 万元开展村级一事一议及美丽乡村项目；农村改厨改厕项目投入 285 万元；投入 716 万元扶持村级集体经济发展；南珠产业扶持投入 190 万元；农村环境卫生整治投入 939 万元。

（三）积极落实财政政策，加力提效促发展

充分发挥财政职能作用，多措并举确保财政正常运行下，促进社会经济稳定增长。一是狠抓减税降费政策落实。认真落实降低增值税税率政策，对增值税小规模纳税人顶格优惠减半征收“六税两费”，将企业职工基本养老保险单位缴费比例降至 16%，全年辖区内企业减税降费额 7.92 亿元，实打实减轻企业和社会负担，有效激发了市场主体活力。二是狠抓支出管理，积极应对财政收支平衡压力。树立过紧日子思想，各部门一般性支出按不低于 10% 的比例压减，“三公”经费统一按 3% 的比例压减，全区共压减一般性支出、“三公”经费共 518 万元，压减支出用于民生资金的需要。三是狠抓财政“三保”底线，确保财政正常运行。统筹财政收支和库款管理，合理安排支出优先顺序，积极争取市财政的资金调度支持，坚决兜住财政“三保”底线。四是狠抓资金筹措，全力推进重点项目建设。积极加强与上级财政等部门的沟通，筹措财政资金 33856 万元，大力支持了辖区 6 个重点片区征地搬迁工作，为重点企业的进驻、开工、投产提供有力保障。

（四）深化预算管理体制改革

完善政府预算体系，实行中期财政规划管理，建立跨年度预算平衡机制。扎实推进预算绩效管理工作，细化财政预决算公开内容，督促部门按要求做好预决算公开工作。盘活财政存量资金，积极清理和回收各类存量资金 6323 万元，支持全区重要项目建设。推进国库集中支付电子化改革试点工作。优化“政采云”平台应用，进一步规范政府采购行为，减少采购环节，提高采购效率。

（五）严格政府债务管理，防范政府债务风险

按照中央、自治区和北海市统一部署，积极化解政府隐性债务，明确责任，强化约束，坚决遏制政府隐性债务增量，加强政府债务限额管理，有效化解地方政府债务风险。

2019 年全区各项财政工作完成较好。这是区委统揽全局、正确领导的结果，是区人大、政协监督指导和大力支持的结果，是全区各部门和社会各界扎实工作、共同努力的结果。同时，我们也清醒地认识到，我区财政运行和管理工作中还存在一些突出的问题，主要是：如税收收入仍然是以中石化税收收入为主，新增税源少；刚性支出增长快、收支矛盾较为突出；一些项目推进缓慢；财政绩效管理有待进一步提高。对这些问题，我们将高度重视，继续努力加以解决。

三、2020 年全区财政预算草案

（一）预算编制的指导思想和基本原则

以习近平新时代中国特色社会主义思想为指导，全面贯彻党的十九大和十九届二中、三中、四中全会精神，认真落实中央和自治区党委、政府的重大决策部署，坚持稳中求进工作总基调，坚持新发展理念，坚持推动高质量发展。牢固树立艰苦奋斗、勤俭节约的思想，不折不扣落实过紧日子的要求，大力压减一般性支出，继续严控“三公”经费；坚持统筹兼顾、突出重点，优化支出结构，优先保障重点支出；全面实施预算绩效管理，将绩效理念、方法和要求嵌入预算管理全过程，推进预算和绩效管理一体化；完善预算编制管理制度，推进中期规划管理，强化支出规划约束；有效盘活存量资金，完善政府购买服务预算管理，加大评审结果应用力度；强化项目支出预算审核，健全预算编制与预算执行相结合的挂钩机制，强化预算执行结果运用，切实提高资金使用效益。

（二）2020 年全区财政收支预算

1. 全区财政收入预算安排。

中石化税收分成作为我区财政收入的主要来源，其分成收入占我区财政收入 94% 以上，该企业从 2 月中旬停产检修改造，加之新冠肺炎疫情突如其来的冲击及更大规模减税降费政策带来的减收效应持续释放，对我区财政收入影响较大。综合目前我区经济发展情况，2020 年全区财政收入预算安排 454547 万元，若剔除中石化停产检修等不可比因素的影响，比增 5%。其中：一般公共预算收入预算安排 29053 万元，上划中央及自治区收入预算安排 425494 万元。

预计 2020 年全区可用财力 68134 万元。其中：一般公共预算收入 29053 万元，上级补助收入 39535 万元(包括财力性补助 38258 万元，2019 年提前下达上级财政专项扶贫资金 1277 万元)，扣减专项上解支出 454 万元。

2.2020 年全区一般公共预算总支出安排情况。

2020 年各领域财政支出刚性增长较强，特别是打赢脱贫攻坚战、实施乡村振兴战略、支持新冠肺炎疫情防控等领域资金需求较大。根据全区可用财力情况，全区安排的一般公共预算总支出 68134 万元，其中：一般公共预算支出 65734 万元、地方债券还本支出 2400 万元。

2020 年全区安排的一般公共预算支出 65734 万元中，包括：1. 基本支出预算安排 37057 万元，主要是人员支出 35410 万元(含伙食补助经费 900 万元、预留增人增资经费 300 万元)，公用经费支出 1647 万元(含行政事业单位定额公用经费、公务交通补贴、移动通信补贴、工会经费、中小学生均公用经费)。2. 项目支出预算安排 28677 万元，主要是本级财力安排项目支出 27400 万元，提前下达上级财政专项扶贫资金 1277 万元。

2020 年全区一般公共预算支出按政府收支科目安排表

单位：万元

科目名称	安排金额
1. 一般公共服务支出	12966
2. 国防支出	290
3. 公共安全支出	2647
4. 教育支出	21466
5. 科学技术支出	20
6. 文化旅游体育与传媒支出	460
7. 社会保障和就业支出	5513
8. 卫生健康支出	4231
9. 节能环保支出	5
10. 城乡社区支出	4596
11. 农林水支出	6464
12. 交通运输支出	1471
13. 资源勘探信息等支出	263
14. 商业服务业等支出	7
15. 自然资源海洋气象等支出	969
16. 住房保障支出	1045
17. 灾害防治及应急管理支出	800
18. 债务付息支出	561
19. 其他支出	1960
本年支出合计	65734

3.2019 年一般公共预算安排的项目支出情况。

(1)一般公共事业发展安排 2699.30 万元,具体如下:

单位:万元

项目名称	金额	备注
1. 计算机终端保密检查系统网络版经费	50.00	
2. 人大预算联网监督系统建设经费	80.00	
3. 干部教育、村干部、农村党员、党代表、村民小组长、两新党组织书记培训经费	120.00	
4. 书记"引才引智"项目专项经费	339.30	
5. 干部档案信息化建设经费	50.00	
6. 创建全国文明城市专项经费	50.00	
7. 脱贫攻坚专项宣传经费	36.00	
8. 软件正版化经费	50.00	
9. 办案谈话室、监控室建设经费	40.00	
10. 妇女儿童活动中心项目专项配套资金	30.00	
11. 职工周转房工程款及物品配置费	750.00	其中职工周转房工程款 650 万元,职工周转房物品购置 100 万元
12. 支付电子化系统升级	34.00	
13. 第七次全国人口普查经费	90.00	
14. 档案整理及数字化	21.00	
15. 税收征管经费	450.00	
16. 招商引资工作经费	80.00	
17. 干部职工关爱基金	100.00	
18. 廉政文化广场建设经费	100.00	
19. 政协文史馆建设经费	28.00	
20. 行政中心环境提升工程、南珠会堂维修工程欠款	201.00	
合　计	2699.30	

(2)国防、公共安全、应急管理安排 1967.86 万元,具体如下:

单位:万元

项目名称	金额	备注
1. 海上民兵建设等后备力量武装经费	220.00	
2. 综治维稳扫黑除恶及黄赌毒工作经费	170.00	
3. 法院办公楼房等维修改造、羁押车库及安全通道资金	176.00	
4. 检察院房屋维修费	80.00	
5. 办案费、禁毒及反恐经费(含港区禁毒办人员经费)	65.00	
6. 多维信息分析管控系统建设经费	125.00	
7、铁山港处突大队经费	180.00	
8. 政法委移交辅警人员经费	231.86	
9. 网侦用车经费	140.00	
10. 两站两员经费	30.00	
11. 消防经费	550.00	
合　计	1967.86	

(3)教育、文化项目配套安排 1909.96 万元，具体如下：

单位：万元

项目名称	金额	备注
1. 校园安全协管员	197.00	
2. 寄宿制教师生活津贴补助	65.26	
3. 教师培训费	90.00	
4. 缺编补员、二孩定岗政府购买服务费	150.00	
5. 营盘中学学生食堂配套资金	90.00	
6. 改薄项目本级配套资金(含信息网络费)	145.00	
7. 营盘镇中校舍维修等经费	39.00	
8.2017 年新增地方债券资金项目(9 个运动场尾款)	97.00	
9. 第二批拖欠民营小企业账款(2017 年均衡迎国检)	236.00	
10.2017 年迎国检校园修缮工程欠款	240.00	
11. 南康一中学生宿舍	48.00	
12. 南康镇中新建女生宿舍楼配套经费	28.00	
13. 第三幼儿园教学楼维修加固经费	50.00	
14. 营盘中心小学 D 级危房拆除经费	12.00	
15. 南康中学校舍维修、食堂改造欠款	50.00	
16. 营盘中学电线路改造	45.00	
17. 高中资助金	25.00	
18. 学前教育免保教费	15.00	
19. 义务教育贫困寄宿生活补贴	35.00	
20. 大学生新生入学经费	10.00	
21. 春节文体活动经费(三镇)	18.00	
22. 基层文艺会演及文化精品创作经费	11.00	
23. 智慧广电贫困户收视费	19.80	
24. 智慧广电发展用户费用	73.90	
25.2020 年村级公共服务中心建设配套资金	120.00	
合　计	1909.96	

(4)社保、就业、卫生事业安排 4253.99 万元，具体如下：

单位：万元

项目名称	金额	备注
1. 城乡特困供养人员供养金	100.00	
2. 五保村管理人员经费	30.00	
3. 征地搬迁困难群众生活补助	260.00	
4. 高龄津贴	130.00	
5. 城乡特困供养人员护理费	90.00	
6. 农村低保	20.00	
7. 残疾人两补	40.00	
8. 城乡医疗救助资金	10.00	
9. 居家养老和社区养老服务试点经费	40.00	
10. 城乡居民重度残疾人基本医疗保险个人缴费补助	49.88	
11. 军人慰问和困难救助	62.00	

续表

项目名称	金额	备注
12. 义务兵优待金	250.00	
13. 退役军人自主就业金	40.00	
14. 实训基地、社保就业服务大楼建设前期经费	60.00	
15. 农民工工资保障金	30.00	
16. 城乡居民医疗保险配套资金	451.80	
17. 村干部养老保险补贴资金	361.99	
18. 城乡居民养老保险基础配套资金	156.00	
19. 城乡养老个人缴费补贴	32.30	
20. 城乡养老保险财政代缴保险费(特殊困难群众代缴)	19.45	
21. 机关事业单位养老保险基金缺口	500.00	
22. 城乡居民医疗贫困保险人员兜底资金	100.00	
23. 在职人员停保职业年金纪实	150.00	
24.2019 年新增退休人员职业年金	100.00	
25. 医共体建设经费	50.00	
26. 乡聘村用村医工资及村卫生室管理经费	106.00	
27. 村卫生室建设维修经费	205.00	列入基本医疗保障战役经费
28. 中医院、疾控中心前期工作经费	100.00	
29. 区本级基本公共卫生服务项目资金配套	46.29	
30. 免缴城乡居民医保、计划生育家庭奖补扶持资金	50.00	
31. 就业服务及服务平台经费	36.20	
32. 城乡养老保险财政代缴保险费(建档立卡贫困户,2014、2015、2016 建档立卡退出户)	31.38	
33. 城乡居民医疗保险财政代缴保险费(2019 年建档立卡贫困户,2014、2015、2016 建档立卡退出户)	170.70	
34. “互联网 +”医疗健康便民惠民线上服务系统建设资金	25.00	
35. 新冠肺炎防控等突发卫生事件应急工作经费	350.00	
合　计	4253.99	

(5)城乡建设及生态环境事业发展安排 3411.85 万元,具体如下:

单位:万元

项目名称	金额	备注
1. 村(社区)党组织服务群众专项经费	262.00	
2. 提高村干部待遇定员半额补贴村干部待遇经费	62.25	
3. 公租房管理经费	85.00	
4. 农村生活垃圾转运市场化服务费	1000.00	
5. 生活垃圾处理成本经费	160.00	
6.2020 年建设城乡公厕项目资金	30.00	
7.2019 年农村危房改造项目配套资金	30.60	列入住房保障安全战役资金
8.2018 年公厕建设项目尾款	15.00	
9. 乡村风貌提升项目资金	450.00	

续表

项目名称	金额	备注
10. 小街小巷项目配套	150.00	
11. 南康特色小镇运营经费	60.00	
12. 创建“三员新九有”村专项经费	200.00	
13. 发展壮大村级集体经济专项资金	300.00	
14. 上级财政部门补助 2016、2017 年村级集体经济地方配套	80.00	
15. 农村公益事业财政奖补项目配套资金	197.00	
16. 美丽乡村及村级公共服务运行维修配套资金	50.00	
17. 项目前期费、“十四五”规划编制费(含发改项目专项工作经费)	180.00	
18. 海防基础设施建设配套	100.00	
合　计	3411.85	

(6)财政专项扶贫资金安排 1504 万元,具体如下:

单位:万元

项目名称	金额	备注
财政专项扶贫资金	1504.00	

(7)农业水利事业发展、交通运输、资源勘探信息事务、自然资源事业安排 2866.8 万元,具体如下:

单位:万元

项目名称	金额	备注
1. 农村土地承包经营权确权登记颁证经费	45.00	
2. 铁山港区大棚果蔬产业奖励区本级财政配套资金	200.00	
3.2014—2018 年农村饮水安全巩固提升工程整改经费	319.00	
4. 铁山港区现代特色农业示范区建设区本级财政配套资金	58.00	
5. 南康江碑坝修建区本级配套资金	220.00	
6. 营盘彬塘排涝水毁修复工程	49.81	
7. 大塘灰窑匡海堤水毁修复工程尾款	94.47	
8. 农村产权制度改革工作经费	35.00	
9. 农村产权流转交易中心工作经费	30.00	
10. 河长制经费	25.00	
11. 农村饮水工程维修养护费	30.00	
12. 白龙海堤螃蟹塘村段水毁修复工程	29.69	
13. 南康江近期治理建设规划设计费	30.00	
14. 深水养殖挂牌出让前期费	100.00	
15. 贝类养殖挂牌出让前期费	100.00	
16.2020 年北海市铁山港区“房地一体”农村宅基地和集体建设用地使用权确权登记发证启动工作经费	35.00	
17. 第六次沙化土地监测调查工作经费	20.00	
18.2019 年实施的土地增减挂钩项目、耕地提质改造项目前期经费	20.83	

续表

项目名称	金额	备注
19.2020 集体林地林权发证查漏补缺经费	40.00	
20.2016 年村屯绿化工程资金本级配套	45.00	
21.2019 年森林督查暨森林资源管理“一张图”年度更新工作经费	20.00	
22.2019 年农村公路日常养护费	76.00	
23. 农村公路养护	284.00	
24. 公交车运营补贴	110.00	
25. 高德至南康(福成至南康段)公路改造配套资金	150.00	
26.2018 年、2019 年村屯硬化道路项目	600.00	
27. 企业维稳工作经费	100.00	
合　计	2866.80	

(8)其他事项安排支出 8786.24 万元,具体如下:

单位:万元

项目名称	金额	备注
1. 地方债券利息	561.00	
2. 保障部门单位经常性事务等其他支出	7565.24	
3. 预备费	660.00	用于当年预算执行中因自然灾害等突发事件处理增加的支出及其他难以预见的开支。
合　计	8786.24	

(9)关于上级提前下达财政专项扶贫资金安排情况。

上级提前下达财政专项扶贫资金 1277 万元(北财农〔2019〕101 号),安排到相应预算支出项目。

一般公共预算需要重点说明的情况:

——“三公”经费安排情况。全区安排“三公”经费 284 万元,与上年基本持平,略有下降。其中:公务接待费 34 万元;因公出国(境)费 10 万元;公务用车购置费 35 万元;公务用车运行维护费 205 万元。

——2020 年预算年度开始后,为了保障全区各部门正常运转,在区人民代表大会批准本年度预算前,区财政已预安排了一些必要的支出,包括各部门的基本支出、对困难群体的节前慰问费、部分项目进度款、历年工程欠款等,符合《中华人民共和国预算法》第五十四条规定,并按《预算法》五十四条规定在预算草案的报告中做出说明。

4. 盘活财政存量资金安排的项目支出情况。

2020 年我区确保全区正常运转及各项事业发展所需资金,缺口资金 4000 万元,需在收回盘活财政存量资金中安排解决,具体安排的项目支出如下表:

单位:万元

项目名称	金额	备注
1. 铁山港区产城融合发展建设资金	4000.00	其中:区政府新建职工周转房前期费用 60 万元,铁山港区实验学校本级配套资金 1118 万元
合　计	4000.00	

5. 政府性基金收支预算安排。

2020 年全区政府性基金预算收入预计为 5 万元，是城市基础设施配套费收入。政府性基金预算支出安排 5 万元，用于南康镇城镇基础设施维护项目。

6. 社会保险基金收支预算安排。

全区社会保险基金预算收入安排 23662 万元，增长 12%。其中：机关事业单位基本养老保险基金收入 5925 万元，增长 5%；城乡居民医疗保险基金收入 12199 万元，增长 6%；城乡居民养老保险基金收入 5538 万元，增长 37%。

全区社会保险基金预算支出安排 18187 万元。其中：机关事业单位基本养老保险基金支出 5853 万元，增长 –1%；城乡居民医疗保险基金支出 9061 万元，增长 8%；城乡居民养老保险基金支出 3273 万元，增长 9%；收支相抵，社会保险基金预算当年收支结余 5475 万元，年终滚存结余 29521 万元。

7. 政府债务情况。

关于 2020 年新增债券资金安排情况，我们将根据市财政局下达给我区的政府新增债券额度，按规定程序编制预算调整方案报请区人大常委会审查和批准。

四、完成 2020 年预算工作的主要措施

（一）努力培植税源，强化税收征管，确保完成全年财政收入目标任务

一是全面落实减税降费政策，筹措资金支持优化营商环境，加大招商引资力度，培育壮大财源建设，增强财政自我供给能力，缓解财政收支矛盾。二是积极应对新冠肺炎疫情、中石化停产检修对我区财政收入的影响，认真统筹谋划做好 2020 年财政收入组织工作，加强税收和非税收入监督检查力度，切实堵塞管理漏洞，应收尽收，坚决防止擅自或变相减免税；加强收入征管，落实财政、税务部门联合收入协调工作机制，强化对重点税源、重点行业和纳税大户的监督检查，堵塞收入漏洞，深挖增收潜力。

（二）优化支出结构，加快支出进度，充分发挥资金使用效益

健全预算编制与预算执行挂钩机制，严格按照编制的预算支出，进一步优化财政支出结构，严控一般性支出，从严从紧控制超预算支出；进一步强化服务意识，加快对重大项目资金的审批拨付；进一步改进预算执行管理，硬化预算执行约束。加快支出预算执行，加强财政绩效管理，提高公共服务供给质量和效率。

（三）立足改善民生这个根本，加大民生资金保障力度，增强民生福祉

坚持公共财政建设导向，把民生作为优先保障的重点，不断优化支出结构，稳步增加民生投入。优先保障疫情防控经费需求，重点支持脱贫攻坚、生态环保、重大民生等领域。树立正确的民生观念，全力保障基本民生，支持实施为民办实事工程，支持教育事业优先发展，加强公共服务建设，加大社会保障投入，强化社会保障资金监管，增强人民群众获得感、幸福感和安全感。

（四）扎实财政预算改革，加强财政规范化管理，建立现代财政制度

推进预算编制与预算执行、财政绩效管理相结合。全面推进国库集中支付电子化改革，进一步完善政府采购、政府购买服务、政府财政报告制度改革。推进财政管理规范化，着力提高资金监管水平。

新的一年，我们将以习近平新时代中国特色社会主义思想为指导，在区委的正确领导下，自觉接受人大及其常委会的监督和指导，虚心听取人民政协的意见和建议，主动作为、凝心聚力、扎实工作，努力完成全年各项任务，为促进全区经济社会发展做出新的贡献！

大事记

1月

3日 铁山港区举办“振兴南珠产业”专题讲座，北海市政协主席、市振兴南珠产业领导小组组长李蔚为铁山港区副科级以上干部、市直驻区单位负责人、海洋部门相关人员、村（社区）干部、南珠养殖企业负责人300多人做专题演讲。

15日 中华人民共和国海关总署印发《关于同意北海综合保税区验收结果的批复》，标志着北海综合保税区正式通过海关总署验收。

28日 2019年南康镇春节“建设壮美南康 同心共筑中国梦”文艺联欢晚会在南康镇文化广场成功举办。

29日 铁山港区劳动保障监察部门联合公安部门，成功化解43名农民工集体讨薪案件，为农民工讨回工资42.87万元。

2月

2日 中共北海市铁山港区委员会五届第四次全会在区政务服务综合楼五楼会议室召开，总结2018年工作成绩，明确2019年经济发展预期目标。

同日 铁山港区机构改革动员部署会在铁山港区政务服务综合楼五楼会议室召开，对铁山港区机构改革工作进行部署。

15日 铁山港区在南康镇文化广场举办2019年“春风行动”现场招聘会，共有46家企业进场招聘，提供6000个岗位，当天达成就业意向432人。

19日 北海铁山港1号—4号泊位进港大道工程项目建成通车。

22日 铁山港区在南宁市组织召开驻邕铁山港区籍企业家新春座谈会，挂牌成立驻邕铁山港区籍企业家招商工作站。

25日 中国人民政治协商会议第四届北海市铁山港区委员会第四次会议在铁山港区南珠会堂开幕。

26日 铁山港区第五届人民代表大会第四次会议在铁山港区南珠会堂开幕。

3月

1日 中央电视台《每日农经》播出探访铁山港区南珠之乡纪录片《闪着五彩光芒的海水珍珠》，纪录片片长约20分钟，全面展示北海市汇集全市力量振兴南珠产业，再创南珠辉煌的情景。

5日 2019年第一季度铁山港产业树招商项目集中开工、签约仪式分别在铁山港（临海）工业区和香格里拉大饭店举行。总投资130.05亿元的20个项目集中开工、签约。

同日 铁山港区召开2019年政法工作会议，深入学习、贯彻落实中共中央总书记习近平重要讲话和中央、自治区、北海市政法工作会议精神，总结工作、分析形势、研究部署全年政法工作。

6日 北京牛栏山庄饮品有限公司与南康镇南康社区合作签约仪式在南康镇举行，总投资3000多万元、年产1万吨的白酒灌装项目正式落户南康社区。

13日 四川省副省长李云泽一行到铁山港

区，就加强四川与广西“西部陆海贸易新通道”建设合作，充分利用广西北部湾经济区港口优势和四川产业优势，实现向海经济发展互利共赢有关论题进行调研。北海市市长蔡锦军陪同调研。

同日　北海市委、市政府召开“全市精神文明贡献奖”表彰大会，铁山港区南康镇莲塘村获得“第十八批北海市文明村镇”，铁山港区南康中学获得“北海市未成年人思想道德建设工作先进单位”，共青团北海市铁山港区委员会获得“北海市学雷锋志愿服务工作先进集体”，梁晓、谢子东、余陈秀获得“第五届北海市道德模范”，郑春伟获得“北海市未成年人思想道德建设工作先进个人”，李和、苏家全获得“第三批北海市星级文明户”。

14日　北海市市长蔡锦军到铁山港考察调研信义玻璃产业园等多个项目建设情况并召开座谈会。

15日　著名书法家张艺山（荫正）向铁山港区捐赠国礼玉扣1块（玉扣曾作为国礼赠送外国政要）、庆祝改革开放40周年书法作品1幅、“两会”特刊15本、书法作品展示镜屏1块。

18日　铁山港区退役军人事务局揭牌成立，副区长杨晓峰、区人武部政委宋小平，区退役军人事务局局长甘绍强出席揭牌仪式。

21日　区委区政府督查绩效办公室正式挂牌成立，北海市委副秘书长，市委市政府督查绩效办主任庄宗球，区长龙起云出席揭牌仪式。

4月

1日　铁山港区委班子召开落实中央及自治区党委巡视反馈意见专题民主生活会，全面对照中央、自治区巡视反馈意见，严肃开展批评和自我批评，以“五个带头”扎实做好巡视“后半篇文章”，确保巡视整改各项任务落实到位，以整改促改革、转作风、谋发展，以更坚定的决心、更有力的行动推动铁山港区高质量发展。

11日　中航化项目最后1间拆迁房屋拆除，中航化项目落户铁山港“最后一公里”梗阻问题得到彻底解决。

17日　铁山港区政法机关、纪检监察机关联合举办的扫黑除恶专项斗争和“反腐正风·打伞破网”公开大接访活动在南康镇举行。北海市委常委、纪委书记、市监委主任缪佃江热情接待来访群众，耐心倾听来访群众诉求并现场解答群众提问。

23日　自治区安委办危险化学品重点县（铁山港区）专家指导服务动员部署会在北海召开。

25日　区委宣传部副部长、区社科联主席陈传栋参加2019年广西市县社科联工作经验交流会和广西市县社科联智库建设工作经验交流会，并在会上做了题为《搭建立体化平台，开展多形式讲习，努力畅通基层理论宣讲“最后一公里”》的经验介绍。

28日　铁山港区召开2019年全区党的建设工作会议，回顾总结2018年工作，安排部署2019年各项任务。

同日　区政府牵头组织区海洋、公安、“两违办”、营盘镇政府等14个部门组成280多人的联合执法队，对营盘镇鹿塘村委至火禄村委浅海滩涂非法用海设施开展清理整治专项执法行动，依法清理非法用海267公顷，严厉打击了非法用海行为。

同日　铁山港区人民医院医生谢庆辉获北海五一劳动奖章。

30日　北海市人大常委会副主任谢安河一行到铁山港区第二幼儿园、南康镇第一小学开展“六一”儿童节慰问活动，向小朋友送上节日祝福，向师生致以亲切的问候。区委常委、宣传部部长、副区长林昌斌陪同慰问。

5月

1日　铁山港1号—4号泊位铁路专用线（北海—铁山港进港铁路）项目海域工区透水桥梁及围堤吹填工程正式开工，标志着解决北海—铁山港海铁联运“最后一公里”问题的关键项目进入全面施工冲刺阶段。

6 日　18 时，铁山港首个铁路专用线——中国石化北海炼化铁路专用线区间线路正式开通。标志着火车可以直达企业内部，让市民期盼多年心愿得以实现。

同日　斯道拉恩索公司——南乐社区绿色篮球场揭牌仪式在兴港镇南乐社区举行。铁山港区、兴港镇相关领导，斯道拉恩索公司北海工厂相关领导、职工代表，兴港镇中心小学师生代表及南乐社区群众共同见证和庆祝“南乐社区共建绿色篮球场”的落成和投入使用。

同日　团区委、区文体广电旅游局、区总工会、广西新鑫能源科技有限公司联合主办的 2019 年铁山港区“友邦广告杯”青年职工气排球赛在南康镇南滨球馆拉开序幕。

9 日　北海市政协主席李蔚到铁山港区南珠湾对科技兴珠和 2019 年新增的南珠养殖企业调研。

17 日　营盘镇政府与太平洋华佗建设集团营盘中心渔港、白龙珍珠城基础设施建设合作签约仪式在富丽华大酒店举行。营盘中心渔港、白龙珍珠城基础设施项目总投资 20 亿元，计划在 3 年内完成投资和建设。

6 月

11 日　北海市市长蔡锦军到营盘镇检查火禄渔港和营盘中心渔港休渔期安全生产工作。

同日　北海市市长蔡锦军采取不打招呼、不要陪同、随机入户的方式，来到南康镇、兴港镇调研脱贫攻坚工作。

21 日　广西日报社主任记者韦继川到铁山港区，通过理论宣讲和现场教学相结合，为 100 多名干部上了一堂脱贫攻坚宣传课，课后组织部分学员到北海市贫困重度残疾人集中托养基地、南康镇夏塘村手套厂、铁山港现代农业创业孵化基地开展脱贫攻坚宣传现场教学活动。

22 日　在 2019 年全国企业家活动日暨中国企业家年会——“打造向海经济，开启海丝新篇章”论坛上，北海市与前来参加年会的中国知名企业共签订 33 个合作项目，计划投资总额 637.98 亿元，其中涉及铁山港区的签约项目 10 个，计划投资总额 289.45 亿元。

24 日　北海市政协主席、市振兴南珠产业领导小组组长、市振兴南珠产业办公室主任李蔚，率区委、区农业农村和水利局、区海洋局、营盘镇政府负责人，到区南珠湾调研发展南珠养殖，强调要加强育珠贝养成管理，主动应对大风大浪天气，提高南珠养殖质量和效益。

30 日　铁山港固废循环利用环保综合体项目顺利开工。北海市副市长陈勋，广西鱼峰集团党委书记、董事长杨义，区委书记余兴国，北部湾港集团总经理助理、北部湾港股份有限公司党委书记、总经理陈斯禄等出席开工仪式。

7 月

1 日　区委书记余兴国到营盘镇盐灶村委珠场坡村、鹿塘村委西板塘村，看望慰问困难党员。

同日　在北海市“七一”表彰暨基层党建工作推进会上，区法院被北海市委授予“先进基层党组织”荣誉称号。

8 日　北海市委常委、北海军分区政委张毅带领工作组到铁山港区督导征兵工作。区委书记余兴国陪同督导。

9 日　区委宣传部、区社科联在南康宝成皮具厂生产车间联合启动“守正道创新局”群众宣讲活动，运用群众的亲身经历、体会及南康“卖鸡调”、快板等文艺模式宣传中共十九大精神和习近平总书记重要讲话精神。

13 日　广西“庆祝新中国成立 70 周年暨第七届全区基层群众文艺会演”在梧州市文化展览中心闭幕。区文体广电旅游局重点打造的精品节目《白龙湾不倦的歌谣》《阿公出嫁》分别荣获舞蹈类二等奖和曲艺类三等奖。

15 日　自治区党委常委、组织部部长曾万明率自治区年中工作会议第七观摩组在北海市开展项目现场观摩活动。听取铁山港(临海)工业区的川化48万吨硫酸钾项目、北部湾表面处理中心项目和信义玻璃项目情况介绍。

17日 广西科协主办、广西科技咨询中心承办的2019年广西科协创新方法带题培训班在北海诚德镍业有限公司开班。北海市相关企业40多名创新技术骨干参加培训。

19日 区委书记余兴国在人民网发表署名文章《用解放思想"金钥匙"开启高质量发展"加速度"》,包括4个方面主要内容:开展学习"大讨论",增强解放思想的政治自觉;破除思想"旧藩篱",营造干事创业的奋斗氛围;做好开放"大文章",发挥向海发展的区位优势;聚焦项目"主阵地",开启新时代铁山港高质量发展"加速度"。

21日 铁山港区成立青年企业家商会,并召开商会第一届会员(代表)大会。选举产生商会会长、副会长,确立名誉会长和商会顾问。

26日 自治区农村电影管理工作培训班(乡镇影院现场教学)在铁山港区南滨影城举办,铁山港区农村电影放映管理经验向自治区推广。

8月

8日 广西军区司令员陈岳琪到铁山港区调研人民武装工作。北海军分区司令员王先庆主持座谈会。

13日 北海诚德公司索氏体不锈钢规模化生产基地开工仪式在该公司冷轧车间顺利举行。北海市副市长陈勋出席仪式并致辞。

23日 北海市人大常委会副主任、北海市总工会主席柳金红为铁山港(临海)工业区人大代表之家和铁山港(临海)工业区职工之家揭牌。

26日 铁山港区籍运动员李俊升在第十届全国残疾人运动会暨第七届特殊奥林匹克运动会上,以1分30秒的成绩夺得男子SB5级100米蛙泳决赛冠军,摘下广西代表队的首枚游泳金牌,并在SB5级男子200米个人混合泳比赛中摘得银牌。

28日 由北海市邮政局和铁山港区民政部门共同设立的铁山港区社会救助站(邮政慈善超市)揭牌。铁山港区副区长罗虹参加揭牌仪式。

9月

2日 广西数字政务一体化平台铁山港区平台顺利上线运行,实现实体政务大厅与网上政务服务平台有机融合,推进政务服务事项网上办理。

12日 铁山港区"不忘初心、牢记使命"主题教育工作会议召开。区委书记、区委"不忘初心、牢记使命"主题教育领导小组组长余兴国做动员部署。北海市委第四巡回指导组组长、市级党委组织员、市远程办原副调研员苏传远出席会议并做指导讲话。

同日 营盘镇盐灶村举行绿牧农民专业合作社股民分红大会,镇内321户贫困户喜获产业扶贫项目的12.74万元分红。

同日 铁山港区召开2019年入伍新兵欢送大会,区长龙起云,区委常委、区人武部部长向勇出席。

20日 铁山港区投资推介会暨项目签约仪式在南宁举行,现场签约项目17个,投资总额288.8亿元。

24日 铁山港区重大项目集中开竣工暨中国石化北海炼化结构调整改造项目开工仪式在北海炼化结构调整改造项目现场举行。北海市委书记、市人大常委会主任王乃学宣布项目开竣工。北海市市长蔡锦军在仪式上讲话。市政协主席李蔚出席开竣工仪式。

29日 以"壮丽七十载 奋进新时代"为主题的铁山港区庆祝新中国成立70周年"我和我的祖国"大型文艺会演在南珠会堂隆重举行。区四家班子主要领导和全区500多名干部职工、党员群众一同观看演出。

10月

8日 《人民日报》第8版和中国中小城市

网公布全国百强县、百强区、千强镇榜单,兴港镇、南康镇入选2019年度全国综合实力千强镇,其中兴港镇在广西乡镇排名第一。

16日　北海市委常委、副市长陈维宣布自治区“双百”项目、总投资228亿元的太阳纸业350万吨林浆纸一体化项目正式开工。

22日　自治区党委宣传部副部长、自治区政府新闻办主任甘毅率调研组到铁山港区调研基层宣传思想文化工作。铁山港区委常委、区委宣传部部长、副区长林昌斌及市、区相关部门领导陪同调研。

11月

9日　铁山港区在黄丽窝村委梦想创业孵化基地举行消费扶贫暨南康镇黄丽窝村梦想创业孵化基地启动仪式。北海市委常委、副市长辛红梅出席仪式并宣布铁山港区消费扶贫暨南康镇黄丽窝村梦想创业孵化基地仪式启动。区委书记余兴国出席仪式并致辞,区长龙起云主持。

19日　自治区副主席方春明到铁山港(临海)工业区的斯道拉恩索北海林纸一体化工厂和芋头塘村蟹生态养殖示范基地,对乡村振兴和脱贫攻坚工作进行调研。北海市市长蔡锦军陪同调研。

26日　自治区人民政府批准北海铁山港(临海)工业区为经济技术开发区。

28日　自治区副主席杨晋柏当面接待南康镇社内村委张屋村村民,倾听村民关于“修建陂坝解决农田灌溉”的诉求,现场协调解决群众反映的问题。

12月

3日　新疆和田市政协主席麦提图尔迪·麦麦提敏带领考察团一行6人到铁山港区考察并签订缔结友好城市协议书。区委书记余兴国见证签约仪式。

4日　“璀璨南珠·活力铁山港”2019铁山港区南珠节在营盘渔港隆重开幕。

5日　铁山港区南珠养殖技术交流暨项目招商推介会在营盘镇黄稍村委举行。北海市政协主席、市振兴南珠产业领导小组组长李蔚出席会议并讲话。

6日　广西壮族自治区高级人民法院司法警察总队副政委黄宗梅等一行4人组成的考核组到北海市铁山港区人民法院开展2019年法院安保和法警工作专项考评。

9日　北海市委书记、市人大常委会主任王乃学到兴港镇,进村入户看望慰问贫困户。

同日　北海市市长蔡锦军到营盘镇开展脱贫攻坚调研,走访慰问贫困户。

10日　区委常委班子召开“不忘初心、牢记使命”专题民主生活会。北海市市长蔡锦军参会指导。

12日　铁山港区投资700多万元的多功能执法办案管理中心建成,率先在全市一县三区公安机关投入使用。

19日　广西统一战线百名专家服务团铁山港(临海)工业区服务基地挂牌仪式在铁山港区行政中心举行。

27日　2019年北海市农村精神文明建设现场推进会在铁山港区召开,现场观摩团100多人先后走进自治区文明村南康镇秋风塘村、山羊养殖基地、全国文明镇——南康镇社会主义核心价值观广场、全国文明单位创建点——铁山港区税务局,真切感受农村精神文明建设给乡镇和农村带来的可喜变化。北海市委常委、市委宣传部部长、副市长黄江出席现场推进会。

同日　白龙珍珠城景区被批准为国家AAA级旅游景区。

31日　营盘中学举行建校60周年庆典活动。

同日　自治区精神文明建设委员会发出表彰决定,南康镇扫管龙村、铁山港区人民医院分别被授予自治区文明村和自治区文明单位称号。

同日　北海市铁山港西港区北暮作业区5号、6号泊位后方陆域工程顺利交工投产。

总　述

北海市铁山港区概貌

【地理位置】 北海市铁山港区位于北部湾畔、北海市东部，东经 109° 19′—109° 34′，北纬 21° 27′—21° 40′之间，东与合浦县白沙镇、沙田镇隔海相望，西与银海区福成镇接壤，南临北部湾，北与合浦县闸口镇、石康镇相连。铁山港区距北海市近 40 千米，距合浦县城廉州镇 40 多千米，距自治区首府南宁市 250 千米，距广东省湛江市约 150 千米，距海南省首府海口市 124 海里。（区民政局）

【自然资源】

土地资源 2019 年，铁山港区土地总面积 5.03 万公顷。其中：耕地 1.87 万公顷，占 37.09%；园地 397.68 公顷，占 0.79%；林地 6757.78 公顷，占 13.43%；草地 935.07 公顷，占 1.86%；城镇村及工矿用地 8068.2 公顷，占 16.04%；交通运输用地 2216.48 公顷，占 4.41%；水域及水利设施用地 1.17 万公顷，占 23.26%；其他土地 1641.32 公顷，占 3.26%。铁山港区土地分布为：南康镇 1.77 万公顷，占 35.19%；营盘镇 9898.67 公顷，占 19.68%；兴港镇 1.23 万公顷，占 24.45%；国有滩涂 1.01 万公顷，占 20.08%；国有岛屿 352.07 公顷，占 0.7%。

矿产资源 2019 年，铁山港区矿产主要为低值非金属矿，一般集中连片、埋藏较浅。储量较大的有高岭土、石英砂、陶瓷土等，其次是石灰石、泥炭土、褐煤、无烟煤、釉泥等。年内，铁山港区内没有持有效期采矿证的矿山企业，高岭土、石英砂均限制开采。

（区自然资源局）

海洋资源 铁山港区是北海市重要的渔业资源拥有地区，经济渔业资源种类主要有 25 种。全区养殖水产品种类主要有 16 种，分别是金鲳鱼、南美白对虾、青蟹、鲷鱼、美国红鱼、石斑鱼、斑节对虾、牡蛎、贻贝、扇贝、蛤、马氏珠母贝、钝缀锦蛤、大獭蛤、靓巴非蛤、织锦巴非蛤；捕捞水产品种类主要有 23 种，分别是鲰鱼、沙丁鱼、石斑鱼、方头鱼、蓝圆鲹、带鱼、金线鱼、马面鲀、鲐鱼、鲅鱼、鲻鱼、毛虾、鹰爪虾、梭子蟹、青蟹、乌贼、鱿鱼、章鱼、梭鱼、鳑、文蛤、扇贝、钉螺。辖区还有中华鲎、东方鲎等国家保护物种。（区海洋局）

岸线港口 铁山港区海岸线东北起于南康镇黄丽窝的广和海区，经南康镇的大塘、雷田，兴港镇的粟山、石头埠、富屋、谢家、南乐、川江、彬定、婆围，营盘镇的黄稍、彬塘、盐灶、营盘、白东、鹿塘、火禄、能村，止于营盘镇白龙社区的白龙港，全长 82 千米(其中人工海岸线 57 千米)。铁山港区港口主要有铁山港公用码头、营盘渔港、石头埠渔港、白龙港、火禄港。（区海洋局）

河流资源 2019 年，铁山港区共有 14 条河流，完成调查流域面积 50 平方千米以上江河有南康江、火禄河、福成河、佛子河 4 条，流域面积 50 平方千米以下江河有能村河、长陂河、新村河、小马头河、廖屋河、婆围河、谢家河、彬池河、粟山河、盐灶河 10 条。南康江是辖区内水量最丰富的河流，发源于合浦县石康镇白水塘东面山地，由北向南流经铁山港区南康镇、兴港镇、营盘镇，在营盘

北海市铁山港区委、区政府信访局

局　长:石日喜(2019年3月免)
　　　陈远成(2019年3月任)
副局长:甘焕远

北海市铁山港区人大常委会办公室和各工作委员会

北海市铁山港区人大常委会办公室

主　任:张　毅(2019年6月免)
　　　杨中敏(2019年6月任)

北海市铁山港区人大常委会选举联络工作委员会

主　任:徐　莲(女)

北海市铁山港区人大监察和司法法律委员会

主　任:庞兴明(2019年2月任)

北海市铁山港区人大财政经济委员会

主　任:杨怀春

北海市铁山港区人大常委会教科文卫与民族工作委员会

主　任:曹　莲(女,2019年6月免)
　　　张　毅(2019年6月任)

北海市铁山港区人大常委会农业农村与环资城建工作委员会

副主任:叶晓龙(2019年1月免)
　　　林　健(2019年3月任)

政协北海市铁山港区委员会办公室和各专门委员会

北海市铁山港区政协办公室

秘书长:吴　铁(2019年6月免)
　　　黄晓科(2019年5月任秘书长人选)

北海市铁山港区政协提案法制委员会

主　任:石玉祥

北海市铁山港区政协科教文卫委员会

主　任:黄晓科(2019年6月免)
　　　吴　铁(2019年6月任)

北海市铁山港区政协经济联谊委员会

主　任:王嘉康

北海市铁山港区人民政府工作部门

北海市铁山港区人民政府办公室

主　任:欧小兵
副主任:郑光平
　　　郑珍庭(女)
　　　戚恒家
　　　廖民中(2019年6月任)
　　　陈云气(2019年4月挂职)

北海市铁山港区发展和改革局

局　长:陈绪贤(2019年3月免)
　　　陆国忠(2019年7月任)
副局长:宁万东(2019年4月免)
　　　李　洋(2019年4月—10月挂职)

北海市铁山港区教育局

局　长:范先铭(2019年3月免)
　　　陈翔宇(2019年3月任)
副局长:李建秀(女,2019年4月免)
　　　罗志强(2019年7月任)

北海市铁山港区科技商务和工业信息化局

局　长:黄元贵(2019年3月任)
副局长:王厚明(2019年4月任)

北海市铁山港区民政局

局　长:陈翔宇(2019年3月免)
　　　李源军(2019年3月任)
副局长:欧余柏(2019年4月免)
　　　李建秀(女,2019年4月任)

北海市铁山港区司法局(调解处理土地山林水利纠纷办公室)

局　长:吴礼有
副局长:曾达雄
　　　郑连海

区调解处理土地山林水利纠纷办公室

主　任:吴礼有
副主任:曾达雄

北海市铁山港区财政局(国有资产监管和金融工作局)

局　长:张祖钊
副局长:杜　贵
　　　刘兴群(女)

区国有资产监管和金融工作局

局　长:张祖钊

北海市铁山港区人力资源和社会保障局

局　长:陈凯华
副局长:陆柏桦

北海市铁山港区自然资源局(林业局)

副局长:郑国忠(2019年7月任)
　　　顾传国(2019年7月任)

区林业局

局　长:顾传国(2019年6月任)

北海市铁山港区住房和城乡建设局(人民防空和海防工作办公室)

局　长:陈绪贤(2019年3月任)
副局长:叶　龙(2019年4月任)

李子忠(2019年11月任)

区人民防空和海防工作办公室

主　任:谢余红(2019年3月免)

陈绪贤(2019年6月任)

北海市铁山港区交通运输局

局　长:陈家瑶

副局长:黄　聪

北海市铁山港区农业农村和水利局

局　长:黄家琳(2019年3月任)

副局长:张正勇(2019年4月任)

刘大庆(2019年4月任)

郑韵桦(女,2019年4月任)

北海市铁山港区文体广电旅游局

局　长:陈传栋(2019年3月任)

副局长:户尊兰(女,2019年9月调出,免挂职)

邓有亮(2019年4月任)

北海市铁山港区卫生健康局

局　长:杨　杏(2019年3月免)

钟羚玮(女,2019年3月任)

副局长:卢小莲(女,2019年5月任)

李　锋(2019年6月任)

北海市铁山港区退役军人事务局

局　长:甘绍强(2019年3月任)

副局长:廖元景(2019年4月任)

北海市铁山港区应急管理局

局　长:叶晓龙(2019年3月任)

副局长:甘锡坤(2019年4月任)

徐纯德(2019年4月任)

北海市铁山港区审计局

局　长:莫深伟

副局长:隋文勃

北海市铁山港区市场监督管理局(知识产权局)

局　长:叶晓文(2019年3月任)

副局长:唐海鹏(2019年4月任)

李其祜(2019年4月任)

梁　平(2019年4月任)

区知识产权局

局　长:叶晓文(2019年5月任)

北海市铁山港区统计局

局　长:梁旺有(2019年3月免)

蔡小英(女,2019年3月任)

副局长:宁万东(2019年4月任)

北海市铁山港区扶贫开发和水库移民局

局　长:刘忠华(2019年3月任)

副局长:谢　军(2019年4月任)

陈家宁(2019年4月挂任)

北海市铁山港区综合行政执法局

局　长:杨　杏(2019年3月任)

副局长:黄海强(2019年4月任)

伍学锟(2019年11月任)

北海市铁山港区海洋局

局　长:韩有才(2019年3月任)

副局长:叶瑞山(2019年4月任)

法院、检察院

北海市铁山港区人民法院

院长、党组书记:孟繁刚

分管日常工作副院长:

邹　雪(女,2019年10月任)

党组副书记:

邹　雪(2019年12月任)

副院长:黄海宁

北海市铁山港区人民检察院

检察长、党组书记:

于　海(2019年1月任)

副检察长:邝永博

卿钟月

张伯强

群众团体、民主党派

北海市铁山港区总工会

主　席:李　静(女,兼任)

副主席:梁毅峰

陈梅娟(女)

共青团北海市铁山港区委员会

书　记:聂文龙

副书记:班玉玲(女)

钟　磊(兼任,2019年3月挂任结束)

黄海萍(女,2019年10月挂任结束)

北海市铁山港区妇女联合会

主　席:陈丽艳(女)

副主席:莫瑗瑜(女)

卢小莲(女,兼任)

北海市铁山港区残疾人联合会

理事长:庞　明

副理事长:庞海峰

北海市铁山港区社会科学界联合会

主　席:陈传栋(女)

专职副主席:欧作合

北海市铁山港区工商业联合会

主　席:邓明仪

常务副主席:

甘绍强(2019年3月免)

谢余红(2019年5月任)

副主席:陈俊良

李胜远

杨有强

吴其军

陈国庆

黄　平

秘书长:陈俊良

党组书记:

甘绍强(2019年3月免)

谢余红(2019年8月任)

北海市铁山港区计划生育协会

会　长:李玉婷(女)
常务副会长:刘汉明
专职副会长:
　林泓余(女,2019年5月免)
副会长:赖满棠
　欧余柏(2019年4月免)
　钟羚玮(女)
　钟　毅
　郑开伦
　李　静(女)

北海市铁山港区副科级以上事业单位(含参公单位)

北海市铁山港区档案馆

副馆长:
　陈宏宇(2019年7月兼任,负责全面工作)

北海市铁山港区委党史办公室(区地方志编纂委员会办公室)

主　任:周　芳(女)

北海市铁山港区党员干部现代远程教育管理办公室

主　任:陈宏宇

北海市铁山港区招商促进局(投资投诉中心)

局　长:范绍松(2019年4月免)
　叶培高(2019年4月任)

北海市铁山港区土地房屋征收管理办公室

主　任:顾传国(2019年4月免)
　叶大柱(2019年4月任)
副主任:金仁海
　谢元芹(女)

北海市铁山港区机关后勤服务中心(机关事务管理局)

主　任:林　洪(2019年6月任)
副主任:卢栋宏(2019年6月任)
　刘奕波(女,2019年6月任)
　劳振才(2019年6月任)

北海市铁山港区政府采购中心

主　任:刘小文

北海市铁山港区政务服务中心(政务管理办公室)

主　任:郑珍庭(女)
副主任:陈远会

北海市铁山港区信息中心

主　任:冯耀斌(2019年12月免)
　邓昭文(2019年12月任)

北海市铁山港区国库支付中心

主　任:刘兴群(女,2019年6月免)
　宁振辉(2019年6月任)

北海市铁山港区统计普查中心(区统计数据管理中心)

主　任:李冰梅(女)

北海市铁山港区城乡居民最低生活保障服务所

所　长:劳宗信

北海市铁山港区公共就业和人才服务局

局　长:何永红(2019年6月免)
　陈家兴(2019年6月任)

北海市铁山港区水库移民工作服务中心

主　任:官锡林(2019年9月任)

北海市铁山港区综合行政执法大队

大队长:李子忠(2019年8月免)
教导员:陈和昌(2019年9月任)
副大队长:
　罗现欢(2019年4月免)
　何文辉(2019年9月免)
　戴全刚(2019年9月任)
　伍学锟(2019年11月任)

北海市铁山港区海洋与渔业综合执法大队

大队长:殷　俊(2019年4月任)
教导员:罗现欢(2019年4月任)
副大队长:吴智超(2019年8月任)

北海市铁山港区纪检监察信息中心

主　任:陈云开(2019年5月任)

北海市铁山港区机构编制研究中心

主　任:庞兴云(女,2019年5月任)

北海市铁山港区综合福利院

院　长:李周存(2019年4月任)

北海市铁山港区综合行政执法保障中心

主　任:蔡　坚(2019年9月任)

北海市铁山港区学生资助管理中心

主　任:李　海

北海市铁山港区教育教学研究室

主　任:罗志强(2019年7月免)
　沈　胜(2019年7月任)

北海市铁山港区公路管理所

所　长:黄艳耀(女,2019年6月任)

北海市铁山港区公路运输管理所

所　长:邹贞役

北海市铁山港区航务管理所

所　长:黄艳耀(女,2019年6月免)
　邓　符(2019年6月任)

北海市铁山港区市容市政管理中心

主　任:陈剑平
副主任:梁　越
　李腾远(2019年6月任)

北海市铁山港区人民医院
（南康镇中心卫生院）

院 长:徐惟永(2019年1月免)
叶长城(2019年1月任)
党支部书记:傅镜益
副院长:陈运娇(女)
邓彰恂(2019年1月免)
王锋其

北海市铁山港区妇幼保健院

院 长:叶长城(2019年1月免)
邓彰恂(2019年1月任)

北海市铁山港区民兵训练基地

主 任:空缺

区辖三镇

南康镇

党委

书 记:杨晓峰
副书记:劳庆蓉(女)
林盛聪(2019年5月免)
廖云龙(2019年5月任)
王广军(挂职)
委 员:金寿清
吴少锋
陈升安
刘仕发
龙 腾(2019年7月任)

政府

镇 长:劳庆蓉(女)
副镇长:廖云龙(2019年5月免)
吴少锋
刘仕发
张家敏
龙 腾(2019年6月任)

人大主席团

主 席:林盛聪(2019年5月免)
廖云龙(2019年7月任)
副主席:许世登

营盘镇

党委

书 记:张 良
副书记:朱 超
陈 锋(2019年5月免)
包翔元(挂职,2019年6月免)
金远先(挂职)
王昌富(2019年5月任)
委 员:郑光强
伍学锟(2019年10月免)
郑 斌
谢 军(2019年3月免)
许 强(2019年6月任)
廖英萍(女,2019年6月任)

政府

镇 长:张 良(2019年1月免)
朱 超(2019年6月任)
副镇长:郑光强
郑 斌
谢 军(2019年3月免)
许 强
石子升(2019年6月任)

人大主席团

主 席:陈 锋(2019年6月免)
王昌富(2019年6月任)
副主席:冯英财(2019年6月任)

兴港镇

党委

书 记:余军远
副书记:叶大柱(2019年4月免)
张文勇(挂职,2018年6月免)
刘远航
杨永义(2019年6月挂任)
钟 毅(2019年5月任)
委 员:黄家明
林昌海
张洪宾(2019年7月任)
张宗泉(2019年5月任)
劳传强(2019年6月任)
李 锋(2019年6月免)
蔡风华(2019年5月免)

政府

镇 长:黄元贵(2019年3月免)
刘远航(2019年6月任)
副镇长:黄家明
李 锋(2019年6月免)
蔡风华(2019年5月免)
程龙洋
张宗泉(2019年5月任)
劳传强(2019年6月任)

人大主席团

主 席:叶大柱(2019年4月免)
钟 毅(2019年5月任)
副主席:张宗泉(2019年6月免)
庞远初(2019年6月任)

国民经济和社会发展

【经济概况】 2019年,北海市铁山港区实现地区生产总值340.70亿元,比上年增长9.1%。三次产业增加值分别为33.23亿元、275.18亿元、32.3亿元,分别比上年增长6.1%、9.8%、5.9%。三次产业结构为9.75∶80.77∶9.48,三次产业对经济增长贡献率分别为6.3%、87.4%、6.3%,分别拉动经济增长0.57、7.96、0.57个百分点。规模以上工业总产值886.63亿元,总量占全市的50.76%;辖区内税收134.47亿元，占全市的62.36%；财政收入49.41亿元，比上年增长8.34%；完成固定资产投资51.5亿元，增长37%；外贸进出口额89.37亿元，同比增长26.5%；城镇居民人均可支配收入35779元，增长7.6%；农村居民人均可支配收入16189元，增长10.5%。

【招商引资】 2019年，铁山港区围绕“强龙头、补链条、聚集群”的产业发展要求，深入实施“投资促进年”“招商突破年”活动，全方位、多渠道开展产业树精准招商。在“全员招商+专业招商+精准招商”基础上，创新招商模式。年内，全区累计签约项目48个，合同投资总额974.55亿元，完成北海市下达任务的541.41%；实际到位资金77.09亿元，完成北海市下达任务的128.48%；实际利用外资5396万美元，比上年增长310.26%，占全市实际利用外资总额的70%；招商引资创建区以来最佳业绩。

【项目建设】 2019年，铁山港区深入开展“项目落实年”活动，完善项目管理机制，成立项目落实办公室，制订印发重点项目跟踪落实服务责任表，实行挂图作战，推进项目建设。科学有序推进征地搬迁工作，实行区领导挂点征迁负责制，成立七大片区征地搬迁工作组，落实新的征地搬迁补偿安置办法，提高补偿标准，让利于民，完成征地清场649.4公顷，搬迁213户，破解项目落户瓶颈。项目建设呈现项目多、规模大、质量高、推进快的可喜局面。年内，全区固定资产投资比上年增长37.0%，增速在全市县区排名第一。列入自治区年中经济工作会观摩项目3个，列入自治区产业大招商现场观摩会项目1个，项目推进获得自治区、北海市领导高度评价。列入自治区“双百双新”项目12个，“双百双新”项目总数和“双百”项目数、投资额均排全市第一，有效形成“谋划一批，储备一批、招商一批、开工一批、投产一批”的良性循环。列入北海市“四定”重点项目共75个，包括开工任务15个、竣工任务8个，全区已实现开工15个、竣工8个，开工和竣工任务完成率均为100%。年内，中央预算内投资项目包含农村饮水安全巩固提升工程、工业园区人民医院（一期工程）等项目，下达计划总投资4366万元，全部为中央预算内资金。项目已全面开工建设，中央预算内资金到位率100%，中央预算内资金支付率为75.72%。铁山港区被列入自治区“双百双新”项目12个，其中开工建设项目4个：信义铁山港玻璃产业园项目、350万吨林浆纸一体化项目、年产48万吨优质钾肥项目等；开展前期工作项目3个：年产300万吨超低甲醛释放脲醛树脂、年产60万吨先进生物液体燃料项目、年产10万吨环保生物质液态能源项目；策划项目5个：年产1000万吨芳烯一体化项目、年产210万吨LPG（液化石油气）深加工项目、亚王储能电池材料制造项目、恒利源电子线路板科技产业园项目、惠科电子北海产业新城配套PCB线路板（印制线路板）及新型电子元器件生产项目。被列入北海市“四定”重点项目75个，其中区本级项目32个、工业区项目43个，总投资696.34亿元。按项目行业分：农林水项目4个，工业能源项目30个，交通基础设施项目9个，市政及园区基础设施项目16个，社会事业项目8个，旅游商贸项目8个。

【工业经济】 2019年，铁山港（临海）工业区落实《加快铁山港临港产业集群发展实施方案》，以石化、新材料、林纸、玻璃等优势产业集群发展为引领，推动海洋装备、电子线路板及电镀、加工贸易等产业加快集群聚集，坚定不移发展壮大临港产业。北海炼化结构调整改造加快推进，中航化液化气综合利用项目试产，川化硫酸钾等项目开工建设，和源化工、新鑫能源等一批下游企业发展壮大，石化产业基地初步形成。临港新材料结构不断优化，新材料产业园（启动区）标准厂房等项目开工建设，产业集群发展逐步形成。信义玻璃首条生产线竣工试产，太阳能光伏玻璃、信合节能玻璃等项目建设加快推进，一批配套产业链项目加快引进，产业初步形成集聚效应。林纸产业方面，斯道拉恩索总产量突破 100 万吨，太阳纸业 350 万吨林浆纸一体化项目开工建设，造纸助剂项目、配套智能仓储物流等上下游产业链项目前期工作加快推进。四大主导产业石化、临港新材料、玻璃、林浆纸实现产值共计 829.92 亿元，占工业园区工业总产值的 93.47%。铁山港（临海）工业区科学布局港海洋装备、线路板及电镀、加工贸易等产业并大力推动发展壮大，积极推动工业区转型升级，铁山港（临海）工业区成功获批为自治区经济技术开发区，临港产业发展基础日益牢固。

【农业与扶贫】 2019 年，铁山港区积极落实各项农业农村政策，全力推动现代特色农业快速发展，实现农林牧渔业总产值 51.04 亿元，比上年增长 6.2%。积极创新现代农业模式，有序推进南康江鑫生态种养、营盘对虾、兴港生态循环等示范区及南康镇水鸭塘百香果间种油茶、彬塘蛋鸭、杨屋香蕉产业等示范点创建工作，全年创建 3 个乡级、12 个村级示范区。积极推动北京牛栏山庄饮品、香港喜记“蟹将军”餐饮集团落户南康。大力发展向海富民经济，不断壮大发展金鲳鱼、象鼻螺、珍珠贝等浅海养殖，扩大深海网箱养殖规模，养殖面积达 36.5 万平方米。持续扶持发展南珠产业，完成养殖面积 673 公顷，产量 600 千克，成功举办“2019 北海南珠节暨国际珍珠展”铁山港区分会场活动，绽放南珠迷人魅力。现代特色农业成效显著，铁山港区在自治区渔业稳增长和绿色高质量发展现场推进会做典型发言。

聚焦“两不愁三保障”突出问题，统筹财政资金 1 亿多元，全力打好产业扶贫、基础设施建设、村集体经济发展组合拳。创新“公司 + 创业孵化基地 + 贫困户”模式，因地制宜发展高效特色产业，打造现代农业孵化基地，在自治区产业扶贫会上做经验交流发言。继续发挥小额信贷、“雨露计划”、民政保底兜底作用，积极探索贫困残疾人集中托养模式，建立广西首家重度残疾人集中托养扶贫示范基地。脱贫攻坚战取得新成效，全年实现贫困户 681 户 2645 人脱贫，贫困发生率下降到 0.21%。深入实施乡村振兴战略，投入 1000 多万元扶持南珠产业。全年建设村屯硬化道路 37.77 千米，提升大塘村、低路村等人畜饮水安全工程，修复大田头、粟山、黄丽窝等扶贫水利项目。一批便民候车亭建成使用，市场化管理垃圾收集高效运转，农村污水治理得到加强，乡村人居环境明显改善。全区 43 个村（社区）集体经济收入 476.92 万元，村（社区）平均收入 10 万元以上。

【服务业】 2019 年，铁山港区交通运输业保持快速增长，年旅客周转量 3227.7 万人公里，比上年增长 6.5%；货运量 709 万吨，货运周转量 9702.9 万吨公里，比上年增长 6.47%。港口物流业再创新高，货物吞吐量完成 2760 万吨、集装箱 21.9 万标箱，分别比上年增长 5%、14.4%。乡镇通班车率 100%，建制村通班车率 100%。城乡居民消费持续增长，完成社会消费品零售总额 13.7 亿元，比上年增长 8.6%；完成批发、零售、住宿、餐饮业营业额分别为 56.37 亿元、50.04 亿元、0.45 亿元、7.83 亿元，分别比上年增长 9.1%、8.8%、16.1%、11%。挖掘本土文化资源，打造优秀文化精品，投入 3600 多万元助推乡村旅游蓬勃发展。白龙珍珠城获批国家级 AAA 景区，大王岭、夏塘高村、青山头等乡村旅游区建设持续推进。全年共接待国内游客 117.31 万人，消费收入 13.38 亿元，分别比上年增长 31.56% 和 55.14%。

【城乡建设】 2019 年，铁山港区大力推进新城建设。完成营盘镇总体规划、工业区向海大道综合服务组团等规划的编制工作，完成南康特色小镇建设规划编制并通过自治区级评审。推动行政中心、营盘青山头和向海大道综合服务组团三个片区土地收储，清场并移交净地 78.33 公顷，向海大道等项目开工建设，区就业创业实训基地等项目前期工作正在推进。南康特色小镇基础设施建设基本完成，营盘镇白龙村入选中国传统村落名录中央财政支持范围,兴港镇入选全国综合实力千强镇、在广西排名第一。扎实推进向海大道至白龙珍珠城二级公路改建工程,南康至福成公路改扩建工程即将动工。

【改革开放】 2019年,铁山港区深入推进关键领域改革,高标准完成政府机构改革任务,组建区综合行政执法局。深化医药卫生体制改革,启动区人民医院和妇幼保健院城市公立医院综合改革。深入推进农村体制改革,开展农村土地承包经营权确权颁证"回头看",顺利通过农业农村部数据汇交;加快推进农村集体产权制度改革,三资清查、农村集体经济成员身份认定等工作扎实推进。加快推进财政体制改革,实现国库集中支付电子化,建成政府采购"全市一张网"网上超市。持续深化"放管服"改革。开放合作持续扩大,主动参与"一带一路"和西部陆海新通道建设,积极对接粤港澳大湾区,承接优势产业转移,推动经济高质量发展。中石化铁路专用线开通运营,铁山港1号—4号泊位铁路专用线、石头埠作业区1号—2号泊位工程、公共执法码头建设加快推进;有序开展铁山港至石头埠铁路支线、铁山港至啄罗铁路支线前期工作,打通铁山港物流通道。持续推进开放合作平台建设,口岸环境持续优化,通关效率不断提高。年内,全区外贸进出口额89.37亿元,比上年增长26.45%。

【社会事业】 2019年,铁山港区全面深化教育改革,不断提高办学水平,投入950多万元推进学校办学达标建设,区第二幼儿园和第五幼儿园已正式投入使用,第七幼儿园和实验学校开工建设,全区义务教育巩固率92.3%,44所义务教育学校办学条件达全面改薄"20条底线"要求。专利有效拥有量86件,每万人口专利拥有量5.4件。乡村文化设施进一步完善,建成斑鸠埇村级公共文化服务中心等一批设施。积极深入推进文化惠民活动,全年开展文化下乡演出、农村公益性电影放映共516场,《白龙湾不倦的歌谣》和《阿公出嫁》分别获自治区群众文艺会演舞蹈类二等奖、曲艺类三等奖。卫生事业进一步发展,工业园区人民医院开工建设,营盘卫生院公卫楼建成启用,区中医院、区疾控中心等建设项目加快推进。村卫生室和乡村医生配备率100%,贫困人口家庭医生签约服务率100%,重点人群签约率达75.4%。全区基本公共卫生服务项目由12大类增加到19大类。 (谢子扬)

招商引资

【概况】 2019年12月12日,北海市铁山港区招商促进局更名为北海市铁山港区投资促进中心(简称区投资促进中心),内设办公室、项目帮办中心,有工作人员8人。下设铁山港区投资投诉中心。

年内,铁山港区招商引资工作有序开展并达到如期目标。累计接待来访客商213批次、934人次,外出招商147批次,开展推介活动21次;对接项目180个,累计签约项目48个,签约项目投资总额974.55

2019年和2020年铁山港区国民经济和社会发展计划(草案)指标

指标	单位	2019年			2020年
		预期指标	初步预计	同比增长	预期目标
地区生产总值	亿元	8% 左右	340.70	9.1%	7% 左右
规模以上工业产值	亿元	10%	897.46	−13.77%	13%
固定资产投资	亿元	10% 以上	51.5	37.0%	100% 以上
财政收入	亿元	10%	49.41	8.34%	5%
城镇居民人均可支配收入	元/人	7%	35779	7.6%	6%
农村居民人均可支配收入	元/人	8%	16189	10.5%	7%

亿元，完成产业树目标任务的278.44%，完成北海市下达目标任务的541.14%；招商引资实际到位资金77.37亿元，完成产业树目标任务的63.94%，完成北海市下达目标任务的128.95%。签约项目中，投资额100亿元级项目3个，50亿元级项目4个，10亿元级项目8个，1亿元以上项目27个，1亿元以下项目6个，超额完成350亿元的年度目标任务，创近年来最佳业绩。

【招商活动】 2019年，铁山港区以"项目落实年"为抓手，印发《关于印发〈铁山港产业树招商实施方案〉的通知》，为推进全区石油化工、不锈钢、玻璃、林浆纸、农渔业等产业的发展，围绕"强龙头、补链条、聚集群"的指导方针，将产业树编制成果落到实处，以产业树为指导开展全员精准招商，组建7个产业招商工作组，分别负责相应领域，具体为：石化产业组、不锈钢产业组、玻璃产业组、林浆纸产业组、农渔业产业组、第三产业产业组。年内，石化产业组新签约项目10个，项目投资总额258.18亿元，完成目标任务的258.18%；不锈钢产业组新签约项目10个，项目投资总额231.67亿元，完成目标任务的289.59%；玻璃产业组新签约项目8个，项目投资总额25.3亿元，完成目标任务的63.25%；林浆纸产业组新签约项目6个，项目投资总额16.4亿元，完成目标任务的54.67%；农渔业产业组新签约项目2个，项目投资总额4.3亿元，完成目标任务的43%；第三产业组完成新签约项目5个，项目投资总额167.3亿元，完成目标任务的239%；其他产业组新签约项目3个，项目投资总额242亿元，完成目标任务的806.67%。

【招商引资项目集中签约】

第一季度集中签约 2019年3月5日，该年第一季度铁山港产业树招商项目集中签约仪式在北海香格里拉大饭店举行。现场签约年产300万吨超低甲醛释放尿醛树脂项目、铁山港区天然气利用项目、年产10万吨生物柴油项目等9个项目，总投资额86.55亿元，项目涵盖新材料、石油化工、现代商贸城等产业。项目全部建成投产后，预计年产值约200亿元，年利税11亿元以上；同日，铁山港(临海)工业区2019年第一季度重大项目集中开工仪式在宏大双氧水项目现场举行，集中开工项目11个，涉及石化产业、新材料产业、环保产业、物流产业、市政及园区基础设施等五大领域，总投资额43.5亿元，年度计划投资12.05亿元，铁山港区产业项目建设实现开门红。

第二季度集中签约 6月22日，铁山港区借助中企联年会在北海召开的良机，在2019年全国企业家活动日暨中国企业家年会——"打造向海经济，开启海丝新篇章"论坛上举办第二季度项目集中签约，新签约项目10个，计划总投资289.45亿元，预计项目全部达产后可增加产值303亿元，增加税收19.51亿元。

第三季度集中签约 9月20日，铁山港区在第十六届中国—东盟博览会召开期间，在南宁举行投资推介会暨项目签约仪式。来自全国各地的200多名客商代表出席。全区现场签约项目17个，涵盖石油化工、临港新材料、林浆纸、玻璃、文化旅游及地产等多个领域，包括LNG（液化天然气）、LPG（液化石油气）接收综合利用及深加工项目，年产60万吨先进生物液体燃料项目，北海高级基础油、润滑油基地项目，年产100万吨超细碳酸钙和造纸助剂项目，南珠湾新城一期项目等。所签项目投资额均超过1亿元，其中10亿元以上项目4个，100亿元以上项目1个，投资总额288.8亿元。在自治区举办的大型签约专场活动中，铁山港区与山东太阳控股集团有限公司代表签署了投资总额为228亿元的350万吨林浆纸一体化项目，与青岛惠城环保科技股份有限公司代表签署投资总额为4.5亿元的炼油催化剂资源化项目。

【项目服务】

项目招商宣传 2019年，区投资促进中心会同相关部门，线上利用铁山港区的门户

2019 年 9 月 20 日，铁山港区在南宁举办投资推介会暨项目签约仪式。图为区委书记余兴国在主持推介会　　区投资促进中心　供

网站、公众号、今日头条等现代媒体，对全区投资环境、投资成本、优惠政策、招商项目、招商活动等招商信息进行全方位宣传和报道，为目标企业提供便利的信息查询平台；线下及时更新印制铁山港区重点招商引资项目宣传册、活力铁山港宣传片、“活力铁山港　投资新热土”招商简介、南珠新城规划简本等招商资料，及时对外发放招商资料。以图文结合、声像一体的形式，全方位、多维度地向社会各界展示铁山港区的优势和定位，明朗产业布局及招商方向，塑造铁山港区良好的招商形象，扩大铁山港区影响力和知名度。加强与北海市投资促进局的沟通，按时上报项目进展情况，协调解决项目在前期建设过程中遇到的困难和问题。

提升营商环境　2019 年，铁山港区开展提升营商环境活动，按照产业树工作方案，有目标、按计划开展精准招商工作，注重实效。通过项目的实施，兑现政府服务及政策扶持的承诺。信义玻璃产业园项目看重铁山港区注重服务和全力兑现承诺的能力，不断追加投资额，最终形成亚洲最大的单体工厂项目。年内，该项目有 1 条生产线进行点火试产，辖区的玻璃产业龙头项目已形成。铁山港区在政府门户网站、投诉电话(0779-8610288)等平台设置投诉热线，全年未接到企业对项目服务的投诉举报，实现招商引资满意度零投诉。

重点项目跟踪服务　2019 年，铁山港区印发《关于进一步明确铁山港区 2019 年重点项目跟踪落实服务责任的通知》，建立重大项目跟踪服务机制，重点项目由区主要领导牵头，全力推进项目落实整改。将全员招商与专业服务相结合，推行协调征地搬迁工作与招商工作步骤一致，重点跟踪项目落实推进，保障重大项目早日开工与完工。年内，区投资促进中心积极协调有关部门在项目洽谈阶段主动介入项目建设，开通绿色通道。川化天禾钾肥有限责任公司投资的年产 48 万吨优质钾肥项目创造了项目落地“北海速度”，从首次前来考察到确定建设仅用 10 天时间，实现项目建设选址快、供地快、建设快、服务好“三快一好”目标。

重大项目建设　2019 年，铁山港区为保障项目可谈成，能推进，早落户，采取主要领导带头招商的方法。根据项目对接洽谈情况，通过主动上门拜访、积极推介，配合企业做好投资计划等方法促进项目洽谈成功。根据项目推进情况适时召开项目研判会议，及时调整工作方法和思路，梳理项目要点，拟订推进计划。通过倒排工期等机制，以项目落户建设为目标，全力推进项目上马建设，将产业树招商工作做细做实做优。区主要领导亲临招商第一线，成功引进太阳纸业项目，项目投资总额为 228 亿元，集智能化产业园为一体，建造年产 80 万吨造纸浆、70 万吨化机浆、60 万吨溶解浆、100 万吨白卡纸、50 万吨文化纸生产线及配套设施。该项目从 5 月客商现场考察到 10 月项目开工，仅用 5 个月的时间。

【区域合作】铁山港区地处广西沿海“金三角”地带，毗邻粤港澳大湾区、东盟经济区，是西南地区及华南、华中部分地区最便捷的出海口。铁山港(临海)工业区为自治区级经济技术开发区,是北海市的重要工业基地,具有得天独厚的区位优势。2019年,铁山港区多次组织招商小分队赴广东、上海、江苏、福建、山东、中国香港、中国台湾等地开展招商考察活动,承接东南部地区产业转移,开展桂台合作交流。充分发挥驻点城市——广东省佛山市在推动区域合作中的作用,整合信息资源,主动与企业开展项目洽谈,推动区域经济合作,优化资源配置,推动铁山港区经济发展。 (林月凤)

精神文明建设

【概况】 2019年,北海市铁山港区精神文明建设委员会办公室(简称区文明办)挂靠区委宣传部。承担指导、协调和组织实施全区精神文明建设各项工作。

【培育和践行社会主义核心价值观】

舆论引导 2019年,铁山港区充分利用户外宣传载体大力宣传社会主义核心价值观,营造浓厚社会宣传氛围,共制作公益广告牌600多块,建筑围挡宣传栏2000多米,播放宣传广播300多次,LED(电子显示屏)滚动播放宣传3000多次;在“两微”(微信、微博)平台开辟社会主义核心价值观专栏,宣传报道群众身边的优秀典型,用正义和先进充盈网络,弘扬社会正气,形成良好的网上舆论环境,全年宣传身边好人好事20多宗。

宣传阵地打造 2019年,铁山港区区、镇、村(社区)三级“我们的价值观”宣传阵地逐步建立完善综合展示栏,将社会主义核心价值观融入百姓生活当中。亮点打造南滨社会主义核心价值观主题广场,创新宣传形式,以更通俗的形式宣传社会主义核心价值观,让社会主义核心价值观在铁山港区扎根。

主题活动引领 2019年,铁山港区在区、镇、村(社区)文明单位、文明校园开展公民道德教育,由身边人讲身边好人好事,传播正能量;发挥乡村学校少年宫阵地优势,将社会主义核心价值观全面融入少年宫各项活动中,培育新时代好少年;将社会主义核心价值观融入社会发展工作中,让社会主义核心价值观深入人心,提升乡风文明。全年累计开展社会主义核心价值观主题教育活动70多场。

【群众精神文明创建活动】

“道德讲堂”开办 2019年,铁山港区以“四德”(社会公德、职业道德、家庭美德、个人品德)为重点,组织开展“道德讲堂”活动,引导群众自觉成为道德的传播者和践行者。全年举办4期道德讲堂总堂活动,参加人员900多人次。

诚信社会建设 2019年,铁山港区加强社会诚信制度化建设,开展“诚信经营示范店”等主题实践活动,带动辖区工商业户深入开展文明经营、诚信经营、合法经营等创建活动。

未成年人精神文明建设 2019年,铁山港区充分发挥乡村学校少年宫项目在未成年人

2019年11月28日,“不忘初心 牢记使命 脱贫攻坚 圆梦小康”铁山港区营盘镇盐灶村精准扶贫暨核心价值观宣传晚会在营盘镇盐灶村举行

谢旺东 摄

思想道德教育的主阵地作用，利用丰富的校内外教育资源，组织开展生命教育、国学经典、文体科技等三大特色活动；举办“扣好人生第一粒扣子”“清明祭英烈”“童心向党”“诵读经典”“向国旗敬礼”等一系列主题教育活动，用身边人优良品德感染、教育未成年人，凝聚崇德向善的力量。

文明村镇（单位）评选推荐活动　2019 年，铁山港区积极开展文明村镇、文明单位评选推荐工作，按照《北海市文明村镇创建三年行动计划》要求，重点打造黄丽窝村、粟山村、杨屋村区级文明村，并通过绩效复核验收；南康镇扫管龙村、区人民医院分别荣获第十七批自治区文明村镇、文明单位荣誉称号。

道德模范和身边好人推荐活动　2019 年，推荐梁晓、陈文、黄胜利 3 人参评自治区“道德模范”并荣获自治区“道德模范”提名奖；推荐上报“身边好人”70 人，充分发挥道德引领作用，营造人人学习好人，人人争当好人的良好社会氛围。营盘镇中心小学学生庞志宇在全国第 26 届青少年爱国主义读书教育系列活动讲故事比赛中获得一等奖；南康中学学生郑璐明获得北海市 2019 年“新时代好少年”荣誉称号；12 月 27 日，铁山港区成功举办全市农村精神文明建设现场会。

“双创”工作　2019 年，铁山港区加强创建文明城市和创建卫生城市工作并取得显著成效。“创城”工作登上“创城”红榜 1 次；创卫工作成绩突出，南康镇顺利通过自治区组织的国家卫生乡镇暗访和评审，并被推荐代表广西参加全国卫生乡镇复审。

新时代文明实践中心志愿服务　2019 年，铁山港区成立由区委书记担当总队长的新时代文明实践志愿服务总队，组建志愿服务队 93 支，注册志愿者 2 万多人，群众志愿参与 1000 多人，为建立健全新时代文明实践志愿者工作队伍充实了力量。依托新时代文明实践中心（所、站），用好“五大平台”，开展各类文明实践服务活动 10 多场次、系列文明实践志愿服务活动 80 多次，深入推进志愿服务制度化、常态化。年内，全区新时代文明实践中心宣讲活动得到《北海日报》和中央宣传部“学习强国”平台亮点展示。

【群众精神文化生活工程】

文化惠民工程　2019 年，铁山港区组织系列文化会演和开展球类比赛、健身操比赛等形式多样的文体活动，提升群众文明素质，凝聚群众力量。稳步推进农村电影放映工程，让文化风气融入每个村庄。依托农家书屋，丰富农民文化生活。推进戏曲进乡村活动，助力传统艺术传承，培育文明乡风。全年共开展文艺惠民演出 100 多场，农村电影放映 456 场，补充农家书屋书本近 6000 册，开展戏曲进乡村活动 19 场。

非物质文化遗产传承发展工程　2019 年，铁山港区积极弘扬优秀传统文化，非物质文化遗产“卖鸡调”不断赋予新时代内涵，作品内容既继承传统又与时俱进，通过到各文明实践站表演、传唱，不断传播文明乡风。全年举办铁山港区非物质文化遗产“卖鸡调”文化

2019 年 12 月 27 日，北海市农村精神文明建设现场推进会在铁山港区南康镇新时代文明实践所召开　邓　符　摄

惠民演出19场，举办戏曲人才培训班19场、“卖鸡调”传承培训班9场。

文艺团队组建　2019年，铁山港区大力整合各类农村文化人才资源，推进农村文化业余艺术团队建设。全区组建乡村文化队伍20多支，广泛开展文化宣传及多种形式的文艺活动。

特色文化精品工程　2019年，铁山港区实施文化精品战略，挖掘本土文化资源，打造和培育一批原创文化精品，促进乡村优秀文化品牌走出去。以南珠历史文化及南珠生产为原型创作的北部湾风情《白龙湾不倦的歌谣》获自治区群众文艺会演决赛舞蹈类二等奖，以脱贫攻坚工作为主题创作的《阿公出嫁》获自治区群众文艺会演决赛曲艺类三等奖。

（傅小萍　唐国辉）

生态文明建设

【生态环境】2019年，铁山港区划定南康镇、营盘镇2个乡镇级和7个村级1000人以上集中式饮用水水源保护区。铁山港生态环境局积极组织力量对饮用水水源保护区进行规范化管理，完善标志及整治生活垃圾堆放等问题，确保辖区居民饮用水水源环境安全。铁山港生态环境局主动向上级申报农村环境综合整治项目，积极争取各级资金，逐步推进清洁乡村建设工作。筛选出兴港镇小马头村委木头田村和下坎村、营盘镇白东村委大王岭村3个农整项目进行污水处理整治。年内，全区实施木头田村污水处理设施配套管网铺设，完成铺设300波纹管220米、200PVC管1536米、110PVC管579米，修建污水井28座。

（程戈夫）

【生态农业】2019年，铁山港区加大农业生态建设力度，最大限度保护环境，多措并举开展生态农业生产活动。全区推广应用绿色植保技术，推广频振式杀虫灯、黏虫板、性诱剂等物理、生物防治措施进行农作物病虫害防治，减少化学农药使用量，实现农药使用量零增长；推广测土配方施肥技术，提高化肥的使用效益，减少化肥使用量，达到环保、增收节支目的；推广有机肥替代化肥施用技术，综合利用作物秸秆养殖牛羊，实现作物秸秆类农业副产品“过腹还田”和种养生态循环技术，减少因化肥使用造成农业面源污染。综合利用稻草、玉米秆、甘蔗尾梢、花生藤、木薯茎秆等作物秸秆加工为饲料饲养牛、羊等禽畜，实行秸秆“过腹还田”，建设牛、羊养殖基地7个。推广应用“三品一标”农产品生产技术，新增认定绿色产品基地2个。（梁统模）

【生态林业】2019年，铁山港区有林地面积7382公顷，完成林业总产值53.24亿元；完成林下经济产值1.9亿元，其中林下种植7289万元、林下养殖6023万元、森林旅游5710万元；完成植树造林总面积141公顷，义务植树40万株，中幼林抚育1000公顷。全区森林覆盖率19.38%。公益林面积145.35公顷，其中国家级公益林11.84公顷，集体公益林133.51公顷。全区林业有害生物监测面积9.52万公顷，未发现病害及虫害现象。实施产地检疫苗木25.7公顷，调运检疫木材和木材制品4.76万立方米、苗木3066株。制订生态公益林管护实施方案，并组织人员对所有需要补偿的生态公益林进行检查验收，拨付森林生态效益补偿金3.36万元。（何积伟）

【生态工业】2019年，铁山港区完善重大工业项目与生态发展共同推进工作机制，进一步加强项目组织协调，确保项目按计划有序推进。年内，全区确立重点项目50个，计划总投资67亿元。工业总产值897.46亿元，比上年下降3.27%；工业增加值比上年增长9.9%；工业固定资产投资比上年增长3.73%。（郑宪安）

中国共产党北海市铁山港区委员会

综　述

【概况】 2019年，中国共产党北海市铁山港区委员会（简称区委）深入学习贯彻习近平新时代中国特色社会主义思想，全面落实中共十九大和十九届二中、三中、四中全会精神以及中共中央、自治区党委、北海市委各项决策部署，以庆祝新中国成立70周年为统领，以解放思想、激励担当、推动高质量发展为主线，团结带领区四家班子、铁管委班子和全区党员干部群众，推动全区经济、政治、文化、社会、生态文明建设和党的建设取得新成就，铁山港区在高质量发展道路上迈出坚实步伐。全年实现地区生产总值增长9.1%、增速排北海市第一位，规模以上工业增加值增长9.9%，财政收入49.41亿元、比上年增长8.34%，固定资产投资增长37%。

【招商引资】 2019年，区委成立7个招商工作组，围绕“产业树”精准招商。全年累计签约项目48个，总投资974.55亿元。纳入自治区统筹推进重点项目5个，被列入自治区“双百双新”重大产业项目12个。

【项目建设】 2019年，铁山港区成立7个片区征地搬迁工作组，全年移交净地649.4公顷、搬迁213户。信义玻璃项目首条生产线点火试产，太阳纸业、川化硫酸钾等一批重点项目开工建设。全年完成规模以上工业总产值886.63亿元，占全市50%。铁山港（临海）工业区获批为自治区级经济技术开发区。

【城乡建设】 2019年，区委组织修编完成工业区综合服务组团建设规划，编制完成营盘青山头片区滨江组团规划设计。推进行政中心等片区土地收储，完成清场并移交净地78.33公顷。向海大道铁山港区段改建工程扎实推进。铁山港（临海）工业区人民医院、铁山港区实验学校和区幼儿园动工建设，区中医院、区人才培训中心等项目前期工作扎实推进。加大新城建设资金筹措力度，争取上级财政资金和金融机构融资支持，有序引导社会资本参与建设。南康特色小镇建设规划通过自治区评审，营盘镇白龙村入选中国传统村落名录，兴港镇、南康镇上榜全国综合实力千强镇，在广西34个入围榜单中分别排名第一位和第四位。推进向海大道至白龙珍珠城二级公路改建工程，动工建设南康至福成公路改扩建工程。农村道路建设速度加快，铁山港区获评自治区“四好农村路”示范县（区）。

【民生事业】 2019年，铁山港区投入民生领域资金8.6亿元，占全区一般预算支出八成以上。推进教育高质量发展，全年建成公办幼儿园5所，44所义务教育学校办学条件达到全面改薄“20条底线”要求。推进文化惠民工程建设，农家书屋实现行政村全覆盖，《白龙湾不倦的歌谣》获评自治区群众文艺会演舞蹈类二等奖，“南康卖鸡调”获评自治区“全民终身学习周品牌项目”。协调解决企业拖欠农民工工资问题，对1家失信企业实施联合惩戒。建成镇级就业社保服务中心1个、村级综合服务中心37

个，公共就业服务实现全覆盖。全面启动城市公立医院综合改革，营盘卫生院公卫楼建成并投入使用，疾控中心项目加紧推进，实现村卫生室覆盖率、乡村医生配备率、家庭医生签约率“三个百分百”。

【社会治理】 2019年，铁山港区全面完成信访基础设施标准化、规范化建设，被评为全国信访工作“三无”县区，人民调解工作经验在自治区“枫桥经验”现场会上交流、推广。扎实推进扫黑除恶专项斗争，打掉涉恶团伙2个。全面加强社会治安防控体系建设，刑事发案率全市最低，群众安全感、满意度连续8年稳步上升，位居广西县区前列。

【生态建设】 2019年，区委坚持走绿色发展道路，打好蓝天保卫战，扎实开展清水行动、净土行动，生态环境质量稳中向好。近岸海域环境质量保持优良，空气优良率达96.33%，大气污染防治“百日攻坚”各项考核指标排名全市前列。持续抓好中央、自治区环保督察反馈问题整改，启动工业区固体废弃物填埋场、污水管网建设。严格落实“河长制”工作，强化水环境保护和重点流域治理。加强集中式饮用水源保护区整治，推进南康镇污水收集系统工程建设。开展违建别墅问题清查整治专项行动，打击非法采砂等违法行为。推进农村环境综合整治，实施村屯绿化景观提升工程，建设一批“绿美乡村”、设施完善型村庄、精品示范型村庄，完成8个市级生态村创建工作。

2019年3月12日，区委书记余兴国（前排右四），区委常委、办公室主任石姚斌（前排右五）到铁山港（临海）工业区搬迁安置小区开展义务植树活动　　区委办　供

【全面深化改革】 2019年，区委完成年度重点改革任务32项，出台重要改革方案25个。有序完成党政机关机构改革任务。成立区级农村产权流转交易中心，新增镇级农村股份经济合作联社1个、村级农村股份经济合作社17个。开展“优化营商环境攻坚突破年”活动，在自治区优化营商环境“百日攻坚”行动综合排名中，铁山港区位列县（区）第三名。推进政务服务“简易办”改革，实现企业开办“1个工作日办结”目标，网上审批率达93.94%。成立项目落实办公室，落实重点项目跟踪服务责任人考核制度，为企业提供“一站式”“保姆式”服务。开展“护航民营企业”活动，助力民营经济健康发展，铁山港区被评为广西民营经济示范县区。加快完善工业园区基础设施建设，铁山港1号—4号泊位铁路即将建成，中石化铁路专用线开通运营。

【党的建设】 2019年，区委开展全面从严治党政治责任“书记点题谈”活动，专门听取区人大常委会、政府、政协、法院、检察院党组工作汇报，加强党的全面领导。建立党组织书记落实管党治党主体责任清单，实现区、镇、村三级“联述联评联考”全覆盖。实施区管“一把手”素质能力提升工程。出台关心关爱干部人才系列措施，提拔重用担当作为好干部39名。贯彻落实党支部工作条例，建立自然村党组织119个。推行“基层党建+农村警务+N”治理模式，排查整顿软弱涣散村16个。

深入开展扶贫领域腐败和作风问题专项治理，开展违规使用公务油卡和“私车公养”专项整治。增强政治监督，深化运用监督执纪“四种形态”处理党员干部 167 人次。深化政治巡察，区委巡察覆盖率达 76.4%。扎实做好中央脱贫攻坚专项巡视、自治区党委巡视铁山港区反馈问题的整改。落实中央八项规定精神成果巩固拓展。深入开展形式主义、官僚主义突出问题专项整治，推进基层减负各项举措进一步落地落实。

【巡视整改】 2018 年 12 月 8 日—2019 年 1 月 8 日，根据自治区党委统一部署，自治区党委第六巡视组对铁山港区进行了巡视。2019 年 3 月 7 日，自治区党委第六巡视组向铁山港区反馈意见，实事求是地指出存在的主要问题，明确了整改要求，有针对性地提出了整改意见建议。铁山港区聚焦巡视整改问题，迅速成立整改工作领导小组和 3 个工作小组，制定实施《整改方案》，立行立改，纠错纠偏，以扎实有力的整改做好巡视“后半篇文章”。针对巡视组指出的 4 大方面突出问题，铁山港区对标对表，举一反三，将整改工作细化分解为 31 个具体问题，113 条整改任务。为确保巡视发现的问题件件有着落、事事有回应，还成立了 4 个督查小组，持续跟踪问效，推动巡视整改实现常态长效。

（陈远天）

重要会议

【区委五届四次全会】 2019 年 2 月 2 日，区委五届四次全会在区政务服务综合楼五楼会议室召开。会议学习贯彻北海市委十一届七次全会和北海市委书记王乃学在区委常委班子 2018 年度民主生活会上的讲话精神，听取和审议常委会工作报告，总结区委五届三次全会以来工作，研究部署 2019 年工作，动员全区党员干部群众持续用力持续奋斗，进一步提振精气神，主动担当作为。全力加快南珠新城建设，加速产城融合发展，为打造向海发展的临港大工业集群努力奋斗。区委委员 22 人、候补委员 2 人出席会议。区纪委委员、有关单位负责人、区第五次党代会部分基层代表列席会议。

【铁山港区机构改革动员部署会议】 2019 年 2 月 2 日，铁山港区机构改革动员部署会在区政务服务综合楼五楼会议室召开。会议对全区机构改革方案作详细的说明，要求全区各镇、各部门要从树牢“四个意识”、坚定“四个自信”、切实做到“两个维护”的高度，从突破制约发展的体制机制障碍的迫切需要，从推动铁山港区高质量发展的大局出发，充分认识这次机构改革的重大意义。会议强调，全区各镇、各部门要严格按照会议的部署和要求，落实工作责任，采取有力举措，确保圆满完成各项改革任务，以改革激发工作新热情、展示干部新气象、形成发展新动力，以优异成绩迎接新中国成立 70 周年。

【铁山港区全员招商和征地搬迁工作部署会】 2019 年 2 月 15 日，铁山港区全员招商和征地搬迁工作部署会在区政务服务综合楼五楼会议室召开。会

2019 年 4 月 1 日，铁山港区委在区政务服务综合楼二楼会议室召开区委常委班子落实中央及自治区党委巡视反馈意见专题民主生活会

区委办　供

议学习贯彻北海市委、市政府招商工作部署和重点项目、重点片区征地搬迁工作动员会议精神，掀起新一轮招商引资和征地搬迁热潮，壮大“产业树”，培育“产业林”，加快南珠新城建设、加速产城融合高质量发展。会议强调，要充分认识招商引资和征地搬迁对拉动铁山港区经济发展的重要性和重大意义；要注重工作方法，结合工作实际，制定好招商引资政策，实行招商顾问制、充分发挥本地商会的作用和实行招商奖励制；要加强组织管理，狠抓工作落实，确保完成全年的招商引资和征地搬迁等各项工作任务。

【铁山港区政法工作会议】 2019年3月5日，铁山港区政法工作会议在区政务服务综合楼五楼会议室召开。会议学习贯彻中共中央总书记习近平重要讲话及中央、自治区、北海市政法工作会议精神，兑现2018年综治（平安建设）目标管理奖励，研究部署2019年全区政法工作和扫黑除恶专项斗争工作。会议强调，要纵深推进扫黑除恶工作，全区各级各有关部门要切实提高政治站位，坚持问题导向，以深挖彻查“保护伞”为关键点，以基层组织建设为着力点，以黑恶势力清零、问题线索清零为目标，推进扫黑除恶专项斗争向纵深发展；各级领导干部要坚持增强忧患意识，坚决贯彻国家安全观，提高风险化解能力，做好应对任何形式的矛盾风险挑战的准备；要把不断满足人民群众的新需求作为全面深化政法领域改革的落脚点和根本动力，把政法领域“最多跑一次”改革进行到底，加快构建优化职能体系；各级党委（党组）和党委政法委要以落实《中国共产党政法工作条例》为契机，旗帜鲜明地把党的政治建设放在首位，切实履行好维护一方稳定、守护一方平安的政治责任，确保党的领导贯彻落实到政法工作各方面、全过程。

【铁山港区配合中央扫黑除恶专项斗争督导动员部署会】 2019年4月12日，铁山港区配合中央扫黑除恶专项斗争督导动员部署会在区政务服务综合楼五楼会议室召开。会议动员全区以中央督导为契机，查漏补缺、整改提升、补齐短板，以整改的新成效推动全区扫黑除恶专项斗争向纵深发展。会议要求，要持续加大打击深挖力度，以专项斗争新胜利迎接中央督导。迅速发起对黑恶势力的新一轮攻势。认真分析当前形势，准确把握黑恶犯罪新规律、新特点和新动向，聚焦涉黑涉恶问题突出的重点地区、行业、领域，主动出击、深挖彻查，迅速形成对黑恶势力犯罪的压倒性态势。进一步深化线索摸排，对全区各行业、各领域开展反复滚动排查摸底，自下而上地做好线索摸排工作。进一步提升打击效能，聚焦10类打击重点，把打击锋芒始终对准黑社会性质组织和各类恶势力团伙，坚决摧毁其经济基础，挖出“关系网”，在打击“保护伞”上持续用力。对发现的“保护伞”问题线索，发现一起、查处一起，不管涉及什么人，都要一查到底。继续扩大宣传引导成果，创新宣传方式方法，保持宣传频次，形成震慑涉黑涉恶违法犯罪的强大声势，着力提高群众对扫黑除恶专项斗争的知晓度和参与度，进一步营造扫黑除恶专项斗争的浓厚氛围。

【2019年铁山港区党的建设工作会议】 2019年4月28日，2019年铁山港区党的建设工作会议在区政务服务综合楼五楼会议室召开。会议总结2018年工作，安排部署2019年各项任务，进一步动员全区各级党组织和广大党员干部，统一思想，明确目标，凝聚力量，全面推进党的建设各项工作。

【铁山港区2018年国家、自治区扶贫开发工作成效考核反馈问题整改工作部署会暨2019年脱贫攻坚推进大会】 2019年6月14日，铁山港区2018年国家、自治区扶贫开发工作成效考核反馈问题整改工作部署会暨2019年脱贫攻坚推进大会在南珠会堂召开。会议通报2018年扶贫成效考核结果，传达学习自治区、北海市电视电话会议精神，动员全区上下众志成城、凝聚决战决胜的攻坚合力，圆满完成全年脱贫攻坚各项任务。会议要求，要加强对脱贫攻坚工作的日常管理、日常台账资料收集和报送、日常帮扶工作积累，注重细节，防止出现漏洞；积极探索创新，在产业扶贫等工作中开动脑筋，努力挖掘创新、特色的先进典型事例，着力打造本地特色的工作亮点；严格实行奖惩制度，把脱贫攻坚成效考核结果和干部选拔评优、绩效考评直接挂钩，加大对考核结果运用，实行奖优罚劣，激发广大扶贫干部干事创业的积极性。

【铁山港区“不忘初心、牢记使命”主题教育工作会议】 2019年9月12日，铁山港区“不忘初心、牢记使命”主题教育工作会议在南珠会堂召开。会议指出，开展主题教育是推动习近平新时代中国特色社会主义思想进一步落地落实的领航工程，是提高新时代党的建设质量的基础工程，是密切联系服务群众的民心工程，是持续推动铁山港区实现高质量发展的动力工程。全区各级党组织要切实提高政治站位，充分认识开展主题教育的重大历史意义和现实意义，自觉把思想和行动统一到党中央、自治区党委和北海市委的决策部署上来，在增强“四个意识”、坚定“四个自信”、做到“两个维护”的大课堂、大熔炉中，扎扎实实把主题教育组织好、开展好。会议强调要扎实组织开展好主题教育，切实做到守初心担使命、找差距抓落实，推动铁山港区高质量发展。北海市委第四巡回指导组组长苏传远出席会议并做指导讲话。

重大决策和工作部署

【加强政治建设】 2019年，区委组织召开区委常委会、区委中心组学习会、领导干部大会等会议，学习贯彻习近平新时代中国特色社会主义思想，增强“四个意识”、坚定“四个自信”、做到“两个维护”。全面加强新时代政治思想工作，强化意识形态阵地建设管理，开展意识形态专项督查和政治巡察，积极防范、化解意识形态领域重大风险，累计创建“无邪教村（社区）”28个。深入开展精神文明创建活动，全市农村精神文明建设现场推进会在铁山港区召开。区委常委带头开展“不忘初心、牢记使命”主题教育，铁山港区以超常速度推进川化硫酸钾项目建设的方式、经验被北海市委主题教育办公室树为正面典型在全市推广。

【脱贫攻坚和乡村振兴】 2019年，铁山港区统筹财政资金1亿多元，推进产业扶贫、基础设施建设和村集体经济发展。

脱贫攻坚　年内，铁山港区扶持1981户贫困户发展特色产业，“5+2”（糖料蔗、花生大豆、优质稻、根茎薯芋类、豆类5个主导产业，茄果类、鸡2个自选产业）产业覆盖率达98.01%，产业扶贫典型经验在自治区现场推进会上交流、推广。建立广西首家重度残疾人集中托养扶贫示范基地，打造自治区巾帼脱贫基地2个。全年减贫681户2645人，贫困发生率下降到0.21%。开展城镇脱困解困工作，精准兜底保障城乡困难群体。

2019年9月23日晚，铁山港区委书记余兴国（右二）参观北海市委党校主题教育基地　区委办　供

乡村振兴　年内，铁山港区全力推进乡村振兴工作。加大发展村级集体经济力度，村集体经济年收入平均11万多元，最高为46.49万元。加快发展现代特色农业，全年创建自治区级示范区2个，建立农业创业孵化基地2个。投入1000多万元扶持发展壮大南珠产业，成功举办北海南珠节暨国际珍珠展“璀璨南珠·活力铁山港”系列活动。广西创新驱动海洋牧场智能服务示范基地落户铁山港区，深水抗风浪养殖模式在自治区渔业发展现场推进会上推介。投入3600多万元加快乡村旅游建设，营盘白龙珍珠城获评国家AAA级旅游景区。

【党政机构改革】 2019年，铁山港区按照中共中央、自治区党委、北海市委以及区委、区政府的统一部署，认真贯彻党政机构改革有关会议和文件精神，以政府职能转变为核心，优化机构职能设置和职能配置。2月2日，区委召开机构改革动员部署会议，机构改革进入全面推进阶段。同步印发改革实施意见，明确改革的任务书、时间表。3月19日，完成机构组建、人员转隶及新组建部门集中办公和挂牌工作。3月20日，完成涉改部门“三定”规定或者职责编制调整通知的印发。有组织、有步骤、有纪律地做好改革工作，完成各项改革任务。

【扫黑除恶专项斗争】 2019年，铁山港区全面贯彻落实中共中央总书记习近平重要指示精神和中共中央、自治区、北海市的部署要求，把扫黑除恶专项斗争作为重大政治任务，认真履行主体责任，立足“稳”这个大局，按照“有黑扫黑，无黑除恶，无恶治乱，无乱强基”的工作目标和“六个围绕”的工作重点，周密部署、强力推进，扫黑除恶专项斗争取得阶段性成效。年内，全区办理涉恶案件5件15人，其中批准逮捕1件4人，审查起诉1件6人，提起公诉1件1人，二审审结2件4人。（陈远天）

组织工作

【概况】 中国共产党北海市铁山港区委员会组织部（简称区委组织部）是区委主管组织工作、干部工作和人才工作的工作部门，对外挂区委老干部局、区公务员局、区非公有制经济和社会组织工作委员会牌子。2019年，区委组织部内设办公室、组织一股、组织二股、干部股。下属北海市铁山港区党员干部现代远程教育管理办公室、北海市铁山港区公务员和引进人才服务中心，由组织部管理，实有工作人员14人。非常设机构北海市铁山港区基层组织建设协调领导小组办公室、北海市铁山港区关心下一代工作委员会办公室、北海市铁山港区发展村级集体经济工作领导小组办公室设在区委组织部。

【党建工作】 2019年，区委组织部严格推行“三会一课”（支部党员大会、支委会、党小组会，党课）标准化，按照“四有三报一公开”（四有：有年度计划、有会议记录、有学习笔记、有台账资料。三报：党支部及时将“三会一课”年度计划报上一级党组织备案，每半年向上一级党组织报告一次“三会一课”开展情况、涉及重点议题、重要事项、重大决策，根据上级党组织要求及时上报有关情况。一公开：党支部在每月“党务工作日”通过各种方式公开上个月“三会一课”开展情况）要求严格组织生活，组织227名入党积极分子和发展对象到北海市委党校培训，共发展党员53名。着力建强村级后备干部库管理，将166名优秀青年纳入村级后备干部库。投入110多万元在全市率先完成驻村干部公寓标准化建设并投入使用。统筹资源投入120万元打造南康镇扫管龙村等8个党群服务中心示范点，筹措40多万元推进党群服务中心背景元素和党务村务公开栏标准化建设，提升服务水平。投入党组织服务群众专项经费450多万元，为民办实事好事222件，推动基层党组织更好地服务群众。全面推进“农事网通”和“阳光红页”平台建设，为群众办事1849件；设立224个自然村党支部，成立卫生健康工委，优化设置机关党支部10个，新设立党组20个，理顺组织关系，压实责任。认真开展“不忘初心、牢记使命”主题教育，组织全区478个基层党组织和5972名党员深入开展学习教育，发放党员学习书籍1.2万册，印制“四个本子”8000册，举办“不忘初心、牢记使命”主题培训班8期，培训基层党员干部2771人，各党(工)委通过举办培训班等形式培训党员6000多人次。

【基层党组织建设】 2019年，区委组织部在农村基层党组织中深入开展“星级化”管理，共有9个村(社区)党组织被自治区评星定级；投入181.75万元重点打造8个村的服务中心标准化建设示范点，引领乡村发展。统筹推进全区基层党建工作，排查整顿提升16个软弱涣散村党组织，15个村落实党组织书记、主任“一肩挑”，提高全区基层党建工作整体水平。认真落实抓党建促脱贫攻坚六项措施要求，选派101名作风硬、能力强的机关干部担任脱贫攻坚(乡村振兴)工作队，共提拔9名优秀的驻村工作队员，全面落实工作队员驻村每天100元补助和乡镇补贴、通信补贴、第一书记1.5万元经费和5万元帮扶经费待遇。结合扫黑除恶专项斗争，推行“基层党建+农村警务+N”综合治理，落实一村一警，打造“两室一队”(警务室、纠纷调解室、党员义务巡防队)；扎实推进“百日攻坚”活动，全区非公企业党组织和社会组织党组织覆盖率分别是99.14%和100%，提前并超额完成北海市下达的工作任务，新发展两新组织党员2名，两新组织党员总数增加74名；创新推行评星定级，打造一批星级党组织示范点，广西新鑫能源党支部被评为自治区级党建示范点。发挥远程教育平台优势作用，扎实推进全区党员干部的教育培训工作，全区站点每月使用率均达到100%，在全市县区排名第一；协调电信公司共处理网络故障及设备故障105起，共组织45个站点集中学习117次，培训党员群众2.06万人次；组织摄制的党员专题教育片《我是一个兵》荣获2019年全区党员教育“八桂先锋”优秀作品奖，《基层党建+农村警务+N》荣获全区网络微课大赛三等奖，区委组织部被评为全区网络微课大赛优秀参赛单位，荣获优秀组织奖。

2019年6月26日，区委常委、组织部部长沈志平(右二)在南康镇高田村委走访贫困户　　区委组织部　供

【村级集体经济】 2019年，铁山港区先后印发《铁山港区发展壮大村级集体经济三年行动计划(2018—2020年)》《北海市铁山港区发展壮大村级集体经济若干政策措施》等指导性政策文件，明确发展目标；举办集体经济相关业务培训班3期，统筹各类资金1155万元，以竞争立项的方式择优扶持项目15个；联合区纪委监委、区司法局等11个职能部门对161份2018年以前合同协议进行核查清理，清理出问题合同14个，落实监督管理，确保项目合法合规。全区43个村(社区)共有集体经济收入476.92万元，超过2018年总收入。每个村(社区)的集体经济收入均超过5万元，其中有16个村(社区)的集体经济收入超过11万元，有4个村(社区)的集体经

济收入超过20万元（分别是：营盘镇盐灶村46.5万元、鹿塘村28.08万元，南康镇南康社区45.1万元，兴港镇石头埠社区26万元）。

【队伍建设】 2019年，区委组织部认真落实改革要求，完成29个机构组建部门集中办公和挂牌工作，共选拔任用调整科级干部13批次，其中提拔正科级干部10人、副科级干部46人，调整交流干部82人，重用干部21人，完成机构改革重新任职33人。通过干部调整，形成激励干部担当作为选人用人导向。印发《2019年干部教育培训工作要点》，各部门投入各类教育培训专项经费约340万元，开展各类培训148期，共培训干部5425人次、企业经营管理人员419人次、专业技术人员1501人次。加强干部管理和监督，调整因机构改革超职数配备干部3名，调整在同一领导岗位超10年的科级干部12名，调整清退混岗混编和违规借调人员共36名。组织全区市委管理干部规范填报《领导干部个人有关事项报告》，实施区管“一把手”素质能力提升工程，强化干部考核，完成全区229名科级干部年度考核工作。

【公务员和人才工作】 2019年，铁山港区出台《铁山港区公务员职务与职级并行制度实施方案》，为符合条件的229名公务员套转职级。落实乡镇干部每月400元—450元的乡镇补贴和区直部门同等次1.2倍绩效奖，有效解决基层留人难问题。配合上级做好2019年公务员招录和人才引进工作，完成公开招录公务员、选调生和北海市引进人才28名，落实区委引智引才经费294.64万元，公开招聘引进大学本科以上基层组织专职人才50名，夯实基层党建工作队伍，助力脱贫攻坚和乡村振兴。 （钟东强）

宣传工作

【概况】 中国共产党北海市铁山港区委员会宣传部（简称区委宣传部）是区委主管意识形态工作的职能部门。2019年，区委宣传部内设办公室（出版和电影监管股）、理论和意识形态巡察股、精神文明建设股、新闻宣传和舆情信息股，有工作人员4人；下辖北海市铁山港区互联网新闻传播研究中心。挂牌单位有北海市铁山港区精神文明建设委员会办公室、中国共产党北海市铁山港区委员会网络安全和信息化委员会办公室、铁山港区人民政府新闻办公室、北海市铁山港区新闻出版局。合署办公单位有北海市铁山港区社会科学界联合会。

【理论学习与实践】 2019年，区委宣传部协助区委抓好抓实区委中心组学习，以区委中心组为龙头，坚持系统学、跟进学、联系实际学，突出理论性、实践性和实效性，开展中心组学习8次，其中集中专题学习2次，主题教育学习2次。理论与实践研究取得新成效，四家班子领导在人民网和《北海

2019年12月30日，北海市学习宣传贯彻党的十九届四中全会精神宣讲团宣讲报告会（铁山港区专场）在区政务服务综合楼五楼会议室召开。图为区委书记、市宣讲团成员余兴国（主席台）在宣讲

邓 符 摄

日报》发表理论文章7篇。持续推进"新时代新跨越"领导干部大讲堂，举办中共十九届四中全会精神和《中国共产党宣传条例》宣讲报告10多场。组织4873名党员干部职工加入"学习强国大课堂"，发布"指尖微课堂"40多期。

【创新理论宣讲】 2019年，区委宣传部持续推进"新时代新跨越"领导干部大讲堂，通过"讲、选、促"相结合的方式，将理论研究成果转换为推动发展的动力；打造群众宣讲品牌，组织开展"守正道创新局"群众宣讲活动。全年共开展"守正道创新局"群众宣讲活动5场，在宣讲中融入"卖鸡调"、快板等具本地特色、群众喜闻乐见的素材，以"唱""谈"相结合的形式，让宣讲活动进渔村、进农场、进校园、进车间、进贫困村，真正让党的创新理论进入寻常百姓家；创新宣传方式，用好用活"新时代讲习所"，依托新时代文明实践中心(站)，邀请本地特色非物质文化遗产"卖鸡调"传承人走进各村"新时代讲习所"，开展文明实践活动10多场，参与群众1000多人次，用新颖的方式提升讲习活动的吸引力，向群众宣讲中共十九大和十九届四中全会精神；借助"同心广播"村村通平台加大宣传，让党的声音传到农村各家各户。

【意识形态工作】 2019年，区委认真落实责任制要求，切实加强对意识形态工作的领导，把党管意识形态工作落到实处。区委主要领导亲自部署宣传思想文化和意识形态工作，明确要求意识形态落实"四同"(把意识形态工作与"五位一体"建设一同部署、一同落实、一同检查、一同考核)、"四纳入"(把意识形态工作纳入重要议事日程，纳入党建工作责任制，纳入领导班子领导干部目标管理、纳入党的纪律监督范围)。建立网络舆情监管制度，做到及时分析研判，迅速核实处理，及时消除网民疑问，成功处置舆情10多条。制订意识形态督查工作方案，将意识形态工作落实落细。成立区委网信办，增加网络舆情研判中心编制2名，解决对意识形态工作力量不足问题。

2019年11月11日，自治区新闻媒体在铁山港区深水抗风浪网箱养殖示范基地采访 邓 符 摄

【新闻舆论宣传】 2019年，区委宣传部坚持正面宣传和舆论引导并重，聚焦和突出庆祝新中国成立70周年主线，主动做好脱贫攻坚、征地搬迁、新城建设、招商引资和优化营商环境等重点工作的宣传报道。年内，全区接待各级记者采访30多批次，刊发稿件1000多篇，其中自治区级以上新闻报道200多篇、市级重点报道100多篇，专版24个，其中新中国成立70周年专版8个。全区扶贫工作宣传成绩突出，全年在中央媒体发稿27篇，自治区媒体发稿65篇，超额完成中央、自治区传统媒体发稿任务200%以上，在北海市县(区)排名前列。发布微信推文400多篇、微博文章700多篇，"两微"影响力在北海市政务新媒体中排名靠前。

【城市形象宣传】 2019年，区委宣传部精心策划城市推介活动，组织制作的铁山港区跨越发展宣传板报，成功亮相自治区举办的北海市"庆祝新中国成立70周年"新闻发布会；组织开展“寻访铁山港品牌”活动，深入寻访、挖掘、宣传、推广铁山港区特色与文化标签的品牌和城市名片，精心策划有感染力的微信推文，其中《这里是铁山港区！欢迎大家来投资兴业》《来自“甜蜜小镇”的甜蜜杨桃》《特色小吃——藏在农村市场角落的饺子》，以独特的视角宣传铁山港区形象、风貌。

【宣传干部队伍建设】 2019年，区委宣传部创新活化学习形式，激发队伍活力，组织宣传干部深入开展“不忘初心、牢记使命”主题教育，锤炼高素质的宣传干部队伍；组织宣传干部到基层开展意识形态和宣传思想工作调研，研究探索基层宣传文化系统建设管理的有效途径，推动基层宣传文化干部队伍提升“四力”（脚力、眼力、脑力、笔力）；组织全区40多名核心网评员、宣传文化系统干部参加学习中共十九大、十九届四中全会精神、意识形态工作能力提升培训班，加强全区意识形态工作队伍建设，提高网评员的思想政治素质和政策理论水平。组织开展形式多样的扶贫宣传报道业务培训，邀请广西日报社主任记者到铁山港区开展理论宣讲教学活动，为100多名干部上脱贫攻坚宣传课。通过各种途径，努力培育一支政治强、业务精、纪律严、作风正的宣传思想文化干部队伍。（邓　符）

统战工作

【概况】 2019年，中国共产党北海市铁山港区委员会统一战线工作部（简称区委统战部）（含中国共产党北海市铁山港区委员会台湾工作办公室、北海市铁山港区人民政府台湾事务办公室、北海市铁山港区民族宗教侨务局），内设综合办公室、台湾事务工作办、民族宗教侨务工作办，有工作人员9人。

【党外代表人士队伍建设】 2019年，区委统战部按照区委部署，主动推动党外干部物色培养及推荐工作。年内，铁山港区共提拔5名党外科级干部，其中正科级3名，副科级2名。

【招商引资工作】 2019年，区委统战部围绕产业树，按照区委部署，发挥统战优势，提出“三线”（找准线、不断线、牵好线）、“六主动”（主动联结市外省外统战资源、主动拜访市级省级重点商会、主动对接省外重点行业商协会、主动上门邀请意向企业来访、主动搭建招商推介平台、主动做好引入项目的跟踪服务）来开展服务招商引资工作。年内，区委统战部主要领导10次赴自治区党委统战部门、自治区工商联、自治区台办推介铁山港区营商环境，主动联络对接广东、福建、江苏等发达地区统战部门，及时了解企业向外投资信息，主动拜访市级省级重点商会14家，主动对接江苏省企业联合会等7家省外知名行业商协会，主动到区内外拜访福建永荣控股有限公司等50多家意向投资企业，诚意邀请60多家企业来访。年内，区委统战部直接牵线对接引入落户工业项目合同投资额246

2019年9月18日，铁山港区委常委、统战部部长刘将远（右二）一行到珠海市珠海展辰新材料股份有限公司开展招商引资工作

许洪珲　摄

亿元，牵线在谈项目计划投资额600多亿元。

【非公有制经济工作】

非公有制经济长效发展机制建立健全 2019年，区委统战部及时更新调整铁山港区非公有制经济工作领导小组成员，持续完善《北海市铁山港区四家班子领导联系非公有制经济代表人士和非公有制企业工作制度》《北海市铁山港区非公有制经济工作领导小组成员联系非公有制企业工作安排表》，建立健全铁山港区促进非公经济发展长效机制，实现促进非公经济发展制度化。

商会平台建设 2019年，区委统战部围绕区委提出的"凝聚人心，搭建桥梁，合理发展"的工作要求，分别于7月6日和7月21日推动成立南宁北海市铁山港商会和铁山港区青年企业家商会。区工商联2018—2019年度被认定为全国五好县级工商联。

非公企业金融服务 2019年，区委统战部、区非公经济领导小组办公室组织召开银、政、企座谈会3次，着力解决非公企业资金难题。结合铁山港区实际，制订《北海市铁山港区非公企业金融服务工作室方案》。11月13日，北海市铁山港区非公企业金融服务工作室揭牌成立，开启探索解决企业银行信息不对称造成中小微企业融资难等问题。

专家服务基地建设 2019年，区委统战部、区非公经济领导小组办公室领导主动作为，积极探索短期技术服务工业区企业的渠道和汇集产业人才服务向海经济的途径，主动提方案，推动广西统一战线百名专家服务团服务铁山港（临海）工业区并建立服务基地。

百日攻坚行动 2019年，区委统战部召开铁山港区民营企业座谈会和开展解决民营企业突出问题百日攻坚行动，以问题清单为导向，将收集到的民营企业困难问题分解到各有关职能部门解决，着力帮助铁山港区民营企业解决困难问题。年内，区委统战部、区非公经济领导小组办公室累计联系走访非公企业60多家，联系非公经济代表人士250多人次。铁山港区被确定为广西民营经济示范区创建单位。

非公企业参与脱贫攻坚 2019年，区委统战部积极推动非公企业参与"万企扶万村"活动及消费扶贫、"同心·助学"等光彩事业活动。年内，铁山港区"结对帮扶"企业由原来的9家增加到17家，实现对贫困村的全面覆盖。8月29日召开的2019年铁山港区"同心助学"捐赠仪式上，18家非公企业对当年考上高校的20名贫困学生捐助助学金共6万元。

【港澳台及海外联谊工作】

走出去请进来 2019年7月24日—30日，为拓宽铁山港区与中国台湾企业往来交流和经贸合作的平台，提高对台交流交往的层次和实效，由区委统战部、区台办牵头组织，以区委副书记李玉婷为团长的铁山港区参访考察团一行13人，应邀赴台湾开展经贸考察交流，先后拜访台湾钦廉四属同乡会、台湾两岸农渔业交流发展投资协会等工商社团，实地考察了台湾本腾农业生技股份

2020年12月19日，区委常委、统战部部长刘将远（左前排右三）在区政务服务综合楼二楼会议室主持广西统一战线百名专家服务团铁山港（临海）工业区服务基地挂牌仪式　　区委统战部　供

有限公司、龙佃海洋生物科技股份有限公司等6家企业。年内，区委重视港澳台及海外联谊工作，区委统战部邀请接待港澳台爱国团体、友好人士11批次到访，先后接待洽谈台湾丽胜集团财务总监、中华两岸商贸高峰总会会长等4批44人次到铁山港区考察。推动广西港澳青少年活动交流基地在铁山港区挂牌。年内，铁山港区港澳台工作取得较好的成绩，并在广西统战工作大会上做了经验发言。

2019年8月29日，2019年铁山港区“同心助学”捐赠仪式在区政务服务综合楼五楼举行　　邓　符　摄

推动桂台产业合作项目建设　2019年，区委统战部、区台办积极推动桂台产业合作北海示范区铁山港现代农渔业示范园建设工作，主动帮助港台资企业解决困难，争取北海市金融办、北海市科技局支持帮助香港喜记蟹将军项目授信等扶持，帮助台资立安公司解决环保申报问题。

【民族宗教工作】

基层宗教工作　2019年，区委统战部推行“纵横通”并举开展基层宗教工作，“纵”是纵向深入到村镇，层层压实责任；“横”是横向整合部门力量，形成工作合力；“通”是继续实施“三访三通”工程，打牢群众基础。重点开展全区镇、村（社区）宗教工作信息员和党支部书记宗教工作知识培训，不断提升农村基层宗教工作队伍的综合能力，发挥基层工作队伍的作用。

宗教场所监管　2019年，区委统战部坚持对宗教场所走访和开展场所骨干教职人员座谈，加强对堂点宗教活动的监管，发挥2个基督教合法堂点在抵御境外宗教渗透中的作用。

“三月三”和民族团结宣传月活动　2019年，区民宗侨务局通过举办“三月三”文艺晚会巡演、“壮族三月三　八桂嘉年华”系列宣传活动等多形式开展“三月三”宣传活动和民族团结宣传月活动。

少数民族发展资金项目　2019年，区民宗侨务局积极争取32万元少数民族发展资金，组织修建南康镇秋风塘村委、兴港镇富屋村委2个道路建设项目。

【理想信念教育】

“不忘初心、牢记使命”主题教育　2019年，区委统战部认真开展“不忘初心、牢记使命”主题教育，认真履行主体责任，增强理想信念，牢固树立四个意识，坚决做到两个维护。多形式对统战成员开展教育引导，加强对党外人士的政治引领。年内，区委统战部组织铁山港区统战成员积极参加北海市统战系统“不忘初心、牢记使命”主题教育系列活动之庆祝中华人民共和国成立70周年气排球比赛并获得冠军。

理想信念教育　2019年11月3日—9日，区委统战部组织非公经济人士和党外人士20人赴贵州开展培训学习；组织统战成员40人积极参与广西统一战线视频网络学院教育学习；组织12批次统战成员66人次参与广西统一战线新时代讲习所学习。

【新的社会阶层人士工作】　2019年，区委统战部加强与新的社会阶层人士的联系，团结引领新的社会阶层人士，巩固共同思想政治基础，充分调动新的社会阶层人士为全区经济社会发展献计出力。经区委统战部积极筹备推动，10月29日召开北海市新的社会阶层人士联谊会铁山港分会成立大会暨第一次会员代表大会，标志新的社会阶层人士联谊平台建立。 （卢　娜）

全面深化改革工作

【概况】 2019年，中国共产党北海市铁山港区委员会全面深化改革领导小组改为中国共产党北海市铁山港区委员会全面深化改革委员会（简称区委深改委），作为区委议事协调机构，区委全面深化改革委员会办公室（简称区委深改办）设在区委办公室。

【学习贯彻上级会议精神】 2019年，区委书记、区委深改委主任余兴国主持召开4次区委深改委会议，集中学习中央、自治区党委和北海市委深改委会议精神，研究部署铁山港区全面深化改革工作。

区委深改委第一次会议 4月28日，区委书记、区委深改委主任余兴国主持召开区委深改委第一次会议，集中学习中央深改委第六次、第七次会议精神和自治区党委深改委第二次会议精神，听取党的建设制度改革专项小组及文化教育卫生体制改革专项小组工作汇报并研究部署2019年区委全面深化改革工作。会议提出三方面要求：进一步解放思想，坚定将改革进行到底的信心和决心，在优化营商环境、深化简政放权、加快征地搬迁和项目建设、推进招商引资等方面要积极探索、大胆实践，努力提高改革实效；进一步提高政治站位，增强全面深化改革的思想自觉和行动自觉，要深刻认识设置区委深改委的重要意义，切实加强和改善党对全面深化改革的统筹领导，不断推动改革向纵深发展；进一步压实责任，攻坚克难抓实抓细各项改革举措，努力提高改革的精准度与精细度，让群众在改革中得到实惠。

区委深改委第二次会议 7月19日，区委书记、区委深改委主任余兴国主持召开区委深改委第二次会议。传达学习中央深改委第八次会议精神和自治区党委深改委第三次会议精神，审议通过《北海市铁山港区发展壮大村级集体经济若干政策措施》《铁山港区委全面深化改革委员会2019年工作要点》《铁山港区委全面深化改革委员会工作规则》《铁山港区委全面深化改革委员会专项小组工作规则》《区委深改办工作细则》。会议提出三方面要求：切实提高思想认识，切实解决好改革过程中存在的“三个不够”（思想认识不够、配合对接不够、推进力度不够）的问题；切实加强组织领导，严格执行“两规则一细则”（区委深改委、专项小组工作规则，区委改革办工作细则），跟进调整和完善工作机制，推动各项改革工作高效运转。切实抓好工作落实，进一步提高铁山港区深化改革工作的质量和水平。

区委深改委第三次会议 11月8日，区委书记、区委深改委主任余兴国主持召开区委深改委第三次会议。会议传达学习中央深改委第九次、

2019年4月28日，中共北海市铁山港区委员会全面深化改革委员会第一次会议在区政务服务综合楼二楼会议室召开　区委深改办　供

2019 年 7 月 19 日，铁山港区委全面深化改革委员会第二次会议在区政务服务综合楼二楼会议室召开　　区委深改办　供

第十次会议和自治区党委深改委第四次、第五次会议及北海市委深改委第二次会议精神，审议通过《北海市铁山港区社会科学界联合会深化改革实施方案》等文件。听取经济体制改革专项小组关于优化营商环境发展壮大民营经济等改革工作推进情况汇报及农业农村体制改革专项小组关于推进农村集体产权制度、农业社会化服务等改革落实情况汇报。会议提出三方面要求：一是坚持问题导向，巩固深化改革成果。结合“不忘初心、牢记使命”主题教育，以钉钉子精神持续抓好各项改革任务落实，不断巩固深化改革成果。二是坚持目标导向，加强统筹协调，查漏补缺，圆满完成全年改革任务。三是加大宣传力度，营造浓厚的改革氛围。

区委深改委第四次会议　12 月 30 日，区委书记、区委深改委主任余兴国主持召开区委深改委第四次会议。集中学习中央深改委第十一次会议精神，审议通过《北海市铁山港区关于建立区人民政府向人大常委会报告国有资产管理情况制度的实施意见》《北海市铁山港区工商业联合会深化改革实施方案》《北海市铁山港区残疾人联合会深化改革实施方案》《北海市铁山港区计划生育协会改革实施方案》等 4 个改革文件。听取民主法制领域改革专项小组和社会体制改革专项小组的汇报。会议强调：牢固树立“一盘棋”理念。健全区委深改委统筹、各专项小组负总责、区直部门单位抓落实机制，更好地发挥改革统筹协调和督促落实作用；提前谋划下一年改革任务。切实把 2020 年改革的盘子定好、路子理清、方子开准；自觉扛起改革职责，拿出“啃硬骨头”精神攻坚克难，提出一些接地气、管用的改革措施，及时解决一些有难度的事关全局、涉及民生领域的改革事项，让改革发展成果惠及群众。

【改革工作落实】 2019 年，铁山港区扎实推动落实改革工作，出台 25 个重要改革方案，全面完成 32 项年度重点改革任务。区委深改办把全区改革任务细化为任务清单，强化责

2019 年 11 月 8 日，铁山港区委全面深化改革委员会第三次会议在区政务服务综合楼二楼会议室召开　　区委深改办　供

2019 年 12 月 30 日，铁山港区委全面深化改革委员会第四次会议在区政务服务综合楼二楼会议室召开　　区委深改办　供

任，明确时间表和路线图，确保改革有条不紊地推进。把北海市委下达的 8 项重点改革任务列入绩效考评统筹推动落实，加强跟踪督办，较好地完成各项考核指标任务。9 个专项小组统筹推进各自领域改革取得明显成效。稳妥有序推动完成区、镇党政机构改革任务。成立区级农村产权流转交易中心。在自治区优化营商环境百日攻坚行动综合排名中，铁山港区名列广西县区第三名。全面推行“一窗受理、集成服务”，实现企业开办“1 个工作日办结”目标，网上审批率达 93.94%。推行“基层党建 + 农村警务 +N”综合治理模式。营盘白龙珍珠城获评国家 AAA 级旅游景区。实施区管“一把手”素质能力提升工程，落实关心关爱人才系列措施，出台《北海市铁山港区深化监察体制改革试点工作纪法衔接制度》，建立蹲点督导调研制度和举报追查问责制度。

【督察工作】 2019 年，铁山港区制订并严格执行督察工作计划，采取以常态化了解为主，实地督察为辅，综合运用“听、察、访、评、督”等方式，动态跟踪督察改革落实及进展情况。全年组织开展专项督察 4 次，组织各责任单位开展改革自查 3 次，发现问题及时提出整改意见并认真抓好落实。将改革落实情况作为各单位年度绩效考评重要评分依据，及时协调解决供销社综合改革等各项改革推进过程中遇到的问题，推动各项改革举措落实落地。

（庞进凤）

老干部工作

【概况】 中国共产党北海市铁山港区委员会老干部局（简称区委老干部局）在区委组织部挂牌，区委组织部副部长兼任区委老干部局局长。2019 年，铁山港区有离休干部 2 人，退休干部 959 人，其中处级干部 7 人，科级干部 107 人，职级公务员及以下干部 845 人。年内，区委老干部局落实党中央关于做好离退休干部服务工作的部署，坚持精准服务工作理念、求真务实作风，加强离退休干部政治、思想和组织建设，用心用情做好服务工作，引导离退休干部为党和人民事业发挥余热。

【离退休干部党组织建设】 2019 年，区委老干部局落实自治区党委组织部、自治区党委老干部局、自治区财政厅《关于落实离退休干部党组织工作经费保障机制有关事项的通知》文件精神，强化离退休干部党组织建设工作保障，按 100% 比例返还退休党支部上交的党费，督促退休党支部所在单位将其工作经费纳入预算，并为支部书记发放每月 300 元的工作补贴。组织开展离退休干部的党性教育，根据自治区党委老干部局的要求，为老干部订阅报刊及学习资料，并利用微信公众号、微信群、学习强国等平台为离退休干部提供政治理论学习资料，保证离退休干部及时了解党的路线、方针、政策和国家大事。组织 17 名老干部到百色红色教育基地开展“不忘初心、牢记使命”主题教育培训，加强对老干部的革命传统教育。南康镇老年体育协会党支部荣获自治区离退休干部先进集体荣誉称号。

【服务老干部】 2019年，区委老干部局坚持精准服务，用心用情做好老干部工作，实现对服务对象的联系全覆盖。坚持和落实领导干部联系老干部制度，在春节、中秋节、重阳节等重要节日走访慰问离休干部，送去慰问品和慰问金共6000元。落实离休干部生活补助每人每年1万元、退休干部生活补助每人每年6000元。年内，区委老干部局电话询问或走访离休老干部家庭30多次，深入开展"登门入户解难题"活动，共走访离退休老干部120人，为老干部办实事、做好事、解难事31件。

【发挥老干部余热】 2019年，区委老干部局紧扣"为党和人民事业增添正能量活动"这一主线，引导离退休干部发挥余热传递正能量。春节前夕，区委老干部局联合区关工委、区文明办在南康镇文化广场举办"翰墨飘香迎新送福"书写赠送春联活动，送出春联500多副；举办"迎国庆、展风采、夕阳红"书法比赛，征集18名老同志97幅作品编辑成册，向新中国成立70周年纪念献礼。组织开展"老书记讲精品党课"活动1次、"腾飞中国·辉煌70年"爱国主义教育活动6次、"戏曲进校园"50多次、"为建设美丽北海添动能"活动6次、举办"养羊技术培训班"助力脱贫攻坚活动2次，惠及群众2万多人次，为推动全区社会发展继续发挥余热。发挥"五老"（老干部、老战士、老专家、老教师、老模范）优势，开展"守初心、传承红色基因"主题教育活动3期，参与师生400多人次，增强青少年民族自豪感、使命感和责任感。 （钟东强）

区直属机关党建工作

【概况】 2019年，中国共产党北海市铁山港区直属机关工作委员会（简称区直属机关工委）内设综合办公室，有工作人员2人。管辖区税务局机关党委、小个专党委、区直属机关单位3个总支、37个支部，共有党员562名。

【基层党组织设置】 2019年，区直属机关工委原辖46个党（总）支部和1个机关党委。3月，区直属机关工委及时做好机关支部的成立和撤并工作，根据机构改革的需要，新成立11个党支部，撤销13个党支部，划转4个党支部。区政府办、区民政局等28个党（总）支部书记已调整由部门正职或党组书记担任，区委办、区委组织部、区总工会等9个区委部门或群团单位党支部书记调整由常务副职担任，区法院、区检察院机关党支部书记调整由分管政工的副院长担任，区税务局机关党委书记也按上级要求进行调整配备，进一步加强机关党务队伍建设，增强工作力量。

【开展"不忘初心、牢记使命"主题教育】 2019年9月12日，区委启动"不忘初心、牢记使命"主题教育活动。区直属机关工委积极组织区直属机关全部基层党组织书记参加全市基层党支部书记"不忘初心、牢记使命"主题教育专题培训班，参训人员深入学习中共中央总书记习近平关于"不忘初心、牢记使命"重要讲话精神，学习中共中央、自治区党委和北海市委关于开展"不忘初心、牢记使命"主题教育的部署要求，学习《中国共产党支部工作条例（试行）》等有关党内法规，提高党支部工作水平；组织区直属机关部分党员干部到北海市委党校参观"不忘初心、牢记使命"主题教育体验基地，重温广西及北海革命史，回顾中国共产党在广西的发展和奋斗历程，加强机关党员的党性教育；结合"不忘初心、牢记使命"主题教育，制作5块"不忘初心、牢记使命"的宣传牌上墙，悬挂横幅21幅，制作宣传板报2版，更新示范党建宣传栏一批，在行政中心一楼LED显示屏播放"不忘初心、牢记使命"主题教育宣传标语，在机关办公场所营造良好的主题教育宣传氛围。

【理想信念教育】 2019年6月3日—10日，为加强区直属机关基层党组织书记“不忘初心、牢记使命”理想信念及党性教育，使机关基层党组织书记深刻领悟中共十九大精神，切实增强“四个意识”，提升政治思想觉悟和理论水平，主动适应新时代中国特色社会主义发展要求，区直属机关工委在河南省林州市红旗渠精神培训基地组织举办2019年铁山港区直属机关基层党组织书记“不忘初心、牢记使命”理想信念及党性教育培训班，区直属机关单位党支部书记、党务骨干共45人参加，该次培训通过专家授课与现场教学相结合，学习红旗渠精神、扁担精神和焦裕禄精神，提高了机关党支部书记、党务骨干的凝聚力和感召力，加强理想信念及党性教育。

【意识形态工作】 2019年，区直属机关工委组织全体机关党员参加“学习强国”平台学习，提高机关党员的思想政治素质和文化素养；组织机关党员56人参加宣传部组织的庆祝新中国成立70周年专题讲座学习；配合宣传部做好庆祝新中国成立70周年文艺晚会，组织180多名党员干部参加，并选送节目。

【党员发展工作】 2019年，区直属机关工委对照党章党规，对照《广西发展党员工作手册》，严格按规定程序发展党员，重视在青年和业务骨干中发展党员，完善入党积极分子和发展对象报备制度、培训测试制度、材料预审制度。年内，区直属机关工委审核入党积极分子备案12人，审批确定发展对象15人，审批接收预备党员7人。

【党建示范点建设】 2019年，区直属机关工委进一步推进机关党支部标准化建设。6月26日，经区直属机关工委培育打造的机关党建示范点——区法院机关党支部被北海市委评为2019年度北海市先进基层党组织；9月6日，全市机关党建工作会议在北海市检察院召开，由区直属机关工委提供的题为《突出政治统领增强党建实效持续推动机关党建工作走在前做表率》机关党建经验交流材料获得在大会上交流，工作得到上级党组织的充分肯定。

【扶贫济困】 2019年，区直属机关工委做好精准扶贫工作，投入大量的人力物力进行帮扶贫困群众，深入细致做好联系贫困生的学习和思想教育工作。年内，投入资金9000元慰问贫困户、贫困生。区直属机关工委撰写的宣传报道文章《“三心”帮扶群众脱贫摘帽》在10月11日《广西日报》第五版刊登。 （谢文丽）

机构编制工作

【概况】 2019年，中国共产党北海市铁山港区委员会机构编制委员会办公室（简称区委编办）有工作人员3人。北海市铁山港区事业单位登记管理局更名为北海市铁山港区机构编制研究中心，为区委编办下属相当于副科级财政全额拨款事业单位，有工作人员3人。

【日常管理工作】 2019年，区委编办对照新时代机构编制工作要求，严格执行机构编制“一支笔”审批，一个部门承办，编委一家行文制度，严格编制关和进人关，树立编制工作权威。年内，铁山港区办理人员入编手续82人，销编59人，入编人数减去销编人数，正数增长23人；全区共使用19名编制用于加强人才引进：区直机关3名（选调生），乡镇机关14名（11名公务员、3名选调生），区直事业单位2名。

【党政机构改革】 2019年，区委编办认真贯彻上级各级党政机关有关党政机构改革会议和文件精神，以政府职能转变为核心，优化机构职能设置和职能配置。根据《中共北海市铁山港区委员会　北海市铁山港区人民政府关于印发〈北海市铁山港区机构改革方案〉的通知》精神，铁山港区有关机构设置如下：

区委议事协调机构8个：组建区委全面依法治区委员会、区委审计委员会、区委教育工作领导小组、区委国家安全委员会。将区委全面深化改革领导小组改为区委全面深化改革委员会，将区委网络安全和信息化领导小组改为区委网络安全和信息化委员会，将区农村工作领导小组改为区委农村工作领导小组，将区机构编制委员会改为区委机构编制委员会。

党委机构11个：组建区监察委员会（与区纪律检查委员会合署办公），实行一套工作机构、两个机关名称。区委机构编制委员会办公室作为区委机构编制委员会的办事机构，作为区委工作机关，加挂区事业单位登记管理局牌子。将区委巡察工作办公室更名为区委巡察工作领导小组。组建区委区政府督察绩效考评办公室，作为区委工作机关。保留区纪律检查委员会、区委办公室［挂机要局（区国家密码管理局）、保密委员会办公室（区国家保密局）、区档案局牌子］、区委组织部（挂区非公有制经济组织和社会组织工作委员会、区委老干部局、区公务员局牌子）、区委宣传部（挂区精神文明建设委员会办公室、区政府新闻办公室、区新闻出版局牌子）、区委统战部［挂台湾工作办公室（区政府台湾事务办公室）、区民族宗教侨务局牌子］、区委政法委、区直属机关工作委员会、区委区政府信访局等8个机构。

政府机构22个：组建区自然资源局（挂区林业局牌子）、区农业农村和水利局、区文体广电旅游局、区卫生健康局、区退役军人事务局、区应急管理局、区市场监督管理局（挂区知识产权局牌子）、区住房和城乡建设局（挂区人民防空和海防办公室牌子）、区海洋局、区科技商务和工业信息化局、区扶贫开发和水库移民工作局、区综合行政执法局等12个部门。保留区政府办公室（挂区机关事务局牌子）、区发展改革局、区教育局、区民政局、区司法局（挂区调解处理土地山林水利纠纷办公室牌子）、区财政局（挂区国有资产监管和金融工作局牌子）、区人力资源和社会保障局、区交通运输局、区审计局、区统计局等10个机构。

2019年2月2日，区委书记余兴国（主席台中）在区政务服务综合楼五楼会议室主持召开北海市铁山港区机构改革动员部署会议

区委编办　供

不再设立和不再保留的机构15个：不再设立区维护稳定工作领导小组及其办公室、区社会管理综合治理委员会及其办公室、区防范和处理邪教问题领导小组及其办公室等3个机构。不再保留区监察局、区农业局、区水利局、区文化体育广播电视局、区卫生和计划生育局、区安全生产监督管理和环境保护局、区食品药品监督管理局、区城市管理局、区住房和城乡规划建设局、区海洋与渔业局、区科学技术局、区工业和信息化局等12个机构。

【人大、政协、群团组织改革】 2019年，铁山港区完善人大专门委员会设置，优化政协专门委员会设置，完成工青妇群团改革，完成区法学会、区科学技术协会、区工商业联合会机关改革，并上报北海市委编委审批。

【综合行政执法体制改革】 2019年,铁山港区根据中央、自治区有关要求,制订《北海市铁山港区综合行政执法体制改革方案》,保留区海洋与渔业综合执法大队,农林水利、应急管理领域实施领域内综合执法。在此基础上,进一步加大整合力度,实行更大范围的综合执法,将住房和城乡建设、自然资源、交通运输、工业和信息化、旅游文体广电、商务、人力资源和社会保障等领域的行政执法职责整合,由铁山港区综合行政执法局集中行使区直行政主管部门的行政检查权、行政处罚权和行政强制权。

将原区城市管理综合行政执法大队更名为区综合行政执法大队,为区综合行政执法局管理的相当正科级事业单位,参照公务员法管理,内设5个综合行政执法中队(南康中队、营盘中队、兴港中队、园区中队、机动中队)。将原区交通综合行政执法大队更名为区综合行政执法保障中心,为区综合行政执法局管理的相当副科级事业单位。

【乡镇机构改革】 2019年3月17日,铁山港区印发区辖各镇机构改革方案,构建简约高效基层管理体制,整合审批、服务、执法等方面的力量和职能,统筹各类编制资源,综合设置机构,在"四所合一"框架基础上进一步加大乡镇机构职能整合力度,推行"多所合一",对乡镇机构综合设置和人员统筹使用进行探索,实行"一个乡镇两个本"(机关事业单位各1本编制本)、"一部五室执法队"(党群工作部、党政综合办公室、政务服务办公室、社会事务办公室、脱贫攻坚和乡村振兴办公室、产业发展和土地流转办公室、综合行政执法中队)的管理模式和运行模式。镇事业机构设置为:社会保障和退役军人事务站、国土规建环保安监站(交通站)、文体广电旅游服务站、农业农村水利站、卫生健康服务站、扶贫工作站。镇事业单位不核定人员编制,不实际运行。

【行政审批制度改革】 2019年,区委编办按照国务院关于简政放权、放管结合、优化服务要求,切实推进政府职能转变,继续做好深化行政审批制度改革工作。年内,区委编办精减行政审批事项,对行政许可事项进行3次调整,其中,取消行政许可事项7项、调整行政许可事项23项。区委编办清理规范行政权力中介服务事项,梳理出铁山港区留为行政权力必要条件的中介服务事项32项,印发《关于印发〈北海市铁山港区保留为行政权力必要条件的中介服务事项目录〉的通知》通知。加强部门权责清单规范化建设,按照国务院关于深化"放管服"改革决策部署和自治区加快推进"一事通办"改革工作要求,区委编办组织全区各相关部门对本部门权责清单进行调整和规范,实现区域与区域间的权责事项数量基本一致,同一事项名称、事项类型、实施依据等基本要素在各级权责清单中统一规范。

【事业单位登记和社会信用体系建设】 2019年,区委编办依法依规办理各项登记业务,共办理事业单位设立登记4件,变更登记37件,证书补领2件,机关群团变更24件,注销11件;按时按质完成2018年度事业单位法人年度报告公示工作,年报率100%;加强事业单位事中事后监管,根据铁山港区事业单位登记管理实际需要,采取随机抽查和不定期抽查相结合方式,对事业单位进行实地核查;按照国家事业单位法人治理结构建设任务要求,稳步推进事业单位法人治理结构试点工作,上半年铁山港区第三幼儿园建立法人治理结构,并召开第一次理事会(监事会),下半年确定铁山港区人民医院、区第六幼儿园和南康镇高田小学作为第一批事业单位年度报告制度改革试点工作单位,并按要求开展工作。

(李启方)

督查绩效考评

【概况】 2019年3月,根据《北海市铁山港区机构改革方案》

和北海市铁山港区机构改革实施意见精神，组建中共北海市铁山港区委员会北海市铁山港区人民政府督查绩效考评办公室（简称区委区政府督查绩效办），是区委主管督查绩效方面的工作机关，正科级行政单位。区委、区政府督查绩效办内设综合股、督查考评股，有工作人员2人；受委托管理的北海市铁山港区绩效评估中心，为区委、区政府直属全额拨款事业单位，有工作人员2人。2019年，区委、区政府督查绩效办被评为自治区政府督查工作突出贡献奖集体。

【督查工作】 2019年，区委、区政府督查绩效办围绕各级重大决策部署、重要会议、重要文件精神的贯彻执行情况展开督办、落实和反馈工作。聚焦上级关注开展重点督查，合力推动北海铁山港1号—4号泊位铁路专用线工程加快建设，在习近平总书记视察铁山港码头三周年之际交上满意的答卷；聚焦中心工作开展全程督查，推动打造向海经济和招商引资、征地搬迁、推进南珠新城建设、优化营商环境落地落实，全区招商引资和征地搬迁新创佳绩，实现项目建设“三快一好”；聚焦脱贫攻坚开展跟进督查，推动打好义务教育、基本医疗、住房安全“三保障”和饮水安全“四大战役”，年内681户2645名贫困群众脱贫摘帽；聚焦民生普惠开展跟踪督查，督促各级各部门兜牢兜实民生底线，全区民生支出8.6亿元，群众获得感和幸福感持续增强；聚焦基层减负开展统筹督查，全区列入统计的文件和会议均比上年减少33.33%，督查检查考核事项减少50%以上，基层减负得到较好落实。

【绩效管理与考评】

北海市绩效考评 2019年，北海市对市辖县区从职能目标、专项目标、创新目标、满意目标4个维度进行绩效考评，考评结果分为一等、二等、三等、不合格4个等次。区委区政府督查绩效办坚持以考核结果为导向，强化标杆管理与创新，精心组织推进各项指标高效完成。将任务细化分解为343项具体考核指标，建立责任分级体系，实行指标进展完成情况“半月一报告一分析”制度，推行督导改进“微”“零”监管模式，确保目标任务达成。实施评价反馈意见立项管理，健全问题清单台账，逐项解决销号，社会公众提出的14条意见如期整改到位。着力创先争优，认真做好创新加分项目的摸底、培育、实施和申报工作，全年全区共有28项工作创新项目分别获自治区和北海市加分，超额完成指标加分项目52项，工作创新加分再创新高。7月，铁山港区被确定为市辖县区2018年度绩效考评一等等次；2019年度绩效考评工作代表北海市通过自治区年终核验，北海市对铁山港区考评综合得分位居市辖县区第一名，连续5年进入北海市绩效考评一等等次行列。

区本级绩效考评 2019年，铁山港区将上级下达的目标任务和区委、区政府重大决策部署及各镇、各部门重点职能工作等纳入年度绩效目标

2019年9月7日，自治区绩效办专职副主任施汉飞（前排左二）一行考察调研北海铁山港1号—4号泊位铁路专用线工程，区委书记余兴国（前排左一）陪同并介绍情况　　区委区政府督查绩效办　供

管理，区委、区政府督查绩效办牵头制订考评工作方案和编制指标体系及评分细则，采取目标考核、公众评议、领导评价和察访核验相结合的方式，对区辖3个镇实行各有侧重的差异化考评，对区直机关46个部门按党政管理类、经济管理类、公共事务管理与执法监管类、党委群团及其他类和单独考核类实行分类考评，对区税务局、消防救援大队2个驻区单位开展服务经济社会发展试点绩效评价，考评结果按相应比例划分为一等等次、二等等次、三等等次、不合格4个等次。同时，铁山港区对党的建设、精神文明建设、平安铁山港建设和民族团结进步等4个专项工作进行绩效考评奖励，分别由区委组织部、区委宣传部、区委政法委、区委统战部牵头组织实施，与年度综合绩效考评有机衔接，各专项工作按不超过40%、40%、20%的比例设立一等、二等、三等等次单位，适度加大奖励力度，进一步激励干部担当实干、改革创新、奋勇争先。

绩效考评结果运用　2019年，铁山港区继续强化目标责任和创新争优，对承担自治区、北海市指标任务因主观原因被扣分的牵头单位和责任单位，予以5倍扣分；对在党风廉政建设、社会治安综合治理、计划生育、安全生产、环境保护等方面出现严重问题被一票否决的，降低考评结果一个等次；对标杆指标超额完成获加分的，予以1倍—3倍加分；对经上级绩效部门考评审核获创新争优和表彰奖励加分的，予以8倍加分。注重考评结果的运用，把考评结果作为评价各级各部门及其领导班子和领导干部工作实绩、选人用人、廉洁自律、评先评优的重要依据，与行政奖励、行政问责、行政预算和绩效审计相挂钩，从实从严按考评等次兑现奖励。

（劳成兴　卢虹杏）

2019年9月9日，区长龙起云（正面中间）主持召开2019年铁山港区经济运行分析和绩效考评工作会议　区委区政府督查绩效办　供

信访工作

【概况】　2019年，中国共产党北海市铁山港区委员会北海市铁山港区人民政府信访局（简称区信访局）内设办公室、接访办信股，有工作人员7人。辖区3个镇党委、政府设立群众信访服务站，各镇有兼职信访人员1人。年内，全区信访形势总体持续向好，达到国家信访局信访工作“三无”（无发生进京越级上访、无发生大规模集体上访、无发生因信访问题引发的极端恶性事件和负面炒作）县（市、区）标准。

【来信来访办理】　2019年，全区接受信访总量共131批（件）502人次。其中：中央（国家机关）、自治区和北海市交办（转办）信访事项73件，到期办结率100%；自治区和北海市排查交办的2件信访积案年内全部实体性化解，化解率100%；区本级信访事项立案39件，到期办结率100%。

【来信来访类型和特点】

来信来访的类型　2019年，铁山港区群众来信来访主要有五大类型：一是国土（林业）、渔洋、农业水利问题。反映此类问题的来信来访占信访总量的32.7%。较突出的是：群众上访反映营盘海滩涂乱围乱养问题、南康镇陂塘村委木村村与国营滨海农场土地争议问题和农村土地承包经营权确权登记发证问题。二是征地搬迁问题，占信访总量的 24.3%。较突出的是北海出口加工区 B 区项目征地拆迁补偿款问题。三是民办代课教师问题，占信访总量的 8.7%。原民办代课教师上访，要求按照自治区人社厅有关文件精神补缴基本养老保险费。四是企业职工社保问题，占信访总量的 6.1%。较突出的是赤江华侨陶瓷厂职工要求解决社保问题。

来信来访问题的特点 2019 年，铁山港区部分信访人抱团上访，串联或聚集商议，煽动群众到各级政府上访；部分信访人诉求过高，要求没有得到满足，案结事不了，出现重访现象；部分信访诉求没有政策依据，但信访人依然不断信访，甚至闹访和缠访；部分信访人选择在敏感节点上访，给政府施加压力，以此达到信访目的。

【信访源头预防】 2019 年，铁山港区着力抓好信访源头预防工作，深入开展矛盾纠纷排查，对可能引发群体性事件和非正常上访的苗头隐患、群众关心和反映强烈的热点难点问题以及相对活跃的重点群体及重点人员，分别建立矛盾纠纷排查化解台账。对排查出信访突出问题和重点人员，按“五个一”（一个问题、一名领导、一班人马、一套方案、一包到底）要求，落实“五包”（包掌握情况、包解决问题、包教育转化、包稳控管理、包依法处理）责任制。加强信访信息收集研判，对涉及可能引发大规模集体上访和群体性事件的苗头性、倾向性的信息，及时分析研判，采取措施，妥善化解。全区共排查发现并消除可能引发群体性事件苗头 3 起，化解重大矛盾纠纷 3 起，及时把上访苗头消除在萌芽状态。

2019 年 4 月 24 日，自治区党委副秘书长、自治区信访局局长卢万兵（前排右二）到铁山港区信访局办公室检查、指导信访基础设施标准化、规范化建设工作　　区信访局　供

【领导干部接访下访】 2019 年，区信访局制订《北海市铁山港区深入开展领导干部接访下访活动实施方案》和全国“两会”、广西“两会”、中国—东盟“两会”和新中国成立 70 周年庆祝活动期间等敏感时期区领导接访轮值制度，推进领导干部“四访一包”（定点接访、专题接访、重点约访、带案下访，领导包案），促进矛盾纠纷和信访问题的化解。年内，全区正科级以上领导干部接访下访群众 160 批次 800 多人次，解决和化解信访问题 83 件。

【信访基础设施建设】 2019 年，根据自治区信访局、自治区发改委的要求，全面完成铁山港区群众信访服务中心和南康镇、营盘镇、兴港镇群众信访服务站以及 43 个村（社区）群众信访服务室的建设任务，为群众来访活动提供舒适的环境，为化解矛盾纠纷创造有利条件。　（甘焕远）

党史编研与地方志工作

【概况】 中国共产党北海市铁山港区委党史办公室（简称区委党史办）成立于2011年5月，

与北海市铁山港区地方志编纂委员会办公室(简称区志办)合署办公,1个机构2块牌子。2019年,区委党史办(区志办)有工作人员3人。

【党史及地方志资料征编】 2019年,区委党史办(区志办)按照党史及地方志资料征编工作计划,通过发放文件通知、采访当事人、查阅资料等方式,完成党史和地方志资料征集约60万字,图片120多张,充实了党史、年鉴和地方志年报工作资料库,为编撰《铁山港年鉴》和地方志资料年报以及党史理论文章提供翔实的原始资料。

【党史研究工作】 2019年年初,区委党史办根据北海市委党史研究室的安排,组织人员开展调查研究,收集整理相关史实资料,并编纂了《初心不忘,工业梦圆——年轻的铁山港区成为北海开放排头兵的曲折历程》《以创新为前锋,以增强实力做后盾——铁山港区社会民生在深化改革中奋力奔跑》2篇约4万字党史专题,为编写《中国共产党北海历史》(第三卷)提供了大量翔实资料,完成铁山港区部分的撰稿任务。

【《铁山港年鉴(2019)》编纂】 2019年,区志办根据《铁山港年鉴(2019)》编纂工作方案,组织专家、学者和铁山港区年鉴编纂人员,按照《铁山港年鉴(2019)》编纂工作方案,设计年鉴篇目、研究制订编纂大纲、印发年鉴编纂工作计划,向全区共80多个机关、企(事)业单位征集稿件,按计划高质量完成《铁山港年鉴(2019)》编纂工作,全面、系统地记载铁山港区2018年的自然、经济、政治、文化、社会等方面的历史与现状。12月,《铁山港年鉴(2019)》正式出版发行,实现自治区提出的县(区)年鉴"一年一鉴"工作目标。

2019年7月21日,区委常委、宣传部部长,副区长林昌斌(正面中)在区行政中心办公大楼二楼会议室主持召开《北海年鉴(2019)》(铁山港区部分)稿件征求意见会　　区委党史办(区志办)　供

【自治区和北海市年鉴撰稿工作】 2019年,区志办根据自治区政府、北海市政府关于做好本级年鉴撰稿工作的通知精神,高效完成《广西年鉴(2019)》(铁山港区部分)和《北海年鉴(2019)》(铁山港区部分)撰稿工作。4月,经区政府审核后分别报送广西年鉴社和北海市志办。

【地情资料年报工作】 2019年1月起,区志办根据北海市政府办公室《关于做好地方志地情资料年报工作的通知》精神,印发了《关于开展北海市铁山港区地方志资料年报工作的函》,深入铁山港区80多个党政机关、企(事)业单位,收集全区2006—2008年及2018年共4年的地情资料(约10万字),并按要求完成整理和编纂工作,10月报送北海市志办,全面完成2019年地情资料的收集、整理和编纂工作。

【《白龙社区志》编纂】 2019年,区志办根据北海市志办《关于印发〈白龙社区志〉编纂方案的通知》,联合北海市志办共同开展编纂工作。年内,协助北海市志办到白龙社区调研,根据白龙社区的历史与现状制订了《白龙社区志篇目》。

2019年10月23日，北海市地方志办公室主任冯心广（左二）、副主任杨宇（右一）与铁山港区委党史办（区志办）四级主任科员马瑞银（右二），在铁山港区营盘镇政府座谈调研白龙社区历史文化保护与利用情况　陈祖伟　摄

馆党支部以中共十九大，十九届二中、三中、四中全会精神和中共中央总书记习近平系列重要讲话精神为指导，认真贯彻执行党的路线、方针、政策和上级党委、政府决策部署，深入开展“不忘初心、牢记使命”主题教育活动，扎实推进各项工作开展，进一步加强党员干部的党性锻炼，努力提高党性修养。

【资政育人】 2019年6月上旬，区委党史办与区关工委联合组织南康镇中心小学、南康镇第一小学、营盘镇中心小学、兴港镇中心小学等4所学校的少先队员，前往南康镇扫管龙革命老区开展“传承红色基因 争做时代新人”主题教育活动和“腾飞中国·辉煌70年”爱国主义教育活动，向同学们讲解中国共产党的革命斗争历史和革命先烈事迹，激发他们的爱党爱国热情。

【精准扶贫工作】 2019年，区委党史办（区志办）积极参加区委、区政府组织的精准扶贫工作。多次深入农村指导帮扶对象开展种、养等农业生产活动，并筹措资金对兴港镇富屋村委和彬池村委共3户帮扶对象进行产业扶持，积极开展对贫困户的思想引导工作，帮助他们克服“等、靠、要”的思想，引导其树立勤劳致富的理念，同时选派干部担任广西脱贫攻坚（乡村振兴）驻村工作队员，助力铁山港区脱贫攻坚和乡村振兴工作。

（马瑞银　苏周娟）

档案工作

【概况】 2019年，北海市铁山港区档案局（馆）机构改革不再实行局（馆）合一的工作职责，北海市铁山港区档案局承担的行政职能划归区委办公室，对外保留北海市铁山港区档案局牌子。北海市铁山港区档案馆（简称区档案馆）为区委直属正科级公益一类事业单位，由区委办代管。年内，区档案馆有工作人员3人。

【党建工作】 2019年，区档案馆党支部以中共十九大，十九届二中、三中、四中全会精神和中共中央总书记习近平系列重要讲话精神为指导，认真贯彻执行党的路线、方针、政策和上级党委、政府决策部署，深入开展“不忘初心、牢记使命”主题教育活动，扎实推进各项工作开展，进一步加强党员干部的党性锻炼，努力提高党性修养。

【档案业务建设】 2019年，区档案馆认真履职尽责，抓好档案业务建设工作。抓好档案接收、征集工作。区档案馆及时接收满五年的档案进馆，全年共接收进馆1995—2015年文书档案共5447件。积极向社会公开征集档案，进一步丰富馆藏资源，优化馆藏结构。3月，接收区人大常委会原副主任、著名书法家张荫正赠送的一批珍贵藏品进馆。区档案馆积极开展档案业务指导，指导机关文书掌握档案工作。区档案馆安排档案业务人员上门督促指导，对辖区内各立档单位档案整理过程中遇到的问题及时提出指导意见和整改方案，提升各立档单位档案整理质量和档案管理业务水平；积极组织党员业务骨干前往区辖3镇指导扶贫档案和农村土地确权档案的整理、归档、保存、管理等工作，协助指导各有关单位顺利通过自治区扶贫“大督查”和“四合一”检查验收。积极抓好档案数字化建设。年内，区档案馆通过与第三方档案服务公司合作，完成馆藏文书档案数字化 3675 件共 3.34 万页，已 100% 完成馆藏档案数字化，更好满足社会各界和人民群众日益增长的档案利用需求。

【档案安全建设】 2019 年，区档案馆继续抓好档案安全保管与保护工作，严格落实国家档案局《关于进一步加强档案安全工作的意见》要求，落实自治区、北海市关于档案安全管理的工作部署。严格安全管理，指定专人负责、定期检查、随时察看、切实落实档案库房的防火、防盗、防潮、防虫霉等“九防”措施，确保馆藏档案的完整与安全。2 月，区档案馆积极协调区应急部门，安排专业消防员协助检查组对馆内的所有消防控制器主机、便携式灭火器、消防栓、消防管道、消防应急灯等消防设施设备进行全面的检测，确保消防设备能正常运行和使用。抓好设施建设，区档案馆争取区委、区政府的支持，给予协调财政资金，对馆内剩余部分功能室房门进行升级改造，以及对一楼所有防盗网参照银行金库标准予以改造加固，有效提高了区档案馆的防盗系数，为全区进一步加强档案安全管理和档案资源的开发利用奠定坚实基础。

【档案宣传和利用服务】 2019 年，区档案馆积极抓好档案宣传和利用服务工作。以“6·9 国际档案日”活动为契机，大力开展档案宣传工作。6 月 9 日—14 日，区档案馆以“新中国的记忆”为主题，通过展示板报、悬挂横幅、发放宣传资料等形式举办档案知识宣传展览。展览内容以新中国成立以来在政治、经济、军事、科技、民生等方面取得的成就和有关档案知识为主，受到社会的广泛关注，加大了档案工作的宣传力度，增强了档案工作的影响力。积极做好档案的提供利用及咨询工作。热情接待来馆咨询、利用档案的各界人士，做到有求必应、有问必答，耐心做好接待、解释等工作。通过馆藏档案开展档案利用服务工作，较好地为全区各项事业的稳定发展提供原始凭证和资料信息，解决大量群众关心的热点、焦点问题，取得良好的成效。

（陈宏宇　陈丽萍）

2019 年 3 月 15 日，铁山港区档案局在区政务服务综合楼二楼会议室举行张荫正赠送国礼玉扣仪式　　区档案馆　供

党校工作

【概况】 中国共产党北海市委党校铁山港区分校（简称市委党校铁山港区分校）位于铁山港区三塘职业学校内，有电教室、多媒体教室各 1 间，并建立铁山港（临海）工业区干部教育基地、塘仔村干部教育基地等 2 个现场教学培训基地。市委党校铁山港区分校领导班子由区委领导和区直部门领导干部兼任，区委副书记兼任校长，区委常委、组织部部长兼任常务副校长，区委组织部负责日常管理工作。2019 年，市委党校铁山港区分校以服务北海市发展大局和服务铁山港区党委、政府的中心工作为重点，依托北海市委党校开展特色办学，充分发挥教育主阵地的作用，着力提高全区党员领导干部素质，加快推进打赢脱贫攻坚战、实现乡村振兴、全面建成小康社会的能力，认真抓好“不忘初心、牢记使命”主题教育，紧密团结在以习近平为核心的党

中央周围，把中共十九大、十九届二中、三中、四中全会精神落到实处。

【党校建设】 2019年，市委党校铁山港区分校不断拓宽和提升办学条件，及时更新硬件设施，改良授课的音响设备，改善办学条件。市委党校铁山港区分校与区委宣传部合作，把党校与新时代文明实践中心合并建设，抓好落实中共十九大精神、乡村振兴战略等系列主题宣讲活动；与三塘职业学校合作，加强对全区农村外出务工青年的职业培训；邀请区内外专业技术人员讲授农业专业知识，推动全区农业农村技术人才建设发展。年内，市委党校铁山港区分校多渠道、多层次、多形式地开展学习培训，为促进铁山港产港城高质量融合发展做出应有的贡献。

【干部培训】 2019年，市委党校铁山港区分校坚持党要管党、全面从严治党指导方针，以提高党员领导干部政治站位、履行政治责任、强化政治担当和提升服务发展大局能力素质为导向，着力为广大党员干部搭建更新知识、提升素质、增强能力的综合平台。年内，市委党校铁山港区分校发挥干部培训主渠道、主阵地作用，以中共十九大和十九届二中、三中、四中全会精神为指导思想，以中共中央总书记习近平系列重要讲话精神、新时代治国理政新理念和开展“不忘初心、牢记使命”主题教育为主线，按照中央、自治区和北海市有关要求，结合铁山港区中心工作，以党务知识、党风廉政、脱贫攻坚、乡村振兴、扫黑除恶、职业技能培训及其他业务知识为主要内容，邀请北海市委党校教授赖文葵、副教授熊杰和市委组织部部分科室负责人等专家进行专题培训，分层分类开展各级党员干部能力素质培训。区委组织部组织对区直单位和乡镇负责人事工作的党员干部进行“干部档案业务”培训，提高他们处理和审核档案的能力；聘请广西桂羊牧业有限公司技术人员对区集体办业务骨干和乡镇负责集体经济工作的干部职工、驻村第一书记、工作队员、村“两委”干部进行努比亚山羊养殖技术培训。年内，市委党校铁山港区分校共举办主题培训班32期，培训党员干部2786人次，其中异地培训13期，培训党员干部630人次。通过教育培训，增强了全区各级党员领导干部的“四个意识”，提高了广大党员领导干部的履职能力。

【特色教学】 2019年，铁山港区建立处级领导每人每年到市委党校铁山港区分校等干部教育培训机构至少讲一次课的制度，结合“不忘初心、牢记使命”主题教育活动，区委书记余兴国带头给全区领导干部上专题党课和专题读书会、学习会，开展意识形态专题学习，加强全区党员领导干部的党性教育，提高政治站位、政治意识和政治责任感。年内，市委党校铁山港区分校与市委党校、区外高校及党校合作，组织区直机关党务骨干、各单位办公室主任、青年团干和妇联干部赴北京、哈尔滨、浙江、苏州、河南和湖南等地开展异地办班，结合工作实际和岗位特点对干部做分类培训，提高全区党员干部开展科学发展、转变经济发展方式、加强和创新社会管理、建设工业强区的工作能力，发挥党校阵地熔炉作用，切实提高党校教育的政治效益和社会效益。 （陈宏宇 王常武）

北海市铁山港区人民代表大会

综　述

2019年，北海市铁山港区有各级人民代表大会4个，其中区人民代表大会1个，镇人民代表大会3个。北海市铁山港区第五届人民代表大会常务委员会（简称区人大常委会）组成人员18人，其中主任1人，副主任4人，委员13人。北海市铁山港区第五届人民代表大会设监察和司法法律委员会、财政经济委员会共2个专门委员会，区五届人大常委会综合办事机构和其他工作机构为：办公室、选举联络工作委员会、教科文卫与民族工作委员会、农业农村与环资城建工作委员会。年内，区五届人大常委会共召开常委会会议9次，主任会议18次，开展执法检查、视察、调研、跟踪督办共15次，听取专项工作报告、履职工作汇报18次。依法任免区本级国家机关工作人员43人，接受辞职13人，补选市、区人大代表共24名。年内，区五届人大代表提出的80件建议全部办理完毕；受理群众来信来访8件次；举办代表履职培训班2期，其中区五届人大代表到北海市委党校集中培训1期，区人大常委会组成人员及部分代表履职培训班1期。

2019年，区人大常委会强化监督工作力度，助推经济社会高质量发展。围绕财政预决算、国民经济和社会发展计划的执行、专项工作、执法检查、视察调研、跟踪督办等方面加强监督工作。听取和审议计划预算执行情况报告、审查批准区财政预算、区本级财政决算和财政预算调整方案，对政府财政预算执行、政府债务限额和重大资金使用情况进行监督，提高财政资金使用效率，防范债务风险。年内，区人大常委会针对扫黑除恶、法治政府建设、南康特色小镇建设、脱贫攻坚、乡村振兴、2019年重点项目推进、新城区规划建设等工作，共听取政府专项工作报告8项，组织专题调研和跟踪检查10次，开展执法检查2次。围绕办好专题汇报会，听取区财政局、区扶贫开发和水库移民工作局、区海洋局、区卫生健康局、区科技商务和工业信息化局、区交通运输局、区文体广电旅游局、区市场监督管理局等政府工作部门主要负责人的履职报告，督促他们依法履行职责，推动相关部门改进工作。

2019年，区人大常委会召开全区人大代表履职平台建设现场推进会，严格要求人大代表履职平台按“十有”标准建设，并对“人大代表之家”进行检查验收。完成3个镇人大代表履职活动中心、43个村（社区）人大代表之家的建设工作，此外还创建了“铁山港（临海）工业区人大代表之家”。12月，根据自治区人大常委会有关通知精神，全区44个人大代表之家更名为“人大代表联络站”；按照人大代表“混合编组、多级联动、履职为民”的要求，把全区351名五级（全国、自治区、北海市、铁山港区、镇）人大代表全部混合编入44个代表联络站，其中全国人大代表1名，自治区人大代表6名，北海市人大代表42名，铁山港区人大代表136名，镇人大代表166名。共有305名人大代表进站并开展以“助力清水行动，打好水污染防治攻坚战”为主题的履职活动，共提出建议58条，进一步提升代表履职工作水平。区人大常委会开展人大代表接待周和"双联"主题活动。人大代表接待周活动共接访人大代表和选民86人次，收集选民意见26条，转交办理代表建议9条，开展专题调研6次；"双联"活动共联系代表及选民50人，区人大常委会组成人员分别深入3个镇共8个选区向选民述职，共收集意见建议20件。

年内，区人大常委会配合和协助自治区人大常委会、北海市人大常委会完成对全区贯彻落实《中华人民共和国渔业法》《广西壮族自治区大气污染防治条例》的执法检查；配合和协助自治区人大常委会开展对"旅游业乡村振兴三年行动计划"执行情况、全市代表议案落实等工作的专题调研；配合和协助自治区人大调研组对北海市2019年上半年国民经济和社会发展计划、预算执行情况的调研；配合和协助自治区人大开展走访联系服务的非公有制企业活动；配合和协助北海市人大常委会开展2019年驻桂全国人大代表和自治区人大代表年中专题调研、全市农产品质量安全工作情况专题调研、"混合编组、多级联动、履职为民"工作推进情况调研、"助力清水行动　打好水污染防治攻坚战"专题调研等工作；配合和协助北海市人大常委会对《关于〈中华人民共和国动物防疫法〉执法检查情况的审议意见》落实情况、《关于〈北海市人民政府关于北海市饮用水水源保护工作情况的报告〉的审议意见》落实情况等工作进行跟踪督办；配合全国人大农业与农村委员会对《中华人民共和国乡村振兴促进法草案》征求意见等工作。

2019年，区人大常委会学习贯彻习近平新时代中国特色社会主义思想，全面落实中共十九大和十九届二中、三中、四中全会精神、中共中央总书记习近平关于坚持和完善人民代表大会制度的重要思想；深入开展第二批"不忘初心、牢记使命"主题教育，围绕"守初心、担使命，找差距、抓落实"的总要求，坚持把学习教育、调查研究、检视问题、整改落实等工作贯穿主题教育始终；增强"四个意识"，坚定"四个自信"，做到"两个维护"，严格落实中央八项规定及实施细则精神，不断加强党风廉政建设；深入推进"两学一做"学习教育常态化、制度化，精心组织机关党支部"三会一课"活动；加强人大宣传工作，组织召开人大宣传和意识形态工作座谈会1次，积极上报各类信息稿件、经验交流材料共22篇，参加自治区举办的全区经验交流会议4次。继续发挥后盾单位作用，指导和帮助挂点村持续抓好党建、脱贫攻坚、乡村振兴等工作。

2019年5月18日，区五届人大常委会在营盘镇组织召开北海市铁山港区人大代表履职平台建设现场推进会　区人大办　供

人大重要会议

【区第五届人民代表大会第四次会议】 2019年2月26日—27日，区第五届人民代表大会第四次会议在南珠会堂召开。会议听取和审议了区人民政府代区长龙起云做的政府工作报告、区人大常委会主任黄小健做的区人大常委会工作报告、区人民法院院长孟繁刚做的区人民法院工作报告及区人民检察院代检察长于海做的区人民检察院工作报告；审查铁山港区2018年国民经济和社会发

展计划执行情况与2019年国民经济和社会发展计划草案的报告，审查铁山港区2018年财政预算执行情况和2019年财政预算草案的报告，并做出决议；通过关于区五届人民代表大会有关专门委员会更名的决定，通过区五届人民代表大会有关专门委员会主任委员和委员人选。区委书记余兴国出席会议并在闭幕会上作讲话。

2019年7月30日，区五届人大常委会在铁山港区政务服务综合楼五楼会议室召开铁山港区人大常委会听取"一府两院"2019年上半年工作报告会

区人办　供

【"一府两院"2019年上半年工作报告会】 2019年7月30日，区五届人大常委会召开听取"一府两院"2019年上半年工作报告会，进一步加强在区五届人大四次会议闭会期间对"一府两院"工作的监督和支持。会议听取了区人民政府区长龙起云代表区政府做的《北海市铁山港区人民政府关于2019年上半年工作总结和下半年工作计划的报告》；听取区人民法院院长孟繁刚代表区人民法院做的《北海市铁山港区人民法院2019年上半年工作汇报》；听取区人民检察院检察长于海代表区人民检察院做的《铁山港区人民检察院上半年工作报告》。区人大常委会主任黄小健主持会议并作讲话。

【区五届人大常委会会议】 2019年，区人大常委会共召开9次常委会会议。

五届人大常委会第19次会议　1月15日召开。会议表决通过了关于调整北海市铁山港区人大常委会代表资格审查委员会组成人员的议案；审议有关人事任免事项。

五届人大常委会第20次会议　2月14日召开。会议听取和审议《北海市铁山港区人民政府关于2018年环境状况和环境保护工作情况的报告（草案）》；听取和审议、通过区人大常委会代表资格审查委员会《关于个别代表的资格审查情况报告（草案）》；听取区人大常委会办公室汇报区五届人大四次会议筹备工作情况；审议区五届人民代表大会有关专门委员会更名的决定（草案）；审议通过关于召开区五届人大四次会议的决定（草案）；审议区五届人大四次预备会议日程、会议日程（草案）；审议区五届人大四次会议主席团和秘书长、主席团常务主席、执行主席分组、大会副秘书长、各代表团正副团长等建议名单；审议区五届人大四次会

2019年2月26日—27日，北海市铁山港区第五届人民代表大会第四次会议在南珠会堂召开

区人大办　供

议关于大会表决办法的决定(议案);审议区五届人大四次会议代表分组和各代表团召集人名单(草案);审议区五届人大四次会议议案审查委员会名单(草案);审议区五届人大四次会议议案办法(草案);审议区五届人大四次会议关于代表提出议案截止时间的决定(草案);审议区五届人大四次会议选举办法(草案);审议通过区五届人大四次会议列席人员名单(草案),并作出决定;审议并原则上通过区人大常委会工作报告;审议有关人事任免事项。

五届人大常委会第21次会议　3月20日召开。传达学习全国“两会”精神;听取区人民政府副区长、北海市公安局铁山港分局局长裴强昌代表区人民政府做的《北海市铁山港区人民政府关于铁山港区2018年扫黑除恶情况的报告》;审议有关人事任免事项。

五届人大常委会第22次会议　3月29日召开。听取并审议区人大常委会办公室主任张毅做的《铁山港区人大常委会2019年工作要点(草案)》;审议有关人事任免事项。

五届人大常委会第23次会议　5月31日召开。听取区人民政府副区长杨晓峰做的《北海市铁山港区人民政府2018年度法治政府建设工作情况的报告》《北海市铁山港区政府办公室关于南康特色小镇建设情况的报告》;听取区财政局局长张祖钊、区扶贫开发和水库移民工作局局长刘忠华的履职情况报告;审议通过区人民法院提请的《关于增选人民陪审员的请示》。

五届人大常委会第24次会议　7月22日召开。听取和审议通过区审计局局长莫深伟受区人民政府委托做的《北海市铁山港区人民政府关于2018年度铁山港区本级预算执行和其他财政收支的审计工作报告》;听取和审议通过区财政局局长张祖钊受区人民政府委托做的《北海市铁山港区人民政府关于2018年铁山港区本级财政决算的报告》,批准区人民政府提出的2018年区本级财政决算草案;听取区海洋局局长韩有才和区卫生健康局局长钟羚玮的履职情况报告;审议有关人事任免事项。

五届人大常委会第25次会议　9月24日召开。传达学习自治区党委书记、人大常委会主任鹿心社在自治区人大工作会议上的讲话精神;听取区人民政府副区长、市公安局铁山港分局局长裴强昌代表区人民政府做的《北海市铁山港区人民政府办公室关于2019年上半年开展扫黑除恶专项斗争有关情况的报告》;听取区扶贫开发和水库移民工作局副局长陈家宁受区人民政府委托做的《北海市铁山港区人民政府办公室关于脱贫攻坚工作及中央第二巡视组脱贫攻坚专项巡视整改情况的报告》;听取和审议通过区发展和改革局局长陆国忠受区人民政府委托做的《北海市铁山港区人民政府关于铁山港区2019年上半年国民经济和社会发展计划执行情况的报告》;听取和审议通过区财政局局长张祖钊受区人民政府委托做的《北海市铁山港区人民政府关于2019年上半年全区预算执行情况的报告》;听取和审议区财政局局长张祖钊受区人民政府委托对2019年铁山港区本级财政预算调整议案做的简要说明,审查和批准《2019年铁山港区本级财政预算调整方案》;听取区科技商务和工业信息化局局长黄元贵、区交通运输局局长陈家瑶的履职情况报告;审议有关人事任免事项。

五届人大常委会第26次会议　11月25日召开。听取《北海市铁山港区人民政府关于2018年区本级预算执行和其他财政收支审计查出的突出问题整改情况的报告》;审议通过区人民政府提请审议的《北海市铁山港区人民政府关于提请审议铁山港区与新疆和田市缔结友好城市的议案》;听取和审议通过区人民政府关于代表建议办理情况的报告,审议区人大常委会选举联络工委关于区五届人大四次会议代表建议、批评和意见办理工作情况的报告(书面);听取《北海市铁山港区人民政府关于铁山港区2019年重点项目进展情况的报告》《北海市铁山港区人民政府关于新城区规划建设情况的报告》《北海市铁山港区人民政府关于报送铁山港区乡村振兴工作情况的报告》；听取区文体广电旅游局局长陈传栋的履职情况报告；审议有关人事任免事项。

五届人大常委会第27次会议　12月20日召开。传达学习北海市委书记王乃学在全市人大工作会议上的讲话精神；听取和审议通过区人大常委会代表资格审查委员会《关于个别代表的代表资格审查报告》；审议有关人事任免事项。

人大监督工作

【社会民生监督】　2019年，区人大常委会坚持对教育、文化等社会民生问题进行监督，着力推动民生事业发展。区人大常委会通过实地查看、会议座谈、代表参与、听取汇报等方式，对全区社区卫生服务中心建设工作整改落实情况进行跟踪督办，有力推进全区社区卫生服务综合改革和社区卫生服务可持续发展，缓解居民就医难的民生问题；为规范管理全区校外午托机构，保障学生的学习和生活健康安全，继续跟踪督办全区校外午托机构管理工作整改落实情况；重视重点建议督办，深入督查区人大代表提出的《关于调配图、音、体教师的建议》办理情况，提出加强对农村学校音体美教师补充，加强教师岗位管理及培训的建议；对全区脱贫攻坚工作及中央第二巡视组脱贫攻坚专项巡视整改情况进行跟踪督办，对现代特色农业示范区建设、乡村文化建设、农村土地承包经营权确权登记颁证工作等民生热点工作开展专题调研；对南珠养殖、川化、北部湾表面处理中心、信义玻璃等项目进行重点视察；听取区人民政府关于2019年重点项目推进情况的报告，督促解决了一批群众反映强烈的热点、难点问题，推动一批事关民生福祉项目落实建成。

【计划和财政监督】　2019年，区人大常委会强化对预算编制、执行、调整、决算等事项监督，听取和审议计划预算执行、财政决算、审计工作，审计查出问题整改报告5份。针对存在问题提出18条具体审议意见并得到逐条落实，促进政府全面、精准编制预算，推动预决算公开，确保财政决算依法执行；强化经济领域监督，对重大项目建设、产业发展、营商环境等工作开展调研、视察，推动政府及相关部门主动适应经济发展新常态，落实产城融合发展，为全区培育新的经济增长点注入新动能。

【法律监督】　2019年，区人大常委会继续关注和支持“一府一委两院”依法行政，听取区人民政府关于2018年度法治政府建设工作情况的报告，督促区人民政府进一步提高政治站位，强化法治思维，坚持问题导向，推动法治政府建设再创新成绩。加强对信访案件的督办力度，严格执行“诉访分离”；加强与司法机关协调，依法依规、公平公开处理信访问题，维护群众合法权益；加强对拟任法官、检察官的任职资格审查，推动司法人员提高政治业务素质。听取“一府两院”半年工作报告，督促“一府两院”完成全年的监督管理及执法方面工作任务。对区人民检察院公益诉讼工作进行专题调研，推动检察机关更加重视、加强公益诉讼工作。开展《中华人民共和国人民调解法》执法检查，督促区司法局强化人民调解工作规范化建设，提升辖区人民调解委员会和人民调解员化解矛盾纠纷的能力，为维护铁山港区的和谐稳定贡献力量。

人大代表工作

【人大代表建议办理】　2019年，区人大常委会完善代表建议、批评和意见办理办法，召开代表建议交办会，明确任务责任、落实承办单位，并督促区人民政府及有关单位认真办理代表建议，推动代表建议落实。区人大常委会领导班子成员领导督办，并重视发挥人大专门委员会及工作委员会的作用，对代表建议中综合性强、涉及面广、处理难度大或者问题反映比较集中的5件建议进行重点督办。在区五届人大四次会议上，代表围绕脱贫攻坚，乡村振兴等方面，提出建议 71 件。其中南康镇代表团提交 18 件，营盘镇代表团提交 18 件，兴港镇代表团提交 31 件，区委组织部代表提交 2 件，赤江华侨陶器厂代表提交 2 件；闭会期间，人大代表提出建议 9 件。年内已将代表提出的 80 件建议全部办理完毕并答复代表。从办理结果看，代表提出的建议、批评和意见已经解决或基本解决的，建议意见被采纳并取得阶段性成效的（即 A 类）有 33 件，占承办建议总数的 41.25%；正在解决或已列入计划逐步解决的（即 B 类）有 43 件，占 53.75%；不能解决、给予解释的（即 C 类）有 4 件，占 5%。区人大常委会认真督办，各部门真抓实干，较好地完成年度的代表建议办理工作。从反馈的意见看，共收到代表反馈的征询意见表 96 份，其中很满意 68 份；满意 25 份，基本满意 3 份。

【人大代表活动】 2019 年，区人大常委会组织人大代表开展和参加有关活动。围绕经济发展，组织市、区两级人大代表集中视察铁山港区的广西绿鼎农业开发有限公司、北海鼎秋农业科技有限公司、广西川化天禾钾肥有限责任公司、北部湾表面处理中心、信义玻璃控股有限公司；督促和支持南康镇、营盘镇、兴港镇的人大主席团组织代表开展学习、视察及调研等活动。通过坚持开展“双联”活动、代表接待周活动，联系代表和选民并收集意见建议，促进人大常委会组成人员与代表间的交流互动；年初开展慰问退休干部、人大代表、贫困户、五保户等活动，增进对基层的了解，密切与人民群众的联系。

2019 年 12 月 11 日，区五届人大常委会组织市、区两级人大代表到广西川化天禾钾肥有限公司责任视察　　区人大办　供

人大各专门委员会和工作委员会工作

【区人大监察和司法法律委员会工作】 2019 年，根据《中共北海市铁山港区委员会　北海市铁山港区人民政府关于印发〈北海市铁山港区机构改革方案〉的通知》，区人大原法制与内务司法委员会更名为区人大监察和司法法律委员会。更名后，区人大监察和司法法律委员会进一步强化监督职能，以促进社会公平正义为重点，大力推进法治建设。在区五届人大常委会会议上认真听取区人民政府关于法治政府建设工作情况报告，督促区人民政府始终把法治政府建设要求贯穿于全区改革、发展、稳定各个方面；组织视察扫黑除恶专项工作落实情况并听取区人民政府关于扫黑除恶工作情况报告，扎实推进扫黑除恶专项工作；依法对《中华人民共和国人民调解法》进行执法检查，促进人民调解工作的制度化和规范化；扎实开展对区人民检察院公益诉讼工作的调研，聚焦生态环境和资源保护，促进“守护海洋”行动，服务向海经济；积极配合自治区、北海市人大常委会开展执法检查和各项调研活动，依法监督司法部门围绕政府中心工作，依法履职、公正办案，维护公平正义，服务社会经济发展。

【区人大财政经济委员会工作】 2019 年，区五届人大财政经济委员会严格贯彻执行人大监督法，加强对年度计划、预算执行的监督力度，提升财经监督实效。听取和审议区人民政府关于 2018 年度区本级预算执行和其他财政收支情况的审计报告、2019年上半年经济计划财政预算执行情况报告；审查和批准铁山港区2018年国民经济和社会发展计划执行情况及2019年国民经济和社会发展计划草案的报告、全区与区本级2018年预算执行情况和2019年预算草案的报告、区本级财政决算报告、预算调整方案等。开展优化营商环境专题调研，通过集中听取汇报、实地走访调研、在人大代表联络平台发布调查问卷等方式，全面了解铁山港区的优化营商环境工作情况，并就进一步改善和提升营商环境提出了相关工作建议。

2019年4月18日—19日，区五届人大常委会组织区五届人大代表到中共北海市委党校进行集中培训　　区人大办　供

【区人大常委会教科文卫与民族工作委员会工作】 2019年，区五届人大常委会教科文卫与民族工作委员会持续关注民族宗教、教育、卫生等重点民生领域问题。5月，针对社区卫生服务短板问题对全区社区卫生服务中心建设工作建议整改落实情况进行督查；9月，对区辖校外午托机构管理工作整改情况进行跟踪督办；11月，对全区乡村文化建设情况进行专题调研。在各项调研、督办后，形成情况报告，对存在问题提出了具体的做法和建议，为区人民政府今后做好民族宗教、教育、卫生等各项工作提供参考。

【区人大常委会选举联络工作委员会工作】 2019年，围绕发挥代表主体作用，共举办2期区人大代表履职培训班，其中一期是区五届人大代表在北海市委党校集中培训，另一期是部分人大代表赴贵州省黔南州委党校进行培训，代表履职能力得到提升；区人大常委会组成人员在“双联”活动月期间联系代表和选民，与代表、选民面对面，积极收集意见建议；开展代表接待周活动，重点听取群众最关心、最直接、最现实反映涉及民生福祉等问题，使人大代表密切联系群众的优势得到更好发挥；按照自治区人大常委会的统一部署及北海市人大常委会“混合编组、多级联动、履职为民”的要求，积极组织代表进站开展以“助力清水行动，打好水污染防治攻坚战”为主题的履职活动。对区五届人大四次会议的重点建议进行重点督办，并对代表建议办理情况进行跟踪检查，听取区人民政府关于代表建议办理情况的报告，切实推动建议办理的进度。依法开展代表补选工作，严格按照法定程序补选北海市人大代表6名，区人大代表18名。

【区人大常委会农业农村与环资城建工作委员会工作】 2019年，区五届人大常委会农业农村与环资城建工作委员会围绕全区农业农村发展中的重点、难点和热点开展跟踪督办、调研和视察活动。听取和审议区人民政府关于2018年环境状况和环境保护工作、南康特色小镇建设工作、乡村振兴工作等情况报告；对全区脱贫攻坚工作及中央第二巡视组脱贫攻坚专项巡视整改情况进行跟踪督办，听取相关整改情况汇报；开展全区现代特色农业（核心）示范区建设情况、农村土地承包经营权确权登记颁证工作情况专题调研，并对调研中发现的问题提出相关建议。（龙晓雯）

北海市铁山港区人民政府

综　述

【概况】 2019年，铁山港区实现地区生产总值比上年增长9.1%、增速位列北海市第一；第一产业增加值增长6.1%；第二产业增加值增长9.8%；第三产业增加值增长5.9%；固定资产投资增长37%；财政收入49.41亿元，比上年增长8.34%；城镇居民人均可支配收入为35779元，比上年增长7.6%；农村居民人均可支配收入为16189元，比上年增长10.5%。铁山港（临海）工业区获批为自治区级经济技术开发区。

【产业项目发展】 2019年，北海市铁山港区人民政府（简称区政府）积极贯彻落实北海市委、市政府、区委建设铁山港区工业主战场和临港大工业集群的决策部署，举全区之力抓招商，抓项目建设，引进一批投资超百亿元的大项目，突出解决制约项目落地的用地难等瓶颈问题，形成了项目建设如火如荼的良好态势，全区掀起新一轮产业发展高潮。

招商引资　2019年，区政府大力实施"招商突破年"活动，围绕"产业树"按图索骥、精准招商。建立健全招商引资工作机制，由区四家班子领导牵头组建石化、不锈钢、玻璃、林纸、农渔业等7个招商工作组。采取多种有效招商方式，充分发挥行业商会、地方商会等社会资源作用，广泛借用外力牵线搭桥，主动对接粤港澳大湾区招商。全年新签约项目48个，其中工业项目38个，农渔业、新城开发等项目10个，计划投资974.55亿元，项目投资规模、"双百"项目数均在全市排名第一。工业项目全部建成达产后预计每年新增产值1700亿元，全区工业总产值至少翻一番。

项目建设　年内，区政府深入开展"项目落实年"活动，积极贯彻北海市委、市政府和区委关于大力加强征地搬迁、确保项目顺利建设的工作部署，成立七大片区征地搬迁工作组，区四家班子领导率先垂范，亲赴一线开展征地搬迁工作，工作人员加班加点、日夜奋战，广大群众顾全大局、积极支持，排除了障碍，快速推进工作。年内，全区共完成征地搬迁项目33个，完成征地清场649.4公顷、搬迁213户。实行重点项目跟踪服务机制，一大

2019年7月7日，铁山港区副区长卢道云（前排右一）到河南省开展招商引资考察　　区政府办　供

批重大产业项目快速落地、快速推进，掀起了投资建设新热潮。年内，全区新开工项目20个，太阳纸业林浆纸一体化、鱼峰新型胶凝材料等10个项目实现当年签约当年开工。川桂合作首个项目——年产48万吨优质硫酸钾项目，从初次考察到开工建设仅用40天时间，创下服务项目落地的"北海速度"。年内，全区引进的项目中纳入自治区统筹推进项目5个、列入自治区年中经济工作会议观摩项目3个、列入自治区产业大招商现场观摩会项目1个，项目服务能力和工作成效得到自治区、北海市委、市政府充分肯定。

工业集群建设　年内，铁山港区围绕向海经济发展目标，推动石化、新材料、玻璃、林纸等产业项目加速聚集。信义玻璃首条生产线、中航化液化气综合利用、新鑫能源扩能改造、北部湾新材料填平补齐技改等项目如期建成投产；太阳纸业林浆纸一体化、信义太阳能光伏玻璃、中石化北海炼油结构化调整、北部湾表面处理中心二期、新材料产业园(启动区)标准厂房等一大批项目相继开工建设；三聚环保项目、瑞和生物柴油项目等一批"双百双新"项目前期工作加紧推进。港口、码头加快建设，北暮作业区5号—6号泊位后方陆域工程基本完成，铁路专用线、铁山港航道三期等配套项目建设扎实推进。随着招商项目的逐步聚集，在建项目的逐步建成，配套设施的逐步完善，石化、新材料、玻璃、林纸"四大千亿元产业"集群已现雏形。

【"三农"发展】

特色农业建设　2019年，铁山港区在粮食种植面积和产量均保持稳定的基础上，大力发展特色产业。区政府推动广西创新驱动海洋牧场智能服务示范基地落户铁山港区，深水抗风浪养殖模式得到自治区典型推广。金鲳鱼、象鼻螺、珍珠养殖等产业规模进一步扩大，海水网箱养殖面积达32.3万平方米。实现产值5.8亿元，比上年增长13.6%，鲜活金鲳鱼等产品远销欧美等地区。投入1198万元振兴南珠产业，养殖面积超666.67公顷，完成珍珠贝插核1300多万贝，珍珠产量620多千克。推广水肥一体化技术，种植特色经济作物1.2万公顷，产量35.1万吨，产值3.58亿元。

基础设施建设　2019年，铁山港区投入3270多万元，建设斑鸠冲至婆围、莲塘至案塘等22条村屯道路硬化项目共37.7千米。筹措资金2216万元，动工建设高德—南康公路(福成—南康段)改扩建工程，完成1个客货运输站改建和新建5个便民候车亭等一批交通设施建设，铁山港区获评为自治区"四好农村路"示范县(区)；投入1360多万元，巩固提升大塘村、盐灶村委低路村等农村人饮水安全工程，修复白龙坪底、火禄、富屋海堤水毁工程等项目；投资5000多万元，推进南康镇三塘村耕地提质改造。

乡村旅游发展　2019年，铁山港区投入3600多万元，建设完善旅游基础设施项目。白龙珍珠城获评为国家AAA级旅游景区，游客中心、旅游厕所、停车场、标志牌等硬件设施全面改造提升。青山头、大王岭旅游项目建设有新进展。茂业生态园、金不换海上牧场和富哥农家乐等旅游项目建设特色鲜明。年内，全区接待游客117.43万人，比上年增长31.56%；旅游消费收入13.38亿元，比上年增长55.22%。

【城乡建设】2019年，区政府抓住北海加快市、县(区)连片发展的机遇，大力推进南珠新城建设。优化调整南珠新城行政中心片区控规，营盘镇总体规划修编。加大招商力度，引进一批南珠新城建设项目，计划投资超百亿元。重点推进行政中心等片区土地收储，搬迁47户，清场并移交土地78.33公顷，为新城项目建设提供土地资源。大力推进向海大道建设，加快工业区人民医院、区实验学校和铁山港区第七幼儿园建设步伐，区妇女儿童活动中心项目前期工作扎实推进。南康特色小镇建设规划通过自治区评审，投资7500万元的南康、营盘二镇污水管网项目开工建设，南康镇、兴港镇荣获全国综合实力千强镇称号，营盘镇白龙村入选中国传统村落名录。

【环境保护】 2019年，区政府坚持走绿色发展之路，集中力量开展蓝天保卫战、清水行动和净土行动。集中整治工业区工地粉尘和车辆撒漏、扬尘问题，严密监控烧结废气烟尘存在小时浓度超标情况，坚决遏制燃烧秸秆，全区生态环境质量持续稳中向好，空气优良率达96.33%，大气污染防治“百日攻坚”各项考核指标排名全市前列。严格落实“河长制”，建立“一河一档”、编制“一河一策”，定期开展巡河活动，全年完成巡河1300多次。严防污染水环境行为，水环境保护和重点流域治理及集中式饮用水源保护区整治得到加强。铁山港污水处理厂提标改造扎实推进，工业区污水管网建成102千米。加大海域生态保护监管力度，海域水质环境功能区达标率100%，近岸海域环境质量保持优良。认真抓好中央环保督察“回头看”反馈问题整改，完成铁山港码头废渣清运工作，累计清运尾渣及受污染土壤257.78万吨。积极消纳处置尾渣及受污染土壤，累计消纳处置192.81万吨。投入资金550多万元，加强农村环境综合整治，大力开展“三清三拆”及违建别墅问题清查整治专项行动，取得阶段性成果。严厉打击矿产资源违法行为，对涉嫌无证开采、加工经营矿产品企业一律取缔。加强生态修复，24个非法采矿坑修复成效明显。实施村屯绿化景观提升工程，创建8个市级生态村，建设一批“绿美乡村”、精品示范村和设施完善村。

【脱贫攻坚】 2019年，区政府按照“两不愁三保障”（不愁吃不愁穿，住房保障、医疗保障、教育保障）要求，打好脱贫攻坚“四大战役”。控辍保学切实加强，全年投入资金1250多万元，资助贫困学生8925人次。全面落实“198”医疗保障政策，全区贫困人口参保率达100%。农村危房改造工程全部竣工，完成农村危房改造153户，贫困户住房安全保障进一步巩固。农村人饮水安全实现全覆盖，完成黄丽窝村、高田村等4个农村人饮水巩固提升工程。大力实施产业扶贫，投入3370多万元对贫困户产业扶持，“5+2”（糖料蔗、花生大豆、优质稻、根茎薯芋类、豆类5个主导产业，茄果类、鸡2个自选产业）产业覆盖率达98.01%，贫困村产业覆盖率超过90%；创新“公司+创业孵化基地+贫困户”产业扶贫模式，打造南康镇陂塘村、黄丽窝村现代农业孵化基地，发展经验获得在自治区产业扶贫会上典型推介。落实小额信贷5410多万元，解决1110户贫困户发展资金；整合资金2900多万元，加强贫困村基础设施建设。统筹1155万元扶持发展村级集体经济，全区43个村（社区）收入全部超过5万元，提前一年完成自治区下达的目标任务。探索贫困残疾人集中托养服务模式，建立广西首家重度残疾人集中托养扶贫示范基地。全年投入财政专项扶贫资金5160多万元，实现贫困人口再减少681户2645人，贫困发生率下降到0.21%，圆满完成年度脱

2019年3月22日，铁山港区委常委、副区长吴志全（左一）到铁山港区固体废弃物填埋场项目现场协调解决用地清场问题

区政府办　供

2019 年 7 月 8 日，铁山港区副区长杨晓峰（左三）到南康镇莲塘村委督查脱贫攻坚工作　　区政府办　供

贫任务。

【营商环境优化】 2019 年，区政府深入推进各项改革，大力优化营商环境，不断提升铁山港区投资吸引力和发展活力。

改革创新　2019 年，区政府完成政府机构改革，理顺职责、提高效能。落实减税降费政策，新增减税降费 7.92 亿元。农村土地确权颁证“回头看”通过农业部数据汇交、颁证率 99.6%，农村集体资产清产核资通过市级验收。成立区级农村产权流转交易中心，新增镇级农民专业合作社联合会 1 个、村级股份经济合作社 17 个。全面落实口岸开放措施，实现外贸进出口总额 89.37 亿元，比上年增长 26.5%。

服务能力提升　年内，区政府拓展提升政务服务能力，投入 300 多万元改扩建政务服务中心。“一窗受理、集成服务”更加便利，广西数字政务一体化平台网上可办率 100%。持续深化“放管服”等重点改革，加快推进“证照分离”，推行企业简易注销、注册登记全程电子化、容缺后补等制度。审批流程更优化，取消、调整行政许可事项 30 项，保留行政许可事项 177 项。成立项目落实办，为企业提供“一站式”“保姆式”服务。开设重大招商引资项目绿色通道，实现项目建设“三快一好”。推进政府采购“全市一张网”线上交易，实现采购“最多跑一次”目标。全区“优化营商环境攻坚突破年”活动成效显著，在自治区优化营商环境百日攻坚行动综合排名中位列广西 111 个县（区）的第三名。

【民生福祉改善】 2019 年，区政府把改善民生作为最重职责，持续加大民生领域资金投入，共投入财政资金 8.6 亿元，占全区一般公共财政支出的 82.19%。

教育事业　年内，全区学前教育规模扩大。投资 480 多万元的区第五幼儿园建成并开园招生，增加学位 240 个；开工建设区第七幼儿园，建成后将增加学位 270 个。义务教育均衡发展，投入 950 多万元改善中小学办学条件，44 所义务教育学校达到全面改薄“20 条底线”要求。推进高品质学校建设，投入 1.02 亿元建设铁山港区实验学校，建成使用后可增加 1260 个学位，逐步满足群众对优质教育的需求。

医疗服务　年内，铁山港区投入 750 多万元推进基本公共卫生服务项目，营盘卫生院公卫楼建成使用，区中医院、区疾控中心等项目前期工作加快推进。全区乡村卫生所、医生配备率和家庭医生签约率均达 100%，人均基本公共卫生服务经费标准逐步提高，服务项目由 12 类增加到 19 类。实现县域内贫困人口先诊疗后付费和“一站式”结算，较好解决贫困患者看病难的问题。

社会保障　年内，全区镇村就业服务平台进一步健全，营盘镇就业社保服务中心建成使用，村级公共就业服务实现全覆盖。城镇新增就业 1037 人、登记失业率 2.91%。城乡低保补助标准均有提高，居民养老、医疗保险均完成目标任务的 100%。扶持政策得到落实，发放农村特困人口、高龄和残疾人等补贴共 1060 多万元，发放农业补贴1100多万元、惠及群众3.27万户。积极协调解决农民工工资拖欠问题，对列入失信“黑名单”企业实施联合惩戒措施。

文体事业　年内，铁山港区推进文化惠民工程建设，农家书屋实现行政村全覆盖，《白龙湾不倦的歌谣》荣获自治区群众文艺会演舞蹈类二等奖，“南康卖鸡调”获评自治区“全民终身学习周品牌项目”。推进“壮美广西·智慧广电”惠民工程建设，盐灶村建成全市惠民工程建设示范点。成功举办北海南珠节暨国际珍珠展“璀璨南珠·活力铁山港”系列旅游文体活动。大力推进公共文体设施建设，提前6年实现体育场地、设施拥有量达到全国人均值的目标。

综合治理　年内，铁山港区深入推进法治铁山港和平安铁山港建设，群众安全感、政法队伍和扫黑除恶满意度等均位于广西县（区）前列。加强公安基础设施、科技兴警项目建设，执法办案管理中心建成使用，兴港派出所业务用房工程竣工，“平安二期”补点工程持续推进，移动上网终端定位及电子数据取证设备投入使用。以最严执法、最强措施、最大力度纵深推进扫黑除恶专项斗争，彻底打掉群众深恶痛绝的涉恶团伙2个，破获涉黑恶案件43起。对违法犯罪始终保持严打高压态势，全年侦破刑事案件174起，刑拘296人，逮捕314人。建立完善“三调联动”工作机制，成功调处民间纠纷546起。铁山港区被评为全国信访工作“三无”区，人民调解工作经验在自治区“枫桥经验”现场会上交流推广。8个村级自然灾害应急避难场所通过自治区验收。退役军人事务扎实推进，安全生产、交通、校园、食品药品、水旱灾害、森林火灾等重点领域安全隐患排查治理覆盖率进一步提升，全年没有发生重特大安全生产事故和食品药品安全事故。

【政府自身建设】 2019年，区政府坚持和加强党的全面领导，严格履行全面从严治党主体责任。扎实开展“不忘初心、牢记使命”主题教育，在找差距、抓落实中守初心、担使命，推动学习习近平新时代中国特色社会主义思想不断走深走实。切实加强作风建设，专项整治形式主义、官僚主义突出问题。坚持依法行政，落实法治政府建设任务，不断提高政府行政效能和服务水平。健全重大行政决策机制，严格落实“三重一大”集体决策制度，行政监督和审计监督得到加强。深入推进政府系统廉政建设，坚决贯彻中央八项规定精神及实施细则精神。自觉接受区人大依法监督和区政协民主监督，办理人大代表建议106件、政协委员提案116件，办结率和满意率均达到100%。

（张春波）

重要会议

【区政府常务会议】 2019年，区政府召开第五届政府常务会议11次。

第28次常务会议　1月25日召开，代区长龙起云主持。会议学习《李克强总理在市场监管总局考察座谈会时的讲话》，听取《关于开展非洲猪瘟防控工作情况的报告》，审议《2019年铁山港区人民政府工作报告（讨论稿）》等。会议还研究其他事项。

第29次常务会议　3月19日召开，区长龙起云主持。会议学习中共中央总书记习近平在全国两会期间重要讲话精神，听取落实中央第二巡视组对广西开展脱贫攻坚专项巡视反馈意见整改进展情况汇报等。会议还研究其他事项。

第30次常务会议　4月11日召开，区长龙起云主持。会议集中学习自治区党委第六巡视组组长黄志伟、自治区党委巡视办副主任郭志峰、北海市委书记王乃学在自治区党委第六巡视组巡视北海市及所辖县区情况反馈会上的讲话精神，审议《北海市铁山港区党政领导干部安全生产责任制实施细则》等。会议还研究其他事项。

第31次常务会议　6月18日召开，区长龙起云主持。

2019 年 6 月 24 日，铁山港区区长龙起云（正面）主持召开区五届人民政府第 32 次常务会议　　区政府办　供

会议学习中共中央总书记习近平在“两不愁三保障”突出问题座谈会上的重要讲话精神，学习有关统计法律法规。会议还研究其他事项。

第 32 次常务会议　6 月 24 日召开，区长龙起云主持。会议审议《北海市铁山港区综合行政执法体制改革方案》《南康镇特色小镇建设项目实施方案》等。会议还研究其他事项。

第 33 次常务会议　7 月 31 日召开，区长龙起云主持。会议学习国务院总理李克强在部分企业和地方政府减税降费座谈会上的讲话精神，审议《北海市铁山港区基本医疗保障战役工作方案》等。会议还研究其他事项。

第 34 次常务会议　9 月 6 日召开，区长龙起云主持。会议学习贯彻中共中央总书记习近平关于提高脱贫高质量聚焦深贫地区扎扎实实把脱贫攻坚战推向前进重要讲话精神，审议《铁山港区 2019 年上半年国民经济和社会发展计划执行情况的报告》等。会议还研究其他事项。

第 35 次常务会议　9 月 25 日召开，区长龙起云主持。会议审议《铁山港区区直机关事业单位劳务派遣人员管理暂行制度》《铁山港区乡村振兴战略规划(2018—2022)》等。会议还研究其他事项。

第 36 次常务会议　10 月 28 日召开，区长龙起云主持。会议传达学习中共中央总书记习近平在庆祝中华人民共和国成立 70 周年大会上的讲话，研究铁山港区 2019 年村屯道路硬化（为民办实事）项目建设的问题等。会议还研究其他事项。

第 37 次常务会议　11 月 18 日召开，区长龙起云主持。会议传达学习中国共产党第十九届中央委员会第四次全体会议精神，审定《铁山港产业树招商工作制度》等。会议还研究了其他事项。

第 38 次常务会议　12 月 21 日召开，区长龙起云主持。会议传达学习国务院总理李克强在防汛抗旱工作会议上的讲话精神，开展集体廉政谈话等。会议还研究其他事项。

【北海市铁山港区扫黑除恶专项斗争推进会】　2019 年 3 月 17 日，北海市铁山港区扫黑除恶专项斗争推进会在区政务服务综合楼五楼会议室召开。会

2019 年 3 月 17 日，北海市铁山港区扫黑除恶专项斗争推进会在区政务服务综合楼五楼会议室召开　　区政府办　供

议总结前一阶段工作，结合自治区督导反馈意见，进一步研判全区扫黑除恶形势，分析存在问题，部署下一阶段工作。区委书记余兴国在会上作重要讲话，要求全区各级党员干部以最坚决的态度、最有力的举措、最广泛的发动，坚持扫黑除恶纵深作战，聚指成拳严打“七寸”，以雷霆之势对黑恶势力重拳出击，确保打实打准打狠、打出声势、打出成效，努力扩大扫黑除恶专项斗争成果，为全区人民安居乐业、社会安定有序、铁山港产城融合高质量发展保驾护航。

重要活动和重大决策

【铁山港区投资推介会及项目签约】 2019年，铁山港区以“项目落实年”为抓手，以“产业树”为指导，全员精准招商取得新突破，1—8月共签约项目26个，合同投资总额590.3亿元。9月20日，北海市铁山港区投资推介会暨项目签约仪式在南宁举行，现场签约项目17个，项目投资总金额288.8亿元。签约项目涵盖石化、新材料、林纸、玻璃、文化旅游及房地产等多个领域。现场签约的17个项目投资额均超过1亿元，其中10亿元以上项目4个，100亿元以上项目1个。

【临港大工业集群打造】 2019年，区政府落实区委五届四次全会提出的目标任务，明确全区勇挑北海工业发展大梁，加快南珠新城建设，加速产城融合发展，努力打造向海发展的临港大工业集群。举全区之力快上项目、大上项目、上大项目，以项目建设大突破促进经济社会大发展。着力打造铁山港石化产业基地和临港新材料制品基地，加快推进北海炼化炼油结构调整、LNG项目二期扩能等项目，延长石化产业链条。推进临港新材料产业园建设，重点推动北海诚德填平补齐精品项目，形成上中下游有机衔接的不锈钢产业链。实现信义玻璃一期项目投产，加快二期项目建设，引进一批玻璃制品制造、玻璃纤维、光伏组件等项目，打造国内一流、国际领先的全产业链玻璃产业园。积极推进林纸、海洋装备制造等产业发展。加快推进铁山港7号—10号泊位、5万—10万吨化工码头、进港铁路、铁路支线建设，完善园区水电路、环保等基础设施，提升综合竞争力。加快征地搬迁，高标准、高效率推进项目建设，组建石化产业基地、临港新材料产业园、信义玻璃产业园、南珠新城和“最后一公里”攻坚5个征地搬迁工作组，全力以赴保障项目建设用地。

【南珠新城建设】 2019年，区政府全力以赴推动南珠新城建设，补齐工业区综合配套和服务功能不足的短板，促进产城融合发展。加快新城项目建设，发挥南珠新城——铁山港区配套城区概念性总体规划和城市设计的作用，坚持产城融合示范区、滨海田园都市区和南珠文化旅游区的高点定位，加速推进南珠新城项目建设。积极配合推进连接市区和铁山港的向海大道改造提升，加大南珠新城土地盘整和征地搬迁工作，加快启动建设工业区基础设施和市政配套。引进更多企业参与南珠新城项目建设，以产业带动新城建设。坚持绿色生态理念和主体功能区理念建设南珠新城，结合自然山水格局，注重保护原生态环境，推动产业、城市、生态融合发展。持续开展“城乡环境提升年”活动，坚决打好“蓝天、清水、净土”环境污染防治攻坚战，以“零容忍”态度严惩破坏生态环境行为，维护良好的自然生态。

【港台农渔产业合作拓展】 2019年，铁山港区积极引进港(中国香港)台(中国台湾)农渔产业合作项目，加快推进桂台产业合作北海示范区铁山港示范园建设，以做大做强香港喜记“蟹将军”工厂化养蟹等农渔业合作项目为抓手，争取引进更多港台客商投资农渔业项目，以点带面形成集群效应，以特色产业带动群众脱贫致富，加快农业强、农村美、农民富的进程，助推乡村全面振兴。

【乡村振兴战略实施】 2019

年,区政府坚持农业农村优先发展,认真组织实施乡村振兴战略规划及相关配套的行动方案,推进“人、规、地、产、城”五方面工作落实。扎实开展幸福乡村建设活动,深入实施农村人居环境整治三年行动和乡村风貌三年提升行动,努力推动农业强优、农村美丽、农民富裕。稳步实施乡镇提升三年行动计划,全力推进现代特色农业示范区增点扩面、提质升级,推动集循环农业、创意农业、农事体验于一体的田园综合体建设,打造乡村振兴示范点。支持农村土地依法规范有序流转,鼓励引导工商资本积极参与乡村振兴,为农业农村发展注入生机活力。

【区域合作新机制构建】 2019年,区政府全力推进开放再扩大,发挥好铁山港口岸、玉铁铁路、玉铁高速公路等作用,加强对外联系,主动参与“一带一路”建设,构建面向东盟的国际大通道。以产业承接融入为重点,加快对接融入粤港澳大湾区、海南自贸区建设,引进发达地区先进生产力,加快产业发展。充分发挥铁山港(临海)工业区的载体作用,积极堆进“广西统一战线双百双创服务基地”建设,深化拓展与铁山东港产业园、玉林龙潭产业园的协同互动,

【“四大战役”工作推进】 2019年,区政府认真贯彻《北海市打好义务教育、基本医疗、住房安全“三保障”和饮水安全“四大战役”实施方案》,通过落实责任与教育提升相结合推进义务教育保障,保障与深入精准服务推进基本医疗保障,先缓后急、突出重点解决住房保障,建设与管理推动落实饮水安全保障。

“控辍保学”工作　年内,区政府印发《北海市铁山港区人民政府办公室关于进一步加强“控辍保学”提高义务教育巩固水平的通知》和《北海市铁山港区控制义务教育阶段学生辍学管理办法》,加大舆论宣传力度,推动全区营造浓厚的“控辍保学”舆论氛围。采取学校与班主任和科任教师签订责任状,学校分管领导包级、班主任包班、科任老师盯人等方式,分工协作责任到人。强化师德师风考评,把师德师风表现作为教师晋级、评优、评先的主要依据和教育教学质量考核的重要内容,形成真心关爱学困生,积极引导学生回归课堂。强化学校教学常规管理,精心抓好课改工作,改进教学方法,增强课堂教学的生动性和实效性,增强学生对课堂的向心力,防止学生流失。强化寄宿制学校建设和管理,为学生创造良好的学习环境。全面排查关爱残疾儿童,确保入学率达到100%。落实学生劝返、登记和报告机制,构建学校、家庭、社会三位一体的“控辍保学”工作责任网络,形成“控辍保学”的工作合力。

基本医疗保障　年内,铁山港区印发《铁山港区卫计局关于印发开展乡村医生签约服务工作实施方案的通知》《关于印发北海市铁山港区农村贫困住院患者县域内先诊疗后付费工作实施方案的通知》和《北海市铁山港区人民政府关于印发铁山港区医疗扶贫工作方案的通知》等政策配套文件,建立完善基本医保、大病保险、城乡医疗救助、医疗补充保险“四重医疗保障”,推进健康扶贫工作。建立农村贫困人口健康档案,摸清底子,确保因户因人精准施策。加强疾病防控和公共卫生工作,提高人口健康水平。加大基层医疗支持力度,努力提高贫困地区医疗卫生服务能力。

住房保障工作　年内,铁山港区认真落实《农村危房改造实施方案》《广西农村危房改造工程工作规程》和广西农村危房改造的相关政策。严格按照“户主申请、村委会和调查小组调查核实、村民小组会议民主评议、村民委员会张榜公示、镇政府审核申报、区审批”的程序,开展危改对象的认定。重点落实精准扶贫户和关照个别特殊困难群体相结合。按照“先急后缓、分步实施”的原则,执行“居住房屋最危险、家庭最困难和最积极主动农户”先行改造的程序,确定危改对象并进行“村民小组民主评议后张榜公示、镇级审

核后二级公示、区审批后再公示”的公示制度，稳步推进住房保障工作。

饮水安全工作　年内，铁山港区加强农村饮水安全工程建设和管理力度。全区明确项目产权，确立主体，落实好水价机制，按成本收费，建立完善管理体制和运行机制，确保饮水工程良性运行。针对铁山港工业园的实际，严格禁止破坏涵养林和水源林保护措施的行为，严厉打击违法排放行为，积极开展农业面源污染防治，指导农户合理施用化肥、农药，严禁使用高毒、高残留农药，推广水生态养殖，推进畜禽粪污和农作物秸秆资源化利用。加强技术处理，确保水质达标。通过增加消毒和加碱设施，改变水质酸碱度和微生物含量超标，确保供水水质达标。

（张春波）

后勤服务工作

【概况】 2019年，北海市铁山港区机关后勤服务中心（简称区机关后勤服务中心）有工作人员24人。挂北海市铁山港区接待办公室牌子。年内，区机关后勤服务中心获得自治区“2019年度机关事务工作成绩突出的集体”通报表扬，林洪获得自治区“2019年度公共机构节能工作成绩突出个人”通报表扬。

【行政管理服务】 2019年，区机关后勤服务中心行政管理服务主要有公共机构节能管理、办公用房管理、公务用车管理、财务管理等。

公共机构节能管理　8月，铁山港区印发《2019年铁山港区各公共机构能源消耗指标分解表》，将节能工作目标任务逐级分解到区本级各公共机构，明确节能工作重点和部门职责。切实组织实施节水改造项目，投入节水改造经费约19万元，开展更换45个老旧洗手水龙头、更换尿斗感应器121套及安装自来水管等多项工作。广泛开展节能宣传周活动，在全区人口密集处安放宣传展板4版，张贴海报700多张，悬挂横幅多幅。通过自治区、北海市验收，成功创建节水型单位。区机关后勤服务中心积极开展垃圾分类知识宣传，营造良好氛围，强化干部职工对资源再生利用的意识。在机关办公大院原有11个充电桩的基础上，组织新增建设充电桩10个。组织推广新能源汽车50辆，通过详细介绍、驾车试用等方式，让干部职工进一步了解新能源汽车。将机关食堂耗电大的灶具更换为2台节能灶具，将低效油烟净化器更换为高效油烟净化器，节能改造率达到50%以上。

办公用房管理　年内，铁山港区规范区党政机关办公用房管理工作，建立健全区机关办公用房集中统一管理制度，实现统一规划、统一权属、统一配置、统一处置，督促办公用房移交范围内原产权单位相关房地产资料移交，实现统一登记和管理。区机关后勤服务中心推进办公用房调配工作，与各需调配办公用房单位沟通，逐个协调解决办公用房调配问题。对区机关大院及南珠会堂内所有办公用房进行CAD测绘，加强完善自治区办公用房系统使用工作。

公务用车管理　年内，区

2019年12月16日，区机关后勤服务中心在铁山港区机关大院前举行2019年铁山港区新能源汽车推广启动仪式　　李梅梅　摄

机关后勤服务中心继续完善区公务用车管理信息平台建设,通过智能管理系统将车辆调度、轨迹监控等公务用车环节全程信息化,科学、合理调配车辆,杜绝“公车私用”同时提高效率,确保交通费用节约可控,实现监管问责科学有效。在公务车辆数目有限的情况下,尽全力保障全区干部职工公务出行,全年累计派车 4550 多次,日常公务出行工作基本得到保障。车辆加油实行一车一卡,每次加油进行核对登记。严把车辆维修关,严格按程序对公务用车进行检修,有效控制车辆运行成本。开展全区公务用车安全驾驶员培训工作,增强驾驶员的服务意识和全局意识,加强驾驶员交通法规的教育管理和业务学习。

财务管理　年内,区机关后勤服务中心财务室完成全区 32 个单位的财务核算工作和 2 个单位的出纳工作;遵守按时序进度请款、用款,对各类支出票据审核、把关,及时报支各项费用;做好票据、单证保存;完成编制年度经费预决算;完成机关国有资产登记管理、统计报表填报工作。

【后勤保障服务】 2019 年,区机关后勤服务中心后勤保障服务主要有饮食服务、周转房服务、会务服务、安保建设保障、基建维修保障、环卫绿化等。

饮食服务　年内,区机关后勤服务中心加强对食品在采购、储存、加工、剩菜剩饭处理等环节的安全管控,加大对操作间、炊具、餐具的清洁消毒力度,确保饮食安全。加强膳食营养合理搭配,坚持做到营养充分、花样新颖、口味最佳。认真遵守接待规范和工作纪律,坚决做到从优从简不超标,实行一餐一单,绝不铺张浪费。

周转房服务　年内,区机关后勤服务中心处理干部住宿申请 52 次,在条件极为有限的情况尽全力进行宿舍资源整合,共安排 33 人入住,入住率为 63.46%。

会务服务　年内,区机关后勤服务中心积极配合区直属各单位高标准做好会务工作,安排专人负责会务及接待室的管理,精准把握会议流程,严格执行操作标准,精心组织、周密安排、热情服务,做到每次会议及时做好会议会标、会场布置、卫生保洁及音响设备调试等准备工作,确保各项会议如期举行,全年协助完成各项会议 410 多场次。

安保建设保障　年内,区机关后勤服务中心与北海兴邦保安服务有限公司铁山港分公司签订合同,保安人员在铁山港区行政中心及南珠会堂范围 24 小时轮流值班巡逻,认真开展常态化管理,设置来访登记岗,专人负责对来访人员进行严格登记,对来访车辆进行科学引导,同时加固视频监控设备及相关防盗网,不断加强与公安、消防、信访和应急部门的密切配合。

基建维修保障　年内,区机关后勤服务中心主动安排预防性维护,完成日常性保养,做好改善性维修,做到有条不紊及时高效,随报随办,全年完成日常维修工作 1100 多次。区机关干部职工周转房项目已完成主体结构建设,不断推进加快装修工作,尽快解决部分干部职工午休住宿紧张问题。对机关大院内及周边道路路灯设施进行维修和更换,提高亮化水平。调集人力物力多次对老旧电力线路进行升级改造,增强电力负荷,确保用电安全。

环卫绿化　年内,区机关后勤服务中心坚持对职责区域进行每日清扫、全天候保洁,对大院绿化进行定期养护修剪,每月进行 1 次消毒及杀虫灭鼠工作,定期对铁山港区行政中心办公楼室内外卫生和周边绿化进行督促检查,对责任范围内路段进行绿化整治。

（杨之逸）

政务服务

【概况】 2019 年,北海市铁山港区政务服务中心(简称区政务服务中心)内设管理部和技术部,有工作人员 9 人。区政务服务中心为铁山港区人民政府办公室直属财政全额拨款事业单位,办公地址在南康镇朝阳大道南 172 号。年内,区政务服务中心共有进驻单位26个，分为独立服务窗口和综合服务窗口。设置独立窗口的单位12个：区发改局、区住建局、区自然资源局（区林业局）、区卫健局、区民政局、区市场监管局、区交通运输局、区应急管理局、区海洋局、区社保经办中心、北海供电局铁山港分局、区税务局。纳入综合服务窗口管理的单位14个：区文体广电旅游局、区农业农村和水利局、区教育局、区残联4个单位为轮值窗口；区档案局、区新闻出版局、区民宗侨务局、区事业单位登记管理局、区财政局、区司法局、区科技商务和工信局、区人社局8个单位由区政务服务中心安排前台受理人员，实行无差别全科受理；湖海水利公司、新奥燃气公司纳入水电气综合窗口。另外，区政务服务中心有其他相关进驻单位4家：北海市区农村信用合作社进驻开展企业开户业务，北海市国盾防伪技术实业开发有限公司、北海市民芯科技发展有限责任公司进驻开展企业刻章业务，太平人寿保险有限公司北海支公司进驻开展城乡居民大病保险报销业务。

【基础设施建设】 2019年，铁山港区继续开展政务服务中心搬迁改造工作。区政务服务中心从原来的不足500平方米扩大到2500多平方米，扩大等候区、增设业务办理窗口、引导台、投诉监督台、后台审批室等，定制统一的工作服装，提升政务大厅形象。成立帮办小组，指导企业或个人办理业务，并提供免费复印服务。完善各项工作制度，建立健全效能投诉机制，落实按时办结、首问负责制、责任追究制等。印制政务服务事项一次性告知单，将办事指南、办事流程等线上线下统一。更新配置自助电脑、企业开办税务自助终端、商事登记自助一体机等自助设施设备，创造方便群众办事的软件、硬件条件，为发挥便民利企作用提供强力支持。

2019年，区政务服务中心服务大厅一角　　区政务服务中心　供

【网络平台建设】 2019年，区政务服务中心加快广西数字政务一体化平台建设，全力推进政务服务事项网上办理。经过4个多月的筹备和对接，9月，广西数字政务一体化平台铁山港区平台顺利上线运行，实现实体政务大厅与网上政务服务平台有机融合，除法律、法规另有规定或者涉及国家秘密等情形外，依申请政务服务事项都要推行网上受理、网上办理、网上反馈，做到依申请政务服务事项"应上尽上、全程在线"。年内，铁山港区在广西数字政务一体化平台上的政务事项的网上可办率为100%，超额完成自治区要求的网上可办率不低于90%的目标任务。同时大力推广"广西政务"APP、"爱广西"APP、政务服务微信公众号、政务服务微信小程序等服务，实现"让数据多跑路，让企业、老百姓办事少跑腿、甚至不跑腿"。

【营商环境优化】 2019年，区政务服务中心设立"企业开办专区"，将企业开办涉及的市场监督管理、印章刻制、税务报备等单位集中进驻专区办公。区政务服务中心投入近30万元，设立自助服务区，配置自助电脑、打印机、自助开办发票一体机、商事登记自助一体机等自助设施设备，为企业开办提供一站式服务。营业执照核准后将信息同步推送给印章刻制公司和税务部门,税务登记与印章刻制同步进行,印章刻制立等可取,企业登记、印章刻制和发票申领三个环节总时长压缩至 0.5 个工作日,全面实现 1 个工作日完成企业开办攻坚目标,企业登记设立"立等可取"。印章刻制等费用由政府承担,开办企业实现零成本。

【审批效率提高】 2019 年,为避免群众在办一件事折返于多个窗口重复跑路,加快实现"最多跑一次",提高审批效率,区政务服务中心分领域开展"一窗"设立工作。年内完成 4 个"一窗"设立,分别为:企业开办一站式服务窗口、水电气综合窗口、社会保险"一门式"窗口、进驻单位综合窗口。将 16 个单位 64 项事项纳入"一窗"办理,推行"前台综合受理、后台分类审批、综合窗口出件",实行集成服务,提高审批效率。

(韦宏斌)

土地房屋征收与管理

【概况】 2019 年,北海市铁山港区人民政府土地房屋征收中心(简称区征收中心),内设综合股、土地征收股、房屋征收股、政策法规股,有工作人员 23 人。区征收中心主要负责组织和管理辖区内的土地房屋征收、搬迁等工作。

【征地搬迁】 2019 年,区征收中心实施征地项目 36 个,完成新征集体土地 80.2 公顷,清场 544.4 公顷,搬迁 180 户,青苗及附着物 512.13 公顷,迁坟 2016 座,累计移交净地 544.4 公顷。年内,区征收中心干部职工及征地工作组成员全力推进重点项目征地搬迁工作,全部完成补偿和净地的项目共 12 个,分别是北部湾表面处理中心项目(二期)、铁山港区特勤队营区项目、诚德新材料填平补齐技改项目、诚德防护区扫尾、信合节能、高端渔业加工及研发项目、信义玻璃及配套设施建设维护用地、中航化项目遗留问题、预制场项目、年产 20 万吨润滑油项目、经四路梗阻问题(含 41 米绿化带)、九号路支线及周边储备土地遗留问题。年内,区征收中心协助区委、区政府制订《北海市铁山港区 2019 年重点项目、重点片区征地搬迁工作方案》,建立七大片区,攻坚克难,有效推进全区项目征地搬迁工作,并取得显著成效。

【业务培训】 2019 年,区征收中心加强征地业务培训,力求人人成为征地拆迁工作的行家里手,能够独当一面。区征收中心多次组织干部职工参加培训。11 月 17 日—18 日,聘请上级部门领导在北海市委党校对区征收中心全体干部职工进行征地搬迁业务知识培训,帮助干部职工掌握相关政策和法律法规,熟悉补偿标准,善于与群众沟通,切实提高干部职工业务水平,成为征地搬迁行业的行家,能够独当一面。

【信访工作】 2019 年,区征收中心高度重视征地搬迁中的信访工作,共收到反映征地搬迁方面的信访件 8 份,通过采取

2019 年 11 月 17 日,区征收中心在北海市委党校举办征地搬迁业务培训,并邀请广西自然资源厅法规处副处长吴朝娟(讲台)为区征收中心全体干部职工培训　　区征收中心　供

电话沟通、面对面解答、书面回复等形式，及时解答群众问题，做好上访群众安抚工作，切实维护群众利益，给征地搬迁后续工作提供保障。

【建议提案办理】 2019年，区征收中心认真办理各级人大代表、政协委员的建议和提案，按时回复区政府交办的市、区人大代表建议和政协委员提案共10件。

【党务工作】 2019年，区征收中心党支部加强部门作风建设和党建工作，严格落实“两学一做”学习教育制度。年内，区征收中心党支部开展扫黑除恶、“不忘初心，牢记使命”2个专题活动，杜绝征地搬迁工作与涉黑恶案件有关联。紧扣“守初心、担使命、找差距、抓落实”总要求，利用“学习强国”“八桂先锋”等APP学习平台拓宽党员干部的学习渠道，立足征地搬迁工作，勇担职责使命，查问题、补短板、强弱项、促整改、抓落实。

【精准扶贫工作】 2019年，区征收中心针对扶贫对象生产生活的实际情况，积极探讨扶贫工作方案。年内，区征收中心投入2万元，实施每户1000元的扶贫资金资助，帮助贫困户解决农业生产、转移就业、危房改造等问题。领导班子带领全体帮扶干部，每月至少一次到村入户跟进了解贫困户的生产生活情况及实际困难。另外，区征收中心为定点扶贫村兴港镇杨屋村委解决生态砖铺设资金2万元。认真落实《关于印发〈北海市铁山港区2019年扶贫日活动方案〉的通知》精神，10月17日，区征收中心全部帮扶干部深入到兴港镇杨屋村委，开展“冬日暖阳”精准扶贫慈善捐助活动，组织全体帮扶干部进行募捐。 （林海华）

2019年10月17日，区征收中心主任叶大柱（左一）带领全办帮扶干部到兴港镇杨屋村委举办铁山港区征收中心开展“扶贫日”活动暨“冬日暖阳”扶贫捐赠仪式 区征收中心 供

民政工作

【概况】 2019年，北海市铁山港区民政局（简称区民政局）内设办公室、救助股、社会事务股；下辖铁山港区城乡居民最低生活保障服务所、铁山港区综合福利院、铁山港区婚姻登记服务中心3个直属事业单位。全系统共有干部职工15人。

【城乡低保】 2019年，铁山港区城乡低保工作保持动态管理下应保尽保，针对物价上涨的实际情况，重点抓好提高低保标准、提高平均补差等工作。从1月1日起，农村最低生活保障资金补助标准由现行的平均每人每月190元提高到平均每人每月210元。城市居民最低生活保障对象平均补助水平由现行平均每人每月350元提高到平均每人每月370元，全年共发放城乡低保金1222.46万元，累计受益4.64万人次。同时，城乡低保的申请、审核、审批、发放低保金等环节都实现无纸化、规范化和制度化。年内，区民政局积极推进农村低保与扶贫政策衔接，组织对农村建档立卡贫困人口核查，及时将符合低保政策的1287户、4421人建档立卡贫困人口纳入低保范围，实现应保尽保、兜底脱贫。

【医疗救助和临时救助】 2019年，区民政局精心组织开展医疗救助和临时救助工作，缓解城乡困难群众医疗负担和家庭突遇重大变故带来的生活压力。充分整合资源，进一步规范完善审批程序和“一站式服务”工作机制，提高医疗救助水平，确保救助对象准确并得到及时救助，全年共开展医疗救助575名患者，发放救助资金184.36万元，有效缓解辖区贫困患者看病难问题。发放临时救助金58.51万元，救助困难群众490人次，保障因突发性、临时性原因造成基本生活暂时困难群众的基本生活，确保社会和谐、稳定。

【特困人员供养】 2019年，区民政局对全区城乡特困人员救助供养基本生活标准进行调标，按全市城乡最低生活保障标准的1.5倍发放特困供养人员供养金。全年全区有城市特困供养人员15人，供养金为每人每月1035元；农村特困供养人员676人，供养金为每人每月625元；全年共发放城乡特困供养人员供养金416.22万元。通过对城乡特困供养人员基本生活保障进行提标，进一步保障他们的基本生活。

【养老院设施改善】 2019年，区民政局开展养老院服务质量建设专项行动，通过政府招投标，投入68.36万元对营盘镇敬老院的食堂和公厕进行改造，进一步完善敬老院的基础设施，6月通过验收。

【社区建设】 2019年，区民政局组织开展对营盘镇白龙社区进行农村社区建设试点工作，社区软硬件设施得到极大的改善和提高。区民政局牵头，以农村社区建设试点项目为抓手，联合区委政法委、区财政局、区司法局、区应急管理局和营盘镇政府的财力资源，建设完成白龙社区法治文化广场、社区文化宣传长廊、社区应急救灾物资堆场和补充完善应急救灾各类指示标志指示牌，规范完善居务公开和居民公约，社区的硬件设施得到极大改善，社区治理体系得到较好完善。

【基层政权工作】 2019年，区民政局加强对村(居)委会自治章程、村规民约(居民公约)等基层民主法制建设的指导，推动全区基层民主政治建设。9月5日，三塘村委民政服务中心工程开工建设，将进一步提升基层服务能力。

【民政公共服务】 2019年，区民政局认真做好社会组织年检及登记管理工作、强化执法监督。严格按照审批程序，依法开展对社会组织进行审查、核准、颁证、公告等工作。年内，在区民政局登记的民办非企业单位34个、社会团体17个。按时间节点对全区民办非企业单位和社团组织进行年检，对不参加年检的民办非企业单位和社团组织发出催检通知，确保全区社会组织合法运作，发挥社会效应。 (唐文媛)

退役军人管理

【概况】 2019年3月18日，北海市铁山港区退役军人事务局(简称区退役军人事务局)挂牌成立。区退役军人事务局是区政府工作部门，将区民政局的退役军人优抚安置职责、区人社局的军官转业安置职责及军队有关职责整合，按中央有关改革部署实施。区退役军人事务局内设办公室、安置及双拥法规权益维护股，下辖铁山港区退役军人服务中心1个事业单位，全系统共有干部职工6人。区退役军人事务局工作职责是：贯彻落实上级退役军人事务部门的工作部署和国家有关方针、政策；负责承担区委退役军人事务工作领导小组的日常工作；负责承担区拥军优属拥政爱民工作领导小组日常工作；负责落实退役军人优抚对象优待、抚恤、补助、审核报批等服务管理工作；负责退役军人权益维护、自主择业、就业、教育培训、医疗保障、社会保险和帮扶援助等服务管理工作；负责革命烈士及退役军人荣誉奖励、烈士纪念建筑物保护单位的申报和纪念活动等工作；承办区委、区政府和上级主管部门交办的其他工作。

【退役军人服务保障体系建设】2019年3月18日，区退役军人事务局挂牌成立。5月20日，区退役军人服务中心挂牌成立。6月，3个镇、43村（社区）退役军人服务（站）点挂牌成立。6月28日，成立铁山港区委退役军人事务工作领导小组。

【区委退役军人事务工作领导小组第一次全体会议】2019年12月13日，铁山港区区委退役军人事务工作领导小组第一次全体会议召开。审议通过《中共铁山港区委员会退役军人事务工作领导小组工作规则》《中共铁山港区委员会退役军人事务工作领导小组办公室工作细则》《中共铁山港区委员会退役军人事务工作领导小组2020年工作要点》《铁山港区镇、村（社区）服务站规范化建设实施意见》，为全区退役军人事务工作提供行动引领。

【双拥工作】2019年，区退役军人事务局积极完成义务兵家属优待金、优抚对象的补助金、退役士兵自主就业创业金和入伍大学生一次性奖励金的发放工作。积极筹措资金，发放义务兵家属优待金274.83万元；为全区优抚对象及时、足额发放抚恤补助金392.97万元；为全区20位困难企业军转干部及时、足额发放生活补贴31.2万元；发放退役士兵自主就业创业金65.93万元。发放入伍大学生一次性奖励金25.4万元。

2019年12月13日，中共北海市铁山港区委员会退役军人事务工作领导小组第一次全体会议在区政务服务综合楼二楼会议室召开

区退役军人事务局　供

【光荣牌悬挂】2019年，铁山港区认真贯彻落实国务院、退役军人事务部、自治区和北海市关于为烈属、军属和退役军人等家庭悬挂光荣牌工作的部署要求，坚持“好”字当头，“实”字为本，以“率”字为目标，高效推进烈属、军属和退役军人家庭光荣牌悬挂工作，全年共悬挂光荣牌2237户，全面完成光荣牌悬挂工作。（关国英）

人力资源和社会保障管理

【概况】2019年，北海市铁山港区人力资源和社会保障局（简称区人社局）下设办公室、人事股和劳动保障股，有工作人员15人。下辖参照公务员管理事业单位1个：铁山港区公共就业和人才服务中心（副科级），有工作人员6人；下辖事业单位2个：铁山港区劳动人事争议仲裁院，有工作人员3人；铁山港区社会保险经办中心（正科级），有工作人员38人。

【项目建设】2019年，区人社局积极跟踪对接项目建设，积极对接、跟踪落实各项建设任务。营盘镇就业社保服务中心项目（2017年项目），项目投资55万元，其中自治区配套25万元，2018年8月开工建设，2019年1月竣工验收。2017年10月12日，北海市发改委批复同意铁山港区就业创业实训基地项目立项，项目总投资2209.9万元（后调整为1789.26

万元),资金来源为申请国家专项资金及地方财政配套资金。2018 年 4 月 2 日,北海市发改委批复同意北海市铁山港区就业和社会保障服务中心项目立项,项目总投资 480 万元(后调整为 592.33 万元),其中申请自治区补助资金 360 万元,剩余由地方财政配套解决。2 个项目均已完成项目选址,通过用地预审并取得“建设用地规划许可证”,正在实施征地报批。铁山港区就业社保服务能力提升建设项目正按计划开展,确保项目服务提升质量。

【服务职业培训】 2019 年,区人社局大力开展职业培训,提升就业能力。年内,先后在南康镇黄丽窝村委、营盘镇盐灶村委、兴港镇斑鸠冲村委和石头埠社区等开展中式面点师、维修电工职业技能培训班 13 期,培训城乡劳动力 471 人,其中培训贫困劳动力 161 人。

【创业孵化基地建设】 2019 年,区人社局积极推进创业孵化基地项目建设,实现创业带动就业。鼓励和引导本地经济实体——北海市德智现代农业开发有限公司申请创业孵化基地认定,将大棚种植园分包给有意创业的农村富余劳动力,重点引导贫困户中有创业愿望的劳动者入园创业并提供技术指导。年内,2 个孵化基地共进驻业主 177 户,其中铁山港区现代农业创业孵化基地引进业主 118 户,铁山港区黄丽窝现代农业创业孵化基地引进业主 59 户。

【就业创业服务】 2019 年,区人社局推进大众就业创业工作,全区就业形势平稳。区人社局定期收集企业用工信息,印发有关的就业优惠政策、政策问答和申请流程等资料,以各种形式进行宣传,年内共发放招聘宣传资料 5000 多份、培训信息 500 多条。利用外出务工人员和高校毕业生集中返乡节点,通过开展“就业援助月”“春风行动”等各类就业服务专项活动促进就业。2 月 15 日,在南康镇中心广场举办“春风行动暨促进转移就业·助力脱贫攻坚”现场招聘会,共组织 46 家企业参加,提供了 6000 个以上岗位。当天达成就业意向 432 人,其中建档立卡贫困劳动力 28 人。共召开返乡农民工座谈会 2 场次,参会人员 60 余人。年内,全区累计城镇新增就业 1037 人,城镇失业人员再就业 185 人,就业困难人员再就业 51 人,农村劳动力转移就业新增 1082 人,农村贫困劳动力新增转移就业 402 人,城镇登记失业率为 2.91%,控制在目标任务 4% 以内。

【就业创业优惠政策落实】 2019 年,区人社局积极落实就业创业补贴政策,推动重点群体创业就业。年内,共为 38 名创业者发放农民工创业奖补租金 11.4 万元;为 177 名入驻创业孵化基地的业主发放场地和水电补贴 200.5 万元。开发扶贫公益性岗位 51 个,安置建档立卡贫困户就业 51 人,其中极度贫困户 34 人。开发城镇公益性岗位的单位 23 个,享受公益性岗位补贴人数 88 人,发放公益性岗位补贴 133.1 万元,公益性岗位社会保险补贴 72.82

2019 年 2 月 15 日,区人社局组织在南康镇中心广场举办铁山港区 2019 年“春风行动”暨“促进转移就业助力脱贫攻坚”现场招聘会

区人社局 供

万元；就业困难人员灵活就业享受社会保险补贴支出0.98万元；发放企业吸纳建档立卡贫困家庭劳动力社会保险补贴5.47万元。全区企业开发新增岗位带动就业955人。积极探索建立扶贫车间，不断扩宽贫困劳动力就业空间。已认定就业扶贫车间5家，吸纳贫困劳动力31人。

【社会保障工作】 2019年，区人社局扎实推进社保体系建设，社会保障惠普于民。全区机关事业单位养老保险应参保人数2322人，实际参保2322人，完成目标任务率为100%，已累计征缴3227万元，机关单位基本养老保险待遇累计发放945人，累计发放金额4481万元。城乡居民养老保险实际参保6.04万人，超额完成目标为6.03万人的任务，累计发放23.64万人次，发放养老金2944.99万元。辖区城乡居民医疗保险实际参保人数15.06万人，城乡居民医疗保险报销12.58万人次，其中医保基金总报销金额7935.1万元，二次报销83.44万元，政府兜底补助25.74万元。年内，社会保障卡已累计发放12.35万张，上传至卡管系统制卡数据14.95万条。年内，辖区符合被征地农民社保“老办法”的已有4495名被征地农民参加职工养老保险，1618人已参保缴费，2877人已领取养老待遇，符合“新办法”的有7个新的征地项目，其中已获得批准的项目有2个，7个项目涉及征地面积59.78公顷，涉及被征地群众3438人，参保手续有序推进。

【人事人才工作】 2019年，区人社局积极健全人才体制建设，规范人事制度管理。年内，全区事业单位人员调动40人，其中调出区外16人，调入4人。根据自治区“三支一扶”办统一布置，完成全区“三支一扶”大学生招募工作，共为3个乡镇招收12名优秀大学生。会同区卫健局、区委编办等相关部门共同制订2019年铁山港区医疗卫生事业单位招考工作方案。完成2018年全区机关事业单位人员共2085人年度考核及2018年招录事业单位工作人员86人转正审批工作。成功申报铁山港区表彰奖励项目1个，共计审核上报铁山港区节能监察中心等10个事业单位岗位设置方案。完成各事业单位二次岗位聘用406人，并兑现新岗位工资。

【工资福利审定】 2019年，区人社局完成全区事业单位在职人员的工资福利的审核审批工作。年内，全区共组织508人参加教育、卫生、工程等系列的职称评审。完成全区事业单位在职人员的年度考核工资的晋级晋档工作、事业单位奖励性绩效工资的审批工作、全区事业单位人员物业补贴、乡镇补贴的审批工作。年内，全区已执行第一档标准乡镇补贴（每月400元）有1165人，执行第二档标准乡镇补贴（每月450元）有311人，总金额为60.6万元。按照国标调整文件精神、时间节点顺利完成机关事业单位及离退休人员的工资调整，年内共审批31人。

2019年11月，区人社局联合区税务局设立铁山港区2020年城乡居民基本医疗保险集中征缴服务点，方便群众缴纳医疗保险参保费

区人社局　供

【劳动关系工作】 2019年,区人社局重视劳动维权,努力构建和谐劳动关系。区联席办牵头,与区综合行政执法局、区公安分局、区住建局、区总工会等单位,对各类用人单位的日常巡查12批次,检查用工单位4户,涉及员工2176人,全区企业劳动合同签订率97%以上。检查在建工程项目共6个,其中政府工程项目1个,非政府工程项目5个。在建工程项目劳动合同签订率为98%,实行实名制分账制度管理项目的占比为100%。共为4家企业办理农民工保障金缴存。年内,区仲裁院共接待劳动争议类来电、来访250多人次,接收劳动仲裁申请62件,立案受理9件,涉案金额120万元;不予受理53件、对不予受理的案件引导当事人走法律途径维权。劳动者申请案前调解13件,已全部案前调解成功,案前调解金额约16万元。

【薪酬问卷调查】 2019年,区人社局实施三方监管开展2019年企业网上年审、企业薪酬调查、最低工资问卷调查工作。全区共有8家企业完成网上年审工作,16家企业完成企业薪酬调查工作以及46家企业完成最低工资问卷调查,102名员工完成职工最低工资问卷调查。区联席办组织铁山港区及3个镇劳动保障监察协查员对用人单位进行信息采集150次,共采集录入系统信息150条。

【精准扶贫工作】 2019年,区人社局持续推进精准扶贫工作,全区贫困劳动力转移就业402人,其中扶贫车间吸纳、返乡创业带动、有组织劳务输出、扶贫公益性岗位安置实现就业284人,家政护工服务解决就业10人。区人社局对建档立卡贫困人员进行劳动技能培训161人次。全区建档立卡贫困人员总人数有9019人,其中符合参加城乡居民养老保险条件为6045人,政府代缴城乡居民养老保险费6045人,参保率为100%;符合领取城乡居民养老保险待遇的建档立卡贫困人员有1568人,实际领取城乡居民养老保险待遇1568人,领取率100%;符合参加基本医疗保险人数为9005人(有14人服役,不需在辖区缴纳基本医疗保险),政府代缴基本医疗保险费9005人,参保率100%。从8月16日起,全区已实现“一站式”医保系统结算,解决贫困患者看病难的问题。年内,全区住院兜底补助1219人次,兜底总金额67.59万元,实际报销比例均达90%以上。门诊特殊慢性病兜底补助1172人次,兜底总金额6.89万元,实际报销比例均达80%以上。

（赖崇海）

中国人民政治协商会议北海市铁山港区委员会

综　述

【概况】 2019年，中国人民政治协商会议北海市铁山港区委员会（简称区政协）内设办公室、提案法制委员会、经济联谊委员会、科教文卫委员会，有机关干部职工9人。区政协共有政协委员118人，其中政协常委22人。年内，区政协接待自治区内外政协调研考察组21批270人次，增强学习交流。

【提案撰写与审查】 2019年，区政协围绕区委重要战略部署和人民群众密切关注的热点问题，深入调查研究，积极撰写提案，向区委、区政府建言献策。区政协在北海市委党校开办委员履职培训班，邀请专家和相关领导授课，开拓委员的视野，提升委员的履职能力。在四届第四次会议之前，发动全体委员提前谋划年度提案的重点选题，引导委员围绕参考题目深入调研，撰写提案，切实解决提案"虚、大、空"问题，推动提案质量不断提升。做好提案审查工作，印发《铁山港区政协提案审查工作流程》，对提案初审、提案立案、提案报告等作出明确规定，提案委严格按工作流程审查把关，把控好提案整体质量，为提案的成功办理打下坚实基础。

【提案办理】 2019年，区政协共提交提案65件，获得立案53件，涉及经济建设、道路交通、民生福祉等方面，分别交由27个承办单位办理，立案的53件提案已全部办复。提案所提问题已经解决或基本解决的27件，占总数的50.9%；正在解决或列入规划逐步解决的23件，占总数的43.4%；因条件限制及其他原因暂无法解决，需作解释说明的3件，占总数的5.7%。委员对提案办理很满意、满意的占98.1%，基本满意的占1.9%。区政协常委会对区政府办理提案工作情况给予高度肯定，在对办理提案民主测评中，很满意、满意的占96.8%，基本满意的占3.2%，没有不满意的。

【参政议政】 2019年，区政协继续深化"委员走访日"活动，依托各种履职交流平台，努力引导委员深入基层、深入群众，积极反映全区的热点、难点问题，协助区委、区政府为民谋利，为民解忧，发挥好政协的参政议政作用。委员共撰写社情民意信息60篇，向区委、区政府和北海市政协报送信息37篇。

反映社情民意　年内，区政协将反映社情民意信息工作作为政协履职的重要内容，建强工作队伍，完善工作机制，提升工作能力。进一步明确反映社情民意信息目标，要求各联络小组每月至少报送2篇社情民意信息，每个月在主席办公会汇报工作进展情况，每个季度向常委会和全体委员通报信息收集采用情况，确保任务落到实处。区政协全年报送信息37篇，被北海市政协采用25篇，其中有10篇被北海市政协选报全国政协，占全市选报信息的23.5%，在全市25个单位中数量最多，其中《关于简化商标变更手续的建议》被全国政协采用。铁山港区社情民意信息工作考核在全市25个单位中排名第二，一县三区政协中名列第一，连续2年被北海市政协评为市政协反映社情民意信息报送先进单位。

参政议政能力提高　年内，区政协通过拓展“学习培训、调研视察、政情通报、会议知情、新媒体联系”五大平台，为委员知情明政创造条件。建立健全专委界别小组和委员信息联系点制度，落实政协领导、政协常委联系委员制度，积极走访委员及其单位、企业，组织委员围绕重点工作开展视察调研和考察学习，进一步提高委员参政议政的能力水平。

委员履职管理　年内，区政协完善委员履职登记表，建立委员“一人一卡”履职档案，将委员积极参与政协举办的会议、研讨、协商、视察、考察、培训、提案、信息等工作内容建档立案。认真细化委员履职工作规则、委员履职年度任务，实施政协委员履职情况通报制度，将委员年内履职总体情况通报委员所在单位和委员推荐单位。加强委员联络管理考核，执行委员约谈、劝退制度，促进委员自觉履行职责，主动投身发展大局，为全区社会经济发展建言献策。

2019 年 7 月 17 日，区政协主席彭岳军（前排右二）率政协委员到铁山港区重点企业开展“进企业　促发展”活动　　区政协办　供

【精准扶贫】 2019 年，区政协党组统筹推进政协机关扶贫工作，多次召开脱贫攻坚专题会议，统筹推进班子成员联系的陂塘、婆围、雷田、彬畔、塘仔、大塘 6 个挂点村的扶贫工作，督导各村帮扶责任人认真做好帮扶工作。年内，区政协积极筹措资金解决帮扶的 32 户贫困户生产生活上的困难，扶持贫困户发展种、养产业，32 户贫困户有 31 户顺利脱贫。年内，区政协向委员发出“就业脱贫　委员行动”倡议，鼓励各行各业委员通过各种方式参与和支持脱贫攻坚工作，部分委员所在企业与贫困村组建农村合作社、发展种、养产业等，为贫困户提供产业分红资金、工作岗位及产业技术的支持。年内，委员企业为贫困户提供就业岗位 61 个，以实际行动履行政协的社会责任，在“就业脱贫　委员行动”活动中展示风采，彰显政协委员的时代价值。

【政协队伍建设】 2019 年，区政协深入开展“不忘初心、牢记使命”主题教育，通过中心组学习、上党课、外出培训学习等多种形式，学习、贯彻中共十九大精神，深刻领会习近平新时代中国特色社会主义思想，准确把握中央及自治区党委、北海市委、区委关于政协工作的新思想、新部署、新要求，以实际行动推动政协工作高质量发展。年内，区政协先后组织政协常委及部分骨干委员赴贵州大学学习，全体政协委员到北海市委党校进行履职能力提升专题培训，选派委员参加市级以上政协系统举办的业务培训班 10 期，参加党委系统组织的党建理论专题培训班 19 期，让委员及时认识形势、领会精神、交流思想，引导广大委员进一步增进对中国共产党和中国特色社会主义的政治认同、思想认同、理论认同、情感认同，促进委员围绕党政所需、群众所盼、政协所能的重要问题，主动履职尽责，担当作为。

政协重要会议

【区政协四届四次全体会议】 2019 年 2 月 25 日—26 日，区政协在南珠会堂召开政协四届四次全体会议，110名委员出席。区委、区政府、区人大、铁管委、区武装部、区“两院”、区直各部门、辖区各镇、企业单位、驻区单位领导等参加开幕大会和闭幕大会。区委书记余兴国在开幕会上作重要讲话。区政协主席彭岳军向大会做常委会工作报告，区政协副主席邓明仪做提案工作报告。会议期间，全体委员列席区五届人大四次会议，听取并讨论政府工作报告和其他报告。会议审议通过政协第四届北海市铁山港区委员会常务委员会工作报告决议、提案工作报告决议、第四次会议政治决议。

【区政协常委会会议】 2019年，区政协常委会会议共召开4次。

四届十次常委会会议 2019年2月12日在区政协常委会议室召开，区政协主席彭岳军主持。会议审议通过《政协第四届北海市铁山港区委员会常务委员会工作报告》《关于政协四届三次会议以来提案工作情况的报告》《铁山港区政协2019年工作要点》《铁山港区政协2019年重点调研课题》、政协第四届北海市铁山港区委员会委员增补名单、铁山港区政协表彰优秀提案和先进承办单位的决定和表彰社情民意信息先进个人的决定等；会上，听取了铁山港区副区长秦彬代表区政府作关于区政协四届三次会议以来提案办理情况的报告，随后常委们对提案办理工作进行了民主评议和测评。区政协副主席管务光、陈旭昌、陈德萍、邓明仪，秘书长吴铁参加会议。

四届十一次常委会会议 2019年2月26日在南珠会堂讨论室召开，区政协主席彭岳军主持会议。会议听取各委员小组组长汇报四届四次大会期间各小组讨论情况，审议通过《政协第四届铁山港区委员会常务委员会工作报告决议》《政协第四届铁山港区委员会常务委员会第四次会议政治决议》。区政协副主席管务光、陈旭昌、陈德萍、邓明仪，秘书长吴铁参加会议。

2019年2月25日—26日，政协第四届北海市铁山港区委员会第四次会议在南珠会堂召开。图为开幕会　　邓　符　摄

四届十二次常委会会议 2019年6月28日在区政协常委会议室召开，区政协主席彭岳军主持。会议讨论区政协干部人事任免问题和通过政协第四届北海市铁山港区委员会2名委员的辞职报告，通报区政协上半年社情民意信息工作情况；组织学习《中华人民共和国监察法》和区纪委相关典型案例通报精神。区政协副主席管务光、陈旭昌、陈德萍、邓明仪，秘书长吴铁参加会议。

四届十三次常委会会议 2019年12月31日在区政协常委会议室召开，区政协主席彭岳军主持。会议通报铁山港区政协委员2019年度履职情况、区政协2019年度社情民意信息工作情况；研究讨论区政协2020年重点调研课题和协商议题，审议2019年重点课题调研报告；会上听取了铁山港区副区长林昌斌代表区政府作关于区政协四届四次会议以来提案办理情况的报告，常委和部分委员对提案办理工作进行民主评议和测评、对办理结果为A类的提案进行民主评议；组织学习中共广西区委会《关于贯彻落实〈中共中央关于新时代加强和改进人民政协工作的意见〉的实施意见》。区政协副主席管务光、陈旭昌、陈德萍、邓明仪，秘书长提名人选黄晓科参加会议。

政协重要活动

【专题协商】 2019年，区政协立足区委中心工作和发展大局，找准协商角度，扎实开展层次丰富、形式多样的协商议政活动，确保政协协商不缺位、不越位、定准位、做到位，做到重要工作、重大事项及时向区委汇报，重要会议、重大活动以及年度协商计划报请区委批准后实施。年内，区政协把人民群众关注的教育、医疗、就业、住房和社会保障体系建设等民生问题，作为协商议政的重要课题，在广泛收集社情民意、准确把握群众思想动态的基础上，通过提案协商、调研协商、信息协商、评议协商等多种形式主动搭建协商平台，为助推区委、区政府决策的落实和重要工作的实施建言献策，促使一批群众关注的热点难点问题得到解决。

2019年3月28日，区政协副主席陈旭昌(右六)率政协第三联络小组委员到广西精工海洋科技有限公司珍珠养殖基地视察调研

区政协办 供

【视察调研】 2019年，区政协贯彻落实中共十九大精神，聚焦区委、区政府中心任务，围绕“民营中小企业发展情况”“林下经济发展情况”和“农田水利建设状况”3个专题开展深入调查研究，形成专题调研报告3份。对服务民营企业提出组建中小企业服务中心、加大民营企业研发奖励补助标准、鼓励转型升级、走“专精特新”发展之路等建议；对发展林下经济提出完善林地开发管理政策、加大金融支持力度、培育龙头、示范推动、推进品牌战略等建议；对推进农田水利建设提出做好规划工作、规范农田水利建设管理体系、强化资金整合、理顺管理机制、加强工程管护等建议，为政府部门决策提供参考。

2019年10月24日，区政协副主席管务光(左一)带队到南康司法所开展关于基层人民调解情况的调研　　区政协办 供

【提案督办】 2019年，区政协建立和完善区领导领衔督办重点提案制度，结合全区经济社会发展形势和任务，确定21件重点提案，分别由区委、区政府、区政协领导领衔督办，加大提案办理前和办理中的协商力度。区委、区政府领导亲自督办提案，多次召开提案交办会、推进会、承办培训会，并在提案督办中采取现场办案、协商办案等方式进行督办，使政协提案办理质量得到提升。开

展政协常委会民主测评和A类提案民主评议活动，由政协常委和提案人对区政府办理提案工作情况和办理结果进行民主测评，很满意、满意占总量的96.8%，基本满意占3.2%，区政府各部门的提案办理工作成效得到充分肯定。在提案办理过程中，各承办单位始终坚持提前同委员见面，了解提案人的真实意图，提高提案办理工作的针对性；办中邀请委员参加，了解办理过程，感受办理工作的细节和政策，打消提案委员的疑虑；办后征求委员意见，力求委员满意。密切协作，合力共办。区政协提案委主动协调联系区委区政府督查绩效办、承办单位和提案委员，形成"四方"联动的工作机制，做到共同督查督办、及时通报情况、有效沟通解释、共同解决问题，在沟通中增进理解，协商中达成共识，促进了"提、办、督"良性互动。区政协提案委主动与区委区政府督查绩效办对接，将原来提案绩效考评目标要求和评分标准进行可操作性的调整和充实，强化绩效考评，确保提案办理实效。表彰先进，激发委员履职积极性，政协四届四次会议期间共表彰优秀提案11件、提案办理先进单位6个。

【民主监督】 2019年，区政协班子领导带领调研组分别到挂点村开展脱贫攻坚调研督导活动。通过召开座谈会、现场查阅工作台账、帮扶手册、实地走访贫困户，了解贫困户对扶贫工作的意见和建议，明晰各项帮扶政策落实情况和帮扶干部开展扶贫工作的态度及质量。年内，区政协选派委员50多人次参与全区各类民主监督活动，列席政府常务会议、述职民主测评，开展扫黑除恶专项斗争、脱贫攻坚巡察督查活动，现场旁听案件审判、法制宣传和廉租房分配抽签仪式、产业树招商成果交流等活动，履行监督职能；组织委员60多人次参与组织部门的绩效考评测评、政法部门的满意度测评、落实政治生态建设考评等民主评议活动，推动民主监督工作广泛开展。

政协专门委员会工作

【科教文卫委工作】 2019年9月—10月，根据区委常委会议审议通过的《关于铁山港区民营中小企业发展情况的调研》专题，区政协科教文卫委制订调研方案，成立调研领导小组，对全区民营中小企业发展情况开展为期2个月的调研。调研组深入营盘炮竹厂、南海石英砂厂、恒久码头等中小民营企业，进行实地调查研究，并召开座谈会，邀请区工商联、区市场监督管理局、区非公办、南康商会、营盘商会、兴港商会等相关单位参加，会上进行深入的交流与探讨，进一步了解全区民营中小企业发展情况、主要存在问题及对策措施等方面情况，并撰写调研报告，提出了组建中小企业服务中心、加大民营企业研发奖励补助标准、鼓励转型升级、走"专精特新"发展之路等建议，为区委、区政府决策提供参考。

【提案法制委工作】 2019年10月，区政协提案法制委成

2019年10月25日，区政协副主席邓明仪（左三）率政协提案法制委调研组到营盘镇绿然（众选）生态鸡养殖基地开展专题调研

区政协办　供

立调研组。调研组先后深入到南康镇水磨岭林下养鸡产业示范园、营盘镇绿然(众选)生态鸡养殖基地、兴港镇大树岭村委夏屋塘村颖水澳洲坚果种植基地调查研究,通过走访、实地察看、听取汇报和座谈等形式,详细了解铁山港区林下经济发展情况,经过认真分析、讨论,撰写了《关于铁山港区林下经济发展情况的调研报告》,就进一步发展林业经济,促进传统林业向现代林业转变,推进全区林下经济的快速发展,实现资源增长、农民增收,提出了切实可行的意见和建议。

2019 年 7 月 17 日,区政协副主席陈德萍(左二)率政协经济联谊委调研组到南康镇社内开展专题调研　　区政协办　供

【经济联谊委工作】 2019 年 10 月,区政协经济联谊委成立调研小组。调研小组采取现场查看方式进行调查研究,并召开座谈会,邀请区、镇水利部门相关负责人参加,围绕调研内容进行交流发言,全面了解全区农田水利基础设施建设情况,分析了存在的主要问题。为进一步提高全区农业灌溉用水效益,提高农业抗御自然灾害能力,促进全区农村经济发展和社会的稳定,撰写了《关于铁山港区农田水利基础设施建设的调研报告》,为加强全区农田水利建设建言献策。

(骆家权)

中国共产党北海市铁山港区纪律检查委员会（北海市铁山港区监察委员会）

综　述

【概况】 2019年，中国共产党北海市铁山港区纪律检查委员会与北海市铁山港区监察委员会合署办公（简称：区纪委监委），履行纪检、监察两项职能。内设办公室、党风政风监督室、纪检监察室、信访室、案件监督管理室、案件审理室6个室，下辖事业单位北海市铁山港区纪检监察信息中心。区纪委监委派驻纪检监察组2个，乡镇机构3个，共有纪检监察干部31人。

【纪检监察队伍建设】 2019年，区纪委监委认真落实“八提升八确保”，从严加强队伍建设，不断提升政治素养，增强业务能力，锻造一支忠诚、干净、担当的纪检监察铁军。扎实开展全员业务培训，举办湖南大学纪检监察业务培训班和中国政法大学巡察干部培训班2期，共培训90人，实现纪检监察干部、廉洁监督员、巡察人才库人员培训全覆盖。以中央纪委国家监委18套光盘和讲义为重点，强化应知应会业务知识全员培训，全区纪检监察干部综合能力得到进一步提升。年内，区辖各镇纪委共办案43件，4名纪检监察干部得到提拔使用。建立从严从实加强自我监督机制，完善线索管理制度，规范办案程序，严格办案纪律，公正文明执纪执法；建立案件质检员制度，确保案件质量关；深入开展“谈心、家访”活动，对一些苗头性、倾向性问题，及时“咬耳扯袖”，推动纪检监察干部严守规矩，以廉守家、以责兴家，着力打造忠诚坚定、担当尽责、遵纪守法、清正廉洁的纪检监察铁军。

【体制改革】 2019年，区纪委监委深化派驻机构改革，制订《北海市铁山港区纪委监委派驻机构改革实施方案》，调整完善派驻机构人员配置和监督范围，赋予派驻机构部分监察权，不断树立“派”的权威，充分发挥“驻”的优势。年内，派驻机构共立案审查调查违纪违法案件5件。

廉政建设

【政治监督】 2019年，区纪委监委学习贯彻习近平新时代中国特色社会主义思想，始终保持正确政治方向。督促党员、干部自觉做到“两个维护”，推进政治监督具体化、常态化。贯彻落实全面从严治党方针和要求，营造良好的政治生态。扎实开展“不忘初心、牢记使命”主题教育，紧紧围绕一体推进“三不”（不敢腐、不能腐、不想腐）、精准监督问责等重点课题深入调研，形成调研报告9篇并转化为推进工作的实际行动，有效解决监督方式方法单一、案件深挖力度软弱等问题。全年印发信访举报联系卡1500多张，开展明察暗访56次，提出建议意见128条，约谈46人，并形成专题监督报告报送区委，着力推动解决痛点难点堵点问题，以实实在在的成效造福于民、取信于民。推动区、镇、村三级党组织开展“书记点题谈”活动74次，参与人数948人，解决问题50个。坚持严管厚爱结合、激励和约束并重，科学运用监督执纪“四种形态”，批评教育帮助和处理党员干部166人次，其中第一种形态占比50.6%，第二种形态占比42.2%，第三、第四种形态占比7.2%，实现政治效果、纪法效果、社会效果有机统一。

【专项治理】 2019年，区纪委监委以“小专项”撬动“大专项”，紧盯产业扶贫领域存在的“四个意识”不强、监管措施不精准、工作作风不扎实等问题，摸清“47个不准”的负面清单，认真研判并制定产业扶贫领域作风问题专项治理工作方案，以问题为导向对45个产业扶贫项目进行蹲点督导，发现产业扶贫项目监管不到位、资金使用不规范等12个问题，推动4个责任单位逐项自查自纠、立行立改。开展扶贫领域“治卡行动”，发现11个单位存在优亲厚友、惠民资金发放不及时等37个问题，并督促进行整改。在“8+1+3”专项整治上下功夫，聚焦教育、医疗、食品安全等群众的切身利益问题，理清整治思路，明确整治重点，深入开展漠视侵害群众利益问题专项整治行动，督促相关职能部门落实责任解决问题29个，不断提升群众获得感、幸福感、安全感，紧紧围绕中央第二巡视组等专项巡视反馈问题深入监督检查，对个性问题从严从实监督专项整改，对共性问题举一反三监督排查，发现工作推进不力、不作为、慢作为等作风问题坚决查处，如查处了饮水工程等工作中出现的失职失责问题。

【作风建设】 2019年，区纪委监委认真贯彻落实中共中央总书记习近平重要指示精神和中央关于“基层减负年”的部署要求，紧盯突出问题，查处形式主义、官僚主义问题27个，给予党纪政务处分26人，组织处理1人，紧盯落实中央八项规定精神，做到预案在先、执纪有序、监督到位。区纪委监委在重要节日前夕印发通知，提醒教育党员干部加强廉洁自律、保持风清气正。节日期间开展明察暗访，先后组织6批58人次对40多个单位进行监督检查，提醒纠正问题3个。深挖细查顶风违纪、隐形变异问题，持续整治违规吃喝等突出问题，立案5件，给予党纪政务处分4人。严肃查处南康粮所公款吃喝典型问题，释放出越往后执纪越严的强烈信号。对全区30多个窗口服务单位重点监督检查，向区政务服务中心等单位提出整改建议，并督促整改落实。深入开展违规使用公务加油卡和“私车公养”专项整治，督促整改落实、建章立制、堵塞漏洞，如查处原区扶贫办干部使用公务卡为私车加油案，坚决制止“车轮上的腐败”。认真开展领导干部利用名贵特产类特殊资源谋取私利问题专项整治行动，开展个别访谈50多人次，签订承诺书302份，推动区、镇、村三级党组织开展“书记点题谈”活动共74次，参与人数948人，解决问题50个。

2019年7月4日，区纪委监委在区政务服务综合楼五楼会议室召开2018年度铁山港区开展政治生态建设情况考评汇报会 苏莉婷 摄

【廉政教育】 2019年，区纪委监委通过在纪检监察网站设置曝光专区、以案说纪说法、印发本级案例通报等形式加强对典型案例通报曝光，发出《纪检（监察）建议书》24份，推动案发单位问题整改、压实责任。

2019 年 12 月 13 日，区纪委监委在区政务服务综合楼五楼会议室召开铁山港区委落实全面从严治党政治责任“书记点题谈”（第一期）

冯新毅　摄

组织开展“旁听庭审 + 参观基地”活动 5 次，组织党员干部 120 多人次到庭审现场、廉政教育基地开展警示教育，达到“以身边事教育身边人”效果，并结合“不忘初心、牢记使命”主题教育活动，组织党员干部到桂林市兴安县实地开展革命传统和廉政现场教育，组织全区纪检监察干部前往北海监狱开展警示教育活动，强化干部廉洁自律意识。开展扫黑除恶知识宣讲、送法制教育课进校园等活动，促使全民参与到专项斗争行动中来，通过发放宣传资料、喷绘持久性墙体标语、悬挂灯柱宣传牌、LED（电子）显示屏播放和网站发布等多形式多角度全方位进行宣传引导，积极营造良好氛围。持续加强舆论引导，加大信息宣传报道力度，全区组织采写报道被《中国纪检监察报》采用 1 篇、广西纪检监察网等自治区级媒体采用 55 篇、市级媒体网站采用 142 篇。

【巡察工作】 2019 年，区纪委监委机关、区委巡察机构对巡视反馈问题整改情况开展专项督查，组成 3 个督查组对 24 个单位进行现场督查，并就督查反馈情况随机进行重点抽查，着力发现问题，提出整改意见，推动全区面上 141 项整改任务完成，做好巡视“后半篇文章”。区委巡察机构对巡察工作的开展实行底稿式、清单式、表格式管理，实现常规工作规范化、清晰化、高效化、模块化，巡察覆盖率达 74.1%，巡察质量稳步提升。全年开展“交叉”巡察两轮、村级巡察一轮，发现问题 167 个，移交区纪委监委线索 23 条，立案 4 件。

案件查处

【执纪审查】 2019 年，全区纪检监察机关接收群众信访举报 88 件次，其中检举控告 70 件

2019 年 4 月 17 日，铁山港区政法机关、纪检监察机关联合在南康镇政府大院门前开展“反腐正风 · 打伞破网”公开大接访暨信访举报宣传活动。北海市委常委、市纪委书记、市监委主任缪佃江（正面左二），区委常委、区纪委书记、区监委主任叶艳（正面左三）在接访群众

区纪委监委　供

次，比上年增长11%；处置问题线索141件，立案88件，涉及科级干部10人。结案85件，给予党纪政务处分79人，组织措施处理6人，留置1人，移送司法机关1人，通过办案挽回经济损失61.32万元，收缴违纪款33.26万元。严肃查处个别干部利用征地项目谋取私利以及村干部优亲厚友等违纪违法案件。

【以案促改】 2019年，区纪委监委针对执纪审查中查出的问题及时曝光11件，对案件形成和发展深入分析，开展形式多样的“以案促改”活动，达到处分一人，教育一片，震慑一方的目的，促成5名干部主动交代违纪违法问题。严格审批程序，规范执纪执法，强化日常安全监管，全年审查调查工作实现“零违纪”“零事故”。

【基层反腐】 2019年，区纪委监委制订《北海市铁山港区扫黑除恶专项斗争监督执纪问责工作线索“双向”移送反馈处置制度》，深挖黑恶势力“保护伞”等问题线索，立案查处2件。对问题线索实行专人保管、专人督办、专人建档、专人汇报、专班研判的“五专”办案机制，深挖案中案，延伸发现问题线索7件，立案11件，发现“案中案”4起。年内，区纪委监委强力惩治基层“微腐败”，违纪干部付出代价，广大党员干部受到深刻教育，基层工作作风明显好转，党的执政根基进一步得到厚植。 （冯新毅）

巡察工作

【概况】 2016年11月15日，中国共产党北海市铁山港区委员会巡察工作领导小组办公室（简称区委巡察办）成立，设在铁山港区纪律检查委员会，2018年4月16日，区委巡察办明确为正科级机构。2019年，区委巡察办内设综合股。主要工作职责是：完成每年巡察任务、组织开展相关培训、拓宽宣传渠道、创新管理方式、督查指导巡察工作、进行巡察情况通报等。

2019年3月19日，区纪委监委领导在营盘中学宣传扫黑除恶知识现场发放宣传资料 苏莉婷 摄

【巡察工作开展】 2019年，铁山港区委共开展4轮巡察，已完成对7个区直单位和12个行政村（社区）的巡察工作，共发现问题线索228条，移交线索30条，立案4件。其中开展“交叉巡察”2轮，完成对区科商工信局、区扶贫开发移民局、区委统战部、区委宣传部4个区直单位的巡察，发现问题线索64条，移交线索11条，立案1件；开展村级巡察1轮，完成对区内12个行政村（社区）的巡察，实现对贫困村巡察全覆盖，共发现问题线索131条，移交线索18条，立案3件；开展常规巡察1轮，完成对区审计局、区统计局、区机关后勤服务中心3个区级单位的巡察，发现问题线索33条，移交线索3条。

【学习培训】 2019年3月，区委巡察办主任郑春贺到湖南参加铁山港区纪检监察干部综合业务培训班学习；4月，区委巡察办领导干部及全区4个巡察组干部参加十一届市委第八轮巡察、县区交叉巡察、村级巡察动员部署暨业务培训会；5月，区委巡察办干部黄晓明、李恩晓到杭州市参加铁山港区办公室系统干部第一期“强素质优服务”培训班；7月，区委巡察办主任郑春贺参加2019年度全市保密工作培训班；9月，区委巡察办组织47名巡察干部到中国政法大学（北京昌平校区），开展主题为“强本领提素质”的巡察业务培训；9月，区委巡察办干部黄晓明参加全市纪检监察系统宣传业务培训；10月，区委巡察办全体干部及59名巡察干部到北海市委党校，参加巡察业务培训班；11月，区委巡察办主任郑春贺赴杭州纪检监察培训中心，参加由中央巡视办举办的第二期县级党委巡察办主任培训班。

2019年9月19日，铁山港区47名巡察干部在中国政法大学国际交流中心（北京昌平校区）参加主题为“强本领　提素质”的巡察业务培训

区委巡察办　供

【工作创新】　2019年，区委巡察办落实包干督导工作机制。由区纪委书记和2名副书记分别包干督导区辖3镇的村级巡察工作，建立每月双督导和每周一汇报制度。各包干领导认真抓好巡察前期的工作指导和后期的工作把关，每轮村级巡察到点督导2次以上。各巡察组组长每周周二前向包干领导汇报上周工作情况，重点汇报发现问题线索的情况，听取包干领导的意见建议，确保工作按时按质按量完成。区委巡察办开启“双语宣传”模式。在第三轮村级巡察中，将《巡察公告》《巡察公开信》录制成普通话和粤语（方言）两个版本，利用宣传车进村入户反复广播宣传，借助村（社区）的“同心广播”每天定时播放，大力宣传村级巡察工作的目的意义，确保村级巡察深入人心、深得民心，正确引导广大群众积极配合村级巡察，主动参与村级巡察，提升村级巡察工作质量和社会效果。区委巡察办进一步完善表格管理模式，对工作实行清单式、表格式、动态式管理，对巡察前、巡察中、巡察后等相关工作，归纳重点、分门别类，继续完善各类表格，根据表格内容及时跟进，督促落实，确保各项工作稳步推进，取得实效。

【巡察宣传报道】　2019年，区委巡察办共被有关新闻媒体和网站采用巡察工作信息41篇，其中铁山港区纪检监察网采用22篇，北海市纪检监察网采用14篇，广西纪检监察网采用2篇，《廉洁北海》采用1篇，《北海日报》采用1篇，《广西巡视巡察工作（内刊）》采用1篇。

（李恩晓）

社会团体

铁山港区总工会

【概况】 2019年，北海市铁山港区总工会（简称区总工会）内设办公室、财务室，有工作人员10人；下辖兴港镇、南康镇、营盘镇3个基层工会联合会，机关、厂场、教育、卫生4个系统工会和私企、国企2个行业工会委员会；建有铁山港区总工会职工援助中心、铁山港区总工会法律援助站和铁山港区总工会职工维权中心。年内，铁山港区开展五一劳动奖和工人先锋号评选活动，其中推选的北海新奥华恒物流有限公司郑小莉荣获广西五一劳动奖章、北海市铁山港区人力资源和社会保障局获北海市五一劳动奖状、北海市铁山港区人民医院谢庆辉和铁山港区党员干部现代远程教育管理办公室黄瑞兰分获北海市五一劳动奖章。

【基层工会组织建设】 2019年，区总工会加强基层组织建设工作。完成铁山港（临海）工业区“职工之家”建设并投入使用。该项目共计投入资金575.11万元，其中自治区总工会投入100万元，铁山港区政府投入10万元，北海诚德镍业有限公司投入465.11万元；项目占地面积5218平方米，建有职工服务中心、劳模创新工作室、室外篮球场等10个功能区，8月23日揭牌投入使用。投入资金1.41万元在兴港镇彬定村委旧址和北海新奥华恒物流有限公司建设2个工会爱心驿站，为环卫工人和货运司机等户外工作者提供服务。年内，组建25人以上单独基层工会8家，其中3家为企业工会，共计发展会员605人。召开全区工会系统会议，传达学习自治区工会第十三次代表大会精神。

【服务一线劳动者】 2019年，区总工会继续热心服务一线劳动者，开展“送清凉”慰问活动。投入工会经费1.31万元，先后走访慰问北海新奥华恒物流有限公司、铁山港区码头货运司机工会委员会、南康镇环卫服务公司等11家企业的一线职工、农民工，为他们送去清凉用品等慰问品，慰问职工844人

2019年8月23日，北海市人大常委会副主任、市总工会主席柳金红（左二）和市人大常委会选联工委主任林岗（右二）、铁山港区人大常委会主任黄小健（右一）、诚德镍业有限公司党委副书记、董事、工会主席陈传贤（左一）在北海诚德镍业有限公司为铁山港（临海）工业区职工之家揭牌　　区总工会　供

次。区总工会联合区人社局、区扶贫移民局等单位，在南康镇文化广场举办“春风行动”招聘会，组织 40 家企业进场招聘，提供近 6000 个就业岗位。组织开展为职工（农民工）送健康体检活动，在铁山港公用码头为 150 名职工和农民工进行免费体检。联合团区委、区文明办等单位，在南康镇主要街道旁开展学雷锋活动，设置理发点，为往来职工群众提供免费理发服务。

【职工文体活动】 2019 年，根据北海市总工会关于开展“十百千万”系列服务活动的工作要求，区总工会在全区开展系列服务和建设活动，提升职工队伍综合素质。1 月，区总工会和北海市总工会、北海诚德镍业有限公司工会在铁山港（临海）工业区“职工之家”共同举办“中国梦·劳动美”我们都是追梦人——2019 年北海市总工会职工文化下基层慰问演出暨“百场职工文艺演出”活动。5 月，联合团区委等单位在南康镇南滨球馆共同举办铁山港区首届青年文体艺术节暨“友邦广告杯”青年职工气排球赛，组织 20 支机关和企事业单位队伍参赛，时间 2 个星期、9 个赛日，共举行比赛 49 场。5 月—6 月，联合团区委等单位在北海诚德镍业有限公司球馆共同举办铁山港区青年职工羽毛球赛，组织 11 支队伍参加，时间 2 个星期、7 个赛日，共举行比赛 29 场。8 月，联合团区委等单位在梦幻滨海举办 2019 年铁山港区“青春有约·初心相伴”青年交友联谊活动，帮助解决单身青年联谊交友问题。9 月，联合区委宣传部等单位在铁山港区南珠会堂共同承办庆祝中华人民共和国成立 70 周年“我和我的祖国”大型文艺会演，社会各界、各行业代表 500 多人观看。

2019 年 7 月 9 日，区委副书记李玉婷（前排左七）、区人大常委会副主任、总工会主席李静（前排左六）到北海新奥华恒物流有限公司开展“送清凉”慰问活动

区总工会　供

【业务培训与工艺传承】 2019 年，区总工会组织区基层工会的 84 名经费审查人员、财务人员在北海市工人文化宫新大楼三楼多功能演艺厅举办工会经审财务业务培训班。按照北海市总工会关于寻找“北海工匠”活动方案的通知要求，挖掘工匠人才和工艺大师，推选兴港镇“赤江陶制作技艺”非遗项目代表性传承人陈家宝参加选树活动。

【职工帮扶】 2019 年，区总工会继续开展职工帮扶工作，帮助困难职工解困脱困。在元旦、春节期间，区总工会开展“送温暖”活动，走访兴港镇赤江陶器厂和营盘镇烟花厂，慰问困难职工 12 户，共发放慰问金 3 万元；慰问困难企业 1 家和一线职工 20 户，共发放慰问金 2 万元。实施医疗救助困难职工 1 户，发放救助金 6450 元；生活救助困难职工 6 户，每户救助金 7860 元；金秋助学救助 4 人，共发放助学金 2.1 万元。继续推进职工医疗互助保障工作，共办理职工医疗互助保障 3305 份，为职工办理理赔 75 人次，理赔金额 19.8 万元。区总工会派出帮扶工作人员配合自治区总工会委托的第三方机构——广西呈骐绩效评价技术服务有限公司，开展全区困难职工入户调查及帮扶资金绩效评价工作。

【维权机制建设】 2019 年，区

总工会继续开展工资集体协商，推动全区建会企业依法建立工资集体协商制度，签订工资集体协商和劳动合同 22 份，签订率 95.65%。开展宪法日宣传活动，区总工会联合区司法局等单位在南康镇主要街道旁悬挂宣传横幅、设立宣传咨询点、发放宣传资料，向广大职工群众宣传有关职工切身利益的法律法规，给妇女群众发放《女职工劳动保护特别规定》等宣传资料，提高职工群众的维权意识。（蔡欧玲）

共青团铁山港区委员会

【概况】 2019 年，中国共产主义青年团北海市铁山港区委员会（简称团区委）内设办公室，有工作人员 3 人。团区委直辖 4 个基层团委、1 个团工委、9 个团支部，共有团员 2449 名。年内，团区委先后获得 2018 年度“广西五四红旗团委”和 2018 年度“北海市学雷锋志愿服务工作先进集体”荣誉称号。

【青少年思想建设】 2019 年，团区委聚焦意识形态工作，深化青少年思想政治教育，坚定青少年理想信念。通过专题会议、网上青年大学习主题团课、“青年修身书社”读书会等形式深入学习习近平新时代中国特色社会主义思想，中共十九大精神，共青团十八届二中、三中、四中全会精神，强化思想认识，提高政治站位；积极开展引领青少年主题活动，团区委班子成员深入村（社区）、学校宣讲，组织开展“青春心向党 建功新时代”集中入团仪式、“红领巾心向党，争做时代好队员”暨庆祝少年先锋队建队 70 周年主题队日活动；组织少先队员参观扫管龙革命基地，引导团员、队员树立责任意识。召开“青春担当为要 青春奋斗为荣”2019 年铁山港区青年工作会议，动员青年在招商引资、征地拆迁、南珠新城建设、优化营商环境、乡村振兴战略等中心工作中发挥先锋模范作用，区委副书记李玉婷出席会议并作重要讲话。以纪念中华人民共和国成立 70 周年、五四运动 100 周年为契机，通过组织团员集中收看国庆开幕式、团中央视频，开展青春与国旗合影、青春向祖国献礼微视频等活动，并组织召开“弘扬铁精神 建功新时代”铁山港区纪念五四运动 100 周年大会，区委书记余兴国出席会议并作重要讲话。

【基层团组织建设】 2019 年，团区委强化基层组织建设，注重提升基层团组织活力。开展基层调研，对存在软弱涣散问题的基层团组织进行摸底、排查、分类指导、全面整顿；落实村（社区）团支部书记半定工待遇和三镇预青工作等经费，下发《铁山港区激发基层团组织活力方案》，提高基层团组织管理运行活力。依托“智慧团建”系统做好团员管理工作，建立“学社衔接临时团支部”，做好毕业团员关系转入转出工作。针对非毕业生团员，完善个人信息录入，全面掌握铁山港区团员总数和团员分布情况。积极推进少先队和中学共青团改

2019 年 4 月 28 日，团区委在区政府政务大楼召开“弘扬铁精神 建功新时代”—铁山港区纪念五四运动 100 周年大会。区委书记余兴国（主席台中）、区委副书记李玉婷（主席台右一）出席会议

团区委 供

革，召开工作推进会，联合区教育局制订印发《铁山港区少先队辅导员管理办法》，推动35所小学全部成立少工委、全部中学成立团校，举办2019年铁山港区少先队辅导员素质能力提升培训班，夯实少先队和中学共青团组织基础。注重团员团干队伍建设，开展村（社区）团支部书记岗位实践能力大比武活动。年内，南康镇团委副书记冼芳获2018年度“广西优秀共青团干部—脱贫攻坚驻村团干部专项”称号，曹世阳等4人被评为“北海市优秀共青团员”，庞富霜等5人为“北海市优秀共青团干部”。

【助力政府中心工作】 2019年，团区委组织带领团员、青年积极助力重点工作任务，建功新时代。完善青年志愿服务队伍注册登记和志愿服务制度化建设，组织青年志愿者开展“践行雷锋精神　服务群众健康”义诊送药、“垃圾不落地　古城更美丽”义务清洁、“兴水利、种好树、优生态、惠民生”义务植树等活动。发动辖区三镇青年志愿者深入街道、社区、菜市场发放扫黑除恶专项斗争宣传单2500份，深入学校开展“扫黑除恶进校园”活动。联合区委宣传部举办助力文明创城，举办铁山港区青年志愿服务助力创城冲刺活动启动仪式，组织三十多支志愿者队伍600多人次参加清洁海滩、清洁街道、关爱老人、交通劝导等。助力脱贫攻坚。印发《铁山港共青团助力乡村振兴行动方案》，开展进黄丽窝村义诊送药健康扶贫活动；联合区委统战部等部门开展“同心助学”活动，发动爱心企业家资助20名贫困大学新生6万元；动员爱心人士真情回馈社会，为孤寡老人赠送米、油及价值2万元的保暖手套。《广西日报》刊发“北海市铁山港区青年助力脱贫攻坚”的通讯报道。

【服务青年工作】 2019年，团区委持续深化服务青年工作，关注青年需求，帮助青年解决难题。开展“快递从业青年服务月—迎新春　送春联”关爱快递小哥活动，开展基层调研、谈心谈话，了解掌握青年工作难题；开展“基层双创行”活动，调研青年创新创业情况，完善创业创新青年数据库。为青年提供学习培训平台，在青少年之家开展青年创业创新沙龙活动，举办青年干部“不忘初心、牢记使命”暨“青春引擎”培训班，组织企事业单位及村（社区）优秀青年赴苏州工业园区开展培训，学习苏州工业园区先进经验。举办铁山港区首届青年文体艺术节，提升青年文化素养，项目内容有：青年职工气排球赛、羽毛球赛、青年歌手大赛、征文比赛、演讲比赛等；举办“青春有约　初心相伴”青年交友联谊活动，通过集中学习黄文秀先进事迹、优秀青年工作分享、重温入团誓词、开展团建活动等，加深青年沟通交流，解决青年单身问题，活动情况在《北海晚报》刊登。

【青少年帮扶】 2019年，团区委联合北海诚德镍业公司开展“让温暖一起回家”活动，真情慰问困难家庭留守儿童。建立困难儿童数据库，长期跟踪走访。深化预防青少年违法犯罪工作，通过“青春自护　平安春节”“抵御校园欺凌　护航青春成长”、禁毒警示教育进校

2019年11月7日，团区委联合区委宣传部在南康文化广场举办铁山港区青年志愿服务助力创城冲刺活动启动仪式　　团区委　供

2019 年 12 月 7 日，2019 年铁山港区未成年人保护暨预防青少年违法犯罪工作会议在区政务大楼召开　　团区委　供

园、预防溺水宣传进村（社区）系列活动，增强未成年人自我保护意识和能力。推动成立北海市铁山港区未成年人保护委员会，委员会下设办公室在团区委，组织召开 2019 年铁山港区未成年人保护暨预防青少年违法犯罪工作会议，印发《铁山港区未成年人保护委员会工作制度》和《铁山港区未成年人保护委员会工作职责》。推动南康镇高田村委申报北海市第一期创建“青少年零犯罪、零受害社区（村）”试点单位，为青少年营造健康、安全、和谐的成长环境。推动青少年活动阵地建设，全区已建有 6 家共青“团圆屋”，1 家自治区级青少年之家，积极开展青少年法律咨询、亲情陪护等服务工作。（冯　巍）

铁山港区妇女联合会

【概况】 2019 年，北海市铁山港区妇女联合会（简称区妇联）内设综合办公室，有工作人员 3 人。辖乡镇妇联 3 个，社区妇联 6 个，村妇联 37 个。

【思想建设】 2019 年，区妇联开展系列群众性宣传教育活动，宣传新中国成立 70 周年取得的辉煌成就和妇女儿童事业发展取得的丰硕成果，不断强化妇女思想政治引领。开展“巾帼心向党·礼赞新中国”系列活动，依托村级“妇女之家”“儿童之家”举办《我和我的祖国》快闪活动，以及“巾帼心向党·红歌展风采”“弘扬家国情·礼赞新时代”“给祖国妈妈写一封信”等主题活动 50 多场，受众 4000 多人次。开展“桂姐姐”系列宣讲活动，组建区、镇、村三级“桂姐姐”宣讲队深入基层、走进“妇女之家”，举办中共十九大精神、中国妇女十二大精神宣讲等 10 场活动，受众 300 多人次。开展扫黑除恶专项斗争宣传活动，发放“扫黑除恶　巾帼同行”倡议书、进行扫黑除恶应知应会知识抢答，组织民间曲艺人员用快板表演《打一场“扫黑除恶”的人民战争》，通过形式多样的宣传活动引导广大妇女争当扫黑除恶宣传员，自觉与黑恶势力做斗争。开展“最美娘家人”评选活动，潘兰英等 5 人获北海市“最美娘家人”称号。

【服务妇女儿童】 2019 年，区妇联围绕妇女儿童工作主线，扎实开展各项工作，做妇女信得过、靠得住的“娘家人”。在春节、“三八”妇女节、“六一”国际儿童节等重大节假日期间，慰问“最美娘家人”“最美家庭”、贫困妇女儿童等共 57 人，发放慰问金及慰问品共 2.64 万元。发动社会各界爱心人士出资捐款，全年共募集资助金 1.88 万元，直接救助“春蕾”女童 34 名。实施乡村振兴巾帼行动，创建自治区巾帼脱贫示范基地 2 个，充分发挥巾帼脱贫示范基地的模范带头作用。4 月，在广西巾帼脱贫示范基地——勇伟特种农业基地和南康镇茂叶生态休闲示范园开展“姐妹手牵手·巾帼脱贫快步走”系列活动，组织基地周边贫困妇女及镇、村妇联干部共 200 多人参加农业技能培训班。联合区就业局举办 3 期农村建档立卡妇女中式面点师培训班，进一步充实贫困妇女脱贫“技能包”，增强贫困户“造血”功能。

深入推进妇女“两癌”保

险工作，全区累计投保“两癌”保险1.36万份，保费金额68.09万元，完成北海市妇联下达目标任务数的136%，在全市排名第二。区妇联被自治区妇联评为关爱女性健康“两癌”保险工作“优秀基层单位”。全年共有5名“两癌”患病妇女获理赔，赔付金额40万元。加强女干部培训，全年组织开展2期“不忘初心、牢记使命”妇女干部培训班，培训100多人。落实“儿童之家”创建经费6万元，按照“七有”创建标准配备儿童娱乐、锻炼、学习设施设备；新建3所“儿童之家”，组织开展“儿童之家”主题活动10多场，受众500多人次。

【家庭文明建设】 2019年，区妇联以“寻找最美家庭”活动为抓手，深入推进家庭文明建设工作。选树培育陈雪凤、李德明等2户家庭获得广西“最美家庭”称号；选树培育叶艺、周能、陈益伦、蔡世婷、蓝永权等5户家庭获得北海“最美家庭”称号。“三八”国际妇女节期间，指导区辖三镇妇联开展“塑优良家风　建幸福家庭”“婚姻家庭　亲子教育”“学做智慧父母　成就优秀孩子”等3场家庭教育知识讲座，引导广大妇女注重家庭、家风、家教建设。传播家庭文明正能量，引导未成年人弘扬和践行社会主义核心价值观。举办“讲颂家风家教好故事　争当新时代好少年”少年儿童故事比赛，共33名选手参加区级决赛，推荐优秀选手参加市级决赛，庞志宇获一等奖，陈曦、陈怡静、苏明蕙、温佳怡等4人获三等奖。

【普法维权工作】 2019年，区妇联大力开展普法宣传教育工作，积极维护妇女儿童合法权益。选树培育区法院民事审判庭妇女儿童维权岗获得“全国巾帼建功先进集体”称号，区法院民事审判庭庭长李其靖获得“全国巾帼建功先进个人”“广西三八红旗手”称号，推动全区妇女儿童维权工作迈上新台阶。在“三八”国际妇女节期间，以纪念《中华人民共和国反家庭暴力法》实施三周年为契机，举办“建设法治中国·巾帼在行动”维权周知识讲座，开展法制宣讲活动4场，发放妇女维权、男女平等基本国策等宣传资料2800多份。“六一”儿童节期间，在南康镇第一小学开展青少年普法宣传教育活动，举办《成长之路　法制护航——扫黑除恶专项斗争知识》讲座，100多名师生参加。婚姻调解委员会积极发挥调解作用，为妇女提供婚姻、家庭等方面的法律援助，全年共受理婚姻家庭案件98件，审结96件，其中判决52件，撤诉15件，调解29件。　（黄启莉）

铁山港区科学技术协会

【概况】 2019年，北海市铁山港区科学技术协会（简称区科协）与北海市铁山港区科技商务和工业信息化局合署办公。年内，区科协围绕党委、政府中心工作，助力脱贫攻坚和发展向海经济等，开展各项技术培训和科普等活动，取得一定成效。

【技术培训】 2019年，区科协积极抓好科技培训工作，为推广生猪科学养殖技术，帮助

2019年6月6日，区科协联合北海市科协在营盘镇彬塘小学开展以“关爱生命，保障健康”为主题的科普宣传活动　陈翠华　摄

农户掌握养殖技术，提高散户养殖业的技术含量，促进农民增收，助力农村打赢脱贫攻坚战，致力于生猪养殖技术培训。12 月 30 日，区科协在营盘镇盐灶村组织开展科普服务乡村振兴助力精准扶贫工程—盐灶村委生猪养殖技术培训，邀请北海市动物疾控中心高级兽医师石永胜现场为养殖户传授生猪养殖技术，为养殖户解惑答疑，帮助他们解决生猪养殖中遇到的技术难题，121 人参加。

【科普宣传】 2019 年 5 月 30 日是第三个“全国科技工作者日”，区科协围绕引导科技工作者积极投身科技创新、经济建设、积极参与科技志愿服务基层的活动主题，通过发放科普宣传挂图等形式、向广大群众展示崇尚科学、文明、健康的科普盛宴，本次活动共悬挂挂图 24 套，为促进公民科学素质的提高起到积极推动作用。

【“科普大篷车”进校园活动】 2019 年，区科协抓好以“关爱生命，保障健康”为主题的“科普大篷车”进校园活动。为进一步营造浓郁的科学教育氛围，激发学生爱科学、学科学的热情，培养学生的创新精神和实践能力，区科协联合北海市科协，分别于 5 月 23 日、6 月 6 日走进南康镇中心小学、营盘镇彬塘小学，开展以“关爱生命，保障健康”为主题的“科普大篷车”进校园活动，学校师生共 2000 多人参加活动。活动内容有科技品展览、机器人表演、VR 视频体验以及“珍爱生命，保障健康”有奖知识竞答等。

【青少年科技创新】 2019 年，为适应新时代人工智能技术发展，鼓励青少年在电子、信息、人工智能等高新科技领域学习、探索和实践，激发青少年对人工智能技术的兴趣，提高科学素质，区科协积极组织各中小学校学生参加北海市第 35 届青少年科技创新大赛，获得少儿儿童科学幻想绘画一等奖 1 幅、二等奖 1 幅、三等奖 4 幅的好成绩。 （陈翠华）

铁山港区残疾人联合会

【概况】 2019 年，北海市铁山港区残疾人联合会（简称区残联）内设办公室，有工作人员 2 人；下属铁山港区残疾人综合服务中心有工作人员 2 人。

【残疾儿童康复救助】 残疾儿童康复救助的目标是：在 2020 年建立与全面建成小康社会目标相适应的残疾儿童康复救助制度体系，形成党委领导、政府主导、残联牵头、部门配合、社会参与的残疾儿童康复救助工作格局，基本实现残疾儿童应救尽救。2019 年，铁山港区印发《北海市铁山港区残疾儿童康复救助实施方案》，确立定点残疾儿童康复机构 4 家，按不高于每人每年 2 万元的标准，为 15 名视力、听力、肢体、智力、孤独症儿童提供康复救助，改善了残疾儿童生活质量，促进残疾儿童事业全面发展。

【阳光助残扶贫基地】 2019 年，区残联对北海市德智现代农业开发有限公司进行调研，从立项的充分性、目标设置的合理性、基地实施的能力与条件、预期社会效益和经济效益、资金筹措和预算支出的合理性、风险及不确定因素等进行了考察和评估，根据铁山港区的实际情况，报送为自治区级“阳光助残扶贫”基地。投入资金 30 万元为入驻“阳光助残扶贫”基地的残疾人家庭提供种子、种苗、农药、化肥及技术指导等服务，带动扶持农村残疾人 100 人（其中建档立卡贫困残疾人 67 人），受扶持的残疾人每年有不低于 1500 元收入，为有劳动能力的建档立卡残疾人稳定脱贫提供就业收入保障。

【全国残疾人基本服务状况与需求信息数据动态更新】 2019 年，区残联推动建立全国残疾人基本服务状况和需求信息数据动态更新（简称动态更新）工作长效机制，制订全区开展残疾人动态更新工作实施方案，积极与区民政、人社、住

2019 年 12 月 23 日，铁山港区残联副理事长庞海峰（左一）与区人民医院评残医生入户开展自治区“四合一”考核反馈问题核查

区残联　供

建等部门沟通，互通建档立卡贫困残疾人就业、低保、残疾人“两项补贴”等数据信息，通过与调查所得出的数据进行对比和分析，及时进行复核和更正错误的数据和偏差信息，保证数据的准确性和客观性。通过向第三方购买服务以移动终端采集的方式进行残疾人动态更新工作，同时调动镇、村（社区）专职委员力量，形成合力，确保全区数据动态更新调查工作任务按时按质按量完成。动态更新的实名制数据主要用于党委、政府决策和有关部门研究工作，综合数据需经国务院残工委或国务院残工委授权的部门批准后定向公开或向社会公布。动态更新工作是以持证残疾人为调查对象，该次登记人数共 4373 人，已完成登记 4219 人，其中入户登记 4176 人，电话登记调查 43 人，入户率达到 98.98%；未完成登记 154 人，其中注销 96 人，已搬迁 3 人，外出 55 人。（吴伟霞）

铁山港区社会科学界联合会

【概况】 2019 年，北海市铁山港区社会科学界联合会（简称区社科联）有工作人员 1 人。该届区社科联由主席 1 名、专职副主席 1 名、兼职副主席 4 名组成常务委员会，有委员 18 人。年内，区社科联积极协助区委办、区委宣传部开展区委中心组集中学习 8 次，其中专题学习 2 次。同时，围绕党委、政府中心工作，举办社科论坛、讲座及科普宣传等项活动，取得较好成效。

【社科事业深化】 2019 年，区社科联贯彻落实《中共中央关于加强和改进党的群团工作的意见》文件精神，就机构改革后是什么、干什么、服务谁的问题对深化改革实施方案进行认真研讨，并制订《北海市铁山港区社会科学界联合会深化改革实施方案》，对具体措施进行细化，通过区委全面深化改革委员会第三次会议讨论实施，竭力帮助群众解决最关心、最直接、最现实的问题，当好党委、政府服务群众、惠及民生的得力助手。

【社科工作经验交流】 2019 年 4 月，广西市县社科联工作经验交流会和社科联智库建设工作经验交流会在百色市召开。铁山港区《搭建立体化平台　开展多形式讲习　努力畅通基层理论宣讲“最后一公里”》的经验得到书面推广，并制作成 APP，由区委宣传部副部长、社科联主席陈传栋在会上做同题经验发言，全面介绍铁山港区创新理论宣讲模式、方法，积极畅通理论宣讲“最后一公里”，实现基层理论宣讲零距离、全覆盖，把党的声音传递到最基层的工作成效。

【社科讲座】 2019 年 1 月，根据北海市社科联的安排，区社科联承办“北部湾讲坛——改革开放 40 周年和自治区成立 60 周年大家谈”专题讲座，北海市社科联党组书记、主席伍朝

胜在会上做题为"习近平的向海经济思想解读"报告,报告梳理分析习近平向海经济思想的提出及形成的基础条件、发展历程,分析向海经济在北海的体现及对促进北海向海经济高质量发展的对策建议。9月,区社科联举办庆祝新中国成立70周年专题讲座。特邀广西社科院哲学研究所所长、中国特色社会主义理论体系研究中心主任、研究员曾家华授课。曾家华以"从国史党史看国运"为主题,从战略的高度上辩证地回顾了新中国成立70周年的伟大历史进程,全面阐述"不忘初心、牢记使命"的重要意义。

2019年9月27日,区社科联在南珠会堂举办图说中华人民共和国成立70周年活动　　区社科联　供

【文化科普惠民】 2019年,区社科联联合文化等部门,利用多种方式,组织开展文化下乡、戏曲进乡村、农村电影放映工程等一系列活动,不断满足群众日益增长的文化需求的同时,将习近平新时代中国特色社会主义思想、中共十九大精神等先进理论送到基层,打通理论宣传"最后一公里"。年内,全区共开展惠民演出60多场,"戏曲进乡村"19场,送电影下乡380场。区社科联举办"图说中华人民共和国成立70周年"活动,全面展示新中国成立以来,特别是改革开放以来,我国在政治、经济、文化等领域取得的成就,营造庆祝中华人民共和国成立70周年的热烈氛围。

2019年1月18日,区社科联在区政务服务综合楼五楼举办北部湾讲坛——"改革开放40周年和自治区成立60周年大家谈"讲座。北海市社科联主席伍朝胜(主席台)在会上做题为"习近平的向海经济思想解读"报告　　王　鹏　摄

【基层文化活动】 2019年,区社科联积极传承非物质文化遗产,开展"文化扶贫——铁山港区非物质文化遗产'卖鸡调'传承培训"9场,非物质文化传承逐步向规范化发展。与有关部门联合,充分利用村级公共文化服务中心这一文化阵地,组织开展各类文艺专场演出。各艺术团队积极将社会正能量融入文艺创作和表演中,不断在基层群众中传播正能量。

(欧作合)

铁山港区工商业联合会(铁山港区商会)

【概况】 2019年,北海市铁山港区工商业联合会(北海市铁山港区商会）（简称区工商联）设主席1名、副主席8名（其中常务副主席1名）、常委17名、执委47名。8月29日，区工商联召开四届四次常委会，按法定程序选举全票通过谢余红为铁山港区工商联第四届执行委员会常务副主席。年内，区工商联加强商会组织建设，不断壮大会员队伍、优化会员结构，成立南宁北海市铁山港商会和北海市铁山港区青年企业家商会。深入开展以领导班子好、会员发展好、商会建设好、作用发挥好、工作保障好为主要内容的“五好”工商联创建活动，依法推进乡镇（街道）商会组织登记、规范商会管理、发挥商会统战职能等改革任务，经申报审批，区工商联先后被认定为2018—2019年广西“五好”县级工商联、全国“五好”县级工商联。

【思想建设】 2019年，区工商联坚持政治建会，利用召开四届三次执委（扩大）会议、常务委员会会议、新时代讲习所等，向非公经济人士传达习近平新时代中国特色社会主义思想和中共十九大、十九届四中全会精神，不断提升非公经济人士的政治素养。继续深化以“守法诚信经营，坚定发展信心”为重点的非公经济人士理想信念教育实践活动。组织区内非公经济人士参加“中小微企业转型升级专题培训班”“非公有制企业家综合提升综合班”，与区非公经济管理办公室联合举办“非公经济人士和党外人士贵州培训班”等活动，有效提升他们的政治素养和业务能力。

【服务企业】 2019年，区工商联充分发挥政府与企业间的桥梁纽带作用，强化服务意识，打造工作平台。开展4次企业走访调研活动，倾听非公经济企业管理人员的意见、建议；组织召开2次银政企座谈会，着力解决非公经济企业融资难等问题。会同检察院开展“护航民营企业家”主题的检察开放日活动，以法治护航民营企业家人身和财产安全。积极参与解决民营企业突出问题“百日攻坚”行动，收集汇总一批民营企业经营发展中遇到的难题，向有关主管部门反映并协助解决。

2019年2月28日，铁山港区工商业联合会第四届三次执委（扩大）会议在北海市怡程酒店召开　　李尤敏　摄

【公益事业】 2019年8月，铁山港区举行“同心助学”活动。区工商联积极组织区内18家民营企业参与，共捐赠助学资金6万元，资助20名考上高等学校的贫困学生。动员各镇商会及民营企业、非公经济人士开展公益慰问活动，捐赠物资折合金额超10万元。

【助力脱贫攻坚】 2019年，区工商联进一步充实“万企帮万村”结对帮扶力量，动员和引导一批积极性高的企业加入结对帮扶行列，结对帮扶企业由原来的9家增加到17家。10月，在全国第六个扶贫日来临之际，区工商联结合“不忘初心　牢记使命”精神主题教育活动，引导企业“以购代捐”的方式助力脱贫攻坚。11月9日，组织10家民营企业参加南康镇黄丽窝村梦想创业孵化基地的产品展销活动，全年消费扶贫金额逾5万元。（李丽菁）

法　治

政法及综治

【概况】 2019年，中国共产党北海市铁山港区委员会政法委员会（简称区委政法委）是铁山港区委领导管理铁山港区政法工作的职能部门。区委政法委内设办公室、维稳指导室、平安建设督导室3个职能股室机构，共有工作人员8人。区委政法委代管铁山港区法学会。

【维护国家政治安全】 2019年，铁山港区政法机关始终把政治安全放在首位，坚持围绕中心，服务大局，忠实履行职责使命，全力维护国家政治安全。强化对敌情报信息搜集研判，加强对邪教人员和非法宗教组织的摸底排查，对邪教“法轮功”等邪教人员开展“敲门”行动，进一步摸清底数，掌握动态，制定管控打击措施，积极组织开展“无邪教村（社区）”创建、“文明家庭拒绝邪教”签名等活动。强化国家安全人民阵线工作，有效防止各种渗透破坏活动，年内，全区没有发生危及国家安全的政治事件以及邪教滋扰事件。

【维护社会稳定】 2019年，区委政法委把平安建设作为维护稳定的总抓手，精心组织部署，稳步扎实推进，突出工作重点，坚持抓早、抓小、抓苗头，把大量影响社会稳定的突出问题及时解决在基层。区委政法委组织全区政法部门，围绕为新中国成立70周年大庆营造和谐稳定的社会环境目标，大力开展矛盾纠纷排查调处工作，切实抓好风险问题排查化解、重点群体和人员教育稳控、应急处置准备、社会面防控等各项措施落实。年内，全区调处民间纠纷561起，调处成功539起，调处率为100%，成功率为96.1%，防止民间纠纷激化20件。接待来访群众98批469人次，较上年分别减少10.1%和45.5%。全年没有发生影响重大的政治事件、进京赴邕非正常上访事件和较大的群体性事件，圆满完成全国“两会”、新中国成立70周年大庆、中国—东盟“两会”等多个敏感节点期间的维稳安保工作。年内，铁山港区再度被推荐为信访工作全国“三无”县区。

【平安铁山港建设】 2019年，

2019年11月20日，区委常委、政法委书记陈文初（左三）在现场调解建设方南洋船厂与石头埠周边村民因隧道建设（九号路支线）导致村民出难行问题　　欧华安　摄

区委政法委组织政法各部门深入推进立体化治安防控体系建设，加强重点地区和突出治安问题排查，社会防范管控水平不断提升，驾驭社会治安能力明显增强。年内，全区立刑事案件234起，比上年的290起下降19.3%；破案174起，比上年破案148起上升17.5%；逮捕314人，比上年的212人上升48.1%；刑事拘留296人，比上年的259人上升14.3%。有效警情持续下降，其中刑事警情仅91起，比上年下降17.3%。全区实现285天无刑事案件发生，创历史新高。

【扫黑除恶专项斗争】 2019年，铁山港区持续高位推进扫黑除恶专项斗争，成立由区委主要领导任组长的区扫黑除恶工作领导小组，将专项斗争与区委重点工作同谋划、同部署、同推进，不断强化组织保障，形成齐抓共管的工作格局。全区政法机关坚持以群众反映的突出治安问题为重点，以人民群众满意为标准，严厉打击各类涉黑涉恶违法犯罪活动，依法取缔非法采矿、非法捕捞、非法圈占沿海滩涂、非法经营等社会乱象，全区社会治安得到有效控制。年内，全区铲除涉恶团伙2个，刑拘团伙成员10人，提请批准逮捕团伙成员10人。铲除涉赌犯罪团伙3个、涉黄犯罪团伙1个，查处黄赌案件101起，侦破毒品案件21起，查处吸毒人员177人，强制戒毒103人。侦破建筑市场强迫交易案件1起，刑拘3人。立案查处非法采矿（高岭土）案件11件，刑拘23人。破获非法捕捞案7起，抓获54人，刑拘53人，提请批准逮捕47人。同时，强力开展“打伞破网”专项斗争，区纪检监察部门查处涉黑涉恶“保护伞”案件2件。

【社会治理网格化管理】 2019年，铁山港区进一步加强区、镇、村（社区）综治网格工程建设，区综治中心整合辖区治安视频监控资源，初步形成集视频联网、综治信息平台、治安监控“三位一体”的综合性情报指挥系统；投入40万元建设南康镇三塘村、兴港镇小马头村等6个村级综治中心示范点；创新网格化管理机制，提高网格员工作积极性，不断加强网格员日常巡查、治安协防、公共安全隐患排查、矛盾纠纷化解、特殊人群服务管理等信息搜集和化解工作。年内，全区综治网格排查事件800件，均全部办结，完成率100%，基层社会治理网络信息化应用能力和水平明显提高。

【基层社会治理模式创新】 2019年，铁山港区公安机关创新基层社会治理模式，开展“基层党建＋农村警务＋N”模式，有力强化部门合作和社区（企业）联动。不断深化“一村一警一助理”工作，初步形成共建共治共享格局；司法行政部门落实了“一村（社区）一法律顾问”全覆盖，大大方便了群众咨询法律问题。严格贯彻落实严重精神障碍患者监护人“以奖代补”政策，加强严重精神障碍患者日常管控工作，年内没有发生精神障碍患者肇事肇祸重大事件。加强对吸毒、社区矫正、刑满释放人员的管理。

【群众安全感稳步提升】 2019年，铁山港区群众安全感和对政法队伍满意度在上年基础

2019年，铁山港区群众安全感和政法队伍满意度“双提升”工作会议在区政务服务综合楼五楼会议室召开　　欧华安　摄

上又有新提升，群众安全感调查得分 97.49%，较上年提升了 0.13 个百分点，保持连续 8 年稳步上升态势，排名广西县区前列。人民调解创新开展，全区以新时代“枫桥经验”助推工业强区建设人民调解工作经验在 2019 年自治区政法委“枫桥经验”现场会上得到推广。

【司法体制改革】 2019 年，铁山港区深化政法领域改革，推进机构职能体系全面优化，形成精简高效的司法人力资源配置，促进公正高效审理案件。区法院创新机制推进案件繁简分流简案快审，繁案精审，促进审判提速。年内，区法院受理各类案件 1215 件，审执结 1136 件，结案率 93.5%，比上年分别提升 37.76%、44.50%、4.40%，员额法官人均结案 103 件，比上年提高 45.07%。全年恢复执行案件执行完成率 56%，排名全市第一。开通妇女儿童维权“绿色通道”，对涉及妇女儿童切身权益的案件实行快立、快审、快结、快执的方式办理，最大程度保障妇女和未成年人的合法权益。年内，综合审判庭庭长李其靖获“全国维护妇女儿童权益先进个人”称号。区检察院强化立案、侦查和刑事审判监督，全年共受理刑事案件 329 件 699 人，审查批捕 142 件 307 人，审查起诉 187 件 392 人。深化刑事执行检察监督，积极开展民事行政诉讼监督，进一步规范干警执法司法行为。积极开展公益诉讼工作，立案 7 件，有效维护社会公共利益。公安机关加快户籍制度改革，户政业务实现可异地办理身份证，极大方便了铁山港（临海）工业区企业外地员工。坚持定期联防走访企业，上门为企业员工办理居住证，积极化解企业周边治安问题，得到辖区企业好评。

【政法队伍建设】 2019 年，区委政法委把抓政法队伍建设摆上重要的议事日程。通过开展“不忘初心、牢记使命”主题教育活动，建立内强素质，外树形象的政法队伍纪律制度，营造政法队伍学习先进、争当先锋的良好氛围。扎实开展从严治警“五查五整顿”活动，敢于正视存在问题，深刻反思上年公安系统出现的“腐败违法案件”，开展“以案促改”警示教育等活动，整顿政法队伍纪律作风，不断筑牢反腐倡廉思想防线，全区政法系统呈现出良好的政治生态，政法队伍的整体素质明显增强。 （陈冬梅）

政府法治建设

【概况】 2019 年 3 月，机构改革后，铁山港区政府法治工作职能合并入区司法局行政职能。为促进法治政府建设，区司法局积极抓好法制工作，发挥法律顾问的职能作用，切实为区政府和铁管委的决策提供专业的法律服务。年内，区司法局审核相关投资合同和规范性文件 125 份，并出具相关法律意见，为区政府和铁管委处理有关法律事务以及行政决策提供法律支持。

【行政复议与行政诉讼】 2019 年，区司法局积极化解行政争议，着力维护社会和谐稳定。重视调处涉诉涉法事项工作，组织律师参与，力求化解、力求成效。办理行政复议案件坚持实事求是，按程序办案、协调在先、案结事了的办案原则，对所有行政复议案件均按时提交行政复议答复书和相关证据材料。认真履行行政应诉职责。年内，全区共办理 5 件行政复议案件和 8 件行政诉讼案件，有效促进政府依法办事，推动法治政府建设迈上新台阶。

（欧　萍）

公　安

【概况】 2019 年，北海市公安局铁山港分局（简称区公安分局）内设行政科、户政科、政工室、办公室、纪检监督室 5 个科室；有督察大队、国保大队、治安大队、刑侦南康责任区大队、刑侦综合大队、网侦大队、法制大队、禁毒大队 8 个大队，其中纪检监督室、督察大队合署办公；下辖兴港派出所、南康派出所、营盘派出所、石头埠派出所4个派出所。

【维护社会稳定】 2019年，区公安分局贯彻落实“必须坚持党对一切工作的领导，不断加强和改善党的领导”指示精神，把握政治方向，维护国家政治、政权安全，加强情报信息收集，严密防范和打击敌对势力和邪教犯罪活动，确保辖区政治大局安全稳定。区公安分局组织开展矛盾排查工作，全年梳理敏感群体12个、敏感事件12个，关注敏感人员262人，重点稳控人员33人，分类落实稳控责任。

【反恐安保】 2019年，区公安分局加强对重大活动的安保工作，先后派驻广州执勤点2人次、南宁执勤点2人次、北京执勤点1人次，援助新疆2人次，完成国庆70周年大庆、中国—东盟博览会和环广西公路自行车世巡赛等重大活动安保维稳任务。加强涉恐、涉外人员管控。多措并举，排查辖区涉恐重点人员、涉疆涉藏恐怖重点人员，排查各类矛盾纠纷等不稳定因素，查处“三非”（未经合法手续在中国非法就业、非法入境、非法居留）越南籍人员59人。加强反恐基础工作建设，加大对涉恐场所和重要部位检查力度，对LNG（液化天然气）、北海中石化厂、和源石油、加油站等涉爆点的检查，落实防控措施，研判分析反恐形势，落实涉恐人员“七见”措施。

【案件查处】 2019年，区公安分局立案刑事案件234起，比上年下降19.3%；破案174起，比上年上升17.5%（抢劫案立案3起，比上年增加2起；破抢劫案2起，比上年增加2起；没有抢夺案立案；盗窃立案33起，比上年下降44起；破盗窃案24起，比上年下降4起；打击涉赌犯罪团伙3个、涉黄犯罪团伙1个，查处黄赌案件14起，其中5月24日成功破获1起特大开设赌场案，抓获涉嫌开设赌场犯罪嫌疑人刘某钦等19人，扣押涉案车辆10辆、银行卡149张、涉案金额5000余万元）。刑拘296人，比上年上升14.3%；提请批准逮捕314人，比上年上升48.1%；抓获351人，比上年上升25.4%；受理治安案件443起，比上年上升21.4%。加大对涉“食药环境”案件的打击力度，打掉破坏环境犯罪团伙3个（其中“9·26”黄某海等人非法采矿案，刑事拘留5人，查封扣押被盗采白泥2.4万吨，价值200余万元）。毒品案立案22起，比上年下降42.1%；破毒品案20起，比上年下降47.3%。缴获各类毒品共401.21克，查处吸毒人员177名，强制戒毒103人，有效打击涉毒违法犯罪。

【基层基础建设】 2019年，区公安分局全力做好基层基础工作，完善基础设施建设。投入700多万元的执法管理中心建成使用，投入600多万元的兴港派出所业务用房建设年底完工，改善基层办公办案条件。增加后勤保障投入，改善民警食宿环境。推进科技兴警项目建设，实施公安大数据。投入200万元持续推进“平安二期”补点工程建设；投入280万元的移动上网终端定位设备及电子数据取证设备投入使用，为打击违法犯罪提供强大科技支撑；加大基础信息采集录入工作，共采集录入基础信息2063条。

【户政改革】 2019年，区公安分局推进户籍改革，简化审批流程、提高审批效率，解决群众来回跑、不方便、办事难等突出问题；实现异地办理、上门办理身份证及居住证，为286名贫困户人员办理户口。营造平安辖区。

【“一村一警”机制】 2019年，区公安分局落实完善“一村一警”警务机制，完善农村警务室建设，加强治安巡逻，推进群防群治，加大重点地区整治和矛盾纠纷化解力度。

【宣传工作】 2019年，区公安分局加大治安宣传力度，举办警营开放日活动，宣传打击防范不法侵害法律知识，传授防范常识。组织开展法律大讲堂活动1期，参训民警15人；组织民警到机关、学校、企事业单位上普法宣传课10期，接受普法教育群众3400多人

2019 年 9 月 1 日，铁山港区副区长、区公安分局局长裴强昌（中）到南康派出所调研队伍建设　　区政府办　供

次。到镇、村街道市场等人员密集场所悬挂普法宣传横幅1500 幅，张贴、发放普法宣传单 5 万多张。通过电视、电台、报刊、微博、微信公众号、手机短信等多种传媒大力宣传法制知识，提高群众的安全防范意识。

【亲民助民】 2019 年，区公安分局落实亲民助民、深化警民关系行动，落实中央扶贫政策，发动干警扶贫捐款 1.16 万元，为贫困户送米油等生活物品价值 6 万元，资助 5 万元帮助贫困村发展村级集体经济。

【执法规范化】 2019 年，区公安分局抓好案件执法质量考评，以评促改，通过对所办理案件进行质量考评，促进案件依法依规，确保执法规范化。区公安分局组织全体民警参加执法资格学习、考试，提高民警依法执法能力。

【队伍建设】 2019 年，区公安分局加强推进公安队伍革命化、正规化建设，坚持政治建警，筑牢忠诚警魂，打造公安铁军，焕发公安工作新战力。开展“不忘初心、牢记使命”主题教育，深刻吸取覃仲林、徐维东、刘湘宁、李春宁、黄家华等违纪违法案件教训，开展“以案促改”教育，坚持警钟长鸣，强化敬畏法纪意识，加强廉政教育，守“八项”防“四风”，净化警魂，强化防腐拒变意识。狠抓队伍“五查五整顿”建设，落实“一岗双责”机制，强化责任担当意识。落实从优待警措施，开展关爱民警、暖警活动，强化凝心聚力意识。加强各项业务学习培训，提高业务素质，规范办案执法，强化公平正义为民意识。推进应急特勤队建设，10 月全区完成 60 人的应急特勤队招录工作，缓解辖区警力不足和处置突发性事件矛盾。

（曹宝群）

检　察

【概况】 2019 年，北海市铁山港区人民检察院（简称区检察院）内设办公室、第一检察部、第二检察部、第三检察部、政治部，设派驻兴港检察室 1 个派出机构，实有检察人员 25 人，其中本科以上学历 21 人，法律本科 20 人。区检察院立足检察职能，综合运用打击、预防、监督、教育、保护等手段，把服务大局贯穿于执法办案的各个环节，为铁山港区向海经济发展提供有力司法保障。年内，1 名干警获评全市检察机关三等功，1 名干警获北海市检察院嘉奖；2 名干警获评铁山港区公务员考核三等功，2 名干警获铁山港区公务员考核嘉奖。

【服务经济社会】

惩治涉众型经济犯罪　2019 年，区检察院严惩非法吸收公众存款，集资诈骗，组织、领导传销活动等涉众型经济犯罪，批捕 6 件 19 人，起诉 14 件 47 人，有罪判决率 100%，坚决打击涉众型经济犯罪，为铁山港区向海经济的发展奠定法治基础。

服务政府中心工作　年内，区检察院加大对农村地区侵害留守老年人、儿童犯罪的打击力度，出台保护意见，建立专案快办、法律援助办案机制；开展精准扶贫工作，选派一名优秀干警到挂点村，全脱产担任驻村工作队员。区检察院25名干警与36户贫困户结对帮扶，年内开展扶贫工作300多人次，已有32户脱贫；积极参与“美丽广西”乡村建设，助力北海创城工作，先后组织志愿者30多人次参与创城活动，定期组织干警到挂点村开展环境综合整治及卫生清理工作。

保障生态环境建设　2019年，区检察院深入学习贯彻习近平生态文明思想，扎实推进中央环保督察整改和生态环境建设，坚决打好“蓝天、清水、净土”环境污染防治攻坚战。以“零容忍”的态度严惩破坏生态环境行为，审查起诉各类破坏生态环境犯罪案件26件76人，分别占案件总数12.1%、18%，其中非法捕捞水产品案9件47人、非法采矿案8件17人、非法占用农用地案3件6人、非法狩猎案3件3人、滥伐林木案1件1人、盗伐林木案2件2人。为加大打击危害生态资源、生态环境犯罪力度，保护环境，区检察院联合区纪委监委和相关部门，共同筹建公益诉讼暨环境保护教育基地，为创建集公益诉讼、环境保护、法治教育、廉政教育为一体的多功能普法宣传教育平台，联合开展警示教育，构建良性检察公共关系打好坚实的基础。

【惩治刑事犯罪】

批捕起诉　2019年，区检察院全面推进群众安全感、满意度“双提升”工作，在刑事案件增加的情况下，克服案多人少的困难，履行批捕、起诉职能，批准逮捕各类刑事犯罪案件135件287人，分别同比上升18.4%和26.4%；起诉215件422人，分别同比上升63.9%和105%。批准逮捕黄赌毒犯罪41件72人，起诉55件108人。严厉打击多发性侵财案件，共起诉盗窃、诈骗等侵财犯罪案件29件49人。

扫黑除恶　2019年，区检察院强力推进扫黑除恶专项斗争，提前介入涉恶案件2件，批准逮捕涉恶案件2件10人，决定逮捕涉恶案件1件1人，提起公诉涉恶案件3件11人。通过对涉黑恶案件、信访控告、近五年来办理的职务犯罪案件以及聚合型犯罪案件进行深入排查，发现涉黑恶犯罪及“保护伞”问题线索3条，已按有关规定向相关部门移交。创新工作方式，将扫黑除恶专项斗争与扶贫攻坚工作有机结合，在辖区村委挂牌成立扫黑除恶专项斗争驻村联系点，主动深入社区、农村开展涉黑恶案件线索摸排工作，促成1名在逃涉恶嫌疑人主动投案。

宽严相济　2019年，区检察院坚持宽严相济理念，在检察办案环节最大限度化解矛盾，促进社会和谐。对主观恶性较轻、社会危害不大的初犯、偶犯，不批准逮捕5件22人，不起诉8件10人。成功化解因邻里纠纷、土地纠纷引起的故意伤害案件，对犯罪嫌疑人充分释理说法，使3名犯罪嫌疑人认识错误，签署认罪认罚具结书。

【检察监督】

立案、侦查和刑事审判监督　2019年，区检察院坚持惩治犯罪与保障人权相统一，加强侦查活动和刑事审判监督，监督公安机关立案7件11人、纠正漏捕13人、追诉漏犯4人、追诉漏罪16件，同比上升220%，书面纠正侦查活动违法8件。

刑事执行检察监督　2019年，区检察院受理羁押必要性审查案件55件，同比上升205%，经审查建议变更强制措施22人，变更强制措施建议全部被采纳。切实履行好社区矫正检察监督工作，设立专人开展社区矫正服务工作，及时提出矫正意见，杜绝脱管、漏管、虚管现象发生，向执行机关发出检察建议8份，协同有关部门共同推进社会管理创新。

民事行政诉讼监督　2019年，区检察院受理民事行政检察案件4件，办结3件，仍在办理1件。对辖区国土领域违法行为的行政非诉执行情况进行摸底调查。开展民事行政法律宣传4次，走访9个相关单位和部门。

检察权运行监督　2019年，区检察院推行“谁办案谁决定、谁决定谁负责”的办案责任制，细化三类检察人员权力和责任清单，确保检察权在阳光下运行。加强司法风险防控，开展案件质量评查，发出办案期限预警提示22件次。依法保障律师执业权利，共接待律师申请阅卷226人次，通过光盘拷贝电子卷宗1427册（份）。严格落实司法办案“三个规定”，坚决防止领导干部和司法机关内部人员干预司法活动、插手具体案件。

【检察体制改革】

司法体制改革　2019年，区检察院有序推进各项内设机构改革，从12个部门整合为5个部门，内设机构改革后的任职工作正在进行中。遴选第二批员额检察官1名，8名员额检察官全部配置到办案和一线业务岗位。认真贯彻落实以审判为中心的刑事诉讼制度改革，努力实现庭审实质化要求，与法院、辩护人召开庭前会议，检察长依照法律规定列席同级法院审判委员会。

监察体制改革　2019年，区检察院围绕反腐败斗争的总体部署，继续充分发挥检察机关职能作用，办理监察机关移送的职务犯罪案件1件1人。加强与监察机关沟通协调，及时解决程序流转和个人办案中遇到的新情况、新问题，实现平稳衔接。

检察公益诉讼创新　2019年，区检察院深入开展创新检察公益诉讼工作，立案7件，向行政机关发出检察建议7份，已经回复并采纳建议6件。针对辖区非法捕捞水产品、非法开采海砂等突出问题，不断加强生态环境和资源保护领域公益诉讼工作，积极开展“守护海洋”行动，向海洋执法部门发出检察建议，监督行政机关依法履职，全年办理生态环境和资源保护领域公益诉讼案件2件。10月，区检察院协同区人大常委会组织相关人员前往铁山港区公用码头，现场勘察海洋领域生态环境保护工作开展情况，为依法开展守护生态公益诉讼做调研。

2019年10月30日，铁山港区人大常委会副主任李静（左五）率领调研组，在区检察院检察长于海（左一）陪同下，到铁山港区营盘镇火禄港做公益诉讼专题调研　　区检察院　供

【检察信访】　2019年，区检察院落实上级检察院“一号检察建议”，举办“携手关爱，共护明天”检察开放日、“法治进校园”巡讲活动，邀请老师、家长代表共同参与法治课堂。深化涉检涉诉信访机制改革，挂牌成立“12309”检察服务大厅，统一受理群众控告、申诉和举报。贯彻落实最高检察院检察长张军“群众来信件件有回复”批示精神，妥善处理来信来访25件，其中来访10件20人次，7日内程序回复25件，7日回复率100%。

【阳光检察】　2019年，区检察院以检务公开为载体，打造阳光检察，提升司法公信。坚持把检察工作置于党的绝对领导之下，认真贯彻党的理论、路线、方针和政策。紧紧围绕区委中心工作执法办案，主动向区委、区人大常委会报告检察工作情况。举办检察开放日活动，邀请人大代表、政协委员、人民监督员、村“两委”干部视察检察工作。通报开展扫黑除恶专项斗争工作和近年来未成年人刑事检察工作情况，让人民群众感受阳光检察，提高执法办案透明度和司法公信力。主动深化检务公开，年内，通过检察微博、微信、新闻客户端、门户网站等途径，全面推行案件程序性信息和法律文书网上公开，向社会公布案件程序性信息382条，公开法律文书98份，发送微博206条、微信146条、新闻客户端124条，检察门户网站发布信息83条，在各级传统媒体、新媒体刊登宣传报道90余篇，让群众了解和支持检察工作。（汪 凯）

法 院

【概况】 2019年，北海市铁山港区人民法院（简称区法院）内设政治部、立案庭（诉讼服务中心）、综合审判庭、执行局、综合办公室、司法警察大队，共有工作人员77人。全年受理各类案件1215件，审执结1136件，结案率为93.5%，比上年分别上升37.76%、44.50%、4.40%；员额法官人均结案103件，比上年提高45.07%。年内，区法院先后获“全国巾帼建功先进集体”、全自治区法院优秀妇女儿童维权岗、北海市先进基层党组织，入选全自治区基层法院“百个优秀庭审”和“百个优秀裁判文书”荣誉榜单，涌现出“全国维护妇女儿童权益先进个人”“广西三八红旗手”、全市法院先进个人等一批先进典型。组队参加铁山港区“青春心向党 奋进新时代”演讲比赛，获得一等奖。

【刑事审判】 2019年，区法院受理各类刑事案件238件，审结219件，结案率92.02%。深入开展扫黑除恶、禁毒等专项斗争，坚持从重从快依法严惩涉黑涉恶违法犯罪，深挖彻查找线索，排查案件368件，向政法部门移交线索4条，推动专项斗争扎实有效开展。全年受理涉恶案件1件，审结1件6人，狠狠打击了黑恶犯罪嚣张气焰。受理毒品案件42件，审结42件，比上年下降2.32%。审结计某等传销案件19件68人，有效挤压传销犯罪活动生存空间，依法适用没收赃款赃物、判处罚金等财产刑，其中罚金4000多万元，铲除传销组织的经济基础，有力遏止传销活动蔓延势头，为北海市摘掉全国传销重点整治城市帽子提供有力的司法保障。坚持绿色发展理念，依法惩处破坏环境资源类犯罪。全年审结破坏环境资源类案件21件65人，判处罚金145.20万元。严惩职务犯罪，审结职务类（行贿、受贿）犯罪案件4件5人，配合区纪委监委组织150名干部旁听庭审4场，有力促进廉政教育建设。严惩“两抢一盗”等犯罪，审结案件18件27人，强力优化社会治安环境。

【民（商）事审理】 2019年，区法院深入学习领会中共中央总书记习近平关于“法治是最好的营商环境”等重要指示精神，切实增强服务大局意识，自觉把法院工作融入港区工作全局来谋划、求发展。全年受理各类民（商）事案件548件，审结524件，审结涉案标的额2619.72万元。稳妥处理各类涉企案件，努力营造公正透明的法治化营商环境，积极落实涉法院职能的各项优化营商环境攻坚突破年指标，主动服务企业，提高司法服务质量，全年

2019年3月7日，北海市中级人民法院院长曾艳（左列中）一行到区法院调研扫黑除恶专项斗争等工作　梁新伟 摄

审结涉及民营企业家人身和财产安全案件95件；审理劳动争议纠纷案件56件，借贷案件131件，生命权、健康权案件9件，机动车交通事故责任纠纷案件25件。充分发挥多元化解决纠纷机制优势，加大调解力度，多元联动调解、有效化解矛盾纠纷，实现低成本解决争议，全年调撤案件188件，调撤率35.88%。继续完善妇女儿童维权岗建设，开辟妇女儿童维权岗“绿色通道”，着力为妇女儿童提供优质的法律服务和司法保障，审理涉及妇女儿童案件97件，调解率29.90%。受理行政案件11件，审结11件。

【案件执行】 2019年，区法院建立和完善终本案件立案恢复执行会商审查制度，对申请人申请立案恢复执行的终本案件严格把关，对确有可供执行财产的才审查立案，执行效果明显。年内，区法院受理执行案件366件，结案330件，结案标的额4539.27万元，实际执行到位金额1533.10万元，执行完毕率、实际执行到位率等主要考核指标位于全市法院前列；恢复执行案件执行完毕率达56%，排名全市第一。保持强制执行的高压态势，对被执行人采取限制消费措施166例，司法拘留3人，以涉嫌拒执罪移送公安机关1件1人，判处拘役1件1人。大力推进司法网拍工作，网络司法拍卖16件，成交金额796.35万元，标的物成交率93.75%。认真落实申请执行人司法救助制度，依法对15件25名生活确有困难的申请执行人发放司法救助金28.78万元，彰显司法人文关怀。

【司法为民举措】 2019年，区法院诉讼服务中心升级改造建设工程顺利通过自治区高级法院的检查验收并投入使用，智慧法院服务水平得到进一步提升。加快推进一站式解纷机制建设，根据最高人民法院《关于建设一站式多元解纷机制、一站式诉讼服务中心的意见》要求，整合立案、“分调裁”、审判辅助、律师服务、信访、法治文化传播六大功能，建成现代化诉讼服务中心，实现诉讼流程“一站式”办理。同时，坚持把非诉纠纷机制挺在前面，在全市法院首次试行“法院＋工会”劳动争议案件调解模式，联合北海市总工会调解结案1件涉及63人300多万元金额的劳动争议案件，既维护劳动者的合法权利，又保障了企业生产经营的稳定，取得良好的法律效果和社会效应。区法院大力提升立案服务能力水平，立案登记制改革以来，法院诉讼服务更加便民，当场立案率98%以上。年内，区法院积极推行网上立案、跨域立案，切实解决当事人异地诉讼不便的问题。网上立案129件，网上立案率23.54%。进一步完善涉诉信访机制，加强源头治理，有效预防和减少涉诉信访案件，全年办理群众来信来访6人次，办理上级法院和区人大交办的涉诉信访案件5件。全面推行远程视频接访、网上信访制度，及时回应群众诉求，群众满意度不断提升。

【改革创新管理】 2019年，区法院顺利完成法院内设机构改革，内设机构从13个缩减到6个，努力实现专业化审判和扁平化管理，审判质效明显提升，员额法官结案数比上年提高45.07%，审执率比上年提高4.4%。继续强化审判监督管理，加强审判权运行监督，全年评查各类案件154件，对案件存在问题及时整改，强化内部审判监督职能作用。继续落实和强化院长、庭长带头办案制度，院长、副院长办案134件，庭长办案828件，有效发挥指导审判和优化审判资源配置的示范作用。大力推进案件繁简分流，制订《北海市铁山港区人民法院关于民事案件繁简分流的实施意见（试行）》，推进简案快审，难案精审，把大量简易案件通过速裁方式办理，快速审结案件266件。深化刑事诉讼制度改革，坚持以审判为中心，全面推行庭前会议、排除非法证据、法庭调查三项规程，刑辩律师出庭率达72%，积极开展刑事案件认罪认罚从宽制度改革，审结认罪认罚案件72件164人。加大司法公开力度，邀请人大代表、政协委员、律师参与旁听庭审6人次，开展公众开放日活动5次。发布官方网站、微博、微信信息247条,在广西电视台《法治最前线》《海案线》等栏目推送各类案件、庭审信息4条。依托微博、网站、微信公众号3个平台,拓宽司法公开渠道,有效提升司法公信力。年内,区法院通过继续加强审判流程公开、裁判文书公开、执行信息公开三大平台建设,发布各类生效法律文书417篇,公开直播庭审564场。

【队伍建设】 2019年,区法院扎实开展"不忘初心、牢记使命"主题教育,认真落实党建工作,落实意识形态责任制,学习宣传邹碧华、黄大年先进事迹,在队伍中形成人人争做合格党员、争做合格法官的浓厚氛围。大力强化队伍建设,严格选人用人,年内晋升1名三级高级法官、2名一级法官。结合内设机构改革,提拔正科长级干部1人,副科长级干部1人,调整中层领导岗位5人,提拔中层领导7人,聘用制书记员转任9人,激励干警干事创业热情。举办法官、人民陪审员等系列培训班33次,培训干警48人次,组织55期900多人次参加视频培训会。

【司法廉洁】 2019年,区法院加强纪律作风建设,认真开展突出问题集中整治活动和审务督察活动,强化对办案法官的监督,共抽取回访案件39件39人次。深入推进全面从严治警"五查五整顿"专项行动,坚持把审判执行工作与"五查五整顿"紧密结合起来,不间断对干警开展警示教育,召开专题会议12次,典型案件通报会12次,播放警示教育片2次。严格落实党风廉政建设责任,加强监管力度。认真践行"四种形态"的第一种形态,提醒谈话20人次,努力营造风清气正的司法生态。

【审判监督】 2019年,区法院高度重视人大、政协民主监督,落实人大代表、政协委员联络制度,主动上门听取意见和建议。专题向区人大常委会报告审判监督工作,就提出的意见和建议认真研究,并制订整改措施。邀请人大代表、政协委员参与旁听庭审、全程监督审判执行活动,积极改进法院工作。邀请人大代表、政协委员到场监督法院聘用制书记员转任工作,确保选人用人公平公正。依法接受检察机关法律监督,支持、配合检察机关履行监督职责,认真对待检察建议,共同维护司法公正。广泛接受社会监督,健全新闻发言人制度,加强与媒体沟通,及时发布审判执行工作信息73篇,畅通民意沟通渠道,积极回应社会关切。 (梁新伟)

司法行政

【概况】 2019年,北海市铁山港区司法局(简称区司法局)内设办公室、综合股、调处股、法律援助工作股、社区矫正工作股,下辖南康、营盘、兴港3个司法所,全系统共有干部职工54人;区司法局下属有1个律师事务所、6个法律援助工作站和48个人民调解组织,有7名律师、256名人民调解员。

【法治宣传教育】 2019年是"七五"普法的第三年,区司法局紧紧围绕全区法治建设,深入开展法治宣传教育工作。抓好领导干部、行政执法人员学法用法工作。区司法局建立健全领导干部学法制度,制订学习计划,确保领导干部定期进行法律、法规的学习,主要利用上法制课、播放电子屏图文、发放宣传资料等方式开展法律进机关、进单位活动,增强领导干部职工的法治意识。加强农村普法宣传教育,积极探索农村法制宣传渠道,通过印发宣传资料、悬挂横幅、举办法律咨询活动等形式,提高群众的法治观念,扩建了玉塘法治广场。区司法局注重发挥村(社区)法律顾问的作用,在各村(社区)举办扫黑除恶专项斗争咨询活动和法治讲座,并与区委政法委、区纪委监委联合举办以"扫黑除恶扬正气,共建平安铁山港"为主题的文艺晚会,以舞蹈、小品、快板、南康"卖鸡调"等群众喜闻乐见的形式,在各个村委进行演出;在节目中穿插扫黑除恶知识问答,让扫黑除恶专项斗争深入人心。增强群众的法治观念、守法意识和依法维权意识，印发宣传资料4.5万份，悬挂宣传横幅50幅，出版法制专栏20期，上法制课20次，受教育群众7万多人次。为全区经济建设和社会稳定营造良好的法治氛围。

【人民调解】 2019年，区司法局继续贯彻“调防结合、预防为主、多种手段、协同作战”的工作方针，充分发挥人民调解员的智慧和力量，积极做好人民调解工作，消除各种不稳定因素，努力做到“大事不出，中事不出，小事少出”，有效维护全区的社会稳定。通过以案说法和开展法制宣传活动，提高广大群众的法律意识；防止纠纷的发生，做到防患于未然。注重调解工作的时效性，组织抓好纠纷排查工作，将春节、“两会”期间和春耕、清明节等敏感时期排查及每月一查形成制度，对排查出的矛盾纠纷，遵循调解工作宜早不宜迟、宜细不宜粗的原则，做到发生一起调处一起，把矛盾化解在基层，化解在萌芽状态。开展班子成员挂点帮带活动。针对辖区基层司法所近年来人员变动频繁，矛盾纠纷调处人才断层的现状，区司法局领导班子成员开展挂点帮带活动，即每位班子成员挂点一个司法所，每周深入司法所不少于一次，指导司法所开展具体矛盾纠纷案件办理的形式，以此提高司法所办案人员的业务水平和办案效率，促进社会和谐稳定。年内，全区共调处民间纠纷561起，调处成功539起，成功率96.1%，防止民间纠纷激化20件，有效地维护辖区社会稳定。

【社区矫正】 2019年，区司法局采取多种措施管理社区矫正对象，维护社会稳定。定期或不定期对三个驻镇司法所开展社区矫正执法检查，通过查阅工作台账和工作档案、听取工作汇报等方式，重点对社区矫正工作操作是否规范，监管教育措施落实是否到位，外出请假、居住地变更、进入特定场所、实施奖惩等审批是否严格等内容进行检查；在春节、“两会”“五一”劳动节、国庆节等重要时间节点，深入基层一线指导督促各司法所切实做好社区矫正安全稳定工作，确保社区服刑人员无脱管、漏管、虚管现象的发生。定期组织社区服刑人员参加公益性的社区服务，使他们亲身感受社会关爱，为实现洗心革面回归社会正常生活打好基础。年内，全区累计接收社区服刑人员488人，其中累计解除矫正人员438人，在管50人，未发生人员脱管、漏管的现象，重新违法犯罪率控制在5%以下。

2019年6月3日，区司法局在铁山港区能村小学开展北海市铁山港区村（社区）法律顾问“送法进校园”活动　　区司法局　供

【法律援助】 2019年，区司法局发挥法律援助专职人员和志愿律师、基层法律工作者的作用，帮助解决弱势群体告状难的问题，切实维护弱势群体合法权益。完善全区法律援助联络员制度，全区43个村（社区）建立完善法律援助联络员，实现法律援助联络员全覆盖，方便农村群众申请法律援助。开展基层法律援助便民服务窗口标准化建设，3个乡镇法律援助服务窗口全部按标准进行规范化建设。年内，全区共受理130件法律援助案件，发挥了法律援助“上为党和政府分忧，下为百姓解愁”的作用。（欧　萍）

军事·国防事务

铁山港区人民武装部

【概况】 2019 年，中国人民解放军广西北海市铁山港区人民武装部(简称区人武部)内设军事科、政治工作科、保障科，有工作人员 12 人；下辖南康、营盘、兴港镇武装部等 3 个基层武装部。主要工作职责：以聚焦国防动员备战和深化民兵调整改革为牵引，深入开展后备力量建设、兵员征集等大项活动。区人武部与北海市铁山港区国防动员委员会实行一个机构两块牌子合署办公；受区政府委托主管北海市铁山港区民兵训练基地。

【政治建设】 2019 年，区人武部学习贯彻习近平新时代中国特色社会主义思想，加强政治建设。认真抓好“传承红色基因、担当强军重任”和“不忘初心、牢记使命”主题教育。结合巡视反馈问题整改和肃清“郭徐房张流毒”专项活动，收集自查整改 6 类 17 个问题，确保教育活动取得实效。深入开展“学老英雄先进事迹、做新时代革命传人”交流讨论。经常性开展国防形势、安全保密和“四反”教育，结合党团日活动，教育引导全体干部职工铭记初心、坚定信仰、勇担使命，夯实干部职工听党指挥、干事创业的思想根基。认真落实民兵政治教育、征兵宣传、人员政治考核、国防教育、新兵役前训练、“双重”组织生活和“三会一课”等各项制度，完成年度各项工作任务。

【征兵工作】 2019 年，区人武部制订《2019 年铁山港区聚焦“五率”量化考评大力提升征兵工作质效若干措施》，认真分析形势，加强对“五率”考评的研究，突出大学生兵员征集重点、难点问题，增强工作针对性，采取有力措施，攻坚克难，大力提升征兵工作实效。各镇和区相关部门齐心协力，利用广播宣传、短信推送、悬挂横幅、张贴海报、派发传单等多种形式广泛开展宣传发动，分别组织召开春节回乡大学生征兵座谈会、征兵政策宣讲答疑会，并对应届高校毕业生逐一进行电话联系摸排，组织一线征兵业务骨干进村入户，介绍国防形势、讲清法律义务、讲明优待政策，激发适龄青年参军热情。坚持把征兵宣传工作贯穿国防教育和双拥工作之中，通过组织辖区 2 所中学学生进行军训和国防形势教育，逐一为立功人员家庭送喜报，为军烈属、退役军人家庭悬挂光荣牌等活动，营造应征入伍有为、做军属光荣的良好社会氛围。完成兵员征集任务，大学生新兵比例达 78.3%。征兵过程中，通过建强廉洁征兵监督员队伍，落实廉洁征兵“零报告”制度，确保连续 5 年无退兵、无举报、无违规问题发生。

【“双拥”共建】 2019 年，区人武部积极参与地方“创文创卫”、精准扶贫、创建“双拥”模范区等工作，加大对营盘镇能村村委会指导帮建力度。落实区委、区政府扶贫工作部署，投入资金用于改善营盘镇能村村委会办公条件和走访慰问贫困户。年内，区人武部负责帮扶的 21 户贫困户均达到“八有一超”脱贫标准，已全部实现脱贫。切实加强党管武装工作，落实好议军会、军事日活动、双向兼职、现场办公等制度，解决涉军难题。认真贯彻军民融合发展战略，履行军民融合协调职能。抓好国防教育训练制度落实，定期为党政机关举行国防知识教育讲座和形势报告会，为辖区学校举行国防教育和军事训练。积极协调区政府做好退役军人和随军家属安置、军人子女入学等拥军优属工作。

【安全稳定】 2019 年，区人武部坚持以条令法规为依据，组织开展思想作风纪律大检视、保密专题整治、“四反”工作专题教育、违规饮酒警示教育、枪弹清查清理及出国出境问题摸排。建立完善涉密人员档案和谈心记录，对网络安全保密工作、营区人员实名登记、官兵文职职工及其亲属出入境情况、军队人员参加社团情况等进行针对性清查统计，配合军区召开保密制度规范现场培训会，按规定抓好日常安全工作制度落实。结合迎接全军和国动部安全工作大检查，对“三外人员”联系不及时、计算机杀毒软件未及时更新、监控存储未达到规定标准等 16 个方面的问题进行整改落实，确保安全工作见效，连续三年被评为安全稳定“四无”单位。

【新兵回访】 2019 年，区人武部成立新兵回访小组，与补兵单位之间建立“人武部——接兵干部——补兵单位人力资源部门——新兵训练单位”联络机制。每周定期或随机与补兵单位联系，及时掌握新兵入营动态。10 月 14 日开始展开为期 11 天的新兵回访活动。

（宋小平　段　航）

国防动员工作

【概况】 2019 年，北海市铁山港区国防动员委员会（简称区国动委）与区人武部实行一个机构两块牌子合署办公，主任由区长兼任。主要职能是维护辖区国防动员潜力数据调查统计、安全稳定和策应南海军事斗争，平时持续搞建设，战时动员支前，确保形成保障大规模战争的国防动员能力。1 月，区国动委根据地方和部队人事变动情况，对区国动委领导小组成员进行调整，修订完善年度动员方案和保障计划。

【国防动员潜力调查】 2019 年，区国动委按照先培训、后普查的步骤，分 2 个工作组对辖区党政机关、57 家大型企业、渔业公司以及 150 吨以上渔船进行走访调研，集中人员开展国防动员潜力数据调查、更新和汇总，较好地掌握辖区人员、渔船、通信、医疗、运输等后备力量潜力数据。

【民兵编组调整】 2019 年，区国动委根据军区《我军后备力量建设“十三五”规划》和《民兵调整改革工作实施方案》文件精神，落实北海军分区部署，进行调整改革、优化编组。按照属地化、精准化要求，完成民兵分队的重新编组，所有专业分队均落实属地化编组，确保就近用兵、成建制使用管理。同时，推进新质力量编组，通过

2019 年 12 月 9 日，铁山港区在区民兵训练基地召开铁山港区民兵组织整顿工作领导小组工作会议　　区人武部　供

进一步挖掘潜力，编建一批新质民兵力量。

（宋小平　段　航）

铁山港区民兵训练基地

【概况】 2019年，北海市铁山港区民兵训练基地（简称区民兵训练基地）属区政府直属副科级事业单位，由区人武部管理指导日常业务工作，接受区政府和区人武部双重领导，是民兵集中组训的场所，主要组织民兵、军地两用人才和役前新兵训练等工作。

【新兵役前训练】 2019年，区民兵训练基地精准筹划抓新兵役前教育训练，依据军事训练大纲入伍训练阶段内容，重点突出单个军人队列动作和军人基本体能训练等内容，严格按照"模拟化组织、正规化训练、封闭式管理、全程化淘汰"原则，扎实抓好新兵役前教育训练，有效前移退兵风险，保证输送兵员质量。

【军事训练】 2019年5月初，区民兵训练基地对辖区全体基干民兵进行点验，人员到位率达到91.4%。认真抓好新颁布的《民兵军事训练大纲》学习贯彻，按上级下达的训练计划，完成年度训练任务和行动保障任务，年度民兵参训率达99.6%。在北海军分区组织的民兵骨干训练比武中，铁山港区民兵分别获得冲锋枪分解与结合和实弹射击第一名、3000米跑和实弹射击第二名的成绩。

【后勤保障】 2019年，区人武部统筹资金完善民兵连部和哨所建设，对远海民兵连多艘渔船进行任务加改装，并按装备编制表，配齐各类战备装备和服装物资。

2019年8月26日，在区民兵训练基地召开2019年度铁山港区预定新兵役前教育训练开训动员会

区人武部　供

【国防教育】 2019年9月，区民兵训练基地坚持以"时时国防、事事国防"为指导，针对辖区实际制订实施年度学生军事训练计划。向辖区各中学派出训练班长分队，组织全区新入学的初中、高中学生进行军训。军训科目含队列训练、体能训练、国防观念养成、国防军事浅析、国际安全形势分析等。区民兵训练基地根据学校实际情况与要求，辖区各中学军训活动同时进行，历时半个多月，圆满完成年度学生军训任务。

（宋小平　段　航）

铁山港区消防救援大队

【概况】 2019年，北海市铁山港区消防救援大队（简称区消防救援大队）下辖铁山港、金港、兴港3个中队，共有消防指战员40人，有政府专职消防队员65人、消防文员8人，配有执勤消防车辆19辆、消防宣传车1辆。主要负责营盘、南康、兴港3个镇的防火、应急救援工作，保护区域面积394平方千米。年内，区消防救援大队以防火、灭火、抢险救援为中心，狠抓各项工作落实，实现了火灾形势和队伍管理"双稳定"，为辖区经济社会发展和人民群众安居乐业创造了良好的消防安全环境。

【教育管理】 2019年，区消防救援大队发挥班子核心引领作用，坚持“问题导向”原则，严格落实双重组织生活，全面提升基层党建工作活力，夯实党建工作根基。年内，区消防救援大队开展“学训词、铸忠诚、创新业、立新功”“不忘初心、牢记使命”等主题教育活动，培树先进典型1人，认真贯彻落实党风廉政建设责任制。区消防救援大队党委、金港中队党支部分别被广西消防救援总队评为先进大队党委、先进中队党支部；金港中队被北海市消防救援支队评为先进中队，1人被广西消防救援总队评为优秀共产党员。

【演练和救援】 2019年，区消防救援大队大力推进队伍正规化建设，开展百日安全创建、条令条例学习月、纪律作风大整顿等活动，紧盯“人、车、酒、网、电、密”等重点环节，全面提升队伍精细化管理水平，确保队伍稳定。以提高队伍综合应急救援整体战斗力为目标，聚焦实战，突出重点，多措并举开展夏季、冬季实战练兵；进一步规范作战训练基础台账，完成修订数字化预案50余份、开展辖区“六熟悉”370余次、消防救援演练110余次、辖区微型消防站联训联演14次。年内，共接警出动255起(含增援)，出动车辆510辆次、警力3060人次，抢救被困人员3人，疏散人员20余人，抢救和保护财产价值440万元，圆满完成各项灭火救援与消防安保任务。

【火灾防控】 2019年，区消防救援大队抓实精准火灾防控，净化消防环境。推动区政府有效落实消防安全责任制，每季度召开常务会议或消防工作联席会议研究消防工作，学习、贯彻新消防法及《广西壮族自治区消防安全责任制实施细则》。

2019年，区消防救援大队营区外景　　区消防救援大队　供

年内，区政府、铁管委主要领导听取消防工作汇报10余次，率队开展检查6次；铁山港公安分局发文明确公安派出所分管消防工作领导和专兼职消防民警。各行业部门开展行业消防安全标准化管理，14家消防安全重点单位按要求落实“户籍化”管理工作。社会面火灾防控工作稳步推进，扎实开展冬春火灾防控、“防风险保平安迎大庆”消防安全执法检查、火灾隐患大排查大整治等专项整治行动，紧盯人员密集场所、石化企业、“多合一”场所、电动自行车停放、大型商业综合体、渔港码头等重点场所区域，召开集中约谈培训会6次、火灾案例现场教学活动1次。全年检查单位(场所)1420家次，发现火灾隐患2370处，督促整改火灾隐患2351处，下发行政处罚决定书16份，临时查封4家，责令“三停”单位8家，罚款4.8万元。

加快完善消防基础建设，推进消防安全网格化管理工作。区消防救援大队设立消防安全网格数43个、网格员71人，落实消防网格员补助经费3万元，发动联合乡镇、村(社区)网格力量开展消防安全巡查及宣传工作，提请区政府、铁管委完善市政消火栓建设，推广安装独立式感烟探测器200个。优化消防执法服务，全面应用“双随机、一公开”消防监管模式，加强和规范消防事中事后监督管理工作，保障执法公开、公平、公正。加强宣传抓意识提升,明确大(中)队宣传岗位人员5名,大力推进消防宣传“七进”(进机关、进企业、进农村、进社区、进学校、进家庭、进网络)活动,培养社区“消防宣传大使”5名,开展学校消防安全等主题宣传教育,落实辖区56所学校开展不少于4个课时的消防安全教育,加强重点单位和人员密集场所消防安全宣传,知晓率达100%。依托消防科普教育馆设立铁山港区应急消防科普教育基地,每周邀请社会公众走进消防站、科普教育馆参观学习。开展微型消防站运动会等119消防宣传月系列活动,做好冬春季节消防宣传工作。年内,新增消防公益广告牌4块,可移动消防宣传板报20余块,发放消防宣传资料4万余份,悬挂宣传横幅300余幅,开展消防科普教育馆开放活动56次、消防宣传车宣传56次,开展7类人群消防安全教育培训300余人次。

【后勤保障】 2019年,区消防救援大队夯实后勤保障。争取区政府批复2019年度预算经费750万元,比上年增长8.85%。投入宣传经费30余万元,制作防火安全宣传栏、宣传册等标志标牌扩大宣传面,全面提高群众消防安全意识;投入96万元采购训练装备器材。推进铁山港辖区内多个消防队站建设:北海市消防培训基地进行内部装修、铁山港临海工业园特勤消防站开始基础施工、铁山港水陆消防站选址定点。 (石　丽)

人民防空和海防工作

【概况】 2019年,北海市铁山港区人民防空和海防工作办公室(简称区人防海防办)在区住建局挂牌。

【业务工作】 2019年,区人防海防办配合上级海防部门,加强海防公路、海防监控设施的检查和管理,配合自治区、北海市人防海防办完成铁山港区2018年实施建设的海防公路自治区级核验。向自治区初步申报年内新建及提级建设海防公路22千米,总投资2298万元,已完成立项和可行性研究。

(林丽冰)

工　业

综　述

【概况】 2019年，北海市铁山港区科技商务和工业信息化局（简称区科商工信局）内设办公室、科技股、商务股、工业运行股，有工作人员9人。工业运行股具体负责贯彻落实国家和自治区有关工业发展的方针、政策和法规，指导全区工业发展。铁山港区全年实现地区生产总值比上年增长9.1%，增速位列北海市第一。工业总产值897.46亿元，同比下降3.27%；规模以上工业增加值同比增长9.9%；工业固定资产投资同比增长3.73%。

【产业发展】 2019年，铁山港区以招商引资和项目落地建设为抓手，强力推进产业发展。引进一批投资超百亿元的大项目，突出解决制约项目用地难、落地难瓶颈问题，掀起新一轮发展热潮。深入实施"招商突破年"活动，围绕"产业树"按图索骥、精准招商。全年签约项目48个，其中工业项目38个，农渔业、新城开发等项目10个，计划投资总额达974.55亿元，项目投资规模、"双百"项目数均在北海市排名第一。项目全部建成达产后预计年新增产值约1700亿元。年内，铁山港（临海）工业区获批准为自治区级经济技术开发区。

【服务企业】 2019年，铁山港区加强对企业的服务和指导。加强对中小企业调研、了解，完善全区中小企业信息数据库，对企业进行动态跟踪，对中小企业发展急需解决的问题、企业融资情况及项目进展情况，针对性指导企业融资和项目申报工作。加强与上级部门沟通，积极寻找项目申报途径，帮助企业申报各类扶持资金项目，争取有关部门在项目及资金上对企业给予更大的支持，促进企业发展。完善中小企业服务体系，构建全区中小企业信息化服务平台，发挥行业协会等中介组织作用。完善中小企业社会化服务体系，加大对中小企业在政策、企业管理、融资和信息化等方面的培训力度，提高企业管理人员素质，促进中小企业健康发展。

制糖工业

【概况】 2019年，铁山港区制糖企业有中粮屯河北海糖业有限公司（简称屯河北海糖业有限公司），产权为全民所有，有职工315人。屯河北海糖业有限公司原生产能力为日榨甘蔗5000吨，2019年进行技改，年生产能力从日榨甘蔗5000吨上升到6200吨；主要产品为白砂糖、赤砂糖。年内，屯河北海糖业有限公司生产时间140.39天，共榨甘蔗85.61万吨，产白砂糖9.48万吨、赤砂糖1.09万吨。作为锅炉燃料的甘蔗渣使用量11.26万吨，综合能源消耗3.06万吨，实现工业总产值8.40亿元。

【环保管理】

制度建设　2019年，屯河北海糖业有限公司设立安全环保部，配备1名专职环保管理员，负责公司环保管理工作。建立健全环保管理制度，有《环保与节能减排管理制度》《中粮屯河北海糖业有限公司环境管理体系》《北海糖业质量安全环保行政责任追究管理办法》《北海糖业环保考核细则》《北海糖业固体废弃物管理规定》《废水检测管理规定》等，做到环保管理工作“有章可循”。将车间排放污水、公司外排废水、废气、固体废弃物管理等指标与相关岗位人员的工资进行挂钩考核，提高涉及岗位、管理人员的环保意识和责任心。

2019 年 4 月 28 日，区科商工信局局长黄元贵（正面右二）在屯河北海糖业有限公司调研污染物排放治理工作　　区科商工信局　供

设施运行　2019 年，屯河北海糖业有限公司各种环保设施运行正常，环保设施运行率 100%，其中废水治理设施年运行天数 173 天（含榨季前培菌调试和榨季结束后续处理时间），废气治理设施运行天数 150 天，生产期间废水、烟气在线监控设备运行正常，监测数据正常上传，并保持与自治区监控中心联网正常。

节能项目实施　年内，屯河北海糖业有限公司污水处理曝气系统改造项目投入 42 万元，在曝气池的西北部安装充氧设施，解决污水处理系统曝气池溶解氧不足问题，提升污水处理效果。污水处理系统改造及生产线填平补齐项目环境影响评价和环保验收，投入 9 万元，完善环评相关手续。投入 20.11 万元，建设保温工程项目，减少热能损失，实现节能降耗。投入 245.5 万元，开展锅炉维修项目，1 号炉、3 号炉更换高温段过热器管和 1 号炉水冷壁及低温段过热器维修，提高锅炉燃烧效率，增加蒸汽产量，降低燃料消耗量及排烟温度，减少锅炉热损失，实现节能降耗。年内，该公司单位产品综合能耗为 292.76 千克标煤 / 吨，单位产品水耗为 2.15 吨 / 吨。

污染物排放　2019 年，屯河北海糖业有限公司通过在线监测数据及委托监测报告和北海市行政审批局核发的排污许可证，北海糖业污染物控制指标及完成情况见下表。年内，屯河北海糖业有限公司污染物排放指标和单位产品能耗水耗均低于控制指标，达到节能减排的要求。　（龙小雄）

2019 年屯河北海糖业有限公司污染物控制指标及完成情况表

污染物名称	废水污染物						废气污染物		
	化学需氧量	氨氮	五日生化需氧量	悬浮物	总磷	总氮	氮氧化物	二氧化硫	颗粒物
排放浓度限值	60 毫克 / 升	6 毫克 / 升	18 毫克 / 升	25 毫克 / 升	0.5 毫克 / 升	9 毫克 / 升	400 毫克 / 立方米	550 毫克 / 立方米	80 毫克 / 立方米
实际排放浓度	25.97 毫克 / 升	0.66 毫克 / 升	4.16 毫克 / 升	16.05 毫克 / 升	0.14 毫克 / 升	3.8 毫克 / 升	120.77 毫克 / 立方米	0	31.07 毫克 / 立方米
允许年排放量	48 吨	4.8 吨	/	/	0.4 吨	7.2 吨	158 吨	0	51.77 吨
实际年排放量	11.19 吨	0.28 吨	1.79 吨	6.92 吨	0.06 吨	1.64 吨	103.32 吨	0	26.90 吨

冶金工业

【概况】 2019年，铁山港区域内冶金工业企业有广西北部湾新材料有限公司（简称北部湾新材料公司），由原北海诚德镍业有限公司改制而成，是广西北部湾国际港务集团有限公司（简称北部湾港务集团公司）旗下全资子公司。位于广西北海市铁山港（临海）工业区，占地333公顷，有员工4200多人。北部湾新材料公司秉承“为员工创造事业，为企业创造财富，为社会创造和谐”的宗旨，坚持“以质量求生存，靠科技求发展”的经营理念，依托科学的企业发展规划、先进的设备技术、成熟的经营管理模式、畅通的人才引进渠道，努力打造中国不锈钢行业的新标杆。北部湾新材料公司具备年产340万吨镍铬合金板坯、300万吨热轧板卷、300万吨固溶板卷和120万吨冷轧板卷生产能力，年产值约500亿元，是国内一家从红土镍矿冶炼到镍铬合金宽板冷轧成品全流程覆盖不锈钢企业。已形成流程复合、产品多元、成本集约、高附加值的镍铬合金产业链，拥有200系、300系、400系和索氏体不锈钢等生产线，生产涵盖工业级和食品级等多领域高端系列不锈钢产品；生产规模在中国不锈钢企业中排行前三位，人均产钢量排名全国前列。年内，北部湾新材料公司遵循北部湾港务集团公司“精细管理效益年”的工作总基调，紧密围绕年度生产经营目标，以市场为导向，以降本增效为抓手，扎实有效地推进各项工作的开展与落实，保持稳定、均衡生产，全年铁、钢、材产量均超额完成年度任务目标；实现铁产量141万吨，钢产量287万吨，材产量281万吨。实现营业收入245亿元，利润4.2亿元，比上年增加3亿元。

【安全管理】 2019年，北部湾新材料公司通过强管理、抓落实，开展安全大检查10次，隐患大排查、大整治3次，完成隐患整改1220项；定期召开月度安全会议、组织安全演练，安规抽考2809人次。

年内，北部湾新材料公司发生工伤事故6起。其中：工亡事故1起，工亡1人；重伤事故3起，重伤3人；轻伤事故2起，轻伤2人。未发生重大生产事故，未发现职业病新增病例。

【环境保护】 2019年，北部湾新材料公司高度重视环保工作，积极履行企业社会责任，投入1.8亿元用于环保设施的运行、维护，以保障“三废”（废气、废水、废渣）达标排放。收集回用工业生产废水123.08万吨，收集雨水回用121.22万吨。投入1.1亿元用于中央环保督察“回头看”提出的环境整改问题。年内，已全面完成铁山港码头废渣堆场的现场清运整治工作，累计清运废渣及受影响土壤257.78万吨，其中清运精炼炉渣（含渣土）118.53万吨、矿热炉渣（含渣土）94.1万吨，受影响土壤15.75万吨（含少量渣土）。

【质量管理】 2019年，北部湾新材料公司顺利通过GB/T19001–2016/ISO9001：2015质量体系年度认证、复审，顺利通过TUV（德国技术监督协会）德国莱茵PED（压力设备认证）材料制造商年度复审，通过TUV德国莱茵CPR（建筑产品指令）首次认证，获得认可证书。年内，北部湾新材料公司重点开展“质量月”活动，通过TQM（全面质量管理）教育方式提高全员质量意识，积极组织各分厂开展QC（质量控制）小组活动；累计注册37个QC活动小组，其中《降低五连轧辊印一次降级率》《精控钢水终点镍含量》参加全区冶金行业质量管理小组成果评比活动，获得广西优秀质量管理小组称号。

【装备设施】 2019年，北部湾新材料公司是一家从原材料到冷轧宽板成品、装备设施优良的全流程不锈钢生产企业，拥有180平方米和132平方米2条烧结线、3座450立方米高炉、2座回转窑—矿热炉（RKEF）、精炼AOD炉、LF炉、中频炉、电炉、混匀炉、混铁炉，连铸机、五机五流等设备设施，年内，北部湾新材料公司制订一系列程序管理文件，完善设备管理奖励考核办法，通过对设备、备件全方位管理，现场检查等多种方法，为公司的设备正常运行提供组织保障。全年完成五机五流、综微二期、矿热炉烟气回收等多项大型技改项目建设，总投资 1.99 亿元。

【科技创新】 2019 年，北部湾新材料公司围绕生产经营和降本增效，全力抓好科技创新工作，开展科研攻关，不断加大产学研合作力度，利用平台作项目的支撑，对创新起引领作用。在技术改革和工艺创新上，实现全流程工序降本、优化 J5 产品成分降低吨钢合金，组织研发出索氏体不锈钢等新产品。成功研发并通过验收项目“镍铁冶炼渣及废弃物高效循环利用技术研究与示范”以低品位红土镍矿块矿替代成品烧结矿做铺底料，以镍铁磁选尾渣替代溶剂强化红土镍矿烧结，提高烧结产量 5%，降低烧结固体能耗 10%，提高镍回收率 5%，实现尾渣利用 100%；“可在线切换多等级不锈钢带材的连轧连退洗生产系统”通过轧制和退火酸洗技术的集成，实现在线切换生产多种不锈钢表面等级的带材，优化轧制过程和参数，提高成材率 0.3%，缩短了冷轧板的生产流程。创新发展节能降耗，提高生产效率，降低生产成本。

2019 年，北部湾新材料公司形成了流程复合、产品多元、成本集约、高附加值的镍铬合金产业链，生产规模在中国不锈钢企业中排行前三位。研发团队和研发人员经过反复试验，克服重重困难，成功研发出从不锈钢酸洗废混酸中提取碳酸镍的系统及方法，并获得专利，全面提升科技创新制造水平和核心竞争力。2014—2019 年，公司共获得 15 项发明专利、9 项实用新型专利登记的计算机软件著作权 4 项。年内，公司被评为广西壮族自治区“高新技术企业”“企业技术中心”“院士专家工作站”，获得批准为广西博士后创新实践基地。

2019 年，北部湾新材料公司压延车间热轧生产线使用热卷箱将粗轧中间坯头尾对调作业现场　　北部湾新材料公司　供

【党建工作】 2019 年，北部湾新材料公司进行股权重组，成为港务集团公司旗下全资子公司，国有企业。公司党委发挥“把方向、管大局、抓落实”的重大作用，把党建工作写入公司章程，不断加强党的建设，定期研究部署和落实党建工作。根据公司机构和职能调整，重新调整和成立基层党支部 10 个。公司党员领导干部带头开展“不忘初心、牢记使命”主题教育活动，深入基层“大走访、深调研”；组织全体党员到百色革命根据地进行红色传承学习，接受教育。公司党委先后召开 21 次党委会，研究“三重一大”事项和党风廉政建设工作，审批督导重要案件线索 10 件，通报批评 7 名干部职工，纪委督促完善《广西北部湾新材料有限公司招标采购管理办法（试行）》《招标管理办法实施细则》等相关制度 2 个，受理核实群众举报问题线索 39 个，教育提醒干部 15 人。落实中央八项规定精神，为公司稳定发展提供坚强保障。公司积极履行国有企业责任与担当，开通 OA（办公自动化软件）和钉钉线

上慰问申请，建立困难党员、职工台账；关心和慰问困难职工、党员和周边困难群众。年内，慰问困难职工、党员 18 人次，慰问周边五保户 248 人次；积极开展爱心捐赠、扶贫捐款和推进精准帮扶对象、贫困村建设水井和扶持养殖项目，助力果农和贫困户农产品销售等。

（蓝　健）

浆纸工业

【概况】 斯道拉恩索(Stora Enso)是一家可再生材料公司，是提供包装、生物质材料、木建材和纸张等解决方案的全城领先供应商。1998 年，芬兰的恩索(Enso)公司和瑞典的斯道拉(Stora) 公司成立斯道拉恩索公司。2002 年，斯道拉恩索公司进入广西。根据业务划分，斯道拉恩索公司在广西有 3 家运营实体：斯道拉恩索(广西)浆纸有限公司、斯道拉恩索(广西)林业有限公司、广西斯道拉恩索林业有限公司。2016 年 5 月，斯道拉恩索北海工厂顺利开机投产。

2019 年，斯道拉恩索公司在 30 多个国家拥有员工约 2.6 万人，公司股票在赫尔辛基(STEAV, STERV) 和斯德哥尔摩(STE A, STE R) 证券交易所上市交易。年内，斯道拉恩索北海工厂被评为国家级和自治区级的绿色工厂及广西工业龙头企业，有员工约 400 人。斯道拉恩索在广西的经营包括人工林种植及高档包装纸板(厂)，是广西最大的外商投资项目，也是斯道拉恩索集团战略转型中的重要投资之一。

【原材料供应】 2019 年，斯道拉恩索公司在广西租赁林地 8.1 万公顷用于人工林种植，其中桉树人工林面积为 7.6 万公顷。所有人工林均已获得 Forest Stewardship Council®（森林管理委员会）和 CFCCTM（中国森林认证委员会）的双重认证，林木产品为斯道拉恩索北海工厂提供可再生原材料保障，确保工厂包装材料的质量和产量得到稳步提升，推动替代化石基原料等不可降解包装产品。11 月 13 日，广西林业向斯道拉恩索北海工厂交付第 100 万立方米的机械采伐木材。

【生产运营】 2019 年，斯道拉恩索北海工厂主要纸板产品为 LPB（液体包装纸板）、CKB（涂布牛卡）、FSB（食品包装纸板）和 FBB（折叠箱板纸），年产能 47 万吨。斯道拉恩索北海工厂采用国际公认的先进环保设备和成熟技术，业务范围涵盖食品、药品等液体、固体包装材料。其产品及解决方案包括：用于生牛奶、酸奶、果汁、汤、葡萄酒、软饮料、水等液态产品的液体包装纸板；用于热饮纸杯、冷饮纸杯、快餐、冰淇淋、餐饮外卖等产品的餐饮服务纸板；用于冷冻 / 冷藏食品、饮料、巧克力和甜食、药品、化妆品、奢侈品、香烟等产品的包装纸板；用于书籍和笔记本封面、贺卡、门票和标签等产品的图文纸板。斯道拉恩索北海工厂的可再生产品及解决方案满足客户及消费者对于低碳、环保、可再生、可回收的更高需求。4 月 12 日，斯道拉恩索北海工厂迎来建厂以来首个 100 万吨净可销售产量的成绩。

【安全生产】 2019 年，斯道拉恩索北海工厂为实现安全管理“零事故”的工作目标，将安全工作摆在第一位，明确安全生产是每个员工的职责；不断健全职业安全管理体系，提高职业安全管理水平，全年无死亡事故和职业病伤害事件。11 月，斯道拉恩索北海工厂及广西林业联合开展首期安全生产周活动，向企业员工、承包商及其他关联人宣传安全生产的法律法规，提升安全意识。年内，斯道拉恩索林业团队继续致力于交通安全管理，培训驾驶员员工掌握防御性驾驶技能，使用 GPS 监控潜在的不当驾驶行为，制订用于车辆定期检查的检查清单。年内，斯道拉恩索公司积极配合地方政府部门，加大宣传力度，提高公众的防火意识，减少森林火灾的发生率，森林火灾损失比上年减少 90%。

【能源可持续利用】 2019 年，斯道拉恩索北海工厂坚持探讨从煤炭燃料逐步转向可再生物质和其他非化石燃料的方案，动力锅炉已在技术上具备使用多种混合燃料的能力。年内，斯道拉恩索北海工厂动力锅炉使用少量森林废物、工厂生产产生的废弃淤渣及其他残渣，中期目标是通过这些措施每年取代1万吨煤炭的消耗量，并将这项技术措施运用到发电方面，与低碳电厂签署供电协议，使所购电力产生的二氧化碳排放量比上年减少5万多吨。

【政企沟通】 2019年，斯道拉恩索北海工厂通过各种方式与北海市有关村（社区）进行互动，包括实施林下经济项目、提供教育支持、开展志愿者活动等方式支持地方建设。年内，斯道拉恩索北海工厂赞助铁山港区兴港镇南乐村篮球场重建项目、向当地学生捐赠学习物资、组织志愿者开展铁山港海岸线垃圾清理活动等。同时，为19个村（社区）项目提供支持，包括饮用水和卫生设施、道路建设与安全、体育和文化事业发展，4万多人受益。斯道拉恩索公司与当地政府部门、农村经济合作社共同开展一项支持当地扶贫的农林复合经营项目，在人工林下开展家禽养殖场试点，为农村经济合作社带来丰厚利润，487户家庭的1000多名村民受益。年内，斯道拉恩索北海工厂在农村投资建设2个人畜饮用水项目，2800人受益。斯道拉恩索北海工厂定期向当地政府部门介绍斯道拉恩索北海工厂的运营情况，并与受人工林种植、工厂生产及货物运输影响的村（社区）沟通，鼓励受影响的村（社区）村（居）民提出问题和整改建议，争取及时发现隐患与风险，确保斯道拉恩索北海工厂运营尽可能消除对当地生态的影响。

【研发成果及荣誉】 2019年，斯道拉恩索北海工厂研发成功并投入生产的产品——北极鹿™高档食品级白卡(Arctic Deer™)，被广泛应用于食品及药品包装、儿童书等领域。朴玉™是斯道拉恩索包装材料事业部中国区于2019年年底在中国市场新推出的专为餐饮包装设计的高端产品，由斯道拉恩索北海工厂生产，旨在替代一次性塑料包装，为中国消费者带来更安全、兼具可持续性的餐饮消费体验。3月26日，斯道拉恩索公司在上海举办“包装无比重要，请重新思考”新品发布会，推出旗下北极鹿™高品质食品级白卡纸板产品。10月31日，北极鹿™高品质食品级白卡纸板产品在第十届中国包装创新及可持续发展论坛摘得中国包装创新及可持续发展大奖。7月18日，斯道拉恩索北海工厂凭借出色的环保绩效及环保举措，在工业和信息化部公布的第四批绿色制造名单中被评定为国家级绿色工厂。

（吕丹丹）

电力工业

广西电网有限责任公司
北海供电局铁山港供电分局

【概况】 2019年，广西电网有限责任公司北海供电局铁山港供电分局（简称铁山港供电分局）下辖配电运维班、配电抢修班、配电检修试验班、供电服务班一班、供电服务班二班、用电检查班、抄维班及营业班8个班组，在册员工127人。年内，铁山港供电分局主要承担北海市铁山港区南康镇、营盘镇、兴港镇，银海区福成镇4个乡镇67个村（居）委会681个自然村（街）的电力供应及用电服务，供电区域面积703.2平方千米，用电人口24.91万人，直供用户8.62万户。辖区内共有变电站10座，总容量129.9万千伏安。其中500千伏变电站1座，220千伏变电站2座，110千伏变电站1座，35千伏变电站6座。全区有公变937台、专变786台；有10千伏配电线路48回，线路长度1025千米。

【电网安全】 2019年，铁山港供电分局深入开展涉电公共安全专项治理，整改配电缺陷隐患135处，完成低压台区改造300多处，防范乡镇供电所人身事故专项治理行动，整改40

2019年10月8日，铁山港供电分局经理刘得锂（左一）带队到南康镇雷田村委为虾农解决电力供应问题　　铁山港供电分局　供

处，没有发生乡镇人身触电事件。铁山港供电分局多方联建，预防外部破坏取得成效，与福成镇边防派出所、营盘镇边防派出所建立联动机制，成功处理多起涉电纠纷；与北海市路港建设投资发展有限公司签订《电力安全协议》，并建立联建机制，为向海经济建设提供电力保障。年内，铁山港供电分局持续开展树障清理行动，共计清理树障隐患点1350处，树障导致的故障占比降到25%。

【电力基建及技改】 2019年，铁山港供电分局加快推进农、配项目落地，投资7537.18万元推进168项基建及技改项目，投资705.55万元推进扶贫专项农网改造升级工程项目。完成10千伏904江石线、907江电线、912南康II线、908铁坎线等重过载线路以及35千伏南康站改造，变电站负荷峰值由107%降为80%，提高供电可靠性。

【电力供应服务】 2019年，铁山港供电分局加强电力供需形势分析，全力做好电力供应。年内，铁山港区用电需求保持较快增长态势，供电量20.6亿千瓦时，比上年增长9.06%。铁山港供电分局多措并举，优化电力营商环境，精简办电资料，设置“微小企业绿色通道”专窗办理业务，一对一跟踪服务海洋产业园、太阳纸业、银基项目业主扩报装工作，有效缩短办理时间，满足客户用电需求，服务向海经济发展。通过片区经理沟通联系村委，合力共建互联互通的电力信息传递网络，建立各村委客户服务微信群，以村委为支点，打造“电力村委”品牌，深入川江村委姥妗垌村、雷田村委等开展现场用电服务。大力推行“互联网＋渠道”受理，实现22项办电业务“一次都不用跑”，用户办电更高效更省心。铁山港供电分局“获得电力”指标优于自治区要求，办电环节缩减60%，办电材料精简超过80%，客户接电报装时间大幅压缩。落实降价政策，连续2次降低工商业电价，降幅达到10%。　（梁泽均）

广西投资集团北海发电有限公司

【概况】 2019年12月，国投北部湾发电有限公司由于股权变更，经北海市市场监督管理局核准，企业更名为广西投资集团北海发电有限公司（简称广投北海发电公司）。广投北海发电公司内设综合管理部、党群工作部（监察审计部）、经营管理部、财务管理部、生产技术部、商务部、运行管理部、设备管理部、安健环管理部、燃料管理部、工程管理部等11个部门，有职工278人，下辖控股企业北海市鑫源热电有限公司。年内，广投北海发电公司荣获“中央企业五四红旗团支部”“南方电网系统运行及调度工作先进集体”“国投集团优秀青年志愿服务组织”“广西工人先锋号”“北海市青年文明号”等称号。

【党建工作】 2019年，广投北海发电公司持续深入学习贯彻中共十九大精神和中共十九届四中全会精神，贯彻全国国有企业党建工作会议精神和全国组织工作会议精神，扎实开展“不忘初心、牢记使命”主题教育，切实推进“两学一做”常态化、制度化，不断加强“四个意

2019年10月25日，广投北海发电公司员工在烈士陵园开展“传承红色基因，牢记初心使命”革命传统教育活动　　广投北海发电公司　供

识”教育，组织员工在烈士陵园开展“传承红色基因，牢记初心使命”革命传统教育活动，开展“安全生产5000天·为奋进的北部湾点赞”“不忘初心做贡献，服务现场我为先”“党建融合生产—促降机组厂用电率”“防风险保平安迎大庆消防比武”等党建项目。

【生产效益】 2019年，广投北海发电公司完成税收5489万元，完成发电量41.34亿千瓦时，发电利用时数6459.85小时，比上年增加354.17小时，机组发电利用小时数在广西统调火电机组中排名第一，2台机组实现连续安全生产5222天，年内连续安全生产365天。

【机组检修】 2019年，广投北海发电公司持续巩固“检修质量提升管理”专项工作成果，通过开工前充分准备及合理推进工期工序等全方位举措，完成2台机组检修作业，项目完成率和验收合格率超过99%，并实现检修后一次启动成功，检修后各项技术指标均优于检修前。

【节能技改】 2019年，广投北海发电公司共完成技术改造项目48项，按照项目负责制的规定，全面严格控制各项目实施过程和验收过程，项目实施效果良好。重点完成机组中排抽气供热改造、大小机TSI改造、辅网控制系统升级改造、锅炉低过低再声波吹灰器改造等项目，改造后各项指标均达到或优于设计值，有效提高设备安全性和经济性。全年供电煤耗完成每千瓦时320.26克，比上年降低每千瓦时1.41克，达到历史最优。11月，广投北海发电公司顺利通过自治区高新技术企业认定，此次认定成功将为公司后续享受税收优惠和各类政策资金扶持提供有利条件。

【质量控制管理】 2019年，广投北海发电公司坚持质量为本，以全面质量管理为抓手，积极开展技术攻关和QC（质量控制）活动，完成2019年广西工业企业质量管理标杆认定。积极参加广西优秀质量管理成果评审，共有10个QC小组获得广西优秀质量管理小组，其中先锋小组获得全区质量管理小组40周年纪念活动QC成果发表比赛铜奖。

2019年8月26日，广投北海发电公司检修人员正在检修2号机组　　广投北海发电公司　供

【燃煤掺烧】 2019年,广投北海发电公司进一步完善印尼煤掺烧措施,制订年度掺烧计划和每月召开掺烧总结会议。在2018年掺烧试验的基础上,公司重点推进了"热值跟着负荷走""精准控制仓位""掺烧经济测算"等措施,有效保障印尼煤掺烧量,在保障锅炉连续安全运行的前提下,实现当日最大掺烧比例突破70%。全年掺烧印尼煤58.3万吨,掺烧比例达31.5%,创历史新高,全年降低燃煤成本3153万元。

【热电联产】 2019年,广投北海发电公司下属企业——北海市鑫源热电有限公司完成供热量20万吨,售电量3.5亿千瓦时,利润总额237万元(超过利润预算总额的38.53%)。12月24日,诚德冷轧集中供热管网工程顺利投产,新增供热能力每年8万吨。签订新热用户川化钾肥项目,新增供热量每年5万吨,进一步做好了"热文章",打好"供热牌"。

【市场营销】 2019年,广投北海发电公司面临区域电力供应严重过剩、煤价电价矛盾突出等严峻形势,精心筹划组织,制订符合公司实际的市场营销总思路。全年共获取市场化电量52.28亿千瓦时,总利用时间为8760小时,完成上网电量38.57亿千瓦时,完成超发电量1.1亿千瓦时。其中在长协交易中,广投北海发电公司足额签满电量上限9.47亿千瓦时。在争取到较高市场份额基础上,通过与水电企业深化合作,完成水火发电权转让14.8亿千瓦时,占全年水火交易的22%,各个品种的电量份额均达到市场最高比例份额。发电权转让收益4500万元,上网电价平均提高每千瓦时0.02元,各项营销指标均高于区内火电企业。

2019年5月31日,广投北海发电公司开展"童心·童梦,助力成长——瓜山小学欢庆'六一'儿童节"暨志愿者团建活动 广投北海发电公司 供

【精准扶贫】 2019年,广投北海发电公司党委多次组织帮扶人员深入定点帮扶贫困村了解结对贫困户情况,研究帮扶对策,落实"雨露计划""产业奖补""危房改造"等一系列扶贫政策。年内,开展春节、扶贫月慰问活动2次,帮助贫困户解决生活上的实际困难;响应国家建设美丽乡村号召,主动与村委班子共同研究安装太阳能路灯,并捐赠扶贫资金3万元,改善村民晚上出行难的问题。同时,组织下属各党支部开展4次"美丽瓜山　清洁水渠"系列清洁乡村活动;开展以"扶春苗　助扶贫"为主题的扶智活动成果突出,开展"开学第一课""童心·童梦,欢庆六一"等系列活动,全年累计开展支教课程52节,活动得到《广西日报》、北海电视台、《北海日报》大力宣传,并荣获"北海市第二届青年志愿服务项目二等奖",形成广投北海发电公司参与精准扶贫的特色品牌。年内,公司帮扶脱贫6户贫困户的任务目标已圆满完成,定点帮扶的26户贫困户已全部脱贫。

(赵　华)

神华国华广投(北海)发电有限责任公司

【概况】 2019年,神华国华广投(北海)发电有限责任公司(简称国华北海电厂)内设党建行政人事部、计划物资部、二期项目办公室、工程技术部、安健环监察部、发电部六个部门，有员工44人。该期工程包括2×1000兆瓦超超临界二次再热燃煤发电机组、2个10万吨级码头和1座1000万吨级煤炭储运配运中心(含配煤堆场、铁路专用线)。年内，国华北海电厂前期工作稳步推进。开展北海能源基地未确权用海生态评估报告和生态保护修复方案编制与评审工作，7月底完成生态评估报告和生态保护修复方案编制与评审。12月27日，国华北海电厂项目用海历史遗留问题处置方案获得自然资源部批复。国华北海电厂积极沟通政府相关部门，办理电厂"三证"(建设用地规划许可证、建设工程规划许可证、建筑工程施工许可证)手续，跟踪推进外部铁路投资主体的落实和铁路专用线新增用海用地手续办理。

2019年，国华北海电厂现场航拍图 国华北海电厂 供

【安全生产】 2019年，国华北海电厂落实基础建设和生产建设安全管理措施，通过常抓不懈，做到生产、安全两不误。时刻紧绷安全生产这根弦，全厂干部职工同心协力，安全管理人员、安全措施落实到位，通过加强排查，及时发现和消除安全隐患，确保全厂安全生产持续稳定。年内，全厂安全生产实现人员"零伤亡"、设备"零事故"、消防"零火险"、环保"零污染"的安全目标；应急管理经受住了台风、暴雨等极端天气的实战考验；实现安全生产周期长达2932天。

【质量管理】 2019年，国华北海电厂质量管理体系运行正常，质量受控。国华北海电厂项目已按照停工保护性施工方案对已形成的工作面进行妥善保护，主厂房基础、锅炉基础、除氧煤仓间及循环水泵房基础等构筑物保护措施到位，没有发生锈蚀、损坏现象，全年未发生安全、质量事故。

【党建工作】 2019年，国华北海电厂党支部全面落实从严治党主体责任。不断强化党的建设，加强党的领导，扎实开展"不忘初心、牢记使命"主题教育。强化基层组织建设，发挥战斗堡垒作用；强化作风建设，营造风清气正的氛围。国华北海电厂党支部不断强化监督执纪，履行监督职责。坚持预防为主、教育先导的廉政教育方式，组织学习《警示录》经典案例，做到教育在前、提醒在前、监督在前。学习张富清、黄大年、黄文秀等典型人物的先进事迹，引导广大党员和职工以先进模范为榜样。组织集体约谈会议，要求领导干部带头转变作风，以身作则、当好领头羊、做好表率。

【群团工作】 2019年，国华北海电厂工会主动作为，通过员工问卷调查、员工座谈、个别谈心等方式，细致地开展员工思想工作，彰显工会关爱职工的力量。组织开展迎新春趣味运动会、气排球比赛、学雷锋活动、"三八"妇女节女工活动、员工观影、员工生日送祝福等活动。参加集团举办的职工羽毛球比赛、国华电力举办的南方区合唱比赛、铁山港区气排球比赛、羽毛球赛等系列群团文体活动，为员工搭建沟通交流的平台，促进员工之间的交流融合，增强团队的凝聚力。开展故事征文、主题活动观后感、文化作品征集、企业文化月等活动，引导员工强化爱国爱企和奋斗创业的家国情怀。

(杨 帆)

北海市铁山港（临海）工业区

【概况】 2019年，北海市铁山港（临海）工业区管委会［简称铁山港（临海）工业区管委会］内设办公室、财政局、招商局、经济发展局、建设开发局，有干部职工10人。下属事业单位综合服务中心有干部职工7人。年内，受北海诚德公司取消内部关联交易的客观因素影响，铁山港（临海）工业区实现规模以上工业总产值886.63亿元，比上年下降3.81%；工业增加值259.55亿元，比上年增长9.8%；完成税收133.82亿元，增长5.04%；外贸进出口额89.15亿元，增长27.2%。固定资产投资43.1亿元，比上年增长39.4%。年内，铁山港（临海）工业区共有入驻企业70多家，其中产值百亿元以上企业3家；重点企业有：中石化北海炼化有限责任公司、广西北部湾新材料有限公司、斯道拉恩索（广西）浆纸有限公司、信义玻璃（广西）有限公司、广西渤海农业发展有限公司、中石化北海液化天然气有限责任公司、广西北部湾国际港务集团有限公司、国投北部湾发电有限公司等。

2019年11月，经自治区人民政府批准，在铁山港（临海）工业区设立北海铁山港经济技术开发区。

【铁山港（临海）工业区产业发展】 2019年，铁山港（临海）工业区着力打造“向海经济”，推动临港产业集群发展。

石油化工产业 2019年，铁山港（临海）工业区石化产业实现产值383.02亿元，比上年下降2.8%。龙头企业北海炼化实现产值358.4亿元，比上年下降4.43%；上缴税金124.7亿元，增长3.2%。以税收百亿元企业中石化北海炼化为龙头，带动和源化工等一批下游企业落户投产，川化优质钾肥项目、LNG（液化天然气）二期等一批项目正在加快建设，已初步形成临港石化产业基地。

临港新材料产业 铁山港（临海）工业区临港新材料产业实现产值406.14亿元，比上年下降5.42%，上缴税金5.15亿元。广西北部湾新材料有限公司不锈钢产量跻身全国行业前三位；信义集团4条日熔化量3200吨的特种浮法玻璃项目第一条生产线于10月28日点火。以不锈钢深加工、特种浮法玻璃深加工为主的产业集群

2019年，铁山港（临海）工业区内年产48万吨的川化优质钾肥项目动工兴建。图为施工现场　　　铁山港（临海）工业区管委会　供

2019年,铁山港(临海)工业区内的信义玻璃项目建设现场
铁山港(临海)工业区管委会 供

正在形成。

林纸一体化产业　铁山港(临海)工业区林纸一体化产业实现产值20.5亿元,比上年下降6.95%,其中斯道拉恩索完成产值20.25亿元,比上年下降6.92%,上缴税金0.43亿元。广西目前最大的外资项目——斯道拉恩索林纸一体化项目已建成投产;造纸行业世界前20强的山东太阳控股集团计划投资228亿元的350万吨林浆纸一体化项目顺利推进。铁山港造纸产业集群正在加快形成。

玻璃产业　铁山港(临海)工业区玻璃产业全面规划建设玻璃产业园,将玻璃产业打造成为优势产业。以信义玻璃为龙头,大力开发和生产高端玻璃及制品、玻璃纤维、光伏组件、非通信光纤及制品等,努力打造国内一流、国际领先的全产业链玻璃产业园。信义玻璃项目于2017年12月引进工业区,2019年10月28日试产,项目全部建成投产后预计新增产值近90亿元。

【铁山港(临海)工业区项目建设】　2019年,铁山港(临海)工业区实行项目建设“一张表”制度,严格按照“四定”办法推进项目建设。年内招商引资新签项目中已有10个项目开工建设,12个项目正在办理供地手续及选址。工业区纳入自治区统筹项目5个,纳入自治区“双百双新”项目11个。工业区全年共实施重点项目建设48个,完成投资34.26亿元,比上年增长28.5%。

【铁山港(临海)工业区招商引资】　2019年,铁山港(临海)工业区以“投资促进年”为抓手,按“强龙头、补链条、聚集群”的产业发展要求,全方位、多渠道开展产业精准招商。全年签约项目39个,合同投资总额780.75亿元,其中总投资100亿元及以上的项目3个,总投资10亿至100亿元的项目6个,总投资1亿元至10亿元的项目23个。主要有:太阳纸业350万吨林浆纸一体化项目、年产48万吨川化优质钾肥项目、亚王储能材料深加工基地项目、华北油田LNG、LPG(液化石油气)接收综合利用及深加工项目等。

【铁山港(临海)工业区营商环境优化】　2019年,铁山港(临海)工业区健全招商引资和服务项目落地建设工作机制,

2019年,年产350万吨的太阳纸业林浆纸一体化项目建设现场
铁山港(临海)工业区管委会 供

成立项目帮办中心全程跟踪服务企业，营商环境进一步优化。年产48万吨优质钾肥项目从首次考察到确定建设仅用10天时间，创下了服务项目超常“加速度”；纵深推进“最多跑一次”改革，做足企业开办“减法”，从登记、印章刻制、发票申领到银行开户整个流程仅需0.5个工作日；推进网上办事互联互通，实现网上审批率达91%。全年共为29家新入园企业提供方便快捷的住所证明、工商营业执照、税务登记等前期手续服务；累计为企业减免所得税约3亿元，增值税减税约6亿元，降低企业用电成本9138.43万元。

【港口运营】 2019年，北海港铁山港作业区完成货物吞吐量1807.74万吨，比上年减少11.12%。其中集装箱吞吐量完成24.39万标准箱，比上年增长27.51%；外贸进口货物吞吐量741.32万吨，比上年减少17.03%。金属矿石和粮食占外贸进口货物总值的90.69%。

（陈清海）

农业农村·水利

农业综述

【概况】 2019年,北海市铁山港区农业农村和水利局(简称区农业农村和水利局)内设办公室、农业综合股、水利综合股、渔牧综合股,下属事业单位10个:铁山港区农业技术推广中心、铁山港区农牧业经营管理指导站(参照公务员法管理单位)、铁山港区农业和水利综合行政执法大队、铁山港区动物疫病防控中心、铁山港区水利站(参照公务员法管理单位)、铁山港区水产站、青山头海堤管理所、南康镇畜牧兽医站、营盘镇畜牧兽医站、兴港镇畜牧兽医站。中共铁山港区委员会农村工作领导小组办公室(简称区委农办)和铁山港区河长制工作办公室(简称区河长办)设在区农业农村和水利局。年内,铁山港区农业主管部门积极落实上级关于"三农"工作的战略部署,在抓好农业生产、发展特色产业、推进农业科技进步的同时,深化农村经济体制改革和巩固完善农村基本经营制度,统筹推动农村经济社会平稳发展。全年实现农林牧渔总产值51.04亿元,比上年增长6.20%;增加值33.40亿元,比上年增长6.04%。农村居民人均可支配收入16189元,比上年增长10.5%。

【农作物种植】 2019年,铁山港区农作物种植面积2.13万公顷。其中:粮食(水稻、玉米、豆类、薯类等)作物种植面积5196.6公顷,产量2.25万吨;花生种植面积2734公顷,产量8461.23吨;甘蔗种植面积4123公顷,产量26.85万吨;木薯种植面积3361公顷,产量3.34万吨;蔬菜种植面积5142.9公顷,产量11.23万吨;水果种植面积8357吨;西(甜)瓜种植面积697公顷,产量1.73万吨。全年实现农业总产值51.04亿元,比上年增长6.2%。

【现代特色农业】 2019年,铁山港区创建各级现代特色农业示范园区共计13个。其中:镇级示范园3个(铁山港区南康镇紫米产业示范园、铁山港区南康镇江鑫生态种养示范园、铁山港区兴港镇生态循环种养示范园);村级示范点10个,具体为:南康镇水鸭塘村百香果间种油茶示范点、南康镇大塘村乾良康养示范点、南康镇秋风塘村黄花梨林下养殖示范点、南康镇雷田村芭乐味黄金百香果产业示范点、营盘镇黄梢村蛋鸭养殖示范点、兴港镇杨屋村香蕉产业示范点、兴港镇粟山村百香果产业示范点、兴港镇杨屋村盛林园林示范点、兴港镇小马头村香蕉产业示范点、兴港镇粟山村枇杷产业示范点。示范园区建设投资总额3.14亿元,其中财政投入1.1亿元,经营主体投入2.04万元。

【农业产业化】 2019年,铁山港区有自治区级农业龙头企业1家、市级农业龙头企业3家、家庭农场30家,在工商部门注册登记的农民专业合作社141家。新型农业经营主体带动农户数7000多户,其中贫困户637户,促进农民增收,带动贫困户脱贫致富。

【农产品网上流通体系】 2019年,铁山港区组织农产品企业参加2019年粤桂扶贫协作消费扶贫对接活动及第16届广西名特优农产品（广州）交易会，参加西南贫困地区农产品产销对接活动及第17届广西名特优农产品（桂林）交易会。以“信息进村入户工程”项目为依托，全区完善区域运营中心1个，建设村级益农信息社服务站111个，涵盖全区建制村，所有站点智能终端配备到位。

【农村综合改革】 2019年，铁山港区稳步推进产权制度改革工作。南康镇为北海市级试点乡镇，全镇有16个村（居）委会，352个村集体经济组织，共有6.07万人，经登记审查有5.88万人具备集体经济组织成员资格。年内，南康镇已将初步审核的村集体经济成员录入确认表并公示再确认，成立了股份经济合作社并完成登记赋码。兴港镇彬池村、粟山村，营盘镇彬畔村、盐灶村已完成登记赋码。非试点村100%完成成员身份确认工作，80%的村委完成村集体经济股份量化及股权设置工作。

【减轻农民负担】 2019年，区农业农村和水利局组织开展各项涉农民负担专项治理工作。重点治理农村公办中小学校乱收费行为，抓好“五项制度”的落实，落实好对村委会订阅报刊费用限额制和涉及农民负担案（事）件责任追究制。继续抓好党的支农惠农政策落实，做好2019年耕地地力保护惠及登记、录入培训工作，指导乡镇做好补贴面积的登记、审核，发放年内全区耕地地力保护补贴资金1100万元，补贴农户3.27万户，补贴面积1.31万公顷（含农场），每公顷补贴851.4元。

2019年11月，铁山港区兴港镇生态循环种养示范园种植的哈密瓜
区农业农村和水利局　供

农业科技

【农业科技培训】 2019年，铁山港区各级农业部门重点围绕推广测土配方施肥、水肥一体化、绿色植保、农作物间套种、“互联网+”等现代农业生产和经营技术，结合产业扶贫，大力开展农业节支实用技术培训。全年全区共培训农民4000人次，其中特色产业技术培训2220人次，农村党员专题大培训300人次，其他农业科技培训1480人次；培育高素质农民133人。

【农业良种良法推广】 2019年，铁山港区大力推广水稻“特优66号”、玉米“迪卡008”等优良品种，农作物优良品种覆盖率86.2%。以绿色环保为主题，加快农业面源污染防控技术推广。加大绿色植保技术的推广及应用，重点推广应用频振式杀虫灯、黄板、性诱剂等物理、生物防治措施进行农作物病虫害防治，实现农药使用量零增长，全年推广应用防治面积共计2814.67公顷。培育专业合作组织和建设示范基地，积极推进农作物病虫害专业化统防统治与绿色防控融合示范区建设，加大耕地质量提升与化肥减量增效技术推广力度。提升专业新型农业经营主体社会化服务能力，推广应用“飞防”（无人机防治）统防统治面积2467公顷。实施化肥使用零量增长行动，推广测土配方施肥面积1.4万公顷，平均每公顷节支增效6300元，节支增效共计8820万元。结合测土配方施肥技术，大力推广有机肥替代化肥施用技术，综合利用作物秸秆养殖牛羊，推广作物秸秆“过腹还田”和种养生态循环技术，尽可能减少化肥使用造成农业面源污染。全年推广应用有机肥4.72万吨，减少化肥用量1210吨。综合利用稻草、玉米秆、甘蔗尾稍、木薯茎秆等作物秸秆加工为饲料，实行秸秆“过腹还田”，建设牛、羊养殖基地7个。推广应用“三品一标”农产品生产技术，新增认定绿色农产品基地2个，累计达3个。

【农作物病虫害防治与检疫】2019年，铁山港区主要农作物有害生物发生程度总体属中等年份。病虫草鼠害发生面积1.83万公顷次，其中病害4500公顷次，虫害5200公顷次，农田草害6200公顷次，鼠害2200公顷次，螺害200公顷次。防治面积1.83万公顷次，共挽回作物损失3.18万吨，实际损失1520吨。重大病虫发生概况为：水稻“两迁”害虫全年中等偏轻发生、纹枯病中等发生、病毒病轻发生、甘蔗螟虫中等偏轻发生、花生根腐病和根结线虫中等发生、蔬菜病虫中等发生、农田草害中等偏重呈上升态势。

种植业

【粮食生产】2019年，铁山港区粮食作物种植面积5121公顷，总产量22495.82吨。其中：水稻种植面积2856公顷，产量12966.02吨；玉米种植面积1412公顷，产量7381.80吨；豆类种植面积162公顷，产量310吨；薯类种植面积691公顷，产量1838吨。

2019年，铁山港区兴港镇杨屋村香蕉产业示范点种植的香蕉长势喜人　　区农业农村和水利局　供

【油料生产】2019年，铁山港区油料作物种植面积3542公顷，产量1.07万吨，其中花生种植面积2734公顷，产量8461.23吨。

【甘蔗生产】2019年，铁山港区甘蔗种植面积4123公顷，比上年增长6.59%，产量26.85万吨，比上年增长13.33%。

【蔬菜生产】2019年，铁山港区蔬菜种植面积5142.9公顷，比上年增长26.95%，总

铁山港区2019年粮食生产情况表

作物名称	种植面积（公顷）	比上年增长(%)	产量（吨）	比上年增长(%)
水稻	2856	−4.51%	12966.02	−5.55%
玉米	1412	6.81%	7381.80	6.77%
豆类	162	1.89%	310	2.31%
薯类	691	10.03%	1838	−0.81%
粮食合计	5121	0.41%	22495.82	−1.32%

产量11.23万吨，比上年增长31.52%。西（甜）瓜种植面积697公顷，比上年增长3.26%，总产量1.73万吨，增长31.88%。

【水果生产】 2019年，铁山港区水果种植面积800.3公顷，产量8830吨，总产值4130.35万元，农民人均水果收入63.48元。通过推广应用“猪—沼—果”、果林下养鸡等立体种养模式，推进全区水果生态种养循环发展。年内，全区水果优质果品率达92%，比上年提高22.2%，良种覆盖率95%。各地从实际出发，采用多种举措加大果园旅游观光、休闲度假等功能的开发力度，延长水果产业链，大幅度提高果业效益。

（梁统模）

畜牧业

【畜牧业概况】 2019年，铁山港区畜禽肉类总产量10562.97吨。其中：生猪出栏6.57万头，肉产量5732.40吨；牛出栏0.20万头，肉产量257.32吨；羊出栏0.23万头，肉产量43.43吨；家禽出栏256.69万羽，肉产量4385.92吨（鸡出栏167.62万羽，肉产量2478.04吨；鸭出栏88.56万羽，肉产量1309.62吨；鹅出栏0.51万羽，肉产量598.26吨）；其他肉类产量143.9吨。

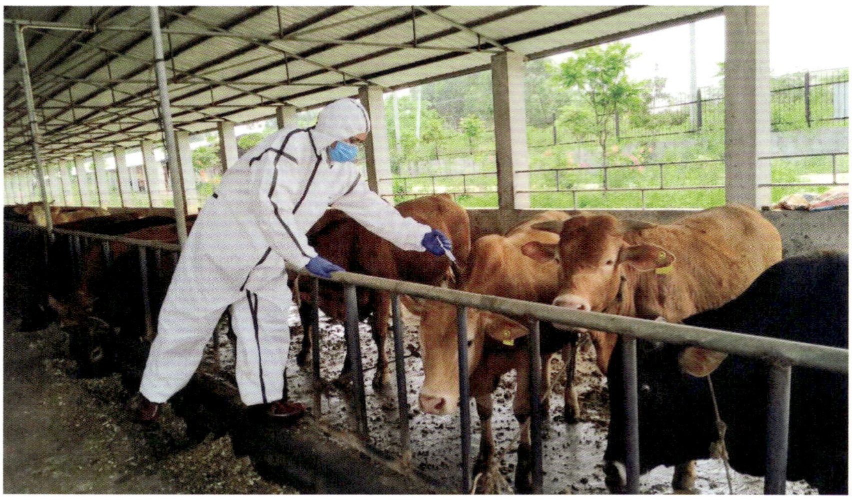

2019年春季，防疫人员在盐灶村绿牧农民专业合作社开展牛免疫注射工作　　区农业农村和水利局　供

【重大动物疫病防控】 2019年，铁山港区对高致病性禽流感和口蹄疫等一类动物传染病实行强制免疫，做到应免尽免不留空当。全区家畜口蹄疫免疫15.22万头次、高致病性禽流感家禽累计免疫78.74万羽次，羊小反刍兽疫免疫3800头次，对猪瘟、猪蓝耳、鸡新城疫、狗狂犬病开展全面免疫，常年免疫密度达到90%以上，群体免疫率达到100%。开展兽疫实验室检测，全年检测样品1711份，其中牛羊布鲁氏菌病等人畜共患病检测动物样本800多份；开展非洲猪瘟工作防控，全年累计排查养殖场23.28万户次，排查生猪260.25万头次，落实养殖环境大清洗、大消毒专项行动，养殖环境非洲猪瘟病毒自检零检出。通过落实以

铁山港区2019年畜禽生产情况表

单位：万头、万羽、吨

畜禽名称	出栏	比上年增长(%)	肉产量	比上年增长(%)
生猪	6.57	−16.89	5732.40	−15.39
牛	0.20	16.47	257.32	21.38
山羊	0.23	283.33	43.43	382.56
家禽	256.69	20.09	4385.92	19.34
其他			143.9	
合计			10562.97	−3.34

上免疫、检测、排查、消毒等疫病防控措施,全年全区不发生重大动物疫病和人畜共患病。

(郑日维)

【畜牧产品质量安全监管】 2019年,铁山港区畜牧主管部门加强畜牧产品质量安全监管工作,组织开展饲料、兽药、养殖环节的违禁品及药物残留监督检查。全年开展专项整治和执法监管66次,检查生产经营企业41家次、养殖场102家次、交易市场40个次。加强对使用“瘦肉精”等违禁药物监管,开展针对“瘦肉精”监测采样品104份,对“磺胺类”监测采样20份,未发现使用违禁药品等违法行为。

【动物卫生监督】 2019年,铁山港区畜牧主管部门加大动物卫生监管力度,抓好动物检疫工作,全年实施产地检疫生猪2.29万头。切实做好养殖环节病死猪无害化处理工作,全年无害化处理病死猪1.14万头,发放无害化处理补助资金75.82万元。加强动物卫生监督执法工作并取得明显成效,全年立案查处违法违规案件数和结案数均为零。 (黄少东)

扶贫开发

【概况】 2019年,铁山港区机构改革,将承担行政职能的事业单位区水库移民工作局的职责,区农业局的扶贫开发职责以及区发展和改革局的易地扶贫搬迁工作职责等整合,组建铁山港区扶贫开发和水库移民工作局(简称区扶贫移民局),内设综合股、资金项目管理股、社会扶贫股,有工作人员15人。年内,全区共有建档立卡贫困户2191户9019人,其中2016年以来精准识别贫困户1884户7710人,2014年、2015年退出户307户1309人。有贫困村4个,分别是南康镇夏塘村、黄丽窝村,营盘镇盐灶村,兴港镇粟山村。年内,全区脱贫贫困户681户2642人,其中南康镇脱贫287户1185人,营盘镇脱贫209户803人,兴港镇脱贫185户654人,贫困发生率从2016年的4.77%下降到0.21%。

【“一帮一联”结对帮扶】 2019年,为进一步加大对贫困户的帮扶力度,铁山港区选派101名驻村工作队员(包括第一书记)到42个村(社区)担任工作队员,落实70个单位定点帮扶43个村(社区),落实1608名干部结对帮扶2191户贫困户,确保贫困户“一帮一联”结对帮扶工作全覆盖。

【精准帮扶】 2019年,铁山港区确保每个贫困村至少有2个以上帮扶单位和2名驻村工作队员,非贫困村至少有一个帮扶后盾单位和2名驻村工作队员,确保每个贫困户都有帮扶联系人,设置帮扶手册和帮扶联系卡。同时落实帮扶工作机制,要求帮扶人按规定进村入户,帮助解决贫困户的实际困难,宣传各项扶贫政策,并做好登记、签名等工作,及时更新、校正《帮扶手册》中所有数据,确保衔接一致,实行动态管理并进行定期抽查。

【基础设施建设】 2019年以来,铁山港区通过整合扶贫移民、交通、财政、农业农村和水利、民族宗教等部门资金,加大对贫困地区基础设施建设的投入。全年累计投入资金7732.47万元,硬化村屯道路111.25千米,修建排水灌溉渠道项目3个、饮水安全巩固提升工程2个,有效改善当地农户生产生活条件。

【产业扶贫】 2019年,铁山港区实施产业扶持,促进产业发展,全区共整合扶贫产业项目资金1330.8万元。其中:投入219.7万元扶持2197户贫困户发展以奖代补到户产业开发项目,项目已实施完成;投入297万元扶持依靠自身难以稳定脱贫的贫困户198户,入股合作社和企业发展资产性收益扶贫项目;投入200万元继续扶持贫困村合作社推广种植杂交构树,发展养牛、养猪项目;投入534.1万元扶持深度贫困村南康镇黄丽窝村新建设施大棚发展果蔬产业扶贫项目,项目已竣工验收;投入80万元扶持贫困村营盘镇盐灶村发展特色农业产业扶贫示范基地项目，计划种植水稻 33.3 公顷(年内完成种植 13.3 公顷)，增加村集体经济收入。

【雨露计划】 2019 年，铁山港区根据“应补尽补、精准补助、限时补助”的原则，大力推进“雨露计划”补助政策。区扶贫移民局通过制订工作方案、培训计划和宣传实施方案，指定专人负责收集审核“雨露计划”申请材料。通过开展技能培训，已有 44 名学员取得职业资格证书。举办 3 期农村实用技术培训，共发放 105 人次培训补助 5250 元。区扶贫移民局对建档立卡贫困户中符合条件的学生实施“雨露计划”学历教育补助，受理 507 人申请，审核通过 507 人，共补助资金 82.74 万元。

【小额信贷】 2019 年，铁山港区为了全面做好小额信贷支持精准扶贫工作，积极加强与农村信用联社的沟通协调，加大对建档立卡贫困户的信贷支持，坚持贫困户自愿和贫困户参与两项基本原则，确保贫困户将贷款真正用于能够提升内生发展动力，获得稳定增收的生产经营性项目，实现脱贫增收。全年发放 10 户新增贷款共 25.9 万元，收回贷款 748 户 3687 万元，共拨付财政贴息资金 199.02 万元，免除贫困户承担利息的后顾之忧。

【就业扶贫】 2019 年，铁山港区南康镇梦想创业孵化基地建立。该项目由北海市德智现代农业开发有限公司联合黄丽窝富农特色种养农民专业合作社共同投资兴建，投资总额 2000 多万元；项目占地总面积 66.67 公顷，分别在南康镇陂塘村和黄丽窝村设点，主要依托完善的农业设施塑料大棚，为创业者、特别是建档立卡贫困户搭建从种苗培育、大田种植过程中技术指导、培训到销售等提供“一站式”服务的创业孵化平台。年内，已吸纳 177 户创业农户入驻(其中建档立卡贫困户 86 户)，直接带动 400 多人就业，其中贫困人口 170 人，有效增加农民收入。创业孵化基地还通过与铁山港区残联合作，开展“阳光助残扶贫基地”项目，免费为入驻基地的残疾人家庭提供种子种苗、农药、化肥，带动扶持农村残疾人 100 名(其中建档立卡残疾人 73 名)，受扶持的残疾人每年有不低于 1500 元的收入，为有一定劳动能力的建档立卡残疾人稳定脱贫提供了保障。由于该基地利用大棚设施种植反季节果蔬，销路不愁，纯收益高于常规种植，助推脱贫攻坚。

（黄业栋）

2019 年 5 月 23 日，区扶贫移民局在南康中学举办铁山港区 2019 年雨露计划宣传月扶贫政策宣讲会　　区扶贫移民局　供

林　业

【概况】 2019 年，铁山港区林地面积 7382 公顷，完成林业总产值 53.24 亿元(其中第一产业 2.91 亿元，第二产业 50.03 亿元，第三产业 0.30 亿元)，比上年增长 10.67 亿元，增长率为 25.06%。实现林下经济产值 1.90 亿元，比上年增长 51.55%，其中林下种植实现产值 7289 万元，林下养殖 6023 万元、森林旅游 5710 万元。完

成植树造林总面积141公顷，义务植树40万株，中幼林抚育1000公顷，均完成上级主管部门下达的目标任务。根据《广西壮族自治区林业局关于印发2019年度市县森林覆盖率监测结果的通知》，全区2019年森林覆盖率达到19.38%。区自然资源局管护国家级公益林面积145.35公顷，其中国有公益林11.84公顷，集体公益林133.51公顷。

【植树造林】 2019年，铁山港区山上造林实际完成造林总面积141公顷，义务植树40万株，中幼林抚育1000公顷。

植树活动 2019年植树节，区自然资源局结合全区的实际，在铁山港工业区搬迁安置小区开展以“兴水利、种好树、助脱贫、惠民生”为主题的义务植树活动，为美丽铁山港增添新绿，同时掀起义务植树的新高潮。植树节当天，区四家班子领导带领区直机关单位和兴港镇政府干部职工、各界群众100多人参加义务植树活动。

村屯绿化景观提升 年内，区自然资源局在南康镇扫管龙村委开展村屯绿化景观提升工程，有效改善乡村生态环境，提升旅游形象，助力全域旅游。

【林政管理】

涉林违法行为整治 2019年，区自然资源局坚持依法治林，开展打击非法占用林地等涉林违法犯罪专项行动。结合林政资源综合检查和森林督查，查处非法侵占林地行政案件9宗，其中擅自改变林地用途案件4宗，滥伐林木3宗，无证运输2宗。为全面掌握全区林地保有量的精确数据，区自然资源局开展铁山港区林地变更调查工作，并通过国家及自治区审核。

野生动植物保护 2019年，区自然资源局定期对依法获得野生动物驯养繁殖许可的单位、个人进行清理排查，同时设立举报电话，依靠社会和群众力量加强监督。年内为保护全区古树名木，传承古树名木文化，区自然资源局与相关村（社区）签订管护协议，加强养护管理，同时做好铁山港区古树名木确认工作，进一步完善对古树名木资源管理。

【森林防火】 2019年，区自然资源局印发《致全民的一封公开信》和《森林防火安全知识宣传资料》宣传单，在公路沿线、主要林区路口竖立防火宣传牌和悬挂宣传横幅30幅，组织乡镇林业站加强日常巡查，累计出动宣传车20多辆次开展森林防火宣传。年内，全区发生一般森林火灾8起，无重大森林火灾发生，森林火灾受害率为0.57‰，低于市级下达0.8‰的控制指标。

【林业有害生物防控】 2019年，铁山港区坚持“预防为主、分类施策、分工负责、区域联防、统筹安排、长期作战”的防治策略，落实区、镇两级政府防控责任，积极开展森林病虫害监测和普查工作。年内，全区未发生松材线虫病疫情；对辖区内木材加工厂进行检查，未发现松材线虫病流入。全区林业有害生物应实施监测面积9.52万公顷，实际监测面积

2019年9月19日，北海市自然资源局副局长覃旭健（左三）带队到盛伟刨木厂检查森林防火和地质灾害预防工作　　区自然资源局　供

9.52万公顷，监测率为100%，未发现病害及虫害现象。区自然资源局严格按照自治区林业局规定认真执行林业检疫工作，强化行政执法和管理职能，严格开展产地检疫、调运检疫和复检工作，强化松木、其他木材及林产品运输检疫管理，严格实行检疫审批制度。年内，全区实施产地检疫苗木25.7公顷，苗木产地检疫率100%；调运检疫木材和木材制品4.76万立方米、苗木3066株，调运检疫率100%。

【森林生态效益补偿项目】 2019年，铁山港区国家级公益林面积为145.35公顷，其中国有公益林11.84公顷，集体公益林133.51公顷。全区国家级公益林分布在南康、营盘、兴港3镇，其中营盘镇有集体公益林133.51公顷，南康镇有国有公益林5.15公顷，兴港镇有国有公益林6.69公顷。年内，全区森林生态效益补偿金兑付金额3.36万元，区自然资源局按有关规定制订实施方案，并组织技术人员对所有要补偿的生态公益林进行检查验收，按规定拨付资金。（何积伟）

水　利

【概况】 2019年，铁山港区有海河堤防137千米，其中海堤39千米，河堤98千米。海堤主要有青山头海堤、白龙海堤、火禄港海堤、粟山海堤、雷田海堤、下担海堤等，河堤主要有南康江、火禄江、谢家河河堤等。堤围共有38个，其中万亩以上堤围1个，千亩以上堤围9个。农村饮水工程有76处。主要灌溉渠系有南康西干渠34.50千米，南康东干渠35.80千米，营盘分干渠18.60千米。山塘陂坝有76宗，排水涵闸有99座，构成了铁山港区相对完备的防洪、防潮减灾体系，全区上年农田有效灌溉面积6656公顷，农业灌溉用水的利用效率与效益逐步提高，农业抗御自然灾害能力稳步增强。

【水利工程建设】 2019年，铁山港区实施水利项目5个，总投资599万元。其中农田水利建设项目347万元，新建和修复堤防599米等；饮水安全工程项目投资194万元，解决3个村共2660人的饮水安全问题。

防汛应急水毁工程修复　年内，铁山港区完成投资405万元，主要修复营盘镇白龙坪底海堤、营盘镇火禄海堤、兴港镇富屋海堤工程和南康镇黄丽窝荔枝山水陂等4处水毁工程，受益人口1.58万人。确保工程安全度汛，改善农业灌溉条件，保护人民群众生命和财产安全。

饮水安全工程　全年累计投资194万元，建设大塘、低路、青山头等农村饮水巩固提升工程，总受益人口2660人，其中受益建档立卡贫困户399人，完成全区2019年的脱贫攻坚饮水安全战役作战任务。

（黄丽勤）

【水资源利用】 2019年，铁山港区降雨量1428毫米，水资源总量为6.56亿立方米，其中地表水资源量为4.10亿立方米、地下水资源总量2.46亿立方米。年内，全区用水总量为1.07亿立方米，其中生活用水量1450万立方米，农业用水量6900万立方米，工业用水量2270万立方米，公共生态用水量100万立方米。万元地区生产总值实际用水量42.5立方米（比2015年万元地区生产总值用水量59.8立方米下降29%）；万元工业增加值实际用水量12立方米（比2015年万元工业增加值用水量21.8立方米下降45%）；农田灌溉水有效利用系数0.50。

【水土保持】 2019年，区农业农村和水利局抓好水资源管理和水土保持工作，共审批水土保持方案13个，夯实生产建设项目业主防治水土流失的主体责任。完成水土流失治理面积4.06平方千米，征收水土保持补偿费143.9万元。采取多种方式对生产建设项目水土保持情况进行检查，开展实地监督检查16次，召开专题会议检查

10 次，电话询查 22 次，共检查项目 8 个。对未按生效的水土保持方案实施的行为及时制止并限期整改，有效遏制建设过程中造成的水土流失。全面完成对辖区内 221 个扰动图斑现场复核工作。（周　毅）

【河长制工作】2019 年，铁山港区共 14 条河流名录，其中流域面积 50 平方千米以上江河名录 4 条，流域面积 50 平方千米以下江河名录 10 条，全区已完成区、镇级“一河一策”方案编制工作。

河长履职及清“四乱”工作　年内，全区各级河长积极巡河履职，区、镇、村三级河长累计巡河 2290 人次。根据《北海市江河湖库清“四乱”专项行动具体方案》要求，认真做好江河湖库清“四乱”（乱占、乱采、乱堆、乱建）专项行动工作。年内，全区新增“四乱”问题 2 个，共有“四乱”问题 6 个。区河长办切实履行职责，下发整改通知，切实做到发现一处、整改一处、销号一处，已全部完成整改销号。

河湖管理保护　年内，区河长办加强河道执法检查力度，共出动 68 人次，巡查河道 32 次，巡查主要河道 350 千米，主要巡查江河水域、水资源、水利工程，对水事活动进行监督检查、维护正常的水事秩序。全年立案查处涉河案件 2 起，结案 2 起，执行行政处罚 2 万元。（黄丽勤）

水库移民工作

【概况】2019 年，铁山港区有移民村 33 个，移民村小组 211 个，大中型水库移民 1266 户 4506 人。水库移民劳动力人数 2066 人，其中劳动力输出人数 727 人，水库移民年人均可支配收入 15027 元，人均耕地面积 0.08 公顷，人均住房面积 30.3 平方米，人均可支配收入在贫困线以下有 10 人，人均可支配收入超过全区农村居民人均可支配收入的有 2337 人，参加新型农村合作医疗 4506 人，参加新型农村养老保险有 3316 人。移民后期扶持总人数为 4506 人，全部采取直补到人的方式，直补总额 271.55 万元。年内，全区投入移民项目资金 595 万元，其中基础设施项目 587 万元，建设村屯道路 2.06 千米、生产道路 8.61 千米，分散居住水库移民旧房改造 2 户；劳动力技能培训和职业教育投入 8 万元，培训劳动力 50 人次。

【水库移民后期扶持】

后扶人口动态管理　2019 年，根据自治区发展改革委员会、自治区水库移民工作管理局及自治区财政厅《关于印发广西壮族自治区大中型水库移民后期扶持人口自然减员管理暂行办法的通知》文件要求，每年进行一次大中型水库移民后期扶持人口自然减员核定登记工作，自然减员人口核定登记成果需报区人民政府审定，审定文件报北海市水库移民工作管理部门备案。年内，区扶贫移民局于第一季度开始实施大中型水库移民后期扶持人口动态管理，完成年度后扶人口自然减员核定工作，共减员 32 人，停止发放自然减员后期扶持人口的后期扶持直补资金。

后扶人口管理政策宣传　2019 年，区扶贫移民局组织人员深入库区，走村串户宣传《国务院关于完善大中型水库移民后期扶持政策的意见》和《自治区发改委、移民局、财政厅关于印发广西壮族自治区大中型水库移民后期扶持人口自然减员管理暂行办法的通知》等水库移民后期扶持政策文件精神，宣传库区移民后期扶持资金发放的方式，让移民群众知晓后期扶持资金发放的时间段，了解大中型水库移民后期扶持政策。

后期扶持直补资金发放　2019 年，区扶贫移民局按照自治区相关文件要求“在每季度收到上级拨付的后期扶持资金 20 天内或季度终了 20 天内全部兑现到户或到村民小组”的规定，全年共发放大中型水库移民后期扶持直补资金 271.55 万元，惠及移民 4506 人。

【后期扶持项目建设】

水库移民村屯道路建设　2019 年，铁山港区继续推进水

2019 年 7 月 1 日，铁山港区部分水库移民乘车到广西柳州畜牧兽医学校参加致富技术培训　　区扶贫移民局　供

库移民村屯基础设施建设，重点抓好水库移民村屯道路建设。全年投资 113.1 万元，建设大中型水库移民村屯道路项目 2 个，建设村屯道路 2.06 千米。改善了水库移民村屯基础设施条件，解决移民出行难问题。

水库移民生产道路建设　年内，区扶贫移民局积极开展水库移民增收项目，全年投资 473.9 万元，建设大中型水库移民生产道路项目 7 个，建设生产道路 8.61 千米，奏效改善了水库移民村组生产设施，为当地发展生产增加移民收入创造了有利条件。

水库移民美丽家园建设　继续开展水库移民美丽家园建设工作，投资 2.4 万元，实施分散居住水库移民旧房改造项目 2 个。

水库移民致富技术培训　年内，区扶贫移民局举办水库移民技术培训班 2 期，培训水库移民 50 人次。培训工作依托广西玉林农业学校、广西柳州畜牧兽医学校，师资、教学质量得到保障。教学内容着重围绕安置区农业产业发展开展实用技术技能培训。采取菜单式教学与现代农业发展、移民增产增效相结合的方式，开发设置农业特色种养、农家乐与观光农业、农村电子商务与农产品营销、农民专业合作社经纪人等精品课程，传授新技术，培育新观念，提供新信息，助力安置区农业产业发展和移民增收。围绕安置区移民外出务工需求开展就业技能培训。按照移民培训意愿和市场用工需求，对安置区内接受能力较强、有外出务工需求的水库移民，开展厨师、低压电工、电焊工、汽车维修、叉车驾驶等技术含量较高的就业技能培训，学员通过考试可获得国家职业技能证书。

【后期扶持监测评估】 2019 年，自治区水库移民部门对铁山港区 2018—2019 年评估周期内水库移民新村建设、美丽广西乡村建设、水库移民脱贫攻坚、移民收入倍增、移民创业就业技能培训等工作进行监测评估，及时发现后期扶持政策实施工作中的困难和问题，并研究提出解决问题的意见和建议。后期扶持监测评估主要内容包括：后期扶持政策实施情况、后期扶持资金使用管理情况、后期扶持政策实施效果等。经自治区监测评估小组核查评定，铁山港区 2018—2019 年评估周期内水库移民政策实施工作情况表现为：领导重视，机构较为健全；年度计划项目完成情况良好；实施管理总体规范有序；后期扶持实施效果持续显现。自治区监测评估小组对铁山港区水库移民后期扶持政策实施工作给予高度评价，认为通过后期扶持政策的持续实施，该区水库移民的生产生活条件得到持续改善，移民收入保持持续增长，与当地居民平均水平差距逐渐减小，移民对后期扶持政策实施情况评价及满意度较高。　（黄业栋）

渔　业

综　述

【概况】 2019年，北海市铁山港区海洋局（简称区海洋局）内设海洋与渔业综合执法大队、海域动态监管中心，有工作人员32人。全区拥有海岸线长82千米，其中人工岸线57.16千米，沿海滩涂自东向西延伸面积约2.57万公顷，海水可养面积3.5万公顷，已开发海水养殖面积约2360公顷。全区涉渔乡镇3个，渔业村委（社区）20个，渔业人口4.9万人，渔业从业人员2万人，渔业船只保有量3200多艘，其中持有合法证件船只1666艘。年内，区海洋局紧扣发展现代渔业、建设海洋强区和振兴南珠产业目标，坚持科学发展观，开拓创新，狠抓落实，大力发展向海经济，加快推动渔业转型升级平稳健康发展。全年水产品总产量19.25万吨，比上年增长3.56%，其中海洋捕捞6.73万吨，海水养殖11.86万吨，淡水养殖6592吨。

【养殖用海管理】 2019年，铁山港区全年累计完成15宗海域使用权续期办理工作，新出让南珠养殖用海海域使用权16宗，用海面积280公顷。并拟规划667公顷海域用于深水抗风浪网箱养殖。

【项目用海出让】 2019年，区海洋局积极配合完成玻璃产业园配套码头工程、北海港铁山港西港区石头埠作业区23号泊位工程（港池部分）的供海工作，依法依规通过挂牌方式完成出让工作。年内，项目已逐步开工建设。

2019年7月12日，信义（广西）玻璃有限公司领导和北海市海洋局副局长王崇良（左二），在北海市政务中心三楼竞标室完成玻璃产业园配套码头项目海域使用权出让签约　　区海洋局　供

水产养殖业

【概况】 2019年，铁山港区水产养殖业稳步发展。全区水产养殖面积7500公顷，养殖总产量12.51万吨，比上年增长2.2%，产值25.18亿元。水产养殖主要方式有池塘养殖、网箱养殖、浅海滩涂养殖等，主要养殖品种有南珠、南美白对虾、金鲳鱼、象鼻螺、文蛤、方格星虫等。对虾养殖面积2133公顷，象鼻螺养殖面积

1533公顷，鱼类养殖面积800公顷，马氏珠母贝养殖面积677公顷。全区共有水产苗种场13家，水产养殖专业合作社15家。

【传统网箱养殖】 2019年，铁山港区传统网箱养殖主要分布在兴港镇石头埠海域，共有养殖户305户，养殖面积32万平方米，共有4700多口网箱，年产量5万吨，产值5.8亿元，铁山港区已发展为广西最大的网箱养殖基地。产品主要销往广东、福建、上海等地，以加工销售为主，占比60%，冰鲜鱼销售占30%，活鲜鱼销售占10%。金鲳鱼产品连续3年出口到欧洲，连续18年出口美国。

【深水抗风浪网箱养殖】 2019年，铁山港区加快发展深水抗风浪网箱养殖，带动传统网箱养殖向离岸养殖的转型升级，引进北海市铁山港区石头埠丰顺养殖有限公司、北海乃志海洋科技有限公司、北海市铁山港区嘉晟农民种养专业合作社、北海市铁山港区翔久农民种养专业合作社、广西海顺水产养殖有限公司等企业发展深水抗风浪网箱养殖，发展网箱多层次生态养殖。年内，区海洋局组织养殖户申报深水抗风浪网箱示范基地建设项目，争取资金2250万元，计划建造深水抗风浪网箱145口。

（陈定军　农　忠）

海洋捕捞业

【概况】 2019年，铁山港区有持证渔船1666艘，总吨位2.37万吨，总功率3.9万千瓦。海洋捕捞产量6.73万吨，比上年增长6.05%，产值14.23亿元。铁山港区籍渔船主要从事近海捕捞作业，主要作业区域有北部湾北部海区、北部湾中南部至湾口海区、海南东部近海和粤西近海海区、南海北部大陆架边缘海区及南沙海区，主要的作业类型有拖网、刺网等，主要渔获种类有鱼类、虾蟹类、贝类等。

【渔港码头建设】 2019年，铁山港区内有营盘中心渔港、石头埠渔港等2个渔港，2个渔港港内均存在港池淤积严重、避风条件差、渔港配套设施不足等问题，难以起到渔港应有作用。为解决以上问题，营盘中心渔港于2019年按国家一级渔港复工建设，石头埠渔港也计划进行升级改造，年内正在进行项目用海论证和环境评估等前期准备工作。

【外海远洋渔业】 2019年，铁山港区积极发展远洋渔业，拓宽海洋捕捞空间，缓解近海捕捞资源短缺的压力。全年赴南沙生产的渔船28艘次，捕捞产量1120吨，产值840万元。

【北部湾共同渔区入渔管理】 2019年，区海洋局根据自治区海洋和渔业局北部湾共同渔区渔船作业安排的要求，共组织申报入渔渔船9艘，总功率2585千瓦，顺利完成自治区下达的入渔任务，确保中越北部湾渔业合作协定的顺利实施。

（陈定军　农　忠）

渔业行政管理

【伏季休渔】 2019年，南海伏季休渔时间为5月1日12时起至8月16日12时，作业类型为除钓具外的所有作业类型及为捕捞渔船配套服务的捕捞辅助船同步休渔。年内，铁山港区应休渔船1666艘，辖区内港窄船多的问题十分严重，休渔管理难度大。为此，区渔业主管部门严格按照上级部门的统一部署，加强组织领导，注重宣传教育，强化管理措施，严格落实休渔期间“六个严禁”的规定，值班巡查人员24小时不间断巡查渔港，杜绝一切安全隐患，确保休渔期间渔区安全。

【渔业用油补贴】 2019年，铁山港区渔业主管部门落实好惠农政策，组织申报及发放2017年度渔业用油补贴工作，累计发放32艘渔船油补资金218.1万元。

【水产品质量安全监管】 2019

年，铁山港区完成水产品例行监测4批次，完成24个样品采样工作，其中成品样20个，苗种4个；完成水产品快速检测样品20个，样品全部符合抽样规范及要求。配合完成贝类风险监测抽样9个，国家产地水产品（第二次）质量安全监督抽样8个，"不忘初心、牢记使命"主题教育农产品质量安全专项监督抽查抽样2个，2019年国家农产品质量安全监督抽查抽样5个，样品全部检验合格。

【水域滩涂养殖证审批】 2019年，铁山港区完成核发水域滩涂养殖证31本，持证养殖水域滩涂面积373.3公顷。至年末，全区累计核发养殖证73本，持证养殖水域滩涂面积1307.5公顷。

南珠产业

【概况】 合浦南珠久享盛名，其主产地为铁山港区海域。但近年来南珠由于受珠贝种质退化、技术落后和销售市场混乱等原因，南珠产业逐年衰落。为了加快南珠产业的振兴，2017年、北海市成立振兴南珠产业领导小组，由北海市政协主席李蔚担任组长。市委、市政府印发《关于印发保障南珠养殖用海指导意见的通知》《关于振兴南珠产业扶持和奖励措施的实施意见》《关于金融支持南珠养殖业发展的实施意见》等一系列重振南珠产业政策性文件，以政策措施着力解决南珠产业发展振兴的瓶颈问题，作为南珠主产地的铁山港区遇到千载难逢的发展良机。2018年，北海市人民政府办公室印发《关于修订振兴南珠产业扶持和奖励措施的实施意见部分条款的通知》，南珠产业振兴走上了快车道。铁山港区积极落实市委、市政府关于振兴南珠产业发展的部署，采取得力措施，扎实推动南珠产业加快发展。2019年，铁山港区南珠产业取得良好的成效。

【专属海域划定】 2019年，铁山港区根据北海市政府《北海市南珠养殖用海规划方案》，结合铁山港区养殖功能区划，划定1.47万公顷南珠养殖专属海域。年内，累计在专属海域中拟挂牌出让677公顷海域供发展南珠养殖专用。

【生态环境监管】 2019年，铁山港区加大对珍珠养殖专属海区海岸生态保护力度，为珍珠养殖提供良好的海洋生态环境。加强海区海岸300米范围的海域滩涂日常巡查监管，清理整治专属海区非法占海养殖，确保该范围内无违法抢建，无电鱼、炸鱼、毒鱼等违法现象。年内，清理拆除围箔设施，恢复海域滩涂原貌667公顷。

【培育重点养殖企业】 2019年，铁山港区培育以旺海、精工、铭美、祥瑞等为重点的养殖企业18家（户），养殖用海677公顷，投放珍珠贝苗3.5亿粒，插核珠贝1304万只，珍珠贝生长情况良好，年底收获南珠627.01千克。

【标准化生态养殖项目】 2019年，铁山港区获得2018年项目补助资金900万元。旺海、精工、铭美、祥瑞等4个南珠标准化生态养殖示范基地完成建设并通过验收。通过项目的实施，进一步

2019年12月4日，铁山港区举办2019北海铁山港南珠节暨国际珍珠展系列文化活动　　区农业农村和水利局　供

完善陆域基础设施、海上现代化管养平台以及海上养殖设施，为南珠养殖打下物质基础。

【养殖技术培训】 2019 年，铁山港区先后举办 8 期南珠养殖技术培训班，培训插核、切片、管养等技术人员 300 多人；组织南珠养殖企业、合作社、专业户的技术骨干参加全市南珠养殖技能大赛，参与 2019 年南珠节各项活动，有力促进南珠养殖技术的推广应用。

（陈定军　农　忠）

2019 年 7 月 11 日，营盘镇工作人员正在清理海滩垃圾

区海洋局　供

海洋资源管理

【概况】 2019 年，铁山港区拥有海岸线长 82 千米，其中人工岸线 57.16 千米，沿海滩涂自东向西延伸面积约 2.57 万公顷。年内，区海洋局坚持科学发展观，开拓创新，狠抓落实，严格管控用海审批，严守海洋生态红线，依法依规组织开展海域使用权出让活动，加强海域动态监管，促进海域资源科学合理开发利用，保障海水养殖产业与涉海项目健康可持续发展。

【防灾减灾】 2019 年，区海洋局编制防台风应急预案，建立防台风值班和巡查机制，对全区相关海洋灾害防御措施和重要的隐患点进行排查；铁山港区涉海防灾减灾观测主要由北海市海洋局进行，重点观测水文、风力、浪高等要素；涉海防灾减灾预报方面，主要通过接收区政府、区应急管理局转发台风、暴雨、大潮等信息的预报并及时组织区海洋局下属单位，做好防范应对工作。

【综合执法】 2019 年，区海洋与渔业综合执法大队加强海上执法力度，查获电拖排（筏）4 艘、下网排（筏）15 艘、潜捕船 2 艘，移送海警部门和区公安分局，刑事处罚电拖船 4 艘、非法捕捞抽砂船 5 艘，行政处罚下网渔排 9 艘，罚款 10.7 万元，没收“三无”渔船（无船名船号、无船舶证书、无船籍港）9 艘。现场销毁电渔工具 8 套。高压打击海上非法采砂行为，查处非法抽砂船 12 艘，处予罚款 61 万元。

【科技创新】 2019 年，铁山港区继续推进抗风浪网箱养殖，联系相关技术单位及高等学校，引进抗风浪网箱养殖技术，进一步提高全区海水养殖产业的科技水平和产品质量。

【海滩清洁】 2019 年，区海洋局积极组织、联合辖区 3 镇政府对辖区海滩开展环境卫生整治工作，共清理海滩卫生死角 86 处，清理垃圾 619 车、797.25 吨，清除杂草 2411 平方米，清理积沙 38 立方米，清洁海岸线 240.36 千米。（程戈夫）

交通运输·港口码头

综　述

【概况】 北海市铁山港区交通运输局(简称区交通运输局)下辖北海市铁山港区公路发展服务中心、北海市铁山港区公路运输发展服务和信息中心、北海市铁山港区水路运输发展服务中心、北海市铁山港区交通综合行政执法大队(2019 年 8 月机构改革后划转至区综合执法局)4 个事业单位及 6 个企业,改革后局机关和局属事业单位干部职工 56 人。2019 年,铁山港区辖 3 个镇、6 个社区、37 个行政村,行政区域面积 394 平方千米,海岸线长 82 千米,交通运输用地 2216.48 公顷。全区公路管养里程 352.34 千米,有营业性货物运输汽车 1346 辆 8789 吨位,全年完成公路运输货运量 709 万吨;港口码头泊位 17 个,完成港口货物吞吐量 2740.73 万吨,装箱货物吞吐量 23.48 万标箱。

【公路运输】 2019 年,铁山港区有营业性运输汽车 1346 辆 8789 吨位,完成货运量 709 万吨,货运周转量 9809 万吨公里。年内,全区开通国内道路客运班线 17 条,其中跨地市班线 1 条,跨县班线 16 条,日均发车 384 班次,暂未开通国际道路客运班线、公共汽车和出租车。有道路客运站场 3 个,道路货运站场 1 个。全区"道路运输经营许可证"在册数 1774 张,"车辆营运证"在册数 1346 张。有机动车维修业户 71 户;普通机动车驾驶员培训业户 2 户,均属于 2 级业户;教练场 4 个,专业教练从业人员 78 人,教练车 73 辆。

【港口生产】 2019 年,铁山港区有码头泊位 17 个,其中 26.3 万立方米 LNG(液化天然气)专用泊位 1 个,10 万吨级泊位 5 个(其中北暮作业区 1 号—4 号泊位水工结构 15 万吨级),5 万吨级电厂专用煤码头泊位 1 个。全年完成港口货物吞吐量 2740.73 万吨,比上年增长 5%;集装箱货物吞吐量 23.48 万标箱,增长 22%。

【创建"四好农村路"示范县】 2019 年,区交通运输局落实中共中央总书记习近平关于建设"四好农村路"指示精神,按照

2019 年 11 月,区交通运输局在区运管所三楼会议室召开铁山港区"四好农村路"示范县创建工作座谈会　　区交通运输局　供

《交通运输部关于推进“四好农村路”建设的意见》和《北海市人民政府办公室关于印发北海市推进“四好农村路”建设工作方案、北海市创建“四好农村路”示范县(区)活动方案(2018—2020 的通知》等文件要求,认真组织开展创建“四好农村路”示范县工作,积极协调相关部门完善创建“四好农村路”示范县的 7 个前置条件。年内,铁山港区成功创建“四好农村路”自治区示范县(区)。

【行业管理】 2019 年,区交通运输局强化货运源头监管,落实货运源头治理措施。召开相关工作会议和现场监管加强源头治理,对辖区重点货运源头企业提出严格要求,加强运输车辆和装卸环节管理,杜绝一切超限超载车辆上路。约谈货运源头企业负责人,签订企业安全责任承诺书。通过开展源头排查确定重点货运源头,把源头治理工作落到实处。8 月后,区交通运输局先后组织相关部门走访北海市诚德镍业有限公司、广西渤海粮油实业有限公司、北部湾港务集团铁山港分公司等多家重点货运源头企业。经过全面调查,确定 4 家货运企业为重点监管源头单位,为铁山港区的“治超”工作打下良好基础。年内,铁山港区多部门联合开展“治超”行动,累计出动执法人员 1.35 万人次,检查货运车辆 4.05 万辆次,查处超限超载等违法违章车辆 544 辆次;区交通、区综合执法部门监督卸载超限货物 580 吨,实现基本消除“百吨王”超限超载违法现象的整治目标,同时实现自治区下达的“超限率第三季度低于 10%、第四季度不高于 5%”的硬性指标。“治超”行动呈现政府主导的联合执法已成为常态,货运源头治理初显成效。

【安全检查】 2019 年,区交通运输局贯彻落实区委、区政府关于安全生产工作部署,全面深入开展交通行业“岁末年初安全生产大检查”“安全生产月”“道路运输安全隐患大排查、大整治百日攻坚”“货车超限超载专项整治”等专项行动,有效防范化解安全风险,确保全区交通运输行业安全形势平稳发展。全年共督查道路运输企业 42 家次,其中检查危货企业 36 家次,出动检查人员 105 人次,排查各类行业安全隐患 15 处,已全部整改完成。全面排查管养道路安全隐患,共排查公路路段 16 处,平交路口 19 个,桥梁 23 座,并按期督促整改落实。召开安全生产专题会议 4 次,组织安全生产检查 7 次,检查企业 24 家次,发放宣传资料 300 多份。年内,全区交通运输系统安全生产四项(事故起数、死亡人数、受伤人数、直接经济损失)指标可控。

【交通扶贫】 2019 年,区交通运输局把精准扶贫工作摆上议事日程。年初制订计划,确保各项工作有条不紊地进行。局党总支每季度至少召开 1 次会议研究部署脱贫攻坚工作。开展扶贫领域作风问题专项治理,扎实推进“抓系统、系统抓”工作,按照部署,强化目标导向,强化责任担当,强化问题意识,杜绝在扶贫领域出现“四个意识”不强、责任落实不到位、工作措施不精准、资金管理使用不规范、工作作风不扎实等问题。通过“单位包村,干部包户”积极做好定点帮扶。区交通运输局帮扶对象原有 33 户,因机构改革 12 户随执法大队划至区综合执法局,机构改革后有帮扶对象为 21 户。区交通运输局作为后盾单位,积极主动为帮扶对象解决生产、生活中的实际困难。继续选派 2 名干部任驻村工作队员开展帮扶,提升村委扶贫工作实际能力。举办全部帮扶干部培训班,并多次召开扶贫专题会议,精心部署扶贫 App 培训与数据核对工作会议,以提高帮扶业务能力。为帮扶联系村——夏塘村委捐助大棚种植产业扶持资金 1 万元,为夏塘村委乡村道路安装减速带捐助 1.5 万元。筹措资金 9800 元对贫困户进行春节、中秋节慰问。

【“创城”活动】 2019 年,区交通运输局成立局长任组长的“创城”(创建全国文明城市)领导小组,具体负责工作安排,利用多种形式进行宣传。制订一

2019年11月25日，区交通运输局组织干部职工参加清洁卫生志愿服务行动　　区交通运输局　供

系列的文明制度，督促客运企业加强窗口建设和站内管理，不断提高售票窗口售票员素质，完善各项服务设施，取得较好成效。组织单位党员干部职工参加20多次“创城”志愿服务活动，累计参加人员400多人次，对南康镇街道进行全面大扫除。

【扫黑除恶专项斗争】 2019年，区交通运输局配合区公检法部门，依法打击交通领域黑恶势力非法强揽工程项目等违法犯罪行为。强化宣传发动，充分利用客车、港口码头，张贴扫黑除恶宣传横幅和标语，广泛发动企业提供涉黑涉恶线索，营造扫黑除恶浓厚氛围。年内，发现并上报1条客运领域涉恶线索，并协助相关部门办理完结。

【队伍建设】 2019年，区交通运输局持续开展“不忘初心、牢记使命”主题教育活动。通过考察革命老区，重温入党誓词，重塑理想信念；开展培训活动，提高知识内涵；上党课开阔视野；深入调查研究升华理论；做好检视整改工作，切实提高使命担当。制订《铁山港区交通运输局2019年党风廉政建设工作计划》，落实主体责任。完善“一岗双责”机制、落实日常监督、查纠问责，提升责任意识。加强干部职工政治、思想、组织、作风、文明、自身等六个方面建设，采取集中谈话及个别谈话方式，适时提醒干部职工廉洁从政，筑牢思想防线，净化政治生态。（卓家程）

道路运输

【概况】 北海市铁山港区公路运输发展服务和信息中心（简称区路运服务和信息中心），有工作人员200人。其工作职责是：负责道路运输和道路运输相关业务经营业户的申请、开业、歇业、停业的行政许可及审批；负责道路运输管理、安全生产监督管理，指导监督企业建立健全并落实安全生产管理制度，实行安全生产责任制。2019年，铁山港区完成道路运输货运量709万吨，比上年增长7.55%，货运周转量9809万吨公里，增长6.61%。全区有营业性货物运输汽车1346辆8789吨位，比上年减少915辆152吨位。开通国内道路客运班线17条，其中跨地市班线1条——铁山港区—南宁班线，跨县班线16条，日均发车384班次，与上年持平。暂未开通国际道路客运班线、公共汽车和出租车。全区有道路客运站场3个，其中北海市铁山港区客货运输站、北海市铁山港区道路货运站场属于三级站，北海市铁山港区营盘客运站为四级站；全区“道路运输经营许可证”在册数1774份，比上年减少1205份；“车辆营运证”在册数1346本，比上年减少915本。有机动车维修业户71户，其中一类户1户、二类户4户、三类户38户、摩托车维修业户28户。有普通机动车驾驶员培训业户2户，均属于2级业户；有机动车驾驶教练场4个，教练车73辆，专业教练78人。

【便民出行】 2019年，铁山港区辖3个乡镇37个建制村，乡镇客运站覆盖率和通客车率均达 100%。全区有 3 个建制村通预约车，分别是南康镇的雷田村、黄丽窝村、大塘村，通过开通电话预约车模式来解决群众出行难问题。运德客运公司与上述 3 个村委会签订投入预约租车服务协议，区运管所在 3 个村的村头、路口等显眼处公示车辆牌号、车主联系方式等信息，方便群众电话联系预约车，铁山港区实现建制村通车率 100% 的工作目标。年内，投资 36 万元建成富屋村、国营滨海农场、赤江陶瓷厂、陂头村、信义玻璃厂等 5 个农村候车亭，候车亭总数达 63 个；建制村候车亭覆盖率达 97.5%，为周边 10 多个村庄农民出行提供了便利。

2019 年 6 月，危险货物运输企业在成有停车场进行应急演练

区路运服务和信息中心　供

【道路运输管理】 2019 年，铁山港区道路运输管理工作有序开展，驾培市场管理进一步加强。年内，北海市铁山港区海康驾驶员培训有限公司、北海市铁山港区嘉元驾驶员培训有限公司通过质量信誉审核。驾驶员培训严格执行计时培训，实行“一人一车一教练”的教学模式。完善驾驶员继续教育，全面实现网络平台或手机 App 学习，减轻驾驶员的学习成本和管理成本。加强对企业落实安全主体责任督导检查业务，辖区内所有危险货物运输企业均建立完善的安全生产责任制度。督促客运站执行“三不进站六不出站”（无关人员不进站，无关车辆不进站，易燃、易爆、易腐蚀等危险物品不进站；客车超载不出站，安全例检不合格车辆不出站，驾驶员资格不符不出站，客车证件不齐全不出站，出站登记表未经审核签字不出站，乘客、驾驶员未系安全带和驾驶员不做安全承诺不出站）规定，认真履行“三关一监督”（严把运输经营者市场准入关，严把营运车辆技术关，严把客运驾驶员资格关；搞好汽车客运站的安全监督）职责，落实“四证一牌一单”（驾驶证、行驶证、从业资格证、营运证、包车线路牌、保险单）检查工作，杜绝客运站不按规定售票、乱收费等违规行为的发生。开展危险化学品运输安全专项整治工作，累计出动检查人员 130 人次，督查危险货物运输企业 13 家，检查道路运输企业 42 家次，排除安全隐患 15 个。（黄海芬）

2019 年，北海市、铁山港区两级运管机构工作人员对海康驾驶员培训有限公司进行质量信誉考核　　区路运服务和信息中心　供

水路运输

【概况】2019年,北海市铁山港区水路运输发展服务中心(简称区水运发展中心)有工作人员5人。主要负责水路运输安全、应急及抢险救灾等日常技术性、事务性工作;负责水路运输及水路运输辅助业务监督管理、水运工程建设养护、旅客运输票证货单;水运行业节能减排和相关环境保护、培训教育水路运输从业人员等;辅助区交通运输局对全区水路运输市场进行管理。年内,区水运发展中心组织开展水路运输行业意识形态风险评估分析,做好"放管服"改革、行政审批容缺办理承诺制度、"一事通办"事项以及"八统一"相关工作,提升政务服务水平。铁山港区水路运输属于沿海运输,是利用船舶在中国沿海区域各地之间的运输。辖区内的小型码头进出港的运输船舶基本上是省际、省内运营,运营货物以煤炭、海砂等散货为主,主要流向是广东、江苏和浙江一带。10万吨级港口码头的运营船舶包括国际、国内航线,进出港口货物主要有矿物类(镍矿、煤炭、高岭土)和大豆、玉米等;LNG专用码头进出港货物以石油、天然气及制品等大宗散货运输为主。年内,随着科技进步和社会经济的快速发展,全区船舶大型化、专业发展进一步加快。

【水运管理】2019年,区水运发展中心严格履行《国内水路运输管理条例》《国内水路运输管理规定》《国内水路运输辅助业管理规定》《广西壮族自治区水路运输管理条例》,加强水路运输管理工作。着重抓好水路运输市场统计和调查分析工作,每月向区政府报送港口生产情况统计数据,定期向社会公布水路运输市场运力供需状况。全年全区港口货物吞吐量2740.73万吨,比上年增长5%;集装箱货物吞吐量23.48万标箱,增长22%。年内,区水运发展中心按照上级交通运输部门关于国内水路运输及其辅助业核查工作的部署,对辖区水路货物运输代理经营者备案情况、相关证书有效性等进行核查,全区有5家水路运输辅助性企业,其中2家因环保原因处于停业状态。按照《国内水路运输管理条例》和两个水路运输业务相关规定,加强市场准入事项管理与服务,开展水路运输市场经营行为的日常监督检查,维护水运市场秩序。

【安全生产检查】2019年,区水运发展中心按照"党政同责、一岗双责、齐抓共管、失职追责"要求,建立健全安全生产工作机制,落实行业监管责任。坚持定期召开行业安全工作会议,贯彻落实上级主管部门有关安全生产的各项决策部署,总结、推广安全生产好的经验和方法,分析存在的安全问题,扎实抓好安全生产工作。开展"平安交通"、水上安全专项治理工作,年内组织安全生产检查6次,共检查企业20家。

(邓　符)

公路建设和养护

【公路设施建设】2019年,北海市铁山港区公路发展服务中心(简称区公路发展服务中心)有工作人员20人。年内,铁山港区以创建"四好农村路"自治区示范县(区)为契机,切实抓好农村公路建设,逐级分解任务,层层传导责任,建立项目台账,明确时间节点,加快项目推进。完成2018年农村公路项目建设工作,计划投资2928.77万元,修建农村公路21条共34.34千米。总投资587万元,实施"四建一通"项目9个,包括投资320万元的危桥改造项目1个(石头埠立交桥18延米)和投资267万元建设安防工程项目8个(治理隐患路段9.2千米)。投资308.73万元,完成营商环境提升路面维修及清洁工程5个;投资166万元,完成客货运输站改建工程;投资136万元,完成高(德)南(康)线的路面维修。协助推进投资7560万元,完成总长10.38千米的北铁路—白龙珍珠城二级公路改建工程。实施总投资3276.08万元,建设村屯道路硬化(为民办实事)项目22个,硬化道路总长37.77千米,涉及39个自然村,惠及1.87万人,项目正按计划推进。投资2216万元,开工建设福成—南康公路改造项目7.2千米。投资36万元建成5个便民候车亭。

【公路养护】 2019年,区公路发展服务中心管养公路共352.34千米,其中县道56.63千米、乡道159.76千米、村道135.95千米。县道优良路率64.4%,乡道优良路率37%,村道优良路率58.3%,管养公路晴雨通车率100%。全年投入978.9万元,养护工程18个,其中投资274万元完成农村公路路面大中修工程1个2.11千米;投入76万元,修复水毁工程3个;投入361.9万元,维修路面及清洁工程6个。完成修补路面坑槽1.95万平方米,修整路肩21.3万平方米,安装交通标志249块,安装道口柱632根,安装减速带551米,安装护栏2217米,施划路面标线5017.2平方米。实行日常养护和小修保养工程相结合,每月下达养护工作计划,布置重点工作任务,对辖段内的所有路段进行季度路况质量调查、统计、评定整理,上报归档;对各路线病害进行详细调查、统计、汇总、上报,严格按照小修工程实施细则、小修工程工作流程等细则施工,保证工程质量合格。坚持对所管辖的公路桥梁23座和高速、铁路桥涵6座进行日常巡查及经常性检查,汛前进行安全专项检查,及时维修处理,消除隐患。根据农村公路养护方案,乡村道路全部下放乡镇管理,落实养护资金,分别与各镇签订养护协议,明确养护目标和养护责任,提高工作效率和工作质量,全区基本形成"区为主体,县道区管、乡道乡管、村道村管"的养护模式。全年共实施路政巡查约1000千米,清除路障20处,拆除不规范标牌3块、违建2起55平方米,维护了路产路权,保障农村公路的畅通。 (麦　黎)

交通运输综合执法

【概况】 2019年7月,原属区交通运输局下属副科级财政全额拨款事业单位北海市铁山港区交通综合执法大队(简称区交通综合执法大队)划转到铁山港区综合行政执法局,有工作人员18人。主要职责是:负责辖区交通领域综合行政执法工作的组织、指导、协调、监督和宣传工作;负责辖区交通行政执法队伍的培训、考核、督查工作;负责辖区公路、水路交通管理监督监察、行政处罚、行政强制的工作;查处辖区违反路政、运政、航务管理法律、法规的案件。年内,区交通综合执法大队按照自治区交通厅、公安厅关于治理车辆超限超载联合执法常态化、制度化的工作要求,持续开展治理车辆超限超载"百吨王"及非法运输矿产品专项行动,长期保持"治超"和整治矿产资源运输的高压态势,推动辖区交通运输行业健康良性发展。

【联合执法"治超"】 2019年,铁山港区先后印发《北海市铁山港区整治道路货车违法超限超载、改装行为和非法运输矿产品专项行动方案的通知》《北海市铁山港区深入开展公路货运车辆超限超载运输及加强货运源头整治工作方案的通知》《北海市铁山港区继续深入开展公路货运车辆违法超限超载治理专项行动工作方案》《北海市铁山港区关于组织开展货运装载源头全面排查整治工作的通知》等文件,指导全区深入开展整治公路货车超限超载、非法改装及扬尘撒漏等违规行为。区交通运输、城管执法、公安交警、工信、国土和区辖各镇政府等多部门会同铁山港路政大队、博白高速路政大队联合开展治理车辆超限超载"百吨王"和整治非法运输矿产品专项行动。累计出动执法人员1.35万人次,检查货运车辆4.05万辆次,查处超限超载等违法违章544起(已主动接受处理380起);依法处罚没款收入129.77万元;劝返车辆600多辆次,监督卸载超限货物580吨。基本实现消除"百吨王"超限超载违法现象的整治目标,实现自治区下达北海市的“超限率第三季度低于10%、第四季度不高于5%”的硬性指标。

【货运源头监管】 2019年，区交通综合执法大队贯彻落实《北海市治理货车违法超限超载运输及加强货运源头整治工作方案的通知》文件精神，强化货运源头监管，落实货运源头治理措施。加强运输车辆和装卸环节管理，杜绝一切超限超载车辆出场上路。同时约谈辖区货运源头企业负责人，并签订企业安全责任承诺书。组织开展源头排查，确定重点货运源头单位，把源头治理工作落到实处。年内，区交通综合执法大队会同交通综合执法、交警、工商、工信和自然资源等5个部门，联合开展货运源头全面排查整治行动，先后走访北海市诚德镍业有限公司、广西渤海粮油实业有限公司、北部湾港务集团铁山港分公司等多家重点货运源头企业。经过全面排查和调查，确定4家货运企业为重点监管源头单位，为全区的“治超”工作打下坚实基础。（石祧慧）

港口码头

北部湾港股份有限公司北海港分公司铁山港作业区

【概况】 北部湾港股份有限公司北海港分公司铁山港作业区（简称北海港铁山港作业区）是北海港分公司所辖作业区，是广西北部湾港的重要组成部分，是承接石步岭港区产业转移、发展港口物流、布局重大临海工业、拓展对外贸易的重点区域，有6个15万吨级泊位，设计年吞吐量为1964万吨。作为推进广西北部湾经济区发展建设和面向东盟开放合作，打造向海经济，谱写新世纪海上丝绸之路新篇章的重要出海通道，根据广西北部湾港的港口结构布局调整和“一轴两翼”的发展模式，北海港铁山港作业区发挥“右翼”功能，服务华南、中南区域的优势，大力发展散杂货、集装箱等吞吐业务。全年实现散杂货吞吐量1807.75万吨，比上年增长27.51%；集装箱吞吐量24.39万标箱。

【港口重大项目建设】

铁山港进港大道工程项目　2019年2月19日，北海铁山港进港大道工程项目——北海铁山港1号—4号泊位进港大道建成通车，该项目属铁山港区道路，位于铁山港（临海）工业区，是北海铁山港港口与外部联系的主要通道之一。道路等级为铁山港区主干道路，设计时速50千米，道路红线宽度45米，全长2.5千米；主要设施包括进港大门、排水、路灯、绿化等工程，项目概算总投资2.42亿元。

北海港铁山港作业区1号—4号泊位工程项目（二期）　2019年7月2日，北海港铁山港作业区1号—4号泊位工程项目（二期）通过竣工验收。项目建设规模为2个10万吨级通用泊位（水工结构按15万吨级预留），使用岸线总长度659.24米，设计年通过能力为600万吨，总投资约8.30亿元。

北海铁山港西港区北暮作业区5号、6号泊位后方陆域工程　2019年12月31日，项目顺利竣工投产。该项目是列入“西部陆海新通道”、落实好广西“三大定位”新使命，推进铁山港“四个一流”港口设施建

2019年，北海港铁山港区进港大门　　北海港铁山港作业区　供

设的自治区重点项目。于 2018 年 12 月 30 日开工建设，项目总投资 1.56 亿元，设计范围自 5 号、6 号泊位码头前沿线后方 50 米至铁路装卸线限界之间区域。陆域总面积 38.04 公顷，堆存量 30.95 万吨，堆存容量为煤炭 457 万吨、铁矿石 385 万吨、件杂货 163 万吨。

北海铁山港进港铁路专用线项目　该项目是贯彻落实习近平总书记考察广西重要讲话精神，拓展西部陆海新通道北部湾国际门户港的重点建设项目，也是连接铁山港公共码头和玉铁铁路打通铁山港海铁联运“最后一公里”的破瓶颈项目，由广西北部湾国际港务集团有限公司投资建设。2019 年，项目站前工程陆域工区（路基及附属）全部完成，陆域工区铺轨 450 米，完成项目进度的 92%；道砟轨枕铺设完成 6 千米，完成项目进度的 75%。整个项目计划 2020 年 4 月 16 日建成通车。

2019 年 7 月 2 日，北海港铁山港作业区 1 号—4 号泊位工程项目（二期）通过验收后投入使用　北海港铁山港作业区　供

【港口业务开展】 2019 年，北海港铁山港作业区以精细化管理为抓手，确保低货损货差、高风控质量，不断推动货物“散改集”，大力拓宽散杂货业务，助推港口业务稳步发展。

货物“散改集”　年内，北海港铁山港作业区配合北港股份推进广西北部湾新材料有限公司“散改集”项目，该公司“散改集”实现突破，原材料和成品卷钢“散改集”快速推进，年内完成 6 万多标箱，比上年增长 69%。通过优化卷钢装箱场地以及提高交提柜效率，全年卷钢入箱完成 0.51 万标箱，比上年增长 53%；推进中金公司“散改集”，梳理优化各物流环节成本，协调穿巴及时驳柜并建立应急驳柜方案，满足中金公司生产需求，同时配合该公司调试，逐步推进卷钢装箱工艺，装箱量持续增长。

2019 年，北海港铁山港作业区进港大道工程项目施工现场　北海港铁山港作业区　供

散杂货业务　年内，北海港铁山港作业区港口业务形势严峻，经多方努力，大力拓宽散杂货业务，以精细化管理和高效优质服务的优势引导防城周边物流公司到港开展业务，顺利完成铁山港首船氯化钾船舶“哈里特”的卸船进堆作业，成为保税仓第一单保税业务。完成 14 万吨氯化钾卸船进库作业；满足北流海螺水泥公司生产需求，促成铁路火车和公路汽车双线发运煤炭，铁路火车线、公路汽车线维持每天 2000

吨的煤炭发运量;开拓豆粕货源,引导渤海公司开发日本等国家的海外豆粕市场,全年豆粕吞吐量完成7万吨,比上年增长17%。

【港口安全生产】 2019年,北海港铁山港作业区落实安全第一、预防为主、综合治理的方针,持续加大安全环保投入,全年累计投入2391.98万元,保障港口安全生产,并深挖生产作业提效。

安全环保监管　年内,北海港铁山港作业区组织开展港口涉临水作业、设备防台防汛、危险货物作业等各类安全生产监督检查25次;开展安全风险辨识和评估,对港口装卸中发现的129个风险点进行分级并制订防范措施;开展"安全生产月"、安全生产大排查大整治、安全生产集中整治等专项隐患排查治理工作,共排查隐患192项并全部完成整改;加强港区大气污染、水污染防治,推进节能、环保设施建设,建设洗车场、洗箱区等,建成北海港铁山港作业区首个生态调节池和一座垃圾分类收集池,并在港区建设危废储存场所。

生产作业提效　年内,北海港铁山港作业区深挖生产效率潜力,优化生产作业流程,铁山港穿巴在港停时0.59天,比上年增长9.26%;散杂货靠离泊兑现率95%,比上年增长2.77%,集装箱船舶靠离泊兑现率93%,增长1.20%。通过优化作业环节、增加高架漏斗下料照明、加强现场撒漏控制、督促渤海公司场内车辆吹箱提速等措施,提升大豆、镍矿等货物装卸效率。大豆船"北部湾梦想"轮6.52万吨整体卸率达到每天1.66万吨,比上年的每天1.19万吨提效39.12%;镍矿"康利"轮6.22万吨卸船,卸船效率为每天3.71万吨,为全年镍矿单船最高卸率;"提顿"高碳铬铁卸3.21万吨,耗时1.26天,效率为每天2.55万吨;"卡罗帕德雷"高碳铬铁卸4.21万吨,耗时1.75天,效率为每天2.41万吨,均创历史新高。"玛莉亚"船氯化钾卸7.02万吨,耗时2.3天,效率为每天3.09万吨,获客户一致好评。

2019年,北海港铁山港作业区5号、6号泊位后方堆场现状图
北海港铁山港作业区　供

【港口能力建设】 2019年,北海港铁山港作业区持续推进港口能力建设,加强信息化和风控安防硬件设施。全年完成设备及信息化方面建设投入1.16亿元(含续建4756万元),实施设备大中修技改项目10项,完成4项。主要设备完好率为97.67%,利用率为36.66%;WIFI覆盖、门禁系统、铁路货场、保税堆场等项目相继完成验收投入运行。完成铁山港作业区3号、4号泊位及后方堆场、铁山港办公大楼、铁山港智能卡口、铁山港火车站、204号保税堆场、铁山港作业区1号—6号泊位后方周界围网的视频监控覆盖工作,视频监控覆盖点从160个增加到353个,基本覆盖所有泊位、在用堆场和港区周界。完成北海港铁山港作业区内主干光缆的环状连接,为下年的网络改造、断网自动切换线路奠定基础。新增设备类购置项目35项,包括1台雾炮车、2台吸尘车、3台洒水车、1台6吨叉车;续建设备类购置项目8项,包括4台门机和4台场桥等。　(付秋明)

城乡规划建设和管理

城乡规划

【概况】 2019年，铁山港区机构改革后，全区的城乡规划职能由铁山港区住房和城乡建设局划转给铁山港区自然资源局承担。主要负责建立全区空间规划体系并组织实施。推进主体功能区战略和制度，组织编制并监督实施国土空间规划和控制性详细规划、重点地区城市设计、重点项目规划设计等相关专项规划。依法审查镇总体规划和控制性详细规划，负责辖区村镇规划管理工作。组织划定生态保护红线、永久基本农田、城镇开发边界等控制线，构建节约资源和保护环境的生产、生活、生态空间布局。组织实施土地等自然资源年度利用计划。经授权负责土地等国土空间用途转用工作。负责土地征收征用管理。协助开展城市发展战略和规划管理工作。负责经授权的有关规划审查报批、已批准规划的报备工作。负责市政基础设施和综合交通规划的编制管理工作，参与交通等专项规划的编制工作。统筹实施建设用地规划许可证、建设工程规划许可证、临时建设规划许可证等核发管理制度。负责历史文化名城、名镇、名村保护工作。编制历史文化名镇、名村保护规划，划定历史文化名镇、名村的保护范围，制定相关管理规定办法；会同区文物主管部门负责历史文化街区、名镇、名村核心保护范围内的建设报批和监督管理工作。

【新城规划编制】 2019年，铁山港区着重抓好新城规划编制工作。区住建局在调整机构和职能过程中，继续作为对接协调北海市规划院，完成《北海市铁山港区营盘镇总体规划(2018—2030)暨营盘老城、滨江片区控规及城市设计》和《北海市铁山港(临海)工业区向海大道综合服务组团控制性详细规划及城市设计》等规划的编制；组织南康镇完成《南康特色小镇建设规划》编制并通过市级评审。

【国土空间规划编制】 2019年，区自然资源局有序开展国土空间规划编制工作。按照《广西壮族自治区自然资源厅办公室关于加快开展市县国土空间总体规划前期研究工作的通

2019年8月15日，铁山港区组织挖掘机对营盘镇石村村中的危旧房进行拆除

陈德欣　摄

知》和《广西壮族自治区自然资源厅办公室关于印发〈全面推进广西村庄规划编制的工作方案〉的通知》要求，全面加快开展相关前期工作，为下一步快速高质量编制规划成果做好准备。

【村庄规划】 2019 年，铁山港区开展南康镇三塘村及火甲村 2 个村委村庄规划，区自然资源局积极配合北海市自然资源局指导南康镇国土资源部门做好村庄规划工作。 （陆镇武）

城乡建设

【概况】 2019 年，北海市铁山港区住房和城乡建设局（简称区住建局）内设办公室、住房保障和城乡建设股，有工作人员 4 人。下辖北海市铁山港区市容市政管理中心、北海市铁山港区房地产管理所、北海市铁山港区墙体材料改革办公室、北海市铁山港区建设工程质量安全监督管理站等 4 个全额拨款事业单位，全系统在职干部职工 23 人。区住建局增挂北海市铁山港区人民防空和海防工作办公室牌子。

【乡村风貌提升】 2019 年，根据《北海市铁山港区乡村风貌提升三年行动实施方案》，铁山港区大力开展乡村风貌提升行动，区住建局牵头组织实施，各镇积极行动，累计出动挖掘机、铲车 110 多台、清运车辆 260 多台，人员 3.02 万人次，清理村庄内乱堆乱放 755 处，清理垃圾 5152 吨、淤泥 431 吨；拆除危旧房屋 546 间、废弃猪（牛）栏及露天茅厕 167 处、废弃建筑残垣断壁 282 处；拆除违章建筑 1.19 万平方米，违章广告牌 183 处。全年投入资金 237 万元，完成“三清三拆”村庄 85 个。

【宜居乡村建设】 2019 年，铁山港区积极推进“美丽广西·宜居乡村”建设，具体由区住建局组织实施。主要项目有：投资 30 万元完成营盘镇白东村委南边埒公共厕所修建工程；投资 20 万元完成营盘镇石村村委乡村建设示范村奖补项目工程；投资 50 万元完成南康镇火甲村委吴屋村、兴港镇彬池村委横冲村、营盘镇能村村委彬畔塘村、石村村委西头村、石村村委背屋塘村等 5 个村绿色村屯奖补项目，每个村补助资金 10 万元；投资 15.5 万元完成南康镇水鸭塘村委冲尾村、陂塘村委木村、兴港镇富屋村委谭村、营盘镇盐灶村委旧基寮村等 4 个农村公共照明试点项目；投资 150 万元完成南康镇夏塘村委高村村、营盘镇彬塘村委青山头村、营盘镇白东村委大王岭村等 3 个乡土特色示范项目。

【行业监管】 2019 年，区住建局加强建设行业安全监管、农民工工资保障及扫黑除恶工作。年内，区住建局出动人员 56 人次，开展在建项目工地工作宣传及检查 29 次，发现一般隐患 101 处，当场整改 72 处，下发整改通知书责令限期整改 29 处，年内已全部完成整改，未发现重大隐患。全区建筑行业为区扫黑办提供涉恶线索 1 条。区住建局向北海市住建局推送建筑企业 1 家，已被列入北海市建筑市场管理“黑名

2019 年 8 月 2 日，工作人员在南康镇关冲村开展危房鉴定核查
陈德欣 摄

单”。年内,全区未发生建设项目农民工工资拖欠事件。

【行政审批】 2019年,区住建局实施行政审批事项28项,其中行政许可17项,行政征收2项,行政确认1项,其他行政权力事项7项,公共服务1项。年内,区住建局全面优化用水、用气和工程施工许可办理流程,办理环节、时限和成本排在自治区优化营商环境最优水平之列。在区政务服务中心窗口新系统录入了12个项目,其中,建筑工程施工许可证核发由法定15个工作日承诺为1个工作日,提速率达93.33%。

房产管理

【住房保障】 2019年,区住建局牵头开展全区脱贫攻坚住房安全保障战役“尽锐出战”行动,提前2天完成2888户“四类重点对象”的住房鉴定核查和标识上墙工作,按自治区部署开展并提前完成全区153户危房存量的危房改造任务,连续2个月在自治区发布的住房战役完成情况通报中排名靠前。

【公租房分配】 2019年,铁山港区有公共租赁住房1372套,已分配入住1344套,入住率97.96%,超出上级下达的目标任务1.96个百分点。区住建局会同有关部门积极采取措施,解决企业、教育、卫生医疗等机构困难职工的住房问题,基本实现应保尽保。年内,区住建局直管公共租赁住房650套,完成分配入住646套,入住率99.38%;完成直管公共租赁住房租赁合同签订和续签646份。

【公租房服务】 2019年,区住建局提升对公共租赁住房小区的服务水平。安排人员每天对公租房小区进行保洁,不留死角,并对小区内垃圾桶每天打扫清理一次,对沟渠每月至少清洁一次,对停车场及周边区域每月冲洗一次,污水井、雨水井、化粪池每季度检查清理一次,遇特殊情况及时疏通,夏季开展蚊虫消杀工作。对绿化区管理做到定期养护,做好施肥、浇水,清除枯枝死树,及时补栽,保证无缺苗现象。定期清除杂草,及时修剪整形,达到形状整齐,造型美观,层次分明。

2019年11月22日,铁山港区举办2019年度公共租赁住房实物配租抽签分房仪式　　陈润军　摄

城市综合管理

【概况】 2019年,铁山港区一线环卫保洁员共有863名,其中铁山港(临海)工业区道路环卫保洁员169名,镇级保洁员40名,农村保洁员654名(含司机)。铁山港(临海)工业区环卫队伍由区市容市政管理中心管理,镇级保洁员和农村保洁员由辖区镇政府统筹管理。年内,全区投入环卫资金3015.78万元(含环卫基础设施建设和运行经费),清理各类生活垃圾等3.4万吨,全部进行无害化处理。

【市容环境综合整治】 2019年,铁山港区着重推进铁山港(临海)工业区市容环境综合整治,开展清除杂草、绿化种植(移植、补植)、清运建筑垃圾等项目共32项。全年投入资金579.15万元,清除杂草30

2019年2月14日，铁山港(临海)工业区绿化队队员在铁山港四号路绿化带开展道路绿化修剪工作　　林永豪　摄

多万平方米、清洗道路22万平方米、清运建筑垃圾1.6万立方米。同时，区住建局组织协调交通、交警、综合执法等职能部门大力开展市容市貌综合整治工作，共开展联合执法专项整治行动4次，日常巡逻执法360多次，出动执法车辆360多辆次，执法人员1130人次。

【道路扬尘治理】 2019年，区住建局贯彻落实《铁山港区2019年度大气污染防治攻坚实施计划》文件精神，继续加大工业区扬尘治理力度。通过人工与机械相结合，道路湿扫、洒水、冲洗三管齐下。铁山港区四号路、七号路、兴港路等重点路段每天洒水8次，营闸路等道路每天洒水4次，年洒水量约6.86万吨。年内，建成区道路可进行机械清扫面积为49.5万平方米，上半年已进行机扫面积25.45万平方米，机械化清扫率为51.4%。下半年，区市容市政管理中心购进一台25吨大型洗扫车，建成区道路已进行机扫面积增至34.95万平方米，机械化清扫率达70.6%。11月1日至12月31日，区市容市政管理中心开展为期61天道路扬尘治理专项整治行动。通过增加晚上洒水作业班次(19：00—23：00)，洒水作业时间由原来每天7小时增至每天11小时。

【城市综合行政执法】 2019年8月，原北海市铁山港区城市管理综合行政执法大队更名为北海市铁山港区综合行政执法大队。年内，铁山港区综合行政执法大队以创建全国文明城市、创建全国卫生城市工作为契机，重点整治主要街道乱搭建铁皮棚、跨门槛经营、流动摊贩、车辆无序停放等城市乱象，促进市容市貌明显改善。累计出动执法人员6000多人次，开展专项环境整治行动35次，整治跨门槛经营商户4300多户次、流动摊点6000多摊次；教育占道经营、乱摆乱卖的摊贩8000多人次；拆除乱搭挂的遮阳(雨)帐篷、篷布等900多处；清理乱张贴小广告3500多张，乱拉挂横幅900多幅，乱摆放的灯箱、广告牌等1600多个。结合蓝天保卫攻坚战，对辖区内多处建筑工地、砂石搅拌企

2019年12月7日上午，大型洒水车在工业区四号路进行洒水降尘作业　　陈淑伟　摄

2019 年 1 月 22 日，团区委和南康镇团委联合在南康镇街区开展预防一氧化碳中毒宣传活动　　团区委　供

业等施工单位进行拉网式排查，共检查渣土运输车辆 260 多辆次，依法责令司机整改车辆 60 多辆，发放宣传单 180 多份，发放《责令停止违法行为通知书》《责令改正通知书》各 2 份、《责令限期拆除通知书》119 份；对未采取密闭措施防止物料遗撒的运输车辆进行立案查处 1 起。

【非职业性一氧化碳中毒预防】 2019 年，铁山港区继续深入开展预防非职业性一氧化碳中毒工作。召开专题工作部署会议 4 次，落实工作经费 28.65 万元，印发宣传资料 10 万份，宣传海报 4.5 万份，制作板报 8 板，悬挂宣传横幅 90 多幅；开展打击非法经营专项行动 13 次，取缔非法供气点 3 个，查扣液化气钢瓶 52 个；入户安检 4.08 万户，发现存在隐患 5489 户，督促整改 5249 户，整改率达 95.6%。年内，全区共发生 7 起非职业性一氧化碳中毒事故，其中 7 人为轻微中毒，1 人住院，事故中无人员死亡。

（肖慧敏　林丽冰）

环境保护

综　述

【概况】 2019年，北海市铁山港生态环境局有工作人员3人。其主要职能是：贯彻落实国家生态环境保护相关政策、法规；协调和组织实施主要污染物减排。监督管理环境污染防治生态环境保护修复；开展生态环境监督执法工作。年内，铁山港区坚持以环境质量改善为核心，集中力量打好大气、水、土壤三大污染防治攻坚战，着力解决环境突出问题，强化企业监管，区域环境质量持续改善，生态环境保护形势持续稳定向好。

【环境污染综合整治】 2019年，铁山港区认真贯彻落实《中华人民共和国环境保护法》，转变环保工作观念，落实环保"党政同责、一岗双责"责任制，加快形成"党委政府负总责、环保部门实施统一监督管理、其他部门齐抓共管"的"大环保"工作格局。加强污染源普查、土壤污染防治与修复、工业企业达标排放等工作的开展，着重抓好水、气、土等污染防治计划的深入推动和专项整治行动，加强各部门间合作，开展联合执法，解决关系群众切身利益热点环保问题，解决可能对环境造成污染的隐患问题，建设生态港区。做好突发环境事件的防范和控制，加大对重点行业企业的监管力度，实施环境应急全过程监管，强化高风险工业企业环境安全隐患排查，及时消除环境问题，确保全区年内无一般及以上突发环境事件发生。

环境质量

【大气环境质量】 2019年1月至11月，铁山港区累计有效监测302天，优良天数289天，空气优良率为95.75%（考核目标为不低于93.5%），PM2.5均值为23微克每立方米（考核目标不高于31微克每立方米），PM10均值为38.8微克每立方米（二级标准为不高于70微克每立方米），二氧化氮、二氧化硫、一氧化碳、臭氧等指标均达到《环境空气质量标准》(GB3095-2012)二级标准。

【地表水质量】 根据北海市生态环境局公开的入海河流监测断面水质监测数据显示，2019年1月至11月，南康江婆围村监测断面年度累计水质均值达到《地表水环境质量标准》Ⅲ类标准，7月因向海大道施工堵塞河道水循环，导致水质下降为Ⅴ类，经整改，8月、9月水质恢复为Ⅲ类，10月水质为Ⅳ类。

【近岸海域水质】 2019年，据广西生态环境厅监测数据统计显示：铁山港区承担的6个近岸海域监测点位的水质为优，海域水质环境功能区达标率100%，环比、同比较上年同期均保持不变。

【土壤环境质量】 2019年，根据北海市生态环境局对铁山港区建设用地土壤污染状况的调查结果，未发现区内存在污染地块。

环境监测与管理

【环保监测】 2019年，铁山港区组织相关企业实施土壤环境和地下水的环保监测工作。8月13日，诚德镍业有限公司(2019年11月更名为广西北部湾新材料有限公司)委托广州市金龙峰环保设备工程股份有限公司开始对受氟化物、总镍、六价铬污染土壤进行监测和治理；8月15日—30日，完成现场受污染土壤调查取样工作；9月1日—12日，依据现场土壤监测结果，精确受污染土壤点位；9月14日起开始实施修复，年内基本完成修复清运工作。10月29日，铁山港区组织召开《铁山港码头废渣堆放场地受污染超标土壤修复实施方案》评审会，要求企业对码头尾渣堆放场地地下水进行监测。年内，诚德镍业公司委托广西博测检测技术服务有限公司对铁山港码头尾渣堆场地下水上下游15个监测点位进行取样监测，于3月10日、3月20日、3月29日、4月12日、4月23日、5月9日、5月27日、6月28日、7月23日、8月26日、9月26日进行11次跟踪监测，其特征污染物pH酸碱度、氟化物、六价铬、镍等浓度相比2018年7月清运前的场调监测结果，均有所下降。

2019年8月13日，铁山港区委常委、副区长吴志全(右一)在区生态环境局工作人员陪同下到诚德镍业公司调研　　铁山港生态环境局　供

【大气环境管理】 2019年，区政府印发实施《铁山港区2019年春季大气污染防治综合治理攻坚行动方案》《铁山港区禁燃限放烟花爆竹工作方案》《铁山港区诚德镍业公司废渣治理项目及辖区内建设项目扬尘整治专项整改方案》《铁山港区2019年度大气污染防治攻坚实施计划》等文件，细化责任，明确部门分工。年内，区政府与各镇政府签订禁止燃烧秸秆目标责任书，落实工作责任。

城市道路扬尘治理　年内，铁山港区大力推广低尘作业，道路湿扫、洒水、冲洗三管齐下，加强机械清扫保洁，整治城区道路扬尘。根据实际情况采取定区域、定人员、定车辆、定标准，城区主次干道每天湿扫2次、吸尘或清洗1次、洒水4—6次，做好次干道、非机动车道与路边门店之间区域的湿式保洁，真正做到“横向到边，纵向到沿”“全天候、无缝隙”保洁。

道路运输扬尘治理　年内，铁山港区综合行政执法部门开展以整治白泥车、泥头车和矿车为重点的车辆撒漏专项整治工作。累计出动车辆280多辆次、人员2500多人次，检查渣土运输车辆、泥头车等1300多辆，依法责令司机整改车辆40多辆。

废渣治理项目扬尘治理　年内，铁山港生态环境局对诚德镍业公司废渣治理项目下达整改通知书，督促诚德镍业公司强化废渣治理的现场扬尘管控：要求运输车辆及挖掘机在经过干燥地表时，控制车速；在装卸过程尽量减缓速度、降低落差；要求挖掘机开挖表层干燥土壤时，避免铲斗来回刨土，采取合理管控土壤开挖面等措施；要求运输车辆覆盖篷布避免撒漏，并及时冲洗运输车辆车轮等，避免二次污染。年内，诚德镍业公司已安排清运现场洒水 130 余次,现场抽取积水降尘约 1.3 万吨。

项目施工现场扬尘治理 年内,铁山港生态环境局对辖区内多处建筑工地、砂石搅拌企业等施工单位进行拉网式排查,逐一查找扬尘污染问题源头;对违规的建筑工地、运输公司的负责人进行严格教育,责令其做好物料场的笼罩防尘和运输车辆的密闭工作,严禁带泥上路。

【地表水环境管理】 2019 年,铁山港区境地表水主要是南康江。南康江发源于合浦县闸口镇瓜山村一带山脉,沿途流经南康镇、兴港镇、营盘镇,在营盘镇青山头入海,全长 31 千米。年内,铁山港区把地表水环境治理作为生态文明建设的重要内容,大力推进水资源保护、水环境治理和中小河流治理工程的建设,切实落实河道管理长效制度。印发《关于印发南康江环境综合整治工作方案的通知》,明确工作目标责任和工作分工,提出具体工作措施和工作要求;结合《关于印发北海市铁山港区全面推行河长制工作方案的通知》文件精神,整合各方资源协力监管,定期召开会议传达工作部署、研究解决困难和问题,夯实各方责任,确保南康江整治管理如期推进。

【土壤环境污染排查】 2019 年,铁山港生态环境局组织力量加强对辖区的工业企业的监督管理,开展日常检查,不定期对企业进行明察暗访,督促企业严格按照环评批复和相关法律法规的要求做好各项环保工作,要求企业加强污染防治设施的日常管理和维护,确保污染防治设施正常运行、污染物达标排放。开展全区环境风险隐患专项排查,对排查存在问题的企业下达整改通知限期整改,及时消除环境风险隐患;开展涉镉等重金属行业企业排查,没有发现影响环境的违法行为;开展危险废物规范化管理督查,对辖区内的 18 家涉危险废物企业进行考核,针对每一家涉危企业存在的具体问题下达整改通知,明确整改要求和整改时限,督促企业按要求进行整改。

环境污染治理

【土壤污染治理】 2019 年,铁山港区认真落实《土壤污染防治行动计划》和北海市生态环境局的工作部署,加强涉重金属行业的污染防控。区生态环境局组织力量开展涉镉等重金属重点行业企业排查整治行动,对重点排查区域、重点排查企业以及辖区内的工矿企业进行现场排查,对存在环境安全隐患的企业及时下达整改通知书限期整改;同时,加强工业固体废物堆存场所的监管力度,要求企业严格按照“三防”措施做好堆场的环保工作;对诚德镍业公司码头堆场受污染的地块,督促企业按照要求抓紧开展受污染土壤的修复工作。6 月,中央环境保护督察“回头看”现场检查,发现诚德镍业公司 111 万吨冶炼废渣堆侵占铁山港码头,严重威胁北部湾近岸海域环境安全问题。区委、区政府高度重视,立即召开专题会议研究部署,制订整改工作方案,扎实推进整改工作。督促企业完成码头废渣的清运。诚德镍业公司、瑞德公司分别按照环保“三防”要求建设废渣堆场 3 万平方米、1.6 万平方米,诚德镍业公司新建 40 万立方米临时堆场一个,用于接收码头废渣及渣土。2018 年 6 月至 2019 年 9 月 28 日,累计清运精炼炉渣和矿热炉渣(含渣土)235.76 万吨,其中精炼炉渣(含渣土)144.95 万吨、矿热炉渣(含渣土)90.81 万吨,清运坑塘底泥和受污染土壤 2.47 万吨。年内,铁山港码头堆场的废渣及渣土混合物清运工作已完成。

【大气污染治理】 2019 年,铁山港生态环境局落实北海市生态环境局《关于加快推进 2019 年大气污染防治重点项目建设的通知》文件要求,督促诚德镍业公司结合产排污实际情况,制订烧结机头烟气脱硝项目、热轧加热炉煤改气项目、矿热炉烟气净化项目等 3 项大气

2019 年 9 月 10 日，国家生态环境华南督察组到诚德镍业公司检查工作　　铁山港生态环境局　供

污染防治项目。年内已完成 1 台加热炉的升级改造和矿热炉烟气净化项目改造，烧结机头烟气脱硝项目已完成招投标。项目完成后，将有效减少硝、硫、氮、颗粒物的排放，减少烟气的无序排放。年内，区生态环境局积极与区政府各相关职能部门沟通，建立大气污染防治微信工作群，将空气质量预报、预警应急响应措施等信息及时传达给各部门及企业，督促企业加强防控确保稳定达标排放。

【地表水污染治理】

中小河流治理　2019 年，区政府组织相关部门先后开展铁山港区火禄港堤围标准化建设一期工程和一期续建工程、南康江里头塘河段综合治理工程、南康江南康镇下游河段综合治理工程。通过治理，切实改变南康江、火禄河等中小河流的生态环境，河流的水质得到有效改善。

江河清淤治理　2019 年，铁山港区河长办先后开展 2 次江河清淤治理，对婆围河道和谢家河道进行清淤治理，使河道变深、变宽，河水变清，群众的生产条件和居住环境得到改善，逐步实现“水更清、岸更绿、河更畅、景更美”的江河湖库管理保护目标。

“河长制”落实　2019 年，铁山港区级领导担任全区主要河流河长，乡镇主要负责人担任乡镇所辖河道段长，区河长办加强对乡镇、村级河长巡河工作的监督检查，督促乡镇、村级河长履职尽责，严格按照自治区第 1 号总河长令要求开展巡河工作，加密巡河频次，保证巡河工作全覆盖。同时，认真开展江河湖库清理“四乱”行动，针对发现的河湖乱排、乱占、乱堆、乱建问题，及时下发整改通知，组织督促相关单位落实整改。

【饮用水水源保护区环境整治】

2019 年，铁山港区没有市、区级饮用水水源保护区。经北海市人民政府批复，划定南康镇、营盘镇 2 个乡镇级和 7 个农村 1000 人以上集中式饮用水水源保护区。经排查，饮用水水源保护区仍然存在建设不规范、标志不完善以及生活垃圾堆放等问题。针对上述问题，铁山港生态环境局积极组织力量加强整改，保护区范围内的建筑、生活垃圾已清理完毕。年内，争取到上级经费并制订设计方案上报，下一步按计划推进标志牌设置以及保护区外围防护设施建设等工作，对水源保护区进行规范化管理。

【农村环境综合整治】　2019 年，铁山港区主动向上级申报农村环境综合整治项目，积极争取各级资金，逐步推进清洁乡村建设工作。5 月 8 日，区政府领导主持召开农整项目推进会，充分听取各镇政府的意见，结合全区水环境治理和村庄整治的情况，初步筛选出 3 个农整项目进行整治，分别是：兴港镇小马头村委 2 个（木头田村、下坎村）、营盘镇白东村委 1 个（大王岭村）。年内，实施木头田村污水处理设施配套管网铺设，已完成铺设 300 波纹管总长 220 米、200PVC 管 1536 米（总长 1800 米）、110PVC 管 579 米（总长 815 米），已砌污水井 28 座（共 40 座）。

（陈晶晶）

海洋监察

【非法用海整治】 2019年，区海洋局联合乡镇和相关职能部门开展4次大规模海域清理整治行动（铁山港区辖区海域范围），整治非法用海面积636公顷，拆除木桩4250根，渔箔网7150平方米。10月，区海洋局联合营盘镇政府及相关部门进行3次南珠养殖用海内非法占海设施清理整治行动（南珠养殖用海区域范围），清理南珠养殖用海范围210公顷海域，拆除木桩1670根，渔箔网2680平方米。年内，区海洋局为航道三期Ⅰ标段、95180部队用海和1号—4号泊位进港铁路工程等多个项目举行清海行动，助推项目建设进程。

【打击海上非法捕捞】 2019年，铁山港区大力开展打击海上非法捕捞行为，开展专项行动与强化日常监管相结合。区海洋与渔业综合执法大队组织力量，悬挂宣传横幅50幅，发放宣传资料300份；累计出动执法快艇281艘次，出动执法人员2162人次，巡查航程3210海里，查获电拖排（筏）4艘、下网排（筏）15艘、潜捕船2艘，已分别移送海警支队和铁山港区公安分局处理。其中涉刑事处罚电拖船4艘、非法捕捞摸螺船5艘，罚款处理下网渔排（筏）9艘，罚款10.7万元，没收“三无”渔船9艘，现场销毁电渔工具8套。

2019年4月28日，区政府组织相关部门、辖区镇政府开展清海行动。图为营盘镇整治浅海滩涂专项行动　　区海洋局　供

【打击海上非法采砂】 2019年，铁山港区加强打击海上非法采砂行为，保护海洋生态环境。年内，区海洋与渔业综合执法大队在打击非法抽砂中累计出动执法快艇巡查112艇次、出动执法人员860人次，查获非法抽砂船12艘，均依法处罚完结，共罚款61万元；区海洋与渔业综合执法大队积极配合、协助北海市渔业执法支队45012渔政船、45013渔政船开展打击海上非法采砂行动，参与联合检查行动6次，查获非法抽砂船3艘，罚款16万元。

（程戈夫）

商务·旅游

商业综述

【概况】 2019年，北海市铁山港区主管商业的部门为区科技商务和工业信息化局(简称区科商工信局)，内设办公室、科技股、商务股、工业运行股，其中商务股有工作人员9人。年内，铁山港区商品流通规模继续扩大，消费品市场繁荣稳定。城乡居民消费持续增长，社会消费品零售总额13.7亿元，比上年增长8.6%;批发业销售额56.37亿元，增长9.1%；零售业销售额50.04亿元，增长8.8%；住宿业营业额4471.8万元，增长16.1%，餐饮业营业额7.83亿元，增长11%。完成外贸进出口总额89.37亿元，比上年增长26.5%。

【电子商务】 2019年，铁山港区农村电子商务服务体系进一步完善，共有农村电子商务服务站点35个，做到行政村电子商务全覆盖，其中创惠农电子商务有限公司销售农(海)产品1939吨，物流快递收件1.32万票，物流快递派送6.47万票，代缴电费6044笔、金额39.89万元，通信费1.94万笔，金额58.24万元，金融存取款2.39万笔，金额1812.11万元，网上代购3546笔，金额152.12万元，对推动当地农产品的销售和发挥电商进农村的示范引领有着较大的促进作用。年内，铁山港区通过建立农村电子商务服务中心、镇级服务站、村级服务点三级电子商务服务体系的一站式服务体系，为全区的3个镇40多个建制村的村民提供电商、金融、公共便民、物流配送等服务，实现“购物不出村、销售不出村、生活不出村、金融不出村、创业不出村”，有效提升了农村生活品质。同时通过电子商务平台实现农副产品直接从生产者手里配送给消费者，减少了中间环节，最大限度地增加农村村民群众收入。10月27日，铁山港区创惠农电子商务有限公司在区农村电子商务服务中心举办电子商务进农村服务站长培训班；10月28日，区科商工信局与创惠农电子商务有限公司开展电商扶贫慰问走访活动。

【对外贸易】 外贸进出口总额 2019

2019年10月28日，区科商工信局与创惠农电子商务有限公司到夏塘村、粟山村、南乐村开展“不忘初心、牢记使命”电商扶贫慰问走访活动

区科商工信局 供

年，铁山港区完成外贸进出口总额 89.37 亿元，比上年增长 26.5%。

口岸设施 2019 年，铁山港西港区口岸设施已开放铁山港公共 1 号和 2 号泊位；北海电厂码头 1 个散货泊位、1 个 LNG 码头泊位；海事通航设施包括 5 万吨级专用锚地 1 个、10 万吨级锚地 1 个、LNG 船舶应急锚地 1 个、10 万吨级航道 18.7 千米及航标，覆盖 1 号、2 号泊位前沿及后方堆场的球机摄像监控 10 个，并可实时监控视频信号；海关监管场所设施包括 1 号、2 号泊位后方海关监管区不低于 2.5 米的隔离固定式围网约 4240 米，通道出入卡口设置与海关联网的电子栏杆、电子读写设备、电子识别设备、电子地磅等，另配备电子计算机管理系统、视频监控系统、监管堆场、查验场、扣留仓以及大型集装箱查验设施及场地等；检验检疫监管场所设施包括现场实验用房 500 平方米及实验室设施设备、集中查验区 1 万平方米、现场办公区 400 平方米、集装箱查验平台、监管仓库 500 平方米、检疫处理区 8000 平方米及检疫锚地、电子地磅、视频监控等；边检监管场所设施包括边检执勤点 500 平方米、固定式围网、视频监控系统、执勤岗亭等。此外，铁山港口岸配套建设铁山港口岸行政服务中心园区，总占地面积 15.33 公顷，联检办公业务综合楼建筑面积 3.88 万平方米，附属配套项目建筑面积 1.33 万平方米，已配备基本的办公及生活用品。

口岸开放 2019 年，铁山港区在口岸开放遇到困难的情况下，配合上级有关部门积极推进铁山港口岸开放工作。年内，铁山港口岸顺利通过国家验收正式开放。同时完善电子口岸公共服务平台建设，积极参与推进北部湾港港口管理体制改革。

对接粤港澳大湾区和国际陆海贸易新通道 2019 年，铁山港区统筹推进海、陆综合交通网络建设，铁山港 1 号—4 号泊位铁路专用线开工，铁山港—石头埠铁路支线、铁山港—啄罗铁路支线项目前期工作加快推进。推进铁山港西港区北暮作业区 5 号—6 号泊位工程后方陆域堆场、铁山港码头 7 号—8 号泊位、航道三期项目等项目建设。北海 LNG 接收站正式通过广西天然气管道向中石油中缅线输气，广西液化天然气项目二期扩建工程获自治区发展改革委核准。配合北海市推进开放合作平台建设，口岸环境持续优化，通关效率不断提高。

【石油专营】 2019 年，铁山港区有加油站 10 家，其中中石化 3 家，个人投资经营 7 家，从业人员 50 人。全年全区汽油零售量 8500 吨，销售收入 7800 万元；柴油零售量 1.6 万吨，销售收入 1.15 亿元。年内，完成 3 家加油站地下油罐防渗改造工程。按照属地管理的原则，出动人员 17 人次对辖区加油站进行安全生产检查工作。

（郑宪安）

粮食商业

【概况】 2019 年，北海市铁山港区认真执行国家粮食政策，切实贯彻落实自治区粮食流通

2019 年 7 月 30 日，区粮食局工作人员到营盘镇盐灶村委旧基寮村进行稻谷采样检测

区粮食局 供

工作会议的决策部署，坚持统筹兼顾，突出重点，着力抓好粮食收购、粮食销售、粮食质量、储备粮食等工作重点，加强粮食市场监督管理，不断加强政府宏观调控能力。

【仓储管理】 2019 年，区粮食局根据《北海市人民政府办公室关于印发全市政策性粮食数量和质量大清查工作实施方案的通知》精神，于 3 月 20 日制订铁山港区开展政策性粮食数量和质量大清查工作实施方案，成立大清查协调小组办公室，明确人员职责分工。积极参加自治区及市级大清查工作培训，及时召开全区大清查动员培训工作会议，落实大清查工作经费。按程序开展企业自查、自查结果录入大清查操作软件、配合自治区扦样组开展并完成全区储备粮质量扦样工作，开展大清查自查督导工作检查。在北海市大清查第二普查组对南康粮所开展普查工作中，铁山港区区级储备粮账实相符、账账相符。动工兴建铁山港区中心粮库项目一期工程，全面完成主体建设。根据全区供需平衡调查结果，2019 年区级储备粮平均库存达到 1100 吨以上，完成全年任务的 100%；粮食风险基金规模落实到 60 万元，完成全年任务的 100%。年内，全区已按照要求建立粮油价格监测指标体系，每周定期对粮油进行价格监测并把监测结果在区政府网站公示。

【安全检查】 2019 年，区粮食局根据《北海市粮食局关于组织开展 2019 年粮食质量安全专项检查工作的通知》精神，开展粮食质量安全专项检查工作。共检查年末库存区级储备粮稻谷 1100 吨，所有存粮处于安全稳定状态、全部存粮属于基本无虫粮，质量达到中等及以上等级。区粮食局组织全区粮食企业管理人员学习有关安全生产工作文件，组织观看全国粮食行业生产事故典型案例警示片；重点学习《中华人民共和国安全生产法》、粮油仓储企业安全生产标准化管理与实践、粉尘防爆露天储粮安全管理、粮食行业安全生产应急管理、储粮药效管理、重点领域和关键环节的风险隐患排查及整治等内容；积极开展防洪防汛工作，深入基层检查安全生产措施和应急预案落实情况，确保仓库和库存粮食安全。

【落实惠农政策】 2019 年，区粮食局和相关部门保持密切联系，做好农村缺粮情况摸底工作，准备足够粮食，保障救灾救济粮食及时有效供应，保证缺粮群众每人每天至少得到 500 克的基本口粮供应。

【流通监管】 2019 年，区粮食局贯彻落实《粮食流通条例》，加强粮食流通监督检查工作，开展粮油质量安全抽检。及时做好辖区内企业粮食收购许可证年检工作。规范粮食流通统计工作，及时审查、汇总南康粮所、广西渤海农业发展有限公司等报送的粮食流通报表、产品月报、季报并及时上报北海市粮食局。年度粮油供需平衡调查将详细调查登记本乡村（城镇）居民的家庭人口、耕地面积、播种情况，一年中的粮油生产（收入）、支出（消费）和存粮等具体指标。

（谢子扬）

烟草专卖

【概况】 2019 年，北海市城区烟草专卖局（营销部）铁山港专卖管理所（简称铁山港烟草专卖所）有员工 12 人，管辖铁山港区南康镇、兴港镇、营盘镇和银海区福成镇共 926 户卷烟零售持证户，主要负责辖区卷烟市场监管和营销服务工作。全年累计实现卷烟销量 6701.4 箱，销售总额 2.06 亿元。

【卷烟经营指导】 2019 年，铁山港烟草专卖所贯彻新发展理念，以做精做强为目标，深入推进抓基层打基础工作，补足短板，增强弱项。推进精益营销工作，实施精准化营销策略，加强订单指导，抓好结构提升引导，做大二类卷烟，扩大市场规模。兼顾总量稳定、结构提升、

2019 年 9 月 11 日，铁山港烟草专卖所召集部门党员、积极分子、党员零售户举行品牌培育座谈会　　铁山港烟草专卖所　供

品牌培育三者协调共进，重点关注乡镇和农村市场品牌宽度及销量提升，保持客户销售卷烟毛利率 14% 以上，户均年盈利 3.64 万元。

【“党建 + 专销零”三位一体终端建设】2019 年，铁山港烟草专卖所认真贯彻落实自治区专卖局(公司)发展新思路，紧扣当前重点工作任务，大力推进党建工作与业务工作深度融合，组建“专销零”党员先锋队，开展党员挂点帮扶活动。把终端建设作为 2019 年提升卷烟销售网络水平的关键点，以客户盈利提升为工作出发点和落脚点，努力完善终端评分结果的应用，充分体现终端客户在终端建设工作中的价值，进一步激发示范终端、示范小组的标杆引领作用。持续推进专区陈列、精准上柜、喜宴用“真龙”等系列活动，全年真龙“起源”“海韵”两个规格卷烟分别销售 287.4 箱和 71.29 箱；发展具有现代终端特征的客户 25 户，其中示范终端 9 户，并建成兴港镇石头埠示范小组，建成小组之家 1 个。

【烟草打假打私】2019 年，铁山港烟草专卖所贯彻落实以政府为主导、多部门联合协作的“1+7”打假打私协作机制，联合公安、边防、交通、市场监管、邮政等部门加大辖区内路查、路堵工作力度，对辖区沿海防控点加强巡查轮值，有效切断海上运输走私卷烟链条；突出二线封堵拦截，加大可疑车辆排查，坚决堵住通过辖区陆路走私卷烟运输通道；加大三线清理力度，严厉打击各类涉烟违法违规经营活动。

【案件查处】2019 年，铁山港烟草专卖所深入开展以打击“假、非、私”烟为重点的节假日、岁末年初等市场清理专项行动。全年共查处各类违法案件 29 起，其中案值万元以上案件 2 起，自办案件 7 起，共查获各类卷烟 10.4 万支。

【烟草市场监管】2019 年，铁山港烟草专卖所深入推进“APCD”(APCD 是市场监管工作法。A 是分析，P 是计划，C 是检查，D 是处理)工作法

2019 年 4 月 3 日，北海市烟草专卖局领导到呼北高速铁山港收费站现场指挥协调多部门协作的“1+7”卷烟打私打假路查、路堵工作
铁山港烟草专卖所　供

2019 年 3 月 15 日，铁山港烟草专卖所联合区市场监管部门在南康镇中心繁华路段宣传烟草专卖法律法规和假烟识别知识

铁山港烟草专卖所　供

与“双随机、一公开”（在监管过程中随机抽取检查对象，随机选派执法检查人员，抽查情况及查处结果及时向社会公开）相结合的日常监管新模式，不断提高监管命中率和覆盖面，实现精准监管。进一步加大对无证经营户的查处和宣传教育力度，对无证经营户卷烟追根溯源，查处案件 11 起，通过对无证户追根溯源，倒查持证户低价销售行为，有效遏止无证经营行为。对涉案的销售大户特别是违法违规大户密切做好监管，纠正无序串货行为，进一步规范卷烟市场秩序。（陈春强）

旅游综述

【概况】 2019 年，铁山港区旅游主管职能从铁山港区工业信息管理局转到铁山港区文体广电旅游局。年内，由区文旅局拟订《关于印发北海市铁山港区创建全域旅游示范区任务分工表(2019 年）的通知》《调整北海市铁山港区创建全域旅游示范区工作领导小组》和《调整北海市铁山港区全域旅游城市建设大会战工作领导小组和工作机制》，经广泛征求意见，报区委、区政府审定，11 月由区委办、区政府办正式印发并开始实施。全年全区共接待国内游客 117.31 万人，国内旅游消费 13.38 亿元，分别比上年增长 31.56%、55.14%。接待国外游客 1276 人，国外旅游消费 69.52 万美元，分别比上年增长 18.59%、18.07%。

【创建首个国家级旅游景区】 2019 年 9 月，铁山港区多渠道筹措资金，共投入 70 多万元，对白龙珍珠城景区进行改造提升，对景区游客中心、旅游厕所、停车场、标志牌等硬件设施按旅游标准进行改建，并对周边环境进行提升整治。12 月 13 日，经上级旅游部门组织专家组开展评审，白龙珍珠城顺利通过国家 AAA 级旅游景区评定；12 月 27 日，北海市旅游资源规划开发质量评定委员会发布《关于白龙珍珠城和北海生巴达科技旅游区国家 AAA 级旅游景区的公告》，白龙珍珠城正式成为铁山港区首个国家级旅游景区。

【旅游市场监管】 2019 年，区文旅局加强对全区旅游景点的消防安全检查和涉旅游价格监管排查，在节假日期间做好集中排查隐患，全年共开展旅游景区排查 11 次，排查旅游单位共 21 户次。年内，全区未发生涉旅行业的安全事件和旅游欺诈行为。

旅游规划与建设

【旅游项目规划】 2019 年，区文旅局指导金不换海上牧场、铭美南珠有限公司、富哥农家乐、茂叶生态园等企业开展旅游项目规划建设工作，为业主介绍相关扶持政策和提供发展思路，茂叶生态园成功创建为广西二星级农家乐。区文旅局加大旅游厕所新改建力度，新

2019 年 12 月 27 日，白龙珍珠城景区经过提升建设，获评为国家 AAA 级旅游景区，成为铁山港区首个国家级旅游景区　　陈传栋　摄

建三塘小区旅游厕所 1 座，改造白龙珍珠城、茂叶生态园、营盘塘仔村、营盘污水处理厂等旅游厕所 4 座，超额 25% 完成全年旅游厕所建设任务。在南康汽车站、青山头乡村旅游度假区完成 2 个全域旅游直通车点的安装。

【旅游重点项目建设】 2019 年，区文旅局推进北海市首批重点项目——大王岭滨海康养旅游度假区、夏塘高村乡村旅游区、青山头乡村旅游区建设。年内，大王岭滨海康养度假区项目建设完成投资 1594 万元，建成 AAA 级旅游厕所 1 座，游客中心 1 个；夏塘高村乡村旅游区完成投资 800 万元，建成 2 公顷采摘体验区，完成景区绿化、旧村垃圾清表，拆除部分危房，修补部分民居，完成竹园小路垫层铺设等基础设施建设；青山头乡村旅游区完成投资 1250 万元，建成海边休闲观景步道、海上观景长廊，完成培训大楼基础工程。

（欧发增）

信息产业·邮政

中国电信北海铁山港区分公司

【概况】 中国电信股份有限公司北海铁山港区分公司(简称电信铁山港区分公司)内设客销部、渠道中心、网运部3个部门,下辖现场维护支局、政企支局、南康支局、营盘支局共4个支局,主要经营固定电话、移动通信、卫星通信、互联网接入及应用等综合信息服务。2019年,电信铁山港区分公司积极履行企业责任,在扶贫攻坚、智慧城市建设、应急通信保障等方面助力铁山港区社会经济建设发展,实现企业经营与履行社会责任的统一。年内,电信铁山港区分公司积极拓展智慧家庭、天翼云等新兴业务,加快推进5G信息惠民应用,为国家机关、企事业单位、居民群众的生产和生活提供便利、高效、优质信息服务,满足广大用户的通信需求。

【客户服务】 2019年,电信铁山港区分公司坚持以用户为中心,不断提升服务水平,构建消费者放心满意的电信服务环境。与小区物业、中小型商超村屯、小卖部等合作,签约翼支付以及二维码收单助手,给予用户每天满5元减2元,每周六满20元减10元消费优惠补贴。提升网点服务能力,组织网点工作人员深入乡村,上门为用户提供适合的产品,以及设备安装、检修等项服务,搭建全屋WIFI、推动无线、传输、数据网管监控落地铁山港;承接动环监控、测试和维护管理,满足广大市民日益多元化和个性化的通信及信息应用需求。

【网络建设】 2019年,电信铁山港区分公司响应国家对建设"宽带中国"号召,聚焦网络信息化建设,提升网络通信质量,助力铁山港区社会信息通信发展。

网络提速降费 年内,电信铁山港区分公司贯彻落实国家要加大网络提速降费力度的通知精神,采取有效措施,降低各类用户宽带和专线使用费,继上年推出手机流量国内不限量套餐等举措降低资费后,5月又相继推出"地板价"、阶梯计费、越用越便宜的"无忧卡"套餐等,满足用户对流量使用的需求。

有线电视数字化 年内,电信铁山港区分公司响应国务院对东部沿海城市基本实现有线电视数字化,基本停止播出模拟信号电视节目的通知要求,加大对家电下乡、网络扶贫政策宣传力度。分公司多次上门对贫困户进行宣传动员,给予贫困户网络扶贫补贴,助力铁山港电视数字化建设发展。

网络信息化建设 年内,电信铁山港区分公司在铁山港区实施"三通"(通4G、通宽带、通电视),实现建制村100%光网通达,自然村光网覆盖率100%的目标。

服务向海大道改造和汛期巡检 年内,电信铁山港区分公司完成向海大道改造中主干、中继重要节点杆线建设及迁改工程。对南康至营盘、南康至福成、营盘至铁山港(临海)工业区开展汛期对中继、主干安全巡检,对有光缆掉落、跨路低、电杆爆裂老化等安全隐患进行施工整治。

网络安全质量提升 年内,电信铁山港区分公司持续整治网络,坚持安排中继、主干、机房巡检，对安全隐患坚持立查立整，持续提升网络安全质量。对全区重点单位制订专项作业计划，做好设备、机房、线路的巡查巡检及环路保护建设，确保重点单位网络安全可靠。

2019年11月28日，电信铁山港区分公司通信保障人员参加北海市工信局在南康镇文化广场组织的2019年度北海市通信保障应急演练

电信铁山港区分公司　供

【通信保障】 2019年，电信铁山港区分公司依靠1支专业技能过硬的30多人售后服务团队，全面推进服务升级，推出5项服务承诺："当日装　当日修""网速快　必达标""装宽带　零拒绝""办业务　不超时""服务好　永在线"，在第一时间保障通信正常运行。

助力招商引资网络保障　年内，电信铁山港区分公司针对铁山港（临海）工业区重点企业招商引资网络落实10分钟内响应、30分钟内赶赴现场。发生重大故障时，第一时间赶赴现场展开抢修工作，并根据实际情况制订所有重点用户的环路保护方案。通过主动上门巡检进行FTTB机柜整治，消除故障隐患，优化客户网络并对客户进行网络技术培训。

通信保障应急演练　年内，电信铁山港区分公司制订全年通信保障应急预案，为检验预案和熟悉预案，积极参加北海市工信局在南康镇文化广场组织的2019年度北海市通信保障应急演练。11月28日，分公司总经理陈江庆带领10名通信保障人员参加演练。演练中，分公司应急队伍展示快速响应、高效抢修的场面，全面检测公司通信保障应急预案的科学性、合理性和可操作性，体现电信铁山港区分公司出色应急能力及技术支撑。（欧　芳）

中国移动北海市铁山港分公司

【概况】 中国移动通信集团广西有限公司北海市铁山港分公司（简称铁山港移动分公司）是中国移动广西公司北海分公司下属的县级分公司，全面负责经营铁山港区全境、银海区福成镇、涠洲岛旅游区管委会涠洲镇区域所有中国移动通信业务。2019年，铁山港移动分公司秉承"正德厚生，臻于至善"的企业核心价值观，积极肩负起推进铁山港区信息化建设的重任，扩大4G、5G领先优势，强化流量经营能力，重点培育以有线业务为核心的家庭、集客市场业务增长。

【扶贫惠民活动】 2019年1月24日，铁山港移动分公司开展"扶贫惠民送家电下乡"春节慰问活动。铁山港移动分公司党支部书记带领党员突击队员到南康镇龙门村走访8户困难群众，给他们送上电冰箱、电磁炉、洗衣机等家用电器，并代表铁山港移动分公司向他们表示亲切的慰问。此外，铁山港移动分公司涠洲网格总监邹意坤也给涠洲岛旅游区管委会涠洲镇公山村1户贫困户送上电冰箱等家用电器。通过送家电下乡活动，一定程度减轻贫困户的经济负担，为他们带去了生活上的便利。

【志愿服务】 2019年2月12

2019年1月24日，铁山港移动分公司党支部组织党员到南康镇龙门村开展“扶贫惠民送家电下乡”春节慰问活动　　铁山港移动分公司　供

日，铁山港区启动“2019年春风行动”活动，举办“促进转移就业　助力脱贫攻坚”大型招聘会。铁山港移动分公司参加铁山港区南康镇和银海区福成镇招聘会，提前在会场设置中国移动服务区，为招聘会全场提供帐篷，给招聘单位明确展位并组织工作人员帮助他们布置展位，为企业单位招聘工作提供了便利。3月5日，团区委、铁山港移动分公司团支部、铁山港工商分局及区文明办联合组织青年志愿者到营盘镇白龙景区扫除景区内垃圾、清理各种卫生死角，使景区环境卫生干净整洁。期间，志愿者还走进白龙社区通过发宣传单、赠送书籍和光盘等形式向群众宣传爱护环境、保护生态的生活理念，以及消费维权方面的知识。

【客户服务】 2019年3月21日，铁山港移动分公司在南康镇营业厅开展“为民服务　创先争优总经理客户接待日活动”，搭建公司与客户之间的沟通互动平台。北海市移动公司1名副总经理和铁山港移动分公司总经理率领业务人员与客户零距离接触，详细了解客户对公司产品和服务的需求与建议，耐心解答客户提出的问题。　（何华聪）

中国联通北海市铁山港区分公司

【概况】 2019年，中国联合网络通信有限公司北海市铁山港区分公司（简称铁山港区联通公司）是中国联通在北海市铁山港区的分支机构，办公地址在铁山港区南康镇银丰东路8号，以铁山港区南康镇、营盘镇、兴港镇和银海区福成镇4个镇为营销中心涵盖周边地区。年内，铁山港区联通公司积极响应国家降费提速的号召，全面实施降本增效营销管理改革，在稳步提升公司经营收入的同时，给广大用户带来了实质性低费率、优质和高服务的通信体验。

【强化管理】 2019年，铁山港区联通公司进一步加强基础管理，提高内控管理水平。加强网点运营建设，取消部分没有通信运营执照的网点，全部网点配备二代身份证验证器、相片采集器，确保入网用户百分百实名登记，切实维护公司形象和保护公民的信息安全。加强内部团队建设，充实综合管理团队，制订更加完善的岗位职责，为一线经营服务打下坚实基础。案防基础进一步夯实，促进员工依法、依章办理业务，全年无员工违规、处罚事件。对全体员工进行“四个意识”、社会主义核心价值观、舆论导向、法律法规等教育，切实履行企业的社会责任。

【网络建设】 2019年，铁山港区联通公司秉承网络优、服务好，用户广的经营理念，加大网络基础覆盖工作力度，在原有基站的基础上，继续完善网络深度、广度覆盖，全力打造优质的高速移动互联网服务体验。

【企业文化】 2019年，铁山港区联通公司信守企业发展离不开员工的艰苦努力，员工的价值也需要通过企业来实现，在关注公司经营业绩的同时，始终重视企业文化建设，努力培养员工幸福感受。2019年，铁山港区联通公司先后举办“三八”妇女节全体员工娱乐、“五四”青年诗歌朗诵比赛、“六一”亲子活动以及乒乓球比赛等活动，丰富员工的业余生活，使员工的幸福指数得到提升。

【党建工作】 2019年，铁山港区联通公司坚持党建统领，贯彻落实《关于规范党员干部网络行为的意见》《关于在推进混合所有制改革中坚持党的领导加强党的建设的指导意见》等，坚持党组织生活制度，积极开展“两学一做”学习教育，定期组织党员集中上党课。通过各种主题教育活动，不断坚定党员建设中国特色社会主义信念，自觉保持先进性。充分发挥现代信息技术优势，积极利用远程教育平台、党员手机平台等资源，不断充实党员教育内容，丰富培训方式，提升培训效果。

（李振发）

邮政业务

【概况】 2019年，中国邮政集团公司北海市分公司负责铁山港区邮政业务的主要是市邮政公司南康支局、南康营业所和市邮政公司营盘支局，共有员工39人，10个投递段道。邮政通信服务范围394平方千米，服务人口27万人。承担普遍服务和特殊服务，依法经营邮政基础业务、金融业务、快递物流业务和电子商务业务。年内，铁山港区各邮政网点在北海市邮政分公司的正确领导下，践行“人民邮政为人民”的服务宗旨，承担铁山港区内信件收寄、报刊订阅、包裹投送、金融储蓄、分销等业务，严格落实通信与信息安全保障措施，保障机要通信、党报党刊发行、义务兵免费信件等特殊通信，满足当地群众的基本通信和用邮需求。

【平台建设】 2019年，铁山港区各邮政网点不断巩固邮乐购平台建设，大力拓宽渠道，有序推进各项业务发展和促进业务协同，全年新建村邮乐购点24个，将邮政服务延伸到全区所有行政村，通过线上线下结合、农村电商与邮政业务结合、农村电商与精准扶贫结合、农村电商与政府对接结合的“五个结合”，让农民实现购物、销售、便民服务、金融服务和创业“五个不出村”，实现“政府满意、企业受益、农户得益”多方共赢局面。

【邮政服务】 2019年，铁山港区各邮政网点在北海市邮政分公司的引领下，积极配合地方政府做好“扫黄打非”整治工作，对销售渠道和寄递渠道深入检查，防止各类“黄、赌”刊物和各类威胁国家稳定、民族团结的反动出版物的销售。全年在邮政业务中未出现违反“两条红线”的行为。

【精准扶贫】 2019年，铁山港区各邮政网点积极响应国家脱

2019年4月26日，北海铁塔—北海邮政合作签约仪式在北海邮政公司三楼会议室举行。北海市邮政分公司总经理陈宗胜（后排左六）、北海铁塔公司总经理邵晓阳（后排左五）出席仪式

北海市邮政分公司　供

贫攻坚号召，积极开展精准扶贫工作，与营盘镇盐灶村结对帮扶贫困户 3 户。根据自治区和北海市 2019 年度精准帮扶“一户一册一卡”工作的部署要求，积极开展“一帮一联”“一户一册一卡”工作，完善贫困户《帮扶手册》和“帮扶联系卡”，做好收入登记，整理好每户档案。帮扶联系人多次到盐灶村实地走访、调研，全年集中入户走访调研 11 人次，节假日积极开展扶贫慰问活动，送上慰问金和米、油等慰问品。

【企业文化】 2019 年，铁山港区各邮政网点践行以人为本，大力加强员工思想政治工作，关心员工的生产生活和心理状态，努力营造“员工伟大，劳动光荣、乐于奉献”的企业氛围，让员工充分展示北海市邮政分公司的良好形象，感受到企业关爱。年内，在铁山港区及各分支机构的共同努力下，北海市邮政分公司获得“广西壮族自治区劳动关系和谐单位”称号和“全国邮政文化惠民活动先进单位”荣誉称号。

（顾裕全）

财政·税务

财　政

【概况】2019年，北海市铁山港区财政局（简称区财政局）内设办公室、预算股、企业股、非税收入管理股，有工作人员16人。年内，铁山港区一般公共预算总收入11.35亿元，其中一般公共预算收入2.29亿元，上级补助收入8.77亿元，债券转贷收入1900万元，上年结余538万元，调入资金412万元；财政总支出10.71亿元，其中一般公共预算支出10.46亿元，上解上级支出484万元，地方债券还本支出2000万元。收支相抵，年终滚存结余6442万元，扣除结转下年继续使用的专款6442万元，净结余为零。全年铁山港区政府性基金预算总收入1227万元，其中政府性基金预算收入7万元，上级补助收入882万元，上年结余338万元。政府性基金预算总支出755万元，其中当年政府性基金预算支出731万元，调出资金24万元，收支相抵，年终滚存结余472万元。

【收支管理】2019年，区财政局积极应对中石化炼化公司2月份停产检修导致原油加工量减少及"减税降费"造成的政策性减收影响，加强财政收入形势的分析预测，强化与税务部门的会商机制，在支持税务部门依法征税的同时，加强非税收入管理，努力挖掘非税收入增收潜力，做到应收尽收。在各部门共同努力下，圆满完成全年收入任务，全区组织的财政收入完成49.41亿元，比上年增长8.34%。年内，区财政局贯彻落实《中华人民共和国预算法》的要求，严格压实部门单位预算执行主体责任以及主管部门对所属单位预算执行的监管责任，重点加强预算执行的计划性，强化预算执行跟踪监控，切实提高支出效率。同时树立过紧日子思想，各部门一般性支出按不低于10%的比例压减，"三公"经费统一按3%的比例压减，全区压减一般性支出、"三公"经费支出共518万元，压减支出用于民生资金的需要。全年一般公共预算支出10.46亿元，是建区以来首次突破10亿元。

【政策落实】2019年，区财政局充分发挥财政职能作用，多措并举确保财政正常运行，促进社会经济稳定增长。认真落实降低增值税税率政策，对增值税小规模纳税人顶格优惠减半征收"六税两费"[资源税、城市维护建设税、房产税、城镇土地使用税、印花税（不含证券交易印花税）、耕地占用税和教育费附加、地方教育附加]，将企业职工基本养老保险单位缴费比例降至16%，全年辖区内企业减税降费额7.92亿元，切实减轻企业和社会负担，激发市场主体活力。狠抓财政"三保"（保工资、保运转、保基本民生支出）底线，确保财政正常运行。通过统筹财政收支和库款管理，合理安排支出优先顺序，积极争取北海市财政的资金调度支持，坚决兜住财政"三保"底线。年内，区财政局加强与上级财政等部门的沟通，筹措财政资金3.39亿元，支持辖区6个重点片区征地搬迁工作，为重点企业的进驻、开工、投产提供资金保障。

【民生支出】2019年，区财政局坚持以人民为中心的发展理念，统筹财力，加大民生重点领域的投入。全年民生支出 8.6 亿元，比上年增长 12.14%，民生支出占一般公共预算支出的 82.19%。年内，区财政投入扶贫专项资金 5167 万元，用于扶贫基础设施建设、产业开发、小额信贷贴息、信贷风险补偿金、一帮一联、雨露计划、健康扶贫等项目，进一步落实产业扶贫、教育扶贫、就业扶贫、社保兜底扶贫、医疗救助扶贫等政策，确保所有脱贫攻坚相关资金落实到位。大力支持教育事业发展，投入教育资金 2.77 亿元，支持扩大学前教育资源，提升义务教育基础质量建设等，改善农村中小学办学条件，支持做好铁山港区第七幼儿园、铁山港区实验学校项目建设。确保社会保障和就业支出，全年社会保障和就业支出 1.09 亿元，保障城乡低保、医疗救助、基础养老金、残疾人保障、就业补助等项支出，民生得到持续改善。大力支持医疗卫生事业发展，投入 5433 万元建设铁山港（临海）工业区人民医院，基本公共卫生服务及重大公共卫生专项投入 1527 万元，城乡居民医疗保险投入 7615 万元。扎实推进乡村振兴建设及生态环境事业发展，投入农机购置补贴、渔船补贴等强农惠民补贴资金 2702 万元；投入农村危房改造项目 540 万元，实施建档立卡贫困户、低保户、五保户、残疾人等重点对象危房改造；投入 1588 万元开展村级建设公益事业及美丽乡村项目；农村改厨改厕项目投入 285 万元；投入 716 万元扶持村级集体经济发展；南珠产业扶持投入 190 万元；农村环境卫生整治投入 939 万元。

【资金监管】 2019 年，区财政局加强基础工作，努力提高工作效率、政策效能、资金效益。推进预算执行分析能力建设，及时批复、下达预算、加快执行力度，进一步加强国库管理，合理调度资金。强化资金使用单位的主体责任，全面开展项目绩效目标执行监控和绩效自评，积极推进重大专项资金开展绩效评价工作，建立绩效考评机制，并将评价结果作为以后财政预算安排资金的参考依据，全面加强专项资金的绩效管理。加强政府债务管理，按照中央、自治区和北海市统一部署，积极化解政府隐性债务，明确责任，强化约束，坚决遏制政府隐性债务增量。进一步规范财政资金管理，促使资金安全高效运行。区财政局联合审计等部门对扶贫资金进行不定期检查，强化对财政扶贫资金的日常监督，督促扶贫资金使用单位严格执行公示、公告制度，公开扶贫项目资金管理使用情况，强化资金使用的全程监控，提高资金使用效益。区财政局与北海市财政局组成联合检查组，对全区涉及惠农财政补贴资金“一卡通”发放的部门进行重点检查，发现问题及时向各部门反馈，要求立即整改，确保惠农惠民财政补贴资金按政策落实到位。加大区本级预算单位账户管理力度，开展全区财政资金存放管理监督检查工作的自查，从严规范资金存放管理，有效防范资金存放安全风险和廉政风险，提高资金存放综合效益。监督指导各采购单位在“政采云”平台上开展项目采购活动，积极

2019 年，铁山港区美丽乡村建设项目营盘镇彬塘村委青山头新村篮球场建成

区财政局 供

推进“互联网+政府采购”建设，同时有序开展全区政府采购代理机构监督检查工作，依法对政府采购活动的全过程进行检查，规范政府采购代理机构执业行为。加强对采购人、采购代理机构的监督检查，确保政府采购活动严格在相关政府采购法律法规规范下进行，提高政府采购的公平性和公正度。年内，通过规范政府采购行为，最大限度节约政府财政资金，共完成政府采购金额1.51亿元，实际采购金额1.48亿元，节约资金307.11万元，节约率2.04%。

【体制改革】 2019年，区财政局坚持以深化改革为基础，促发展、增活力，各项重点改革工作有序推进。深化预算管理制度改革，加大预决算公开力度，督促各部门按要求做好预决算公开工作。盘活财政存量资金，积极清理和回收各类存量资金6323万元，支持全区重点项目建设。完善国库支付管理，推进国库集中支付电子化改革试点工作，财政资金拨付效率和安全保障得到提高。区财政局加强与北海市财政局沟通协调，积极争取北海市财政对区财政管理体制的进一步调整，在下年财政管理体制调整中对铁山港区的税收分成比例、补助基数等方面给予调整，在财力上对铁山港区给予倾斜照顾，支持全区各项事业发展。

【农村综合改革转移支付】 2019年，区财政局积极做好农村综合改革转移支付项目工作，充分发挥转移支付资金使用效益，投入农村综合改革转移支付资金2091万元，其中中央和自治区资金1799万元，区本级配套资金292万元，在区辖3镇43个村（社区）建设农村综合改革转移支付项目108个，其中建设村公益事业财政奖补项目78个，美丽乡村项目1个，村级集体经济发展项目9个，农村公共服务运行维护项目20个。

（宁振辉　许　丽　杨权昌）

政府采购

【概况】 北海市铁山港区政府采购中心（简称区政府采购中心）直属北海市铁山港区人民政府管理，属于参照国家公务员制度管理的副科级全额拨款事业单位。2019年，区政府采购中心有工作人员5人，办公地点在北海市铁山港区检察院接待室二楼。年内，区政府采购中心加强“线上及线下”政府采购工作，完成线下采购业务16件，其中竞争性磋商3件，竞争性谈判采购8件，单一来源采购4件、公开招标1件，合同采购金额629万元，节约资金271万元；完成线上“政采云”交易1133单，交易额5932万元，其中网上超市1029单，交易额830万元；反向竞价26单，成交额299万元；在线询价12单，成交额445万元；通用定点交易61单，成交额4191万元；项目采购5单，成交金额167万元。

【采购改革】 2019年，区政府采购中心借助已开通“政采云”的便利，加大工作力度，提高服务质量，全年共完成线上注册“政采云”采购单位148户，一次采购货物或批量预算金额不超过200万元的提倡“政采云”线上采购。实现政府采购各方最多跑一次。为克服辖区离市中心偏远，采购配送不及时等困难，4月，区政府采购中心发文宣传鼓励区内的供应商加入“政采云”平台。年内，全区注册“政采云”供应商4家。10月，区政府采购中心牵头启动“全市一张网”平台，实现项目采购线上管理，使公开招标、竞争性谈判、单一来源采购以及竞争性磋商等法定的采购方式实现线上管理，除特殊项目需要的相关材料，不再在线下通过纸质版文件传递，有效节约成本及采购时间。同时，加强保证金和未到期履约保证金管理，规范保证金收取和退还程序。从4月份起，区政府采购中心不再向政府采购供应商收取履约（质量）保证金。

【采购监督】 2019年，区政府采购中心要求所有采购项目均在采购中心开、评标室进行，利用全方位监控设备并与北海市监察局联网的条件，保证全区各项开评标工作在公开、公平、公正的情况下进行。全面监督项目负责人是否依规程组织开标、评标，是否依法独立公正评标、是否有排斥性和倾向性言行、是否严格遵守评标纪律等，加强言行和纪律方面监督，使全区的政府采购工作平稳有序开展。

【规范采购需求】 2019 年，区政府采购中心加强同采购人的联系和协调，主动对项目主要配置及技术需求的合法性和合理性进行审查，避免不合法或带有倾向性技术条款写进招标文件，排除各类歧视性条款，规范项目主要配置或技术需求，严把采购需求和招标文件的要件内容，防止设置技术壁垒。规范资质要求，在明确参加政府采购的供应商必须符合《中华人民共和国政府采购法》规定的基本资格条件外，对特殊需求项目的特定资质要求的合理性和必要性进行审定，尽量避免设置歧视性和排他性条款，让更多潜在供应商参与投标竞争。规范采购文本，进一步规范采购文书的标准格式，在具体编制过程中，既遵循文本格式、又结合项目实际，细化文本内容，明确投标要求，使采购文本内容更全面、更规范，做到统一标准、统一格式，既方便投标人制作标书，又有助于公平竞争。

【采购管理】 2019 年，区政府采购中心结合《中华人民共和国政府采购法》和《中华人民共和国招标投标法》，将铁山港区的采购信息及时地在广西壮族自治区政府采购网、北海市公共交易中心交易网等平台进行发布，做到公开透明，阳光采购。加强采购资金源头管控，严格执行《广西壮族自治区人民政府办公厅关于发布 2019—2020 年广西壮族自治区政府集中采购目录及限额标准的通知》。凡是使用财政性资金的项目，各单位部门可通过政府采购中心集中采购。从源头上防止套取采购资金、规避政府采购的行为，同时为扩大政府采购规模提供保证。严格实行政府采购流程办理制度，严格按照采购审批的流程、组织方式、工作纪律等节点控制原则，大幅度提高采购效率和服务水平，达到执行有目录，操作有程序，监督有办法的目标。强化招标文件编制和审查，由区政府采购中心主任、项目单位共同参与招标文件的严查细审，集体把关，尽可能地让招标文件中不出现倾向性和歧视性条款；确保合同限时公开，督促采购人按照法律法规规定的时限在“政采云”上确认采购结果和公示、备案采购合同。

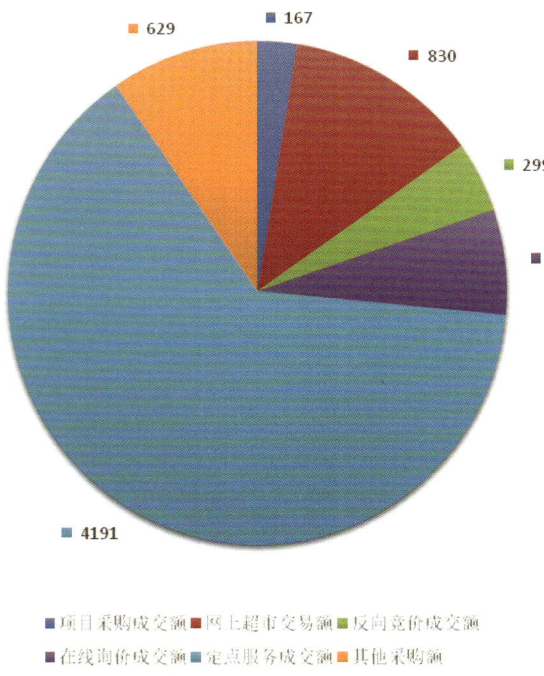

北海市铁山港区 2019 年采购数据（单位：万元）

【扶贫工作】 2019 年，区政府采购中心把扶贫工作摆上议事日程，落实在具体的行动中。做到扶贫工作进民宅、访民情、问民需、帮民急。年内，区政府采购中心共帮扶 4 户贫困户，已脱贫 3 户，预脱贫 1 户。

（刘小梅）

税　务

【概况】 2019年，国家税务总局北海市铁山港区税务局（简称区税务局）内设办公室、法制股、税政股、社会保险费和非税收入股、收入核算股、纳税服务股、征收管理股、税收风险管理股、税源管理股、财务管理股、人事教育股等11个正股级机构，另设机关党委（党建工作股）、纪检组2个党组织机构；下辖第一税务分局（办税服务厅）、第二税务分局2个副科级派出机构，以及铁山港区税务局信息中心。有工作人员58人，其中研究生学历1人，大学本科50人，大专5人。区税务局主要负责铁山港区内税费征收管理业务，管辖铁山港区个体工商户3235户，企业894户，国家机关、事业单位等273户。全年共组织各项税收收入132.40亿元，比上年增加5.15亿元，增长4.05%。

【减税降费】 2019年，区税务局把确保落实减税降费政策措施作为税收工作的主题，列为“一号落实工程、一号督查事项、一号考核任务”，全面贯彻落实党中央、国务院减税降费决策部署。区税务局紧盯个人所得税改革、小微企业优惠、增值税降率、社保费降率等政策落实到位，主动依规减免，确保纳税人应享尽享税收改革红利。年内，按国家新出减税政策，全区新增减税金额7.92亿元，其中小微企业普惠性减免600万元，深化增值税改革7.82亿元。

【代征社保缴费】 2019年，区税务局着力抓稳抓实社会保险费和非税收入征管职责划转工作，创新推出城乡居民两险“社保移动缴费服务厅”，现场为缴费人提供“一站式”社会保险经办和缴费服务，为15万缴费人提供便利；率先在广西实现乡镇无线移动POS机社保缴费全覆盖，参保群众不出村即可刷卡缴纳社保费，化解群众路途远、缴费难及缴费流程不熟悉等问题。年内，全区城乡居民基本医疗保险费征缴13.10万人，征缴进度稳居全市前列。

【依法治税】 2019年，区税务局依法履行税收工作职能，推动税收制度改革工作落实，强化落实税收政策改革，把制度建设作为重点，健全机制。成立区税务局税务行政审批领导小组、税收执法责任制工作领导小组；研究制订《发挥税收职能作用　服务民营经济发展若干措施分工安排》，印发《国家税务总局北海市铁山港区税务局全面依法行政领导小组议事规则》《国家税务总局北海市铁山港区税务局全面依法行政领导小组办公室工作规则》《国家税务总局北海市铁山港区税务局税务行政审批领导小组议事规则》等3个文件；建立内部重大决策合法性审查机制，共召开行政审批会议2次，对重要税收执法决定进行研究、审定。

依法行政　年内，区税务局健全税务人员法律知识学习培训长效机制，建立健全全员讲法、学法制度，组织开展相关知识培训5次。通过开展法制宣传教育以及全员警示教育等活动，不断增强税务人员的法治意

2019年11月，区税务局推行“社保移动缴费服务厅”驻村集中征缴2020年城乡居民基本医疗保险费　　区税务局　供

识，做到依法行政，接受外界的监督，公开透明，违法必究。

内控机制　年内，区税务局制订《国家税务总局北海市铁山港区税务局2019年内部控制工作计划》，贯彻落实税收执法责任制，加强税收执法责任追究。建立违法行政行为投诉举报登记制度，畅通举报箱、电子信箱、热线电话等监督渠道。

执法程序　年内，区税务局坚持依法治税，认真落实组织收入原则，严格按照法律法规的规定征收税款。完善税收执法程序，规范税务行政裁量权。完善权利救济和纠纷化解机制，加强舆情、信访和应急管理。全面推进政务公开，推行税务行政权力、税务政策法规、税收征管执法和纳税服务工作的公开。利用内外部网站等媒介和办税服务厅等场所，多渠道，多方式地提供公开服务。

税法宣传　年内，区税务局利用办税服务厅、税务微信群、QQ群等载体多渠道向纳税人开展税收普法宣传教育活动，通过开设“纳税人学堂”、咨询服务热线、咨询专窗等多种方式，为纳税人讲解税收政策，解答疑惑。同时，开展纳税人信用联合评定，强化信用评级结果运用，提高纳税人满意度和税法遵从度。

【纳税服务】 2019年，区税务局落实国家税务总局广西税务局新修订的纳税服务规范，公布198项“最多跑一次”办税事项清单，贯彻实施“一次办”“网上办”“马上办”“就近办”“一站办”“容缺办”6个服务清单，90%涉税服务事项实现“最多跑一次”。区税务局提供“套餐式”服务，理顺纳税人、第三方服务商、税务部门协作关系，从登记开办、税控发行、发票领用全链条服务，实现“一日领票、即时办结”；推广网上办税，加强自助终端推广应用，单笔办理时间平均缩短60%，等待时间减少一半左右，业务办结率100%。解决纳税人实际诉求，开展便民办税春风行动，“一次办”“网上办”“马上办”“就近办”“一站办”等便民办税举措落地实施，税控2.0上线工作平稳过渡，设立“发票白名单”，办税“堵点”“痛点”“难点”得到进一步梳理。年内，区税务局举办纳税人实体学堂14期，辅导纳税人550户；推送短信、微信、邮件4184条、纳税服务大厅面对面辅导1680人次、上门一对一辅导222人次、电话辅导4527人次；发放宣传海报、资料2000多份，发放减税降费知识扇子1.5万多把、减税降费知识U盘500个，举办各类税企座谈会8场。年内，区税务局纳税人满意度排名居自治区县（区）税务局第十二名，北海市第二名。

【党建工作】 2019年，区税务局把党建工作融入征管体制改革和各项工作当中。全年共举办党课教育活动13场，其中党委书记讲党课5场，优秀党员宣讲会1场；党支部组织开展作风大整顿、纪律大检查专题民主生活会1场，举行“解放思想、改革创新、扩大开放、担当实干，推进经济社会高质量发展”专题学习研讨会2场；开展学雷锋志愿服务活动、“缅怀先烈、牢记使命”主题党日等活动共23次。在北

2019年4月17日，区税务局工作人员上门向纳税人开展一对一税法辅导

区税务局　供

海市委党校举办党支部书记和党员主题教育专题学习培训班共6期，党委中心组主题学习会6次。到区法院开展“不忘初心　与税同行”廉政教育主题党日活动及“以案释纪明纪”警示教育共3次。开展“不忘初心、牢记使命”主题教育暨党风廉政建设党性教育专题活动2次。

【队伍建设】 2019年，区税务局采取多项举措加强队伍建设。全年举办税收业务、理论学习、廉政教育等培训班30期，累计参加培训884人次；参与视频学习、跟班学习40期，累计参加培训113人次，平均每人培训21天以上。组织专题测试2次，全国税务系统网络竞赛参赛率、达标率均为100%；大企业管理类、个人所得税类专业测试平均得分80分，获得全市税务系统业务比武一等奖、二等奖、三等奖各1人。通过开展“迎新春”联欢会、新公务员见面会、主题党课、道德讲堂、文明创城等活动，拉近干部距离，消除相互之间的隔阂，以心合促事合。积极开展扶贫慰问系列活动，按区扶贫办要求开展产业奖补调查、雨露计划宣传、家庭经济状况摸底调查、双认定等各类扶贫活动，200余人次参加。

（官建国）

银行·保险

中国农业银行股份有限公司北海铁山港支行

【概况】 2019年，中国农业银行铁山港支行更名为中国农业银行股份有限公司北海铁山港支行（简称农行铁山港支行），有员工18人。农行铁山港支行坚持稳健经营和可持续发展，努力提升经营实力，建设优质金融服务品牌。面向“三农”，服务城乡。主要业务品种有：贷款、存款、结算、理财、代理保险等。年末各项存款余额13.32亿元，各项贷款余额7147万元，中间业务收入250万元。

【存款及结算业务】 2019年末，农行铁山港支行存款余额13.32亿元，其中个人存款余额8.79亿元、对公存款余额4.53亿元。存款客户分为对公客户和个人客户，针对客户数量多、金额小、业务量大，大力提倡并引导客户使用手机银行、网上银行、自助银行等自助结算工具。对公财政授权支付业务电子化实现部分到全面的转变，减少授权支付业务的纸质传递，减轻柜台与单位财务的工作量，电子化的全面上线。年内，支行加大商户服务力度，为有需求的单位办理缴费商户，为普通商户办理聚合码扫码收款、POS机、农银e管家等，多渠道满足客户的结算需求。

【贷款业务】 2019年，农行铁山港支行有多种贷款业务品种可供客户选择，对公客户的有固定资产贷款和流动资金贷款，对个人客户的有个人住房消费贷款、个人房产抵押贷款、个人助业贷款和农户贷款等。随着网络科技的发展，支行推出网捷贷等网上贷款业务，以及小微企业的纳税e贷业务，大大方便客户的融资活动。年末，支行的贷款增量比上年增长941万元，贷款总额7147万元，其中对公贷款169万元、个人贷款6978万元。年内，支行发放贷款受到一定客观因素的制约，发展缓慢，主要问题是区域内适用于抵押的产权较少，具体就是房地产证件不齐全或不合规，没有适合的抵押物，商业贷款受到一定的制约。针对这种情况，支行积极开拓新市场，向上级银行建议开放工薪公职人员的个人薪资保障贷款和网捷贷额度，向农户开通“惠农e贷”业务，为地方经济的发展和农户的脱贫提供有力支持。开展优化营商环境获得信贷指标百日攻坚工作，切实提高信贷服务效率和水平，并提出小微企业抵押贷款业务办理实现“222”（业务办理环节优化到2个，客户申请材料精简至2项，办理时间压缩至2个工作日）目标。

【中间业务及电子银行业务】 2019年，农行铁山港支行实现中间业务收入250万元，其中互联网金融业务收入60万元，信用卡业务收入112万元，分别占中间业务的24.00%和44.80%，体现互联网金融业务和信用卡业务在迅速发展，这类业务也是银行业未来的发展方向。年内，国家大力推动发展高速公路ETC应用工作，要求在年底实现安装率达到80%以上。农行铁山港支行落实国家政策，大力推广免费办理ETC业务，扩大用户、增加信用卡发卡量，实现增加中间业务收入及存款来源。此外，农行铁山港支行代理保险、贵金属销售也是农行铁山港支行发展较快的业务之一。

【党建工作】 2019年，农行铁山港支行坚持党建工作与业务经营密切结合，围绕经营抓党建、抓好党建促经营。党支部坚持实行“三会一课”制度，加强政治理论学习，在全支行内部营造积极向上的学习氛围。年内，支行党支部书记主持学习5次，为党员上党课2次，班子其他成员为党员上党课共2次；开展“不忘初心、牢记使命”主题教育，推动支行员工增强“四个意识”、坚定“四个自信”、做到“两个维护”。党支部书记和班子成员带头，开展党员和员工交心谈心活动，增强团队的凝聚力和弘扬员工团结互助精神。 （程　雯）

中国银行股份有限公司北海市铁山港支行

【概况】 2019年，中国银行股份有限公司北海市铁山港支行（简称中行铁山港支行）有员工8人，营业地址在铁山港区四号路临时商业街。年末存款余额5.3亿元，贷款余额11亿元。经过多年来的培育，中行铁山港支行已发展成为多功能性综合支行。

【服务地方经济建设】 2019年，中行铁山港支行依托铁山港工业园区发展优势，聚焦国家“一带一路”政策规划，加大对符合国家产业政策和北海市经济结构调整的企业和项目的支持，加大对重点企业和项目的支持力度，全年为斯道拉恩索（广西）浆纸有限公司、广西投资集团北海发电有限公司、广西北部湾新材料有限公司等大型项目累计发放公司贷款13亿元。中行铁山港支行积极创新服务手段，加大对中小微企业、涉农企业的支持。依托“中银信贷工厂”新模式，推出结算通宝、税贷通、贷押通、林权通宝、快易贷、跨境贷、中银网络通宝、沃融易、助保贷等信用产品，以及通过减免中小企业评估费、降低收费标准等手段解决中小微企业融资难问题。全年为4家中小企业发放“普惠金融”贷款1000万元，年利率仅为4.35%。12月，经中行广西区分行同意，中行铁山港支行为上述企业再降贷款利率到年利率3.95%，切实让利企业，扶持小微企业发展。大力支持消费金融发展，加强对个人住房贷款、汽车分期业务、消费分期业务、现金分期业务等支持；发展个人经营性贷款，提高小微企业辐射面，努力为辖区机关、企事业单位及其员工提供住房按揭、信用卡分期、中银E贷、中银优客分期等消费金融服务。同时，利用节假日时间，不定期举办网点线上、线下沙龙活动，为个人客户订制专享金融服务套餐。

【智能化建设】 2019年，中行铁山港支行以提升客户体验为目标，不断增加自助设备投入使用。更新并完善诚德集团厂区、斯道拉恩索厂区、四号路临时商业街自助终端设备，进一步扩大服务辐射范围。着力推动支行网点智能化升级建设，增加智能柜台，并配套开展支

2019年12月30日，中行铁山港支行到营盘镇彬定村委开展敬老慰问活动
中行铁山港支行　供

行服务销售流程与工作流程优化工作，提升网点服务效率与客户体验。

【扶贫济困】 2019年，中行铁山港支行积极响应国家乡村建设（扶贫）政策，支持当地政府扶贫、脱贫工作，传承企业社会担当职责。投入人力、物力开展金融服务下乡活动，向广大群众宣传银行金融产品及风险防范意识。主动联系驻地附近的村民委员会，开展入村敬老慰问活动，与村中贫困老人座谈，了解他们生活上的困难，为他们送上生活用品。（刘 轩）

中国建设银行股份有限公司北海铁山港支行

【概况】 中国建设银行股份有限公司北海铁山港支行（简称建行铁山港支行）是中国建设银行股份有限公司北海分行直属的分支机构。营业地点在北海市铁山港工业园区4号路中石化异地改造项目石化生活区大门临街铺面。2019年，建行铁山港支行开设2个服务窗口，在网点内布放自助取款机1台，自助存取款一体机2台，智慧柜员机3台，有员工8人。年末全口径存款余额本外币4亿元，信贷投放本外币6.9亿元，裕农通服务点48户。

【基础管理】 2019年，建行铁山港支行进一步加强基础管理，着力提高内控管理水平。加强网点"四个团队"的建设，充实综合管理团队成员，增加贷后专管员职责，整合综合客户经理的职责，"业务、人、财、物"的精细化管理得到进一步提升。案防基础进一步夯实，促进员工依章合规操作，全年无案件、无重大违规事件、无重大监管处罚。

【客户服务】 2019年，建行铁山港支行进一步加强员工学习培训，培养员工金融消费权益保护工作意识，用实际行动履行"客户至上、注重细节"的服务理念。通过服务礼仪培训，提高前台员工服务意识和服务规范，提升客户满意度。积极践行普惠金融，大力推进金融下乡，将助农帮扶与裕农通业务相结合，努力打造农村金融生态圈。11月下旬，建行铁山港支行联合区农业农村和水利局，为铁山港区3个乡镇益农服务社签约裕农通农户，为农村居民提供便捷金融服务，共办理37户裕农通服务点，实现全区3个乡镇全覆盖，树立建行"村口的银行"服务形象。积极落实国家政策，践行大行社会担当责任，在铁山港区通过各种形式大力开展车载ETC（指不停车电子收费系统）推广安装工作，为车主免费赠送车载ETC装置，还为符合条件的车主提供一定的高速公路通行优惠，受到车主的普遍赞誉。重视营业网点现场投诉处理能力建设，明确首问负责制，通过在网点设置《客户意见登记簿》、公布投诉电话等措施，确保群众投诉得到及时受理和妥善处置。

【企业文化】 2019年，建行铁山港支行继续深入开展"大爱若水、润泽建行"员工关爱工

2019年11月，建行铁山港支行联合区农业农村和水利局开展普惠金融下乡活动。图为北海建行"裕农通 村村通"推介会在区农业农村和水利局召开

建行铁山港支行 供

程，延伸和扩充人本文化建设内涵，把员工关爱与人文关怀做细做实。落实“组织五关爱”（思想关爱、工作关爱、成长关爱、生活关爱、合规关爱）工作机制，鼓励员工牢固树立“四个意识”，合理安排网点弹性排班、新老员工师徒制、建立交流微信群、建立定期家访制度等一系列实在措施，为员工办实事、办好事、解难事，增强员工满意度和归属感。引导鼓励员工多读书、读好书，净化朋友圈，加强自我健康管理，掌握自我心理调节方法等，通过文化讲座、感恩教育等，引导员工树立正确的人生观、世界观和价值观。 （许 彪）

北海市区农村信用合作联社南康信用社

【概况】 2019年，北海市区农村信用合作联社南康信用社（简称南康信用社）下辖4个营业网点，包括位于南康镇的营业部和银丰分社，位于兴港镇的赤江储蓄所和石头埠分社，有3处24小时自助银行。服务区域覆盖南康镇及兴港镇，在职员工37人。年内，南康信用社各项贷款余额1.65亿元，其中面向农户的涉农贷款7480万元，面向小微企业及个体工商户的贷款9000多万元。

【服务“三农”】 2019年，南康信用社作为铁山港区农村金融机构，始终把服务当地“三农”建设作为首要工作。强调支农工作要与春风争时间，秉持着“春风未至农信先达”的理念，组织信贷员驻扎村委，依托村委对接种养大户，急农户之所需，为他们发展生产提供支持和服务。同时，深耕细作区域涉农服务业、工商业金融市场，务求做小做广、做精做细。年内，根据铁山港区“三农”发展情况，加大对当地重点物资供应企业的金融服务，特别对关乎民生的菜篮子，米袋子产业融资需求提供金融支持。南康信用社全年累计发放涉农贷款242笔，发放贷款4348万元。

【服务小微企业】 2019年，南康信用社贯彻执行上级信用联社工作部署，结合“不忘初心、牢记使命”主题教育，缓解小微企业、个体工商户融资难，畅通银企对接渠道，全面开展融资对接专题活动。通过对存量客户全面排查并实地走访，主动与辖区小微企业对接，累计对接小微企业37家，达成合作意向19家。制订“一企一策”方案，对有存量贷款经营困难的企业，通过展期、续贷、借新还旧等方式延长信用，对新增客户采取资产打包授信、补贴质押、应收账款质押、在建工程提前授信等方式助推新设项目加速建设。

【改善网点布局】 2019年，南康信用社下辖赤江储蓄所网点由原址赤江陶器厂搬迁至竹仔塘与向海大道旁，并更名为兴港储蓄所。新址面积260平方米，经过重新规划后功能区更加完善，布局更加合理；新营业网点设立2个综合金融业务窗口，1个离行式自助服务区，大堂整洁明亮，可为客户提供现金存取、支付结算、工资代发、手机银行、扫码支付业务、信贷业务等金融服务。

【优化营商环境】 2019年，南康信用社将优化营商环境作为支持铁山港区工作和自身发展的第一要务。在企业开立结算账户方面，承诺4天办结。率先安排工作人员驻扎区政务服务中心，设立面向企业金融业务咨询办理岗，让企业在政务中心办理业务时也能同时办理银行账户开立、信贷咨询等金融业务。在获得信贷方面，严格执行限时办结制，符合要求且资料齐全的单户小微企业1000万元（含）以下抵押贷款，自受理之日至最终发放贷款，原则上不超过8个工作日；继续优化信贷业务流程，将小微企业抵押贷款业务流程由9个环节整合优化为4个环节；落实“一次性告知”制度，让客户一次性获知办理信贷需要的资料。

【金融服务】 2019年，南康信用社开展金融参与者权益保护宣传、普惠金融农村行等活动，向广大群众普及普惠金融知识，畅通金融服务供需渠道。继续下沉拓宽金融服务渠道，打造基层服务网点、驻村信贷联络员、金融服务站三位一体的全方位服务体系，实现村民不出村即可办理存取款、转账、查询、贷款咨询等多项业务。不断推进移动支付工程建设，通过POS机具、农信易扫、云闪付等结算渠道，有效实现医院、商圈、市场、农副产品批发站等场景应用，为铁山港区居民提供快捷、高效、安全、低费率的移动支付应用。联合区退役军人事务局为全区军属、退役军人量身定制具有“一先、十免”优先服务的“拥军优抚卡”。联合社保、税务部门深入乡村为群众现场办理医保、社保缴费，现场激活社保卡、银行卡等业务。

（陈　荣　张泰庆）

北海市区农村信用合作联社营盘信用社

【概况】 2019年，北海市区农村信用合作联社营盘信用社（简称营盘信用社）下辖3个网点，分别是营盘信用社营业部、火禄分社、黄稍分社。营盘信用社营业部位于营盘镇营盘大街还珠路26号营盘边防派出所对面，开设2个服务窗口，布放存取款一体机2台，自助综合机1台；火禄分社位于营盘镇火禄村委会火禄市场旁，开设有1个服务窗口；黄稍分社位于营盘镇滨江生活小区黄稍中学对面，开设2个服务窗口，布放自助取款机1台，存取款一体机1台。年末，营盘信用社各项存款余额4.98亿元，各项贷款余额9933万元。

【业务范围】 2019年，营盘信用社可以受理的业务范围主要有以下几种类型。资产类业务包括：抵押担保贷款、质押担保贷款、保证担保贷款、应收账款质押贷款、固定资产贷款、流动资金贷款、个人消费贷款、农户小额信用贷款、其他自然人信用贷款；负债类业务包括：活期存款、定期存款、转账业务；中间业务类业务包括：代理销售保险和理财产品、政府企事业代收代付业务；结算业务包括：电子产品、支付宝业务、微信支付等。

【扶贫贷款】 2019年，营盘信用社全体员工响应政府的号召，把扶贫贷款作为一项重要工作内容，把关爱贫困户切身利益、促进地方经济发展为己任，为脱贫攻坚贡献力量。组织员工多次放弃周末及法定假日休息时间，深入贫困户家庭了解贫困户生产、生活情况，掌握贫困户的资金需求情况，配合当地政府推进扶贫工作。年内，营盘信用社业务区内符合贷款条件的贫困户贷款均发放到位，投放扶贫贷款164笔，余额579万元，解决164户贫困家庭资金用款需求，为贫困家庭发展生产和安排生活提供支持。

【惠农支付服务点】 “惠农支付服务点”是依托知名的商铺、居民住宅区等，通过广西农村信用社的授权，在桂盛通（类似poss机）上操作，从而实现为客

2019年8月12日，营盘信用社信贷员和贫困户帮扶人铁山港区委常委、宣传部部长、副区长林昌斌（右一）在黄稍村委会贫困户陈某某家中访问

营盘信用社　供

户存取款、查询、转账等功能。惠农支付服务点的开通，给广大农户带来很多便利，当地群众可以就近办理大部分金融业务，省去在银行排队等候的时间。2019 年，营盘信用社在各村委共设置 13 个惠农支付服务点，大大方便群众对金融服务的需求。同时，信用社还赋予惠农支付服务点反假币宣传、个人征信制度宣传等功能，加深群众对金融知识的了解。

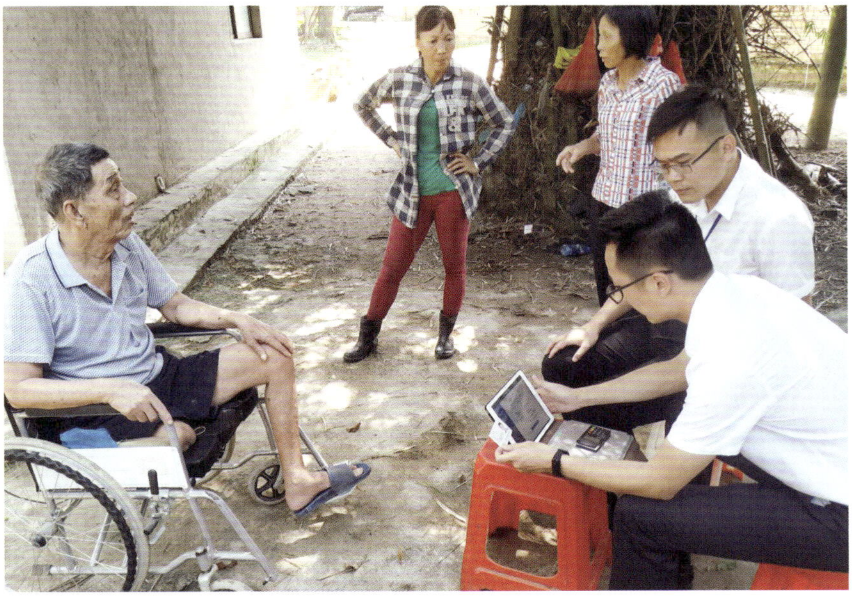

2019 年 7 月 31 日，营盘信用社员工到营盘镇石村村委上门为群众服务　　营盘信用社　供

【便民服务】 2019 年，营盘信用社急群众所急，为部分因病或其他原因无法到场的群众上门办理银行账户激活、挂失等项业务。依托“e 挎包”移动终端，走出营业厅进村入户现场办理开卡、激活、挂失、电子银行等非现金业务。11 月至 12 月，是居民医保缴费高峰期，营盘信用社协助区税务局开展居民医保费用征缴攻坚行动，抽调工作人员深入到辖区内 11 个村委，上门现场代收医保缴费，解决居民到银行排队缴费难的问题，动员村民积极参保，享受国家改革发展的红利。年内，营盘信用社利用“e 挎包”上门服务，共办理开卡、社保卡激活、电子银行、挂失等业务 420 人次。（廖崇智）

2019 年 12 月 10 日，营盘信用社联合区税务局到火禄村委开展 2020 年度居民医保下乡现场征缴活动　　营盘信用社　供

中国太平洋财产保险股份有限公司北海中心支公司

【概况】 2019 年，中国太平洋财产保险股份有限公司北海中心支公司（简称太保财险北海中支）内设总经理室、综合管理部、理赔部、财务部、销售管理部、车险业务部、非车险业务部、个人业务部 8 个职能部门；下辖 1 个县域支公司、1 个营销服务部，负责铁山港区业务的是中国太平洋财产保险股份有限公司北海中心支公司铁山港营销服务部（简称太保财险北海中支铁山港营销服务部）。综合型村镇一级的“三农”服务站共 9 个，其中合浦县域覆盖 7 个乡镇，北海市覆盖 2 个乡镇。太保财险北海中支有员工 59 人，持证营销员 322 人。

2019 年 9 月 24 日，太保财险北海中支铁山港营销服务部在北海市人民剧场参加北海银行保险业庆祝中华人民共和国成立 70 周年歌咏晚会　　太保财险北海中支铁山港营销服务部　供

主要险种有：企业财产损失保险、家庭财产损失保险、建筑工程保险、安装工程保险、货物运输保险、机动车辆保险、船舶保险、能源保险、一般责任保险、保证保险、短期健康保险、意外伤害保险等。

【业务工作】 2019 年，太保财险北海中支铁山港营销服务部保费收入 1.02 亿元，比上年减少 8.71%。其中车险 6291 万元，比上年减少 21%；非车险业务 3422 万元，增长 22.24%；农险业务 526 万元，增长 16.03%。处理各类理赔案件 1.89 万件，理赔金额 5143 万元，理赔结案率 97%。

【客户服务】 2019 年，太保财险北海中支铁山港营销服务部开展上门验车、送单上门等便民举措。9 月，在学生保险高峰期，太保财险北海中支铁山港营销服务部在各乡镇学校设立咨询点为客户答疑解惑、办理学生保险业务。年内，铁山港区“三农”服务站多次组织下乡推广“太保”品牌和服务，向群众宣传保险知识、提供保险咨询等，把保险理念和惠民保险政策传递到乡村，真正做到“太保产险进乡村，服务三农惠民生”。理赔方面，太保财险北海中支铁山港营销服务部在节假日高速公路服务区设立服务点，免费提供事故快处快赔、胎压监测等便利；对出险的女性客户，提供“金钥匙”接车送修、修复交车、送客回家等暖心服务。年初，面对“非洲猪瘟”疫情肆虐，太保财险北海中支铁山港营销服务部向养猪企业、农户提供 9200 万元保额的保险单，承担起社会责任和担当；“太好赔”“太贴心”等 App 的推出，优化理赔流程，缩短理赔时效，让广大客户享受到更快捷便利的理赔服务。

【社会活动】 2019 年 9 月 24 日，太保财险北海中支铁山港营销服务部积极组织员工参加各项社会活动，配合铁山港区有关部门开展扫黑除恶、扶贫攻坚、创建文明城等项活动。组织员工队伍参加北海市银行保险系统在人民剧场举办的“我和我的祖国”——庆祝中华人民共和国成立 70 周年歌咏晚会。（李汶倩）

经济行政管理和监督

经济管理

【概况】北海市铁山港区发展和改革局(简称区发改局)是北海市铁山港区人民政府综合经济管理部门。2019年,区发改局内设办公室、发展和改革股、价格和粮食管理股,有工作人员2人;下属1个事业单位北海市铁山港区重大项目服务中心(简称区重大项目服务中心),有工作人员1人。北海市铁山港区物价局、北海市铁山港区粮食局在区发改局挂牌。3月,机构改革,不再保留区物价局牌子。

【编制实施规划】2019年,区发改局在客观全面评估2018年全区国民经济和社会发展执行情况的基础上,深入调研分析、广泛征求意见,科学编制《北海市铁山港区2018年国民经济和社会发展计划执行情况与2019年国民经济和社会发展计划(草案)》,顺利通过区五届人大四次会议审议并付诸实施。在规划实施过程中,紧密联系统计、科商工信、财政、农业等部门,抓好重要经济指标、重点项目、重点工作任务的分解实施,细化分解目标任务,挖掘潜力,落实措施;定期进行经济运行分析,加强计划执行的预测监测,及时发现存在问题并提出对策建议;强化综合协调,确保计划顺利实施,促进全区经济社会健康发展。

【项目投资管理】2019年,铁山港区深入开展"项目落实年"活动,全力推进项目建设。全年完成征地清场649.4公顷,搬迁213户,落实项目投资土地供应。全区固定资产投资比上年增长37%,增速在全市县区排名第一。被列入北海市"四定"重点项目有75个,被列入自治区"双百双新"项目12个。

【县域经济发展】2019年,区发改局组织制订实施《北海市铁山港区关于进一步促进县域经济加快发展的实施方案》和《北海市铁山港区2019年度县域经济发展工作计划及责任分工表和"补短板"工作计划》,提出全区"十三五"县域经济目标、发展重点及主要任务,明

2019年,北部湾港股份有限公司铁山港北暮作业区一角

区发改局　供

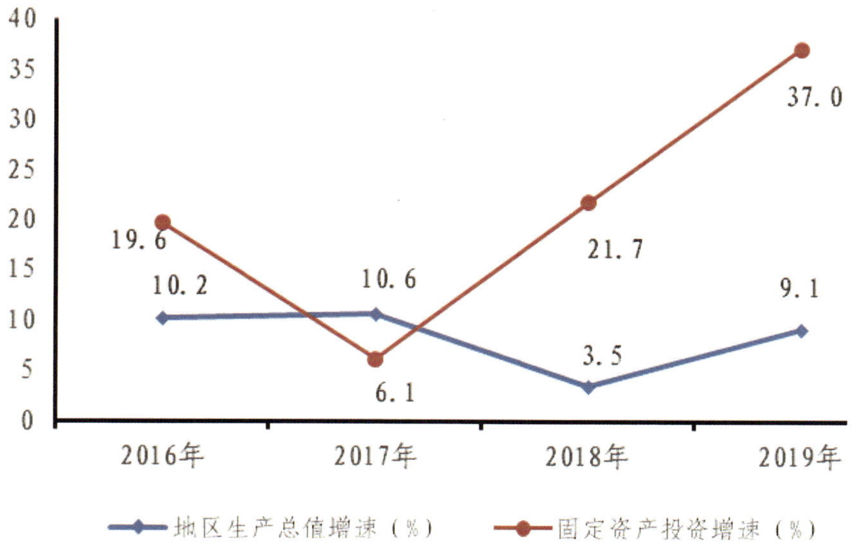

2016—2019 年铁山港区地区生产总值、固定资产投资增速

确部门责任，细化年度县域经济各项主要考核指标任务分工，实施补短板专项行动，组织专题会议，强化工作措施组织推进县域经济发展提升各项工作落实；组织有关部门反复筛选项目，建立健全乡村振兴、产业发展、基础设施、公共服务能力，提升三年行动计划项目库。4 个项目列入自治区 2019 年实施项目，获得补助资金 1938 万元。

【体制改革】 2019 年，区发改局深入推进关键领域改革，与区政府相关工作部门密切配合，高标准完成政府机构改革任务。年内，全区机构改革工作已基本完成；医药卫生体制改革得到深化，农村体制改革、农村土地承包经营权改革顺利通过农业农村部数据汇交，农村集体产权制度改革扎实推进，财政体制改革，国库集中支付电子化，建成政府采购“全市一张网”网上超市；持续深化“放管服”制度改革。

【节能减排】 2019 年，区发改局加强节能减排宣传力度，组织开展节能宣传周和低碳日宣传活动。指导重点企业申报，争取节能技改项目资金，督促重点企业落实节能减排措施，完善重点耗能企业节能降耗分析联席会议制度，严格执行项目节能审查。 （谢子扬）

物价管理

【概况】 2019 年 3 月前，北海市铁山港区物价局（简称区物价局）在区发改局挂牌，与区发改局实行一套人马两块牌子。3 月，机构改革，不再保留区物价局牌子，把价格、监督、检查职责划转区市场监督管理局。年内，区物价部门认真贯彻落实全市物价工作会议精神，抓好全区物价管理，加强价格监管，维护市场价格秩序，营造良好的商业环境。

【收费管理】 2019 年，区物价部门严格执行国家物价政策，规范收费行为，减轻企业和消费者负担。落实《北海市发展和改革委员会　北海市财政局　北海市市场监督管理局关于清理整治政府机构及下属单位涉企收费的通知》精神，联合区财政局、区市场监督管理局开展涉企收费整治行动。

【价格调查监审】 2019 年，区物价部门切实加强价格管理工作，积极配合地方政府及企业做好水价及污水处理费收费申报工作。为规范污水处理费收费标准及调整营盘水厂水价，区物价部门指导营盘镇政府及营盘水厂制定营盘镇污水处理收费标准及调整水价，并及时向北海市物价局价格科申请成本监审，配合北海市物价局价格科开展水价成本监审，以及水价审批工作；监督全区自来水厂按政府规定的价格范围收取水费，并在收费场所悬挂收费公示牌和用水开户流程，方便群众办事和主动接受社会各界监督。

【价格监测】 2019 年，区物价部门认真执行价格监测报告制度，做好自治区发改委各项价格监测报告制度执行工作，确保价格监测数据的及时性、准确性，为政府宏观决策提供数据支持。加大对市场价格监测

2019 年 9 月 4 日，区物价部门工作人员在南康家家谊超市开展价格监测检查　　区发改局　供

的力度，认真做好粮、油、肉、禽、蛋、蔬菜等居民生活必需品和建材、农资等监测分析和信息发布工作。每周到南康旧市场、南康综合市场、建材店、农资店进行实地监测调查。

（谢子扬）

工商行政管理

【概况】 2019 年 3 月 19 日，北海市铁山港区市场监管领域改革落实到位，挂牌成立北海市铁山港区市场监督管理局（简称区市场监管局）。6 月 5 日，北海市市场监管执法支队铁山港大队揭牌成立，把刚组建的北海市铁山港区市场监管局的监管与执法办案职能剥离分属不同层级部门负责。市场监管工作由区市场监管局负责，执法办案职能由北海市市场监管局派驻的北海市市场监管执法支队铁山港大队负责。区市场监管局内设办公室、消费者权益保护股、食品药品监督股、知识产权促进与保护股、行政审批股、质量监督股，有工作人员 16 人。下辖北海市铁山港区市场信息中心（参公事业单位）和南康市场监管所、营盘市场监管所、兴港市场监管所、工业园区市场监管所。北海市铁山港区知识产权局在区市场监管局挂牌。

【商事制度改革】 2019 年，区市场监管部门围绕“商事制度改革”抓落实，优化营商环境工作力度强。进一步压缩企业登记时间，大力提高行政审批效率，推进市场主体工商登记时效。企业设立登记与印章刻制同步办理，企业开办环节 0.5 个工作日即可完成。推进企业名称登记制度改革，实行企业名称自主申报，贯彻落实取消企业名称预先核准的规定，在 2 月 28 日实现企业名称预先核准与设立登记合并办理的基础上，继续完善有关制度稳步推进申请人自主选择企业名称，提高名称登记效率。推进企业登记身份验证工作，落实企业实名登记制度，能够有效防控冒用身份虚假注册问题，降低制度性交易成本，惠及广大守法、诚信的企业和群众。3 月 12 日起推行企业登记身份

2019 年 3 月 19 日，区市场监管局揭牌成立　　区市场监管局　供

实名验证系统，对线下申请办理企业设立登记的法定代表人等相关自然人实行实名验证。推进全程电子化系统注册登记工作，大力推行商事登记全程电子化登记，投入20万元购置商事登记一体机和服务手机，引入商事登记全程电子化登记系统。年内，区市场监管局作为铁山港区商事制度改革示范点，继续深入推进商事制度改革，推进企业简易注销登记工作。在辖区组织开展非公有制经济发展咨询宣传、优化窗口服务、入户走访企业和上门宣传扶贫政策活动，共发放宣传资料500多份，接受业务咨询群众200多人次。

【市场主体注册登记】 2019年，铁山港区市场主体登记情况为：新登记内资、私营企业户数162户，认缴注册资金21.63亿元，从业人员1.03万人；新设立农民专业合作社16户，认缴出资总额3853.5万元；新发展个体户950户，认缴资金数额1.14亿元，从业人员2264人。年内有128户企业通过全程电子化办理登记注册手续。

【市场主体监督管理】 2019年，区市场监管局做好“先照后证”“双告知”工作，在市场准入阶段，告知申请准入的市场主体需要办理的后置许可审批手续，并告知相关后置许可审批部门已经准入的市场主体登记信息。抓好市场主体年报公示，全区2019年度市场主体年报情况：内资、外资、私营企业应年报户数921户，年报826户，年报率为90%；个体户应年报户数4899户，年报4464户，年报率91%；农民专业合作社应年报户数133户，年报126户，年报率95%。区市场监管局牵头推进“双随机一公开”工作，共完成“双随机一公开”检查任务216户，其中上级部门派发任务213户，部门联合检查任务3户，检查结果全部通过国家企业信用信息公示系统进行公示。继续抓好涉企信息归集公示工作开展，建立铁山港区涉企信息公示与监管工作机制，全区各部门在国家企业信用信息公示系统协同监管平台（广西）累计归集有效数据4856条，其中行政许可2153条，行政处罚243条，抽查检查1912条，“双随机”检查548条。

【市场规范管理】 2019年，区市场监管局加大市场监管力度，确保辖区市场秩序有序运行。开展红盾护农保春耕行动，组织检查辖区农资经营户62户，抽检化肥6批次，查处不合格化肥案件1起。开展无证无照排查工作，统一协调部署人员，协调营盘、兴港2个基层市场监管所联合开展无照经营摸底排查行动。对辖区内涉及经营餐饮、旅业、小作坊、汽修、船厂等重点领域共计130户市场主体进行排查，机构改革前，查处无照经营建材案件2起，机构改革后，及时将在排查过程中发现的问题函告相关职能单位依法处理。切实做好扫黑除恶专项斗争宣传及线索排查工作，共张贴宣传海报、悬挂横幅200多幅，发放宣传资料500多份；对全区各类市场排查22家次，走访各类经营商户400余户，共摸排和接收到市场涉黑恶线索3条（有效1条），已和相关部门进行对接和移交。继续开展矿产品堆场排查行动，加大对涉黏土和海砂等矿产品的整治行动，重点对流通领域的矿产品堆场和加工厂进行查处，检查矿产品堆场和加工厂32家次，向铁山港执法大队移送涉矿案件4起。配合区政府完成对铁山港公用码头遗留多年的无主堆场的核查、测量、评估工作。

【非公组织党建工作】 2019年，铁山港区“小个专”党委始终把贯彻落实中共十九大精神和习近平新时代中国特色社会主义思想作为推进党建工作的原动力，落实非公企业党建、党风廉政建设与反腐败和意识形态工作重点任务，推动全面从严治党向基层延伸，向非公企业延伸。组织实施“不忘初心、牢记使命”主题教育，推动铁山港区“小个专”党委下辖的6个党支部深入学习贯彻习近平新时代中国特色社会主义思想和中共十九届四中全会精神，坚持集中学习与自学相结合，突出读原著学原文悟原理与专题辅导相结合，教育党员干部坚定“四个自信”，牢固树立“四个意识”，坚决做到“两个维护”，推动学习教育不断走实走深。把主题教育融入“三会一课”制度，根据学习进度精心谋划主题，每月开展1次主题党日活动。（陈明媚）

国土资源管理

【概况】 2019年，北海市铁山港区自然资源局（简称区自然资源局）为区政府常设工作部门，内设办公室、自然资源保护和国土空间规划管控综合股、林业管理综合股，有工作人员12人。年内，区自然资源局完成54宗个人住宅用地补办出让手续及3宗批准书；规划业务完成1宗个人建设用地规划许可证。配合北海市自然资源局开展铁山港区露天矿山调查摸底排查工作。按要求配合开展第三次全国国土调查工作。

【项目用地服务】 2019年，区自然资源局狠抓项目用地报批和项目服务工作，全区用地报批项目共5个批次5个（其中“三大保障”战役1个，“双百双新”项目1个）。其中：3个乡镇批次，分别是北海市2019年第二批次、第四批次、第六批次乡镇建设用地；2个城市批次，分别是北海市第十批次、第十六批次城市建设用地。1个批次（北海市2019年第四批次乡镇建设用地）1个项目（铁山港区实验学校）已动工建设，1个批次（北海市2019年第二批次乡镇建设用地）已通过审查并完成缴费待自治区自然资源厅批复，3个批次正在办理审查当中。涉及用地总面积101.05公顷，其中农用地87.55公顷，建设用地13.18公顷，未利用地0.32公顷。年内，区自然资源局完成铁山港行政中心区公共服务配套等项目选址会签、铁山港（临海）工业区十三号路等项目的建设用地项目勘测定界、土地权属调查等项目服务工作。

【建设用地增减挂钩及耕地提质改造】 2019年，区自然资源局落实北海市市长蔡锦军在城乡建设用地增减挂钩政策专题讲座上的讲话精神，按照《北海市自然资源局关于加快推进北海市城乡建设用地增减挂钩建设用地实施的通知》要求，于5月底开展铁山港区城乡建设用地可实施增减挂钩潜力调查工作，6月上旬开展立项准备工作。年内，营盘镇城乡建设用地增减挂钩项目完成立项、预算评审工作。8月28日，南康镇三塘村耕地提质改造项目已报区财政部门开展预算评审，第三方评估公司已出相关预算评审报告，项目计划采用投资合作方暨工程总承包(EPC)方式，下一步开展招投标工作。

【土地变更调查与遥感监测】 2019年，区自然资源局加强土地变更调查与遥感监测工作，克服时间紧，工作量大，涉及部门多等困难，按时完成2018年国土部门下发涉及铁山港区土地变更调查与遥感监测图斑260个。

【地质灾害预防】 2019年，区自然资源局积极配合区政府贯彻落实北海市2019年度地质灾害防治方案。通过汛前制订地质灾害预防应急预案，严格按要求落实易发地质灾害隐患点排查、隐患信息采集、及时发放避险告知明白卡，编制应急值班表、做好值

2019年，铁山港区实验学校项目建设现场　　区自然资源局　供

班记录，完成年度汛期异常气象天气期间防灾应急值守工作，及时报送信息，适时组织群众应急转移，较好地完成年度地质灾害防治工作任务。

2019 年 12 月 13 日，铁山港区在铁山港港务集团一楼会议室召开铁山港公用码头堆场专项整治工作推进会议　　区自然资源局　供

【土地矿产卫片监督检查】 2019 年，区自然资源局按时完成 2018 年度土地矿产卫片监督检查工作，2018 年度铁山港区违法建设占用耕地面积占新增建设用地占用耕地面积比例为 7.24%，通过市级和自治区级检查验收工作。

【矿产品堆场整治】 2019 年，区自然资源局强力推进矿产品堆场整治工作。根据北海市铁山港区矿业秩序整治工作会议部署，配合区市场监管局排查铁山港区公用码头内矿产品堆场 30 处，对全区矿业秩序进行全面整顿。区自然资源局代拟的铁山港区公用码头矿产品整治专项行动工作实施方案已经区政府同意印发。

【地籍资料档案管理】 2019 年，区自然资源局加强地籍资料档案管理工作。配合北海市国土信息中心完成辖区 2.39 万宗地籍资料档案数据化扫描工作，为辖区地籍资料档案实行电子档案管理，将纸质地籍资料档案移交专业档案管理机构——北海市国土局档案馆保管做好相关准备工作。对南康、营盘、兴港 3 镇国土规建环保安监站移交的 4210 宗地籍资料档案进行整理归档。　　（陆镇武）

2019 年 10 月 24 日，铁山港区委常委、副区长吴志全（前排左三）到现场督导开展土地矿产卫片执法工作　　区自然资源局　供

审　计

【概况】 2019 年，北海市铁山港区审计局（简称区审计局）内设办公室、综合股，有工作人员 3 人。

【审计成果】 2019 年，区审计局根据《中华人民共和国审计法》确定的审计工作职责，认真贯彻落实《国务院关于加强审计工作意见》，完成审计项目 53 项，其中计划内项目 19 项，配合上级统一部署重大政策跟踪审计项目 1 项。审计涉及金额 14.96 亿元，其中政府投资项目涉及金额为8749.86万元。审计查出主要问题金额2.74亿元，应上缴财政110.90万元，政府投资项目审计核减金额611.62万元。出具审计报告52篇，提出审计建议136条，被采纳136条。

【财政审计】 2019年，区审计局完成财政审计项目2个。查出问题金额2.51亿元，应上缴国库107.08万元。采用“三级联动”和查阅账本等方式，发现未及时足额上缴“应缴预算款”、部门预算编制不够完整和规范、信息系统数据录入不规范、部分资金支出进度缓慢等问题。针对审计发现的问题，提出完善财政预算编制和加强财政管理等意见建议。

【经济责任审计】 2019年，区审计局完成经济责任审计项目4个，审计查出管理不规范金额1447.99万元，应上缴财政3.82万元。审计运用审阅、复核、抽查、详查等方法，发现现金盘点账实不符、出现白条列支现象等问题。审计结果反映，部分单位内部控制制度不够齐全，未能达到控制目标，对直接分管财政财务收支部门以及有关经济活动的管理和监督不到位等。将查出问题与完善制度机制有效结合起来，增强被审计单位领导干部执行中央八项规定和财经纪律的意识。

【专项资金审计】 2019年，区审计局完成专项资金审计（调查）项目2个。对2018年度扶贫专项资金审计（调查），查出管理不规范资金97.08万元，审计运用数据筛查，发现少部分建档立卡贫困户子女未享受免保教费待遇，运用现场和资料审查，发现部分扶贫项目建设的部分道路路肩未按设计要求回填，资金结余量大，未发挥社会效益等问题。对2018年现代特色农业示范区专项资金审计调查，查出管理不规范资金229.75万元。审计调查结果表明，被审计单位认真贯彻落实国家实施乡村振兴战略方针政策，贯彻执行相关法规政策，有力推动现代特色农业示范区项目建设，带动周边经济发展，为农村剩余劳动力创造就业岗位，基本做到专款专用。但仍存在部分项目资金未及时拨付、项目单位未单独建账管理及通过审定的示范区未按要求公示等问题有待改进。

【固定资产投资审计】 2019年，区审计局完成审计政府投资项目44个，共核减造价611.62万元，有效节约财政性资金。区审计局以规范建设行为、节约政府投资、提高投资绩效为目标，从核查项目投资决策、工程建设招标、工程建设实施和质量管理、物资采购和管理使用等方面，加大对基础设施及重大投资项目的审计监督力度。

【审计整改工作】 2019年，区审计局积极推动审计整改工作，共通告、公告审计调查结果及审计整改情况10余项。建立健全整改检查跟踪机制，加大审计公告力度，形成审计整改合力。加强对审计整改情况的跟踪检查，采取逐项对照检查整改资料和现场检查等方式，对审计发现的问题紧盯不放，做到事事有落实。加大对审计结果和审计整改结果的公告力度。

【精准脱贫帮扶】 2019年，区审计局深入基层做好挂点村营盘镇鹿塘村委精准脱贫帮扶及发展村级集体经济各项工作。选派1名党员干部为驻村工作队员，时刻了解挂点村村情村况。多方筹措资金，扶持贫困村基础建设，共硬化道路2.5千米，修建戏台1个，安装太阳能路灯90盏，支持村委开展教育活动经费5000元，扶持贫困户生产资金9000元。积极帮助挂点村发展壮大村级集体经济。区审计局局长莫深伟坚持每季度到挂点村指导村级集体经济发展1次。8月，挂点村开始进行农贸市场升级改造，莫深伟多次协调解决项目建设出现的问题，确保项目建设顺利进行。驻村工作队员牵头制订挂点村村委财务管理制度，要求在工作中严格按制度办事，并时刻督促村委严格按照相关制度使用村集体经济收入。结合“不忘初心、牢记使命”主题教育调研活动，通过走访典型对象、在田间地头与农民交谈和召开村干部及各界人士座谈会，并以“加快发展村集体经济助推鹿塘村乡村振兴”为题举行主题教育党课活动。年内，挂点村的村级集体经济收入达到28.08万元，实现脱贫18户。

【廉政建设】 2019年，区审计局严格按照“三会一课”制度，结合“不忘初心、牢记使命”主题教育活动，采用集中学习、座谈会讨论及自主学习等方式，提高思想认识，牢固树立“四个意识”，坚决做到“两个维护”，在思想上、行动上同党中央保持一致。严格落实全面从严治党，认真履行党风廉政建设主体责任和“一岗双责”要求，自觉遵守中央八项规定、审计“八不准”和“四严禁”的要求，践行清廉审计，杜绝各种违反工作纪律的现象，筑牢拒腐防线。

（蔡冬春）

2019年10月24日，区审计局局长莫深伟（正面左一）在营盘镇鹿塘村委开展“不忘初心 牢记使命”主题教育调研鹿塘村委座谈会

区审计局 供

统 计

【概况】 北海市铁山港区统计局（简称区统计局）是区政府主管统计和国民经济核算的工作部门，是财政全额拨款的正科级行政机关单位。2019年，区统计局内设办公室、综合股2个职能股室，有工作人员3人。办公室负责统计执法、综合报表、GDP核算；综合股负责工交、固定资产投资、农业、社会科技、经济贸易、第三产业调查。区统计局下辖北海市铁山港区统计普查中心（简称区普查中心），是财政全额拨款的副科级参公事业单位，有工作人员3人；2015年，报市编办同意，成立北海市铁山港区统计数据管理中心（简称区数管中心），为财政全额拨款副科级参公事业单位，在区普查中心挂牌，有工作人员5人。

【常规统计工作】 2019年，区统计局严格执行各项报表制度，克服人手少，工作量大的困难，充分调动统计人员的积极性，认真做好工业、能源、农业、固定资产、劳动工资、服务等常规性的统计工作。同时，密切关注铁山港区的经济形势和发展的新情况、新变化，提升分析质量和统计服务能力。各专业统计员结合各项经济指标完成情况和经济发展中出现的主要问题，在调研的基础上充分进行分析和研判，主动对接各行业主管部门，及时解读数据，提出对策建议。同时，每月及时收集重要指标数据、编印《统计简报》第一时间报送区委、区政府主要领导，为领导决策提供数据依据。

【第四次全国经济普查】 2019年是第四次全国经济普查正式入户登记、数据审核验收年。年内，区统计局按照时间节点稳步推进铁山港区第四次全国经济普查工作。全区普查底册应录入单位1009个，抽样个体经营户1202户，个体运输户50户。4月15日，全部完成铁山港区个体经营户、一套表单位、非一套表单位的入户登记工作。区、镇两级普查机构上下联动，各成员单位通力合作，针对普查审核过程中存在的主要问题，重点审核督查，并采取普查数据质量交叉抽查的方式，初步完成数据验收工作，确保普查数据质量，完成铁山港区第四次全国经济普查任务。年内，区统计局被推荐为广西第四次全国经济普查先进集体。

【城乡住户调查】 2019 年，区统计局创新工作方法，对城乡住户调查的辅调员进行系统化培训，并对记账户进行一对一培训，实现培训指导全覆盖，同时严把数据审核关，从源头上确保数据质量。9 月，结合“党旗红 · 数据真”党建品牌创建活动，成功举办铁山港区“党建 + 住户调查”暨业务培训主题活动，进一步夯实城乡住户调查数据质量。在上年的基础上，继续组织统计业务员开展电子记账推广工作，通过积极宣传，动员调查户接受电子记账工作。截至 11 月，铁山港区电子记账户 50 户，电子记账覆盖率 83.33%，提前完成上级要求在 2019 年年底前电子记账户要达到 80% 的预定目标。年内，区统计局荣获广西县级住户调查业务考评三等奖。

【统计法制和规范化建设】 2019 年，区统计局严格按照上级统计部门的工作部署，积极推进统计法制和规范化建设，组织开展统计数据质量检查和“双随机”（在监管过程中随机抽取检查对象，随机选派执法检查人员）统计执法检查，严把统计数据质量关；向相关部门及区辖各镇发放《统计法律知识简明读本》《统计法实施条例》合订本等统计法律法规资料 300 多份，向群众发放《中华人民共和国统计法》宣传单 400 多份。12 月，区统计局协调相关部门，利用铁山港区政务服务综合楼一楼 LED 屏（电子显示屏），滚动播放 1 个月的统计法制宣传动漫片，营造依法统计良好氛围；督促相关部门和企业按要求做好统计规范化建设工作。12 月 31 日，自治区统计局授予铁山港区 8 个单位和企业“广西新时代基层统计工作规范化建设示范单位”称号。 （李文键）

2019 年 9 月 27 日，区统计局在南康镇南康社区一楼会议室举办铁山港区“党建 + 住户调查”主题活动暨住户调查培训会　　谢宗庆　摄

质量技术监督管理

【特种设备质量监督】 2019 年，区市场监督管理局进一步抓好特种设备安全监管，组织开展特种设备和工业产品质量安全隐患大排查大整治、预防一氧化碳中毒专项治理、自动扶梯和自动人行道安全专项行动、液化石油气瓶安全专项治理等 6 项特种设备监管检查行动，确保全区特种设备安全不出事故。

【能效计量监督】 2019 年，区市场监管局开展对中粮屯河北海糖业有限公司等重点耗能企业能效计量监督，督促企业落实整改能效计量专家组查摆出的问题。

【认证认可监督】 2019 年，区市场监督管理局认真开展认证认可工作，组织辖区 5 家企（事）业单位开展产品认证、体系认证。

【知识产权保护】 2019 年，区市场监管局利用知识产权宣传周、专项整治和日常巡查等活动形式，组织执法人员深入辖区企业、经营户开展商标战

2019 年 9 月 5 日，铁山港区副区长、区公安分局局长裴强昌（前排左二）带队到中石化北海炼化指导企业抓好特种设备安全生产工作

区市场监管局　供

略和知识产权相关政策宣传，引导企业建立健全知识产权管理体系，提高企业知识产权战略意识。共发放宣传资料 1000 多份，走访企业、经营户 30 多家次。全区注册登记市场主体 6528 户，有效注册商标 217 件，平均每万户市场主体注册商标拥有量 332 件，有效注册商标增速 34.78%。发明专利有效拥有量 86 件，每万人口发明专利拥有量 5.4 件。共出动执法人员 40 多人次，检查经营主体 30 多户，其中批发零售市场、集贸市场 5 个，未发现商标侵权和专利侵权纠纷及线索。

【标准化建设】 2019 年，区市场监管局深化标准化改革工作，指导北海兴港码头有限公司进一步做好国家服务标准试点建设工作，跟踪指导琛航做好标准化申报工作。积极组织区辖各部门申报各项标准化示范区。（陈明媚）

食品药品监督管理

【食品安全保障】 2019 年，区市场监管局积极开展春、秋季学校食堂及周边食品安全检查。组织对区内 64 家学校食堂开展平板检查，覆盖率达 100%；检查餐饮服务单位 117 家，覆盖率 50%；检查食品经营单位 231 家，覆盖率 46.11%。开展餐饮服务行业专项整治，制订《铁山港区餐饮服务行业管理专项整治实施方案》，共检查餐饮服务单位 51 家次、学校周边食品经营单位 87 家次，出动执法人员 261 人次、执法车辆 85 辆次。组织执法人员到 5 个学校中考就餐保障点开展食品安全保障工作，保障 5 个餐饮服务提供点共 7 所学校考生的食品安全。加强“非洲猪瘟”防控力度。年内，组织检查猪肉摊位 850 余户次、冷库 9 家次、超市 18 家次、餐饮经营单位 109 家次、单位食堂 44 家次。开展食品安全宣传工作和保健食品“五进”活动。共组织宣传活动 2 次，参与部门 10 个，举办食品安全知识讲座 83 场，参加人数 1.93 万人次，发放食品安全宣传资料 1.94 万份，制作展板 92 版，张贴宣传画 532 幅，出墙报 276 期，发送食品安全短信 1.4 万条，接收群众咨询 228 人次，向辖区 23 家保健食品经营单位讲解规范经营要求，粘贴科普宣传报 50 份、墙报 44 份。

【药品专项检查】 2019 年，区市场监管局开展对疫苗、药品挂证情况、中药材中药饮片及药品零售企业 GSP 跟踪专项检查。组织执法人员对辖区 4 家医院、32 家药店进行检查，发现其中有 2 家药店停业，3 家药店仅销售非处方药，其余 27 家都有执业药师注册在店，无职业药师挂证行为，各药店均能提供资质证明文件，并索要中药饮片的合格证，做到索证索票，未发现有从非法渠道购进中药饮片并销售（或使用）。药品零售企业 GSP 跟踪检查 7 家药店。

【食品质量监管】 2019 年，区市场监管局积极开展质量监管工作：到中粮屯河北海糖业有限公司开展质量提升行动，指导该公司申报并获得2019年度北海市市长质量奖；做好第十六届中国—东盟博览会和商务与投资峰会期间食品相关产品安全保障工作，对辖区6家食品相关产品企业进行检查；在北海市旺海珍珠养殖基地组织开展2019年“质量开放日”活动，传播企业文化，树立质量理念，搭建促进质量管理交流互鉴平台，邀请企事业单位10家，公众48人参与。

2019年12月4日，区市场监管局执法人员在“南珠节”活动现场开展食品质量安全快速检测　　区市场监管局　供

【队伍建设】 2019年，区市场监管局坚持“缺什么、补什么”的原则，将干部自学与教育培训相结合，开展多项市场监管业务培训，保证干部能上能下，人人成为“业务多面手”，提高工作质量与工作效率，着力提高干部队伍向心力、战斗力。组织市场监管干部举办能力提升培训班多期，学习培训食品安全快速检测、食品药品监管能力提升等内容，确保培训全员覆盖。

【精准扶贫】 2019年，区市场监管局扎实推进精准扶贫工作。春节期间为贫困户送去大米和糖等生活物品；农耕时节，联系农资公司向帮扶贫困户捐赠化肥2吨。10月17日，利用“国家扶贫日”契机捐赠给挂点帮扶村——南康镇夏塘村2万元，用于恢复百香果种植，助力村级产业发展。

2019年6月26日，铁山港区委常委、副区长吴志全（右排右二）到南康镇指导区市场监管局开展食品安全宣传周活动　　区市场监管局　供

【精神文明建设】 2019年，区市场监管局积极推进精神文明建设。扎实推进各项志愿服务活动。1月22日，组织青年志愿者到南康镇敬老院开展“冬日送温暖，青春暖夕阳”志愿服务活动，慰问12名孤寡老人；3月5日，联合团区委、区文明办等单位到营盘镇白龙古城开展“垃圾不落地，古城更美丽”志愿服务活动；4月29日，组织干部职工到营盘镇青山头海滩开展“清理海滩垃圾，净化美丽家园”活动；10月17日，组织青年干部到南康镇高村开展清洁乡村志愿服务活动。开展道德讲堂活动。举办“爱岗敬业”“生态文明”等4期道德讲堂活动，其中承办铁山港区第二季度“爱岗敬业”主题道德讲堂总堂活动。重点推进创

2019 年 10 月 17 日，铁山港区市场监督管理局 2019 年"扶贫日"助力夏塘村产业发展捐赠仪式现场　　区市场监管局　供

城工作。督促集贸市场及其周边经营户亮照经营，各集贸市场亮照率超过 80%。

（陈明媚）

安全生产监督管理

【概　况】 2019 年 3 月 19 日，铁山港区机构改革后，挂牌成立北海市铁山港区应急管理局（简称区应急管理局），内设办公室、综合协调股、救灾救援股、安全生产监督管理股 4 个职能股室，有干部职工 13 人（含铁山港区执法大队）。年内，铁山港区共发生各类生产安全事故 28 起，死亡 17 人，安全生产形势总体平稳。按管理分类，道路运输事故 17 起，死亡 9 人；工贸行业 8 起，比上年略有上升，死亡 5 人；其他行业 3 起，死亡 3 人。全年没有发生较大及以上生产安全事故。

【安全生产责任制】 2019 年，铁山港区认真贯彻落实上级党委政府安全生产工作决策部署，严格落实"党政同责、一岗双责""谁主管谁负责、属地负责"等安全生产责任制，印发实施《北海市铁山港区党政领导干部安全生产责任制实施细则》，明确辖区党委和政府主要负责人是本地区安全生产工作责任人，班子其他成员对分管范围内的安全生产工作负领导责任，明确"党政同责、一岗双责、齐抓共管、失职追责"的原则，促进区、镇党政领导干部切实承担起"促一方发展、保一方平安"的政治责任；区委、区政府主要负责人认真履行安全生产职责，每季度召开安全生产工作会议和定期召开安全专题会议，对安全生产工作进行安排部署，并由区安委办（铁山港区安全生产管理委员会办公室）按季度向区委常委会议和区政府常务会议呈请听取安全生产工作汇报。

【安全生产执法监管】 2019 年，铁山港区加强安全生产监管，严明执法，推动企业主体责任落实。在工贸企业、道路交通、建筑施工、消防等各领域加强执法力度。全年查处各类交通违法行为 1.17 万起，其中"酒驾"行为 302 起，行政拘留 13 人；办理运政案件 31 起，运政处罚 17.4 万元；路政案件 66 起，路政处罚 38.4 万元；建筑领域未批先建立案 6 件，罚款 68.19 万元；工贸企业（包括事故企业）立案 10 起，罚款 110 万元。首次对辖区 1 家国有重点企业及其主要负责人进行处罚，有力推动了企业主体责任落到实处。区应急管理局牵头，整合安全生产领域执法力量，将住建领域、交通运输领域、自然资源领域等的执法权统一整合到新组建的区综合执法局，增加区应急管理执法大队人员编制 2 名，有效解决执法力量分散和人员不足问题。

【安全生产隐患排查治理】 2019 年，铁山港区参照自治区安委办组织专家排查隐患的方式，引进第三方购买服务，在国庆节前后组织 2 批政府购买服务专家指导，分别对 8 家危险化学品企业和 15 家加油站、燃气充气站的重点企业进行排查，

2019 年 6 月 21 日，区委常委、副区长吴志全（右二）带队到北海诚德不锈钢有限公司开展安全生产大检查　　李祥光　摄

对发现的问题及时下达责令整改指令书。在各级安全生产专家指导服务下，完成辖区石油化工、工贸企业安全检查全覆盖。4 月和 11 月，铁山港区先后 2 次印发实施《铁山港区安全生产大排查大整治方案》。8 月，区安委会组织"防风险、保安全、迎大庆"专项行动。11 月底，开展安全生产集中整治行动。对危险化学品，根据《化工园区安全风险排查治理导则（试行）》，委托世纪万安（北京）科技有限公司对 19.2 平方千米的石化产业园（一期）进行安全风险评估，审视园区建设的本质安全，及时推动整改，提高园区建设水平，并对危险化学品领域开展多轮专家指导服务工作，基本完成辖区石化、工贸企业专家安全检查全覆盖。交通运输领域：把治理以"百吨王"为重点的超限超载作为一项专项工作来抓。年内，铁山港区联合"治超"行动共出动 1 万多人次，检查货运车辆 1.5 万辆次，查扣非法超限超载车辆 300 多辆次，使得南康点 14.65% 超载率和玉铁点 22.29% 超载率大幅度下降至 5% 的绩效指标任务内。建筑施工领域：检查铁山港区（临海）工业区人民医院（一期工程）项目、北部湾表面处理中心项目（一期）13 号环保科技厂房、北海市向海大道工程等辖区在建重点项目。年内，全区共组织 19 次安全生产大检查，出动检查人员 62 人次，下达整改通知书 38 份，排查隐患 96 条，并全部跟踪整改到位，切实消除安全隐患。冶金领域：对辖区唯一一家冶金企业诚德不锈钢有限公司开展专家指导专项检查，共发现隐患 96 项，均整改完成。

【安全生产宣传教育】 2019 年，铁山港区积极整合地震、消防、安全生产、防台防汛等方面的科普资源，围绕重大灾害事故及时开展科普和警示教育。认真组织开展"安全生产月"和"安全生产万里行""119 消防安全月"、全民终身学习活动周各项活动。宣传月期间，区安委办共制作发放宣传单 1500 份、宣传册 500 份、横幅 10 多幅及宣传展板 3 版。通过深入推进"七进"（进企业、进农村、进社区、进校园、进家庭、进机关、进公共场所）宣教活动，让应急管理和安全生产知识不断深入人心，提高居民群众应对突发安全事故的处置技能和自救互救能力。　　（李祥光）

2019 年 6 月 14 日，铁山港区应急管理局在北海市北部湾广场参加北海市安全生产宣传日活动　　李祥光　摄

口岸管理

中华人民共和国北海铁山港海事处

【概况】 中华人民共和国北海铁山港海事处(简称铁山港海事处)是隶属中华人民共和国北海海事局垂直管理的正科级单位。2019年,铁山港海事处有工作人员17人。主要负责恒久码头、凯丰码头、北林码头、石头埠港务码头、南海洋石英砂码头、北海电厂重件码头、北海电厂煤码头、神华北海能源基地码头、铁山港十万吨级公共码头、中石化炼化码头、中石化LNG(液化天然气)码头的海事监管。年内,北海铁山港有各类码头11座,泊位共18个,其中26.6万立方米LNG码头1座,10万吨级散货泊位8个(4个建成尚未投入使用),1万至10万吨级泊位2个,1万吨级以下泊位7个。全年,铁山港海事处辖区港口实现货物吞吐量3270.5万吨,集装箱量13.69万标箱,分别比上年增长-0.78%和-28.43%;其中内贸货物吞吐量2120.9万吨,外贸货物吞吐量1149.6万吨。

【海事服务】 2019年,铁山港海事处发挥职能优势和专业优势,以优质的海事服务助推铁山港区"向海经济"发展和口岸管理工作。

船舶安全管控 年内,铁山港海事处积极协调代理、引航等单位,落实责任,做好现场管控。全年确保46艘次LNG船舶安全进出港,安全卸载液化天然气317万吨,比上年增长103.2%。

服务效率提升 年内,铁山港海事处加强与口岸联检单位联动,高效落实"三互"推进大通关建设重要举措,推进口岸综合治理体系和治理能力现代化。依托国际贸易"单一窗口"的全面应用,通过无纸化一站式办理国际航行船舶进口岸申请、进出口岸查验手续,切实为辖区船舶提供便捷服务。采取预约办理,在下班时间内也能保证港建费的及时征收,船舶口岸查验确保船舶正常运行,提升海事服务效率。年内,成功办理国际航行船舶进口岸申请222艘次、进口岸查验219艘次、出口岸许可227艘次。

监管效能提升 年内,铁山港海事处助力铁山港区海洋生态文明建设。积极对辖区到港船舶开展排放控制区燃油快速检测专项检查,切实减少辖区船舶对大气的污染。全年进行燃油质量监督检查127艘次,检查中发现燃油超标8艘次,均依据相关法

2017—2019年铁山港海事处辖区港口吞吐量一览表

年份	总吞吐量(万吨)	其中		内贸船(艘次)	外贸船(艘次)
		内贸(万吨)	外贸(万吨)		
2017年	3006.5	2117.3	889.2	6128	516
2018年	3296.2	2280.3	1015.9	7193	474
2019年	3270.5	2120.9	1149.6	6782	446

律对船舶经营者实施行政处罚。其中7月18日，1艘马绍尔籍散货船在铁山港10万吨码头靠泊期间，铁山港海事处PSCO对其实施港口国监督检查时，发现该散货船使用的柴油发电机在进入中国大气污染物排放控制区时换油操作未完成，主机和辅助锅炉的换油操作在进入控制区后才开始进行，而该散货船换油程序启动前使用燃油含硫量达3.45%，未达到控制区内标准。经立案调查取证，依据《中华人民共和国大气污染防治法》相关条例对该散货船做出行政处罚。该散货船是广西海事局2019年首次查获进入中国大气污染物排放控制区内使用硫含量超标燃油的外轮。

应急管理　年内，铁山港海事处切实保障辖区水上交通安全形势总体稳定和人民群众生命财产安全。7月11日凌晨，铁山港海事处成功救助一名落水渔民，7月12日在中央电视台新闻直播间播报。7月26日该渔民向铁山港海事处送来感谢锦旗。

【海事监管】

水上交通安全监管　2019年，铁山港海事处对中交四航局北海工程项目部、广西新港湾工程有限公司北海铁山港公共执法码头项目部进行走访，严格按照扫黑除恶专项行动的要求高度开展水上执法工作。结合海事职能，对辖区水工项目施工过程中可能存在的“三无”船舶非法从事水工项目、以水工项目施工实施盗采海砂的问题、违反回填方案处理清淤砂石等违法行为，与项目负责人沟通，要求施工单位切实行使安全主体责任，定期汇报施工进度。持续推进内河船舶非法从事沿海运输整治工作，全年共查处内河船舶非法从事沿海运输33艘次，处罚金额89.25万元，比上年增长212.06%；实施行政强制22起，向海警移送案件2起；对22人次实施船员违法计分共62分。

船舶运输安全监管　2019年，铁山港海事处确保船舶适航、人员适任、货物适运，严格保障水路危险品运输作业安全。认真贯彻落实《交通运输部海事局关于做好海事危防信息系统运行工作的通知》要求，全面使用海事危防管理系统。不再要求纸质申报材料，切实为企业带来便利，降低企业运营成本。全年共审批载运危险/污染危害性货物申报567艘次，危险品货物吞吐量586.6万吨，比上年增长50.03%。实施现场监督危险品载运船舶96艘次，检查率达16.93%，超过15%的规定标准；开展危险品载运船舶安全检查12艘次，查出缺陷72项。

规费征收管理　2019年，铁山港海事处共征收港口建设费4797.62万元，比上年增长12.85%。其中：铁山港海事处直接征收2863.77万元，比上年增长66.15%；辖区2家代收单位共征收1933.85万元。加强辖区港口建设费征收现场稽查工作，全年未发生一起港口建设费漏征事件。实施各类行政处罚322起，共罚款210.45万元，比上年增长536.6%。其他非税收入共征收4.53万元，比上年增长284.25%。

2019年8月13日，交通运输部海事局海事行政执法评议考核第三组一行对铁山港海事处2019年依法行政工作进行全面考核

铁山港海事处　供

【队伍建设】 2019年，铁山港海事处全面弘扬敬业、工匠、团队、奋斗精神，充分依托“一个

2019 年 11 月 5 日，北海海事局局长江一斌（左二）在铁山港海事处处长李平（左三）陪同下，到铁山港进港铁路施工项目部和执法码头项目部实地查看项目建设情况　　铁山港海事处　供

基地”（铁山港海事处铁军实训基地），围绕“两大建设”（三化建设和基层执法机构建设），实现“三个过硬”（政治过硬、技术过硬、作风过硬），打造“四铁干部”（铁血忠诚、铁肩担当、铁骨柔情、铁纪铸魂），将“铁军”文化品牌做大做强。9 月 2 日，《中国交通报》刊登《铸就铁军铁魂助力“向海经济”——北海铁山港海事处倾力打造“海事铁军”文化品牌侧记》专题报道。11 月 7 日，“铁军”管理文化在首届交通运输优秀文化品牌推选展示活动中获评为十大成长力文化品牌称号，进一步传播了“铁军”文化精神，提高了铁山港海事处维护水上通航环境、助力地方经济社会发展的使命感与责任感。11 月 8 日，铁山港海事处获 2019 年全国交通运输安全文化建设优秀单位荣誉称号。（林静梅）

中华人民共和国北海出入境边防检查站执勤一队

【概况】 2019 年年初，公安边防部队集体改制为人民警察，边防检查系统转改为移民管理警察，列入国家移民管理局管理。中华人民共和国北海边防检查站石头埠分站同时更名为中华人民共和国北海出入境边防检查站执勤一队（简称北海边检站执勤一队），为正科级单位，有工作人员 30 人。北海边检站执勤一队主要担负铁山港对外开放码头、LNG 码头、电厂煤码头和石头埠边地贸口岸（北林码头、恒久码头、新奥码头）出入境船舶、人员边防检查和口岸管控工作。年内，北海边检站执勤一队深化“放管服”改革，打造“警企共管”品牌，优化口岸通关环境，落实各项安保措施，构筑口岸安全屏障，锻造清正廉洁队伍，助推北海向海经济发展。

【口岸管控】 2019 年，北海边检站执勤一队以新中国成立 70 周年大庆安保工作为重点，全力保障全国“两会”、中国—东盟博览会、博鳌亚洲论坛、进博会等重大会议活动口岸安全，推进“靖边固疆”专项行动，开展“三非”（非法就业、非法入境、非法居留）外国人专项治理和扫黑除恶专项斗争等。采取巡逻管控、视频倒查、扁平化可视化指挥调度等方式，加强口岸管控，坚持全天候不定时对口岸进行巡查，加强对进入口岸限定区域人员、车辆和在港船舶的管理。围绕近期涉港、涉美敏感事件，以口岸反恐“防回流、打派遣”和严防敌对势力、政治风险“倒灌”渗透为重中之重，严守“三条底线”，严格执行“五必问”工作要求，加大对涉恐重点国家人员询问盘查力度，深化身份背景核查、行李物品检查、暴恐音视频排查、码头巡逻盘查、船体检查等管控措施。强化突发事件应急处置准备，立足打“遭遇战”准备，围绕防暴恐、闯关、捣乱滋事等重点，开展针对性实战处突演练。加大与联检单位、港口公安局的联勤联动，与安全、国保、反恐等部门建立完善联系机制，强化情报信息交流共享，

2019 年，北海出入境边防检查站执勤一队队部外景　梁锡壮　摄

形成打防合力。年内，北海边检站执勤一队开展口岸综合专项整治行动 7 次，采取“不打招呼、不设脚本、实地设警、现场督导”的方式开展“反闯关”、反袭击等处突演练 6 次，查处 1 起走私国家一级保护动物案件，查处 1 起非法登轮案件，有效维护口岸辖区安全稳定。

【边防检查】 2019 年，北海边检站执勤一队以北海市优化营商环境、推进口岸扩大开放为契机，落实边检“放管服”改革措施，创新查验管理模式，坚持“让数据多跑路，让群众少跑腿”，推行国际航行船舶 24 小时网上报检，与联检部门实行并联审批，确保船舶随到随检。依托国际贸易“单一窗口”系统，在铁山港对外开放口岸，所有出入境船舶实行网上报检，现场一次办结。在全国范围内率先启用边检行政许可网上窗口办证系统，配合推出网上办证微信小程序，涉检企业 98% 以上的边检行政许可网上办理，实现通关报检、办证无纸化，从“最多跑两次”到“一次不用跑”，使港口运行效能极大提升。围绕“服务出入境人员顺畅通关、推进出入境船舶快进快出、助力口岸发展提档升级、构筑口岸反恐维稳安全屏障”目标，对铁山港 3 家涉检企业开展为期 3 个月的“大走访，大调查”活动，研究改革措施，整合铁山港口岸各企事业单位资源，打造“船方自管、港区协管、边检监管”的出入境船舶在港管理新模式，实现“共治、共建、共享、共赢”目标。年内，北海边检站执勤一队共检查出入境船舶 340 艘次，员工 7658 人次，圆满完成出入境边防检查任务。被共青团北海市委命名为 2019 年度“青年文明号”。

【队伍建设】 2019 年，北海边检站执勤一队党支部组织党员、干部职工深入学习中共十九届二中、三中、四中全会精神。深入学习贯彻习近平新时代中国特色社会主义思想，开展“不忘初心、牢记使命”主题教育，增强“四个意识”、坚定“四个自信”、做到“两个维护”。严格落实《国家移民管理机构内务管理规定(试行)》，及时出台各项日常管理规章制度，打造“四个铁一般”公安铁军。年内，北海边检站执勤一队被广西出入境边防检查总站荣记集体三等功。　（文逢辉）

科学技术

综　述

【概况】 2019年，北海市铁山港区科技商务和工业信息化局（简称区科商工信局）内设办公室、科技股、商务股、工业运行股，有工作人员9人，是区政府工作部门，科技股具体负责贯彻落实国家和自治区有关科技工作的方针、政策和法规。

【科技计划项目申报】 2019年，区科商工信局积极走访辖区企业，筛选符合条件的企业，鼓励其申报科技计划项目，推进全区创新驱动发展。年内，全区有2家企业成功申报了科技计划项目。

科技成果和奖励

【科技成果转化】 2019年，区科商工信局加强科技成果管理，推动科技成果转化，按“出成果促转化”的思路，以科技与经济发展深度融合为主线，抓好科技成果管理，转化与推广工作。全年完成科技成果转化2项，超额完成北海市科技局下达的目标任务。

【培育高新技术企业】 2019年，区科商工信局积极发展培育创新型企业，发展一批专业分工明确、具有较强配套能力的创新型中小企业提供支撑作用。年内，全区共有3家企业通过高新技术企业认定，顺利完成北海市科技局下达的目标任务。

【产业富民项目】 2019年，区科商工信局多次下企业走访调研，大力推动特色优势产业发展。年内，区科商工信局组织企业成功申报的项目有：沿海地区沃柑高效丰产优质关键技术集成示范、南美白对虾SPF虾苗外塘健康养殖技术的应用及示范推广、拟穴青蟹优质苗种及健康养殖技术推广与扶贫示范。

科学技术普及

【科技培训】 2019年，铁山港区共有科技特派员6名。区科商工信局通过积极组织协调铁山港区科技特派员对优良品种和高产栽培加强技术培训、指导和服务工作。根据贫困村产业科技需求主要提供豇豆、辣椒、牛、蔬菜、水产养殖等科技培训指导，采取无偿技术服务形式，不定期到夏塘村、黄丽窝村、粟山村、盐灶村4个贫困村实地或采取通信、网络等手段及时做好相关科技服务。年内，铁山港区科技特派员共开展服务活动121次，开展技术培训10期，开展技术培训总人数441人次，引进新品种、新技术11个（项），攻关解决关键技术、问题3项，指导建设示范基地及辐射带动贫困村接受服务的对象增加经济效益共计148.7万元。6月27日，区科商工信局在南康镇黄丽窝村委开展2019年度科技培训助力脱贫服务活动，邀请专家为村民开展实用技术培训。共举办5项培训内容，分别是2019年贫困村豇豆种植技术培训班、2019年贫困村辣椒种植技术培训班、草地贪夜蛾识别与防控技术培训班、红火蚁疫情监测防控

2019年6月27日，区科商工信局到南康镇黄丽窝村举办贫困村豇豆种植技术培训班　　区科商工信局　供

技术培训班、广西农业重大技术（优势果蔬—豇豆）协同推广项目培训班。共培训50多人次，发放资料200多份。11月15日，区科商工信局在营盘镇盐灶村委举办2019年北海市“百名科技专家下基层”服务大行动之铁山港区虾、蟹养殖技术培训班，技术专家现场为养殖户传授虾、蟹优质苗种和健康生态养殖技术，并为养殖户解惑答疑，帮助养殖户解决在虾、蟹等水产养殖上遇到的技术难题。12月20日，铁山港区科技特派员到营盘镇盐灶村举办牛羊养殖技术培训班，培训60人次，发放资料约200份。

【科技下乡】 2019年1月25日，区科商工信局在南康镇高田村委开展科技下乡活动。科技人员通过发放防震减灾、预防艾滋病、预防一氧化碳中毒宣传单形式向居民群众普及生活科技常识。

【科普大篷车活动】 2019年，为激发学生学习科学知识的热情，培养学生的创新精神和实践能力，营造浓郁的科学教育氛围，5月23日和6月6日，区科商工信局联合北海市科协分别走进南康镇中心小学、营盘镇彬塘小学，开展以“关爱生命，保障健康”为主题的“科普大篷车”进校园活动，学校师生共2000多人参加活动。活动现场有科技产品展览、机器人表演、VR视频体验以及“珍爱生命，保障健康”有奖知识竞答等形式，活动现场气氛热烈，同学们通过亲身体验先进的科技展品，享受到科技乐趣并增长了科学知识。

【全国科技工作者日宣传】 2019年5月30日是第三个“全国科技工作者日”，区科商工信局围绕活动主题，通过发放科普宣传挂图等形式，向广大群众展示了一场科学、文明、健康的科普盛宴，为促进公民科学素质的全面提高起到积极的推动作用，活动共悬挂挂图24套。

【科技活动周】 2019年5月19日—28日，区科商工信局结合“创新支撑发展　建设壮美广西”活动主题，举办全国科技活动周活动，并积极推荐辖区企业参加在南宁举行的2019年全国科技活动周广西活动暨第二十八届广西科技活动周·广西创新驱动发展成果展。北海诚德镍业有限公司通过了参展审核，前往南宁参展。5月19日—21日，区科商工信局派员随北海市组团参加该成果展。

【百名科技人才下基层】 2019年5月28日，北海市科技局主办、区科商工信局协办的北海市“百名科技人才下基层”大行动、北海市2019年科技精准扶贫集中服务活动在铁山港区南康镇举行。活动当日前来咨询的群众众多，工作人员向群众发放科技兴农实用技术汇编、瓜菜病虫害防治技术手册、甜瓜高产种植技术、豆角的栽培技术要点、草地贪夜蛾识别与防治、南方水稻黑条矮缩病识别与防控技术、植物检疫小知识等各种刊物和粘虫板。并组织铁山港区 6 名科技特派员到现场解说与解答群众的提问，向群众传授种养技术，为群众解决种养技术难题，深受广大群众的喜爱。（龙燕萍）

2019 年 11 月 8 日，在南康镇举办的全民终身学习活动周启动仪式上，区应急管理局工作人员向群众发放普及防汛及防灾减灾宣传资料

李祥光　摄

防灾减灾

【抗旱工作】 2019 年，铁山港区冬春降雨量比往年同期减少，虽有少量降雨，但大都历时短、强度小。4 月，铁山港区进入汛期后干旱渐渐得到缓解。9 月后，全区降雨稍微减少，但不影响农作物的生长。为做好抗旱工作，铁山港区加强领导，落实责任，及时调整防汛抗旱指挥机构，由分管副区长任指挥长，区政府办等部门主要领导及区人武部副部长任副指挥长，成员由相关部、委、办、局的主要领导或分管领导组成。领导小组明确各成员单位职责，做到“人员、思想、责任、检查”四到位，共同落实抗旱措施。

【防汛工作】 2019 年第一季度到第三季度，铁山港区雨情、水情总体保持平稳，7 月 31 日—8 月 3 日，台风“韦帕”造成南康江出现明显涨水；8 月 15 日—18 日，强降雨造成南康江出现小幅涨水过程，均未超过警戒水位。整个汛期，全区未出现超警水位现象。铁山港区在北海市防汛抗旱指挥部的指导下采取多种措施开展防汛工作。增加投入，加强水源工程建设，对堵塞河道进行清淤治理、修复受损水利设施、堤坝，确保防洪、排涝、灌溉、供水等各项功能正常发挥。组建一支由 32 名志愿者组成的区应急志愿者队伍，由区辖三镇政府、“铁管委”和区水利部门人员组成。志愿者按要求认真开展防汛工作，取得较好成效。加强宣传力度，利用“防汛抗旱宣传月”及“防灾减灾宣传日”等活动。通过悬挂横幅、铁山港微信公众号及微博等向群众普及防汛知识。

2019 年 12 月 6 日，铁山港区在营盘林场开展铁山港区 2019 年秋冬季森林防火扑火实战演练

董文华　摄

【森林防火灭火】 2019 年，铁

山港区及时调整森林防灭火指挥机构，由常务副区长任指挥长，成员由相关部、委、办、局的主要领导或分管领导组成。铁山港林区都配有相应护林巡查员，发现火情及时上报并处置。年内，区应急管理局主要领导和分管领导多次带队到林场和乡镇林业站开展调研工作，及时了解乡镇林业站在森林防灭火工作方面的动态信息，并要求各相关单位根据国家、自治区及北海市的工作部署，做好铁山港区秋冬季森林防灭火工作。12月为冬季森林火灾高发期，区辖各镇发生的火情在区应急管理局、各镇林业站及相关村委的组织下及时扑灭，未造成财产损失和人员伤亡情况。12月6日，区应急管理局联合营盘林场、斯道拉恩索（广西）浆纸有限公司举行防灭火应急演练，提高消防队伍森林火灾扑救实战能力。

【减灾认证】 2019年，区应急管理局与区辖3镇8个村委积极开展社区减灾准备认证工作，均已顺利通过北海市、自治区社区减灾准备认证验收，已将救灾物资（棉被、防寒服、毛毯等）分发三镇及时救助受灾村民。

【应急救援】 2019年，铁山港区加强应急响应准备和完善应急指挥机制、区域性应急救援机制建设，区应急管理局先后联合铁山港消防大队在中国石化销售华南分公司南宁管理处北海站、新鑫能源、中航化等企业开展3次应急演练。通过演练和评估、总结并完善优化预案，提高消防救援队伍和企业的应急救援和应急处置能力。及时调整充实有关应急指挥机构指挥长和成员，加强与各有关部门的沟通联系，厘清职责边界，建立联络员制度，健全会商研判、信息通报共享、应急联动机制，规范各灾种的处置工作流程，确保启动应急响应能快速形成处置合力。年内，自治区消防总队在中石化销售有限公司华南分公司南宁管理处北海站举行跨区域灭火救援演练1次，北海消防支队联合企业专职消防队开展石油化工灭火救援实战演练1次，北海消防支队2019年危险化学品事故救援技术培训班在中石化、新鑫能源、和源石化、LNG接收站等石化企业开展现场见习活动。 （李祥光）

气　象

【突发灾害性天气预警信号发布】 2019年，铁山港区共发布各类预警信号140次，其中台风蓝色预警6次、黄色预警3次；暴雨黄色预警6次、橙色预警29次、红色预警4次；雷电黄色预警3次、橙色预警40次；大风蓝色预警37次、黄色预警3次；大雾黄色预警4次、橙色预警5次。

【重大天气气候事件】 2019年，铁山港区遭受4次台风天气影响，分别为第4号台风“木恩”、第7号台风“韦帕”、第12号台风“杨柳”和第14号台风“剑鱼”。受台风影响，全区均普降暴雨到大暴雨，累计启动防御台风Ⅳ级应急响应3次、Ⅲ级应急响应1次。年内，影响到辖区的台风最大风力11级。其中影响最严重的是8月2日登陆的7号台风“韦帕”袭击，受其影响，全区普降大到暴雨，南康江分别出现2次小幅涨水过程。全区大部分地方遭受台风灾害，农作物、水产养殖和水利、交通设施等受到不同程度的损伤。 （韩　梅）

教　育

综　述

【概况】 北海市铁山港区教育局(简称区教育局)内设机构有办公室、教育股和人事股,有工作人员15人。下设5个事业单位,具体为:区学生资助管理中心、区教育教学研究室、区教育装备中心、区青少年学生校外活动中心、区职业教育中心。年内,铁山港区全面落实中小学党组织领导的校长负责制,加强教育系统党组织建设和中小学校长队伍建设,实现校长、书记“一肩挑”36人,保证党对学校的领导。完成教师支教走教27人,教师交流104人,发挥队伍资源的最大使用效益,促进学校师资均衡发展。

【人才引进和培养】 2019年,区教育局不断完善和创新中小学教师补充机制,严把教师“入口关”。年内,调入教师7人,充分利用后勤服务人员控制数,完善学校会计、校医、实验员教育辅助岗位设置。利用职称评聘不受岗位比例限制,鼓励在职教师申报职称评聘,最大限度提高教师队伍质量和待遇。年内,共有402人申报高级职称,评上161人,通过率40%;62人申报中级职称,评上37人,通过率60%;52人参评初级职称,评上52人,通过率100%。

【学校基础设施建设】 2019年,铁山港区中小学校园占地总面积148.71公顷,校舍建筑总面积23.76万平方米,小学生均校舍面积9.98平方米,初中生均校舍面积9.28平方米,高中生均校舍面积12.8平方米。年内,全区投入义务教育保障资金2954万元,购置运动设备690件、图书1.47万册、多媒体教学设备34套、学生用床370套、开水设施55套,覆盖40所中小学。总投资8469万元的铁山港区实验学校开工建设,项目占地面积3.54公顷,总建筑面积2.54万平方米,按27个班1260个学生的办学规模进行建设,生均用地面积28.11平方米,主要设施有:教学楼、教学综合楼、图书馆、学生宿舍楼、教职工宿舍楼、教工与学生食堂、浴室、厕所和体育活动场地等;改造兴港镇石头埠小学、兴港镇小马头小学等2所小学教学楼楼梯180平方米;维修南康中学、南康镇第一中学等14所中小学围墙共2045米;新建南康镇第一小学、南康镇黄丽窝小学、南康镇社内小学、营盘镇塘仔小学、兴港镇杨屋小学等学校内5座厕所共340平方米。

【经费收支】 2019年,铁山港区教育经费总收入2.93亿元,比上年增长14.79%,其中一般公共预算教育经费2.77亿元,增长16.43%;教育经费总支出2.88亿元,比上年增长7.73%,其中一般公共预算教育经费支出2.73亿元,增长8.31%。总支出中,人员经费支出2.11亿元,公用经费支出5070万元,基建支出2700万元。

学前教育

【概况】 2019年,铁山港区共有学前教育机构101所,其中独立建制的公办幼儿园5所,小学附设幼儿园24所，有11所学校附设学前班；民办幼儿园61所（有证幼儿园33所，无证幼儿园28所），自治区认定的多元普惠性幼儿园27所。在园幼儿8504人，其中公办幼儿园876人，学校附属幼儿园1342人，学校学前班318人，民办幼儿园5968人（有证幼儿园4069人，无证幼儿园1899人）。

【公办幼儿园建设】　2019年，铁山港区教育局积极引进资金，促进公办幼儿园建设进程。总投资1220.36万元的铁山港区第七幼儿园项目开工建设，建筑面积3960平方米，设置9个班，可容纳幼儿270人。铁山港区第五幼儿园开园招生，营盘镇和工业区学前适龄儿童就读公办幼儿园愿望得以实现。

义务教育

【概况】　2019年，铁山港区有小学36所，教学点14个，小学生1.28万人，小学专任教师761人，小学师生比例为1∶16.8。全区有初级中学5所，在校初中生5198人，初中专任教师390人，师生比为1∶13.3。全区小学学龄儿童入学率为100%，初中毛入学率为99.9%；小学辍学率为零，初中辍学率为0.05%；小学毕业生升学率为100%，初中毕业生升学率为95%。

【教育常规管理与教育教学改革】　2019年4月，铁山港区教育局印发《关于开展铁山港区义务教育学校常规管理“回头看”活动的通知》，开展义务教育学校常规管理“回头看”活动，全面深化中小学学校教育教学改革，推进义务教育学区制改革，实施素质教育，加快中小学校常规管理工作规范化、制度化、科学化进程，不断提升义务教育学校常规管理工作水平，提高教育教学质量和办学绩效。年内，在开展义务教育学校常规管理工作中，各学校认真对照《广西壮族自治区义务教育学校常规管理规定（修订）》，实事求是对学校的行政管理、教职工管理、学生管理、教育教学管理、校园安全管理、财务及资产管理等七大方面有工作指标进行细化，逐一落实。

【学校规范管理】　2019年，铁山港区依照《广西壮族自治区中小学校章程规定规程（试行）》，结合实际，在学校章程建设、制度体系建设上，做好全区中小学发展规划制订、办学绩效评估、学校特色发展的现代学校制度体系，以学校章程的建设为重点，全面提升学校的管理水平。2018年12月，铁山港区出台《北海市铁山港区人民政府办公室关于印发北海市铁山港区关于全面推进义务教育学区制度管理改革实施方案的通知》，铁山港区中小学实施学区制度管理工作全面铺开，全区57所中小学，其中7所中学、50所小学（含教学点14个）划分为18个学区进行管理，各学区的办学章程已核准实施，

2019年12月28日，铁山港区在南珠会堂举办“争做四有好老师 当好学生引路人”文艺晚会。图为营盘镇鹿塘小学师生表演舞蹈《鲜花送给老师献给祖国》　区教育局　供

有力地推动全区依法治校、依法治教工作进程。

学校目标管理　年内，区教育局在行政管理方面抓目标管理体现一个“细”字。全区各学校管理目标分工明确，分解至各处室，并层层签订目标责任书，形成了“个个有目标，人人有责任，千斤重担大家挑”的激励机制，充分调动全体教职员工工作的积极性、主动性和创造性，为学校常规管理工作顺利开展奠定坚实的基础。

教职工管理　年内，全区各中小学校重视对教职工的管理，实行以人为本的人性化管理。多数学校经常利用节假日组织教职工开展丰富多彩的文体活动，增强教职工队伍的凝聚力和战斗力，引导教职工树立人人都是管理者，人人参与管理，增强教职工自主管理的主人翁意识。

学生管理　年内，全区各学校强化爱国主义教育，每周一升国旗、唱国歌已成常规，升旗仪式规范庄重、令人振奋，国旗下讲话既贴近学生实际，又有很强的教育性。学校实行文明班流动红旗评比制度，每周一评一总结，形成了“人人学习先进，个个争当先进”的良好氛围。

教育教学管理　年内，全区各学校都建立了学科负责制、推门听课制、教学常规检查制、教学质量监测分析等制度，并认真落实到位。学校坚持周抽查、月检查，记录翔实，问题分析深入、理性，整改及时有效，检查结果运用科学。绝大多数学校都较为重视学科备课，以往有个别小学科不备课或不认真备课的现象基本消失。大多数学校实施集体备课与个性设计相结合，形成教学重点突出，教学环节齐全的教案。各学校制订作业批改检查制度，大部分教师布置的作业适量、适度，大多数学生书写认真、格式规范。

校园安全管理　年内，全区各学校高度重视安全管理工作，贯彻“安全第一，预防为主，综合治理”的方针，健全组织机构，完善管理制度，制订应急预案，措施有效科学，过程资料真实齐备；以“加强安全管理，打造平安校园”为主题，扎实开展安全教育活动。年内，全区没有发生校园安全事故。

校园环境卫生　年内，全区各学校建立健全卫生包干和检查评比制度，切实做到“日查周评月结”。很多学校在环境卫生方面做了大量卓有成效的工作，确保校园环境干净整洁。

财务后勤　年内，全区各学校进一步健全财务工作制度，严格遵守财务管理规程；做好学校预算和决算，严格财务审核，定期稽核并公布账目，透明度高，教师满意。

完善十项制度　年内，区教育局强化教学常规管理，要求全区中小学制订《例会制度》《坐班制度》《文明班、宿舍评比制度》《学生作业批改制度》《学困生转化工作制度》《宿舍晚点查铺制度》《备课制度》《领导值班制度》《门卫制度》《中、高考月考制度》等十项制度。进一步规范学校办学，做到事有人管，管有依据，评有标准，奖能服众，切实提高学校的整体管理水平。

普通高中教育

【概况】 2019 年，铁山港区有高完中 2 所，在校高中生 1945 人，高中专任教师 144 人，师生比为 1∶13.5。

【普通高中发展】 2019 年，区教育局学习贯彻中共中央总书记习近平系列重要讲话精神，落实区委、区政府中心工作和北海市教育局工作部署，围绕提高教学质量、促进学生全面发展的核心任务，坚持稳中求进，变中突破的方针，推动普通高中多样化、特色化发展。全区实现高中阶段毛入学率达到 90% 的目标。继续通过实施“高中阶段普及发展工程”，提前实现普及高中教育的目标。扎实推进南康中学的特色化发展，通过初高中 6 年连读，扩容增量，不断壮大普通高中的规模。通过各种方式鼓励社会力量办学，扩大高中阶段教育资源。

中等职业教育

2019 年 8 月 22 日，区职教中心在南康中学阶梯教室举办 2019 年北海市铁山港区顶岗教师岗前培训班开班仪式　　区教育局　供

【概况】　2019 年，铁山港区中等职业教育机构有北海市铁山港区职业教育中心（简称区职教中心），有教师 6 人。年内，区职教中心利用配套的教学设施和师资力量，整合资源，承担辖区内专项技术培训、农村劳动力转移培训、非学历职业教育培训和社区教育等工作。同时，采取多种方式，促进以工业企业发展岗位需求为引领的职业教育特色化发展，提高适龄青少年入读职业学校的积极性，推动职业教育社会化发展。

【新型职业农民中等职业教育】　2019 年，铁山港区区职教中心坚持以“培养新农民，服务新农村”为办学宗旨，从建设社会主义新农村的要求出发，着眼市场需要，立足培养新型职业农民。年内，区职教中心作为广西广播电视学校铁山港区教学点，根据 2019 年新型职业农民中等职业教育招生培养计划，积极开展招生宣传工作，共录取 2019 级秋季农村经济综合管理专业 50 人，并完成第一学期的开班教学工作；组织 2018 级农村经济综合管理专业 50 人回职教中心上课，按照教学计划，聘请相应的专业教师授课，学员们按教学要求完成每个科目的作业和试卷，教学效果良好。

2019 年 12 月 12 日，2019 级铁山港区新型职业农民农村经济综合管理专业的学员在区职教中心教室上课　　区教育局　供

【顶岗教师岗前培训】　2019 年 8 月，铁山港区加强对顶岗教师的教育培训，使其全面了解铁山港区教育现状，熟悉并胜任教育教学工作。区教育局对 2019 年招聘的 33 名顶岗教师进行岗前集中培训，具体培训工作由区职教中心负责组织实施。区职教中心精心组织实施培训活动，管理到位，保障有力，为学员学习、生活提供便利，努力营造良好的培训环境，确保培训工作有序进行。

【社区教育】　2019 年，为全面贯彻落实国家“十三五”规划和教育规划纲要关于“加快学习型社会建设”的战略部署，铁山港区教育局按照自治区教育厅、北海市教育局关于举办

2019 年 11 月 14 日，铁山港区举办 2019 年北海市全民终身学习活动周之老干部书画走进校园活动。图为区职教中心老干部在南康镇中心小学给学生上课　　区教育局　供

2019 年全民终身学习活动周的要求，于 11 月 8 日—14 日，在南康镇文化广场举办以“推动全民终身学习，加快建设学习大国”为主题的活动周。期间，区教育局组织了丰富多彩的学习活动，内容主要有：书画展、传统艺术、手工艺、科技作品制作、创意设计展示、科普知识、政策知识咨询和宣传、卫生健康知识咨询和宣传、健康知识讲座、义诊进社区、文艺演出进社区以及书法绘画、曲艺演出进校园等，全方位展示全区群众通过学习活动陶冶情操、提升素质、丰富生活的精神风貌，激发广大群众的学习热情。

招生　考试

【概况】 2019 年，铁山港区小学招生 2446 人，适龄儿童入学率达 100%；初中招生 1928 人，普通高中招生 605 人，中职送生 874 人，按质按量超额完成全区招生送生任务。

【严格落实招生政策】 2019 年，铁山港区贯彻落实《广西壮族自治区教育厅关于做好 2019 年义务教育招生入学工作的通知》有关精神，按照“学校划片招生、生源就近入学”的总体目标，根据铁山港区内适龄学生人数、学校分布、学校规模、交通状况等因素，为每所义务教育学校科学划定服务片区范围，确保义务教育免试就近入学政策全覆盖。通过进一步明确铁山港区南康中学、南康镇初级中学、南康镇第一中学、南康镇中心小学、南康镇第一小学原则上按既定的招生范围招生。凡属既定片区的招生生源，按照就近或相对就近的原则就读，保证每一位适龄少年儿童都有接受教育的学位，并有效缓解了南康镇的入学难问题。

【考试】 2019 年，区教育局深入贯彻落实中共十九大和中共中央总书记习近平系列重要讲话精神，贯彻落实全国和自治区普通高校招生考试安全工作电视电话会议的精神以及北海市招生考试工作会议的要求，以考试安全稳定为核心，以内部治理为重点，内外兼顾，标本兼治，精心组织，周密部署，确保试题安全、考风考纪良好、考试服务到位，保障措施得力，安全、平稳、顺利地完成高考、中考任务。年内全区高考参考人数 451 人；中考参考人数 1626 人。　（赖铭珠）

文化·广播电影电视·体育

文化综述

【概况】 2019年3月,北海市铁山港区文体广电局完成机构改革,更名为北海市铁山港区文体广电旅游局(简称区文旅局),承担全区文化、广播、电视、体育、旅游、文物管理等职能,内设办公室、文化旅游股、体育广电股,有工作人员2人;下辖铁山港区广播电视站。年内,全区有农家书屋41家,镇文化站3个,村级公共服务中心37个;有文物保护单位和保护景点36个,其中省级文物保护单位和保护景点1个、市(县)级保护单位和保护景点10个,未定级单位和保护景点25个。

【文化惠民】 2019年,区文旅局整合各方力量,完成各类文化惠民演出63场。其中:联合辖区3个镇开展"文化惠民进万家"文艺活动24场;联合区委政法委、区司法局组织开展扫黑除恶专题文艺晚会8场;举办戏曲进乡村惠民演出19场、"唱响价值观·共圆中国梦"铁山港区非物质文化遗产"卖鸡调"文化惠民演出9场。在元旦、春节、农历"三月三""五一"国际劳动节等节庆期间,成功组织系列文化庆祝演出活动34场;在新中国成立70周年大庆期间,成功举办"壮丽七十载　奋进新时代,铁山港区庆祝中华人民共和国成立七十周年'我和我的祖国'大型文艺会演"。各镇、村(社区)分别举办"唱响价值观念·共筑中国梦暨喜迎新中国成立70周年"文艺演出等共21场。同时,按照"美丽港区,乡村和美"的要求,每个行政村各开展文体活动4次以上,更新宣传栏内容4次以上,极大地丰富了基层群众精神文化生活。

【非物质文化遗产"卖鸡调"传承保护】 2019年,区文旅局组织开展非物质文化遗产"卖鸡调"传承保护系列活动。活动分为"唱响价值观　共圆中国梦"2019年铁山港区非物质文化遗产"卖鸡调"文化惠民演出和文化扶贫——2019年铁山港区非物质文化遗产"卖鸡调"传承培训班2项内容,分别在南康镇高田、夏塘、兴港镇粟山、斑鸠埇、营盘镇盐灶等9个村委开展。活动期间,当地村民群众亲临现场近距离欣赏到南康镇民间艺人颇具南康特色

2019年9月29日,北海市铁山港区庆祝中华人民共和国成立70周年"我和我的祖国"大型文艺会演晚会现场　　邓　符　摄

2019 年 4 月 25 日，兴港镇斑鸠埇村级公共服务中心投入使用

周春燕　供

获自治区基层群众文艺会演舞蹈类二等奖，是北海市舞蹈类作品参赛的最好成绩；以脱贫攻坚为主题创作的戏曲小品《阿公出嫁》获自治区基层群众文艺会演曲艺类三等奖。区文旅局联合区委组织部、区委老干部局组织退休干部书法比赛，并将作品及特邀作品编印成书。

社会文化

的“卖鸡调”；还参加培训，学习“卖鸡调”，亲身感受南康“卖鸡调”唱腔特有的韵味。

【戏曲进乡村活动】 2019 年，区文旅局组织开展戏曲进乡村活动，活动内容包括：开展下基层惠民演出、促进戏曲艺术普及、组织戏曲社团开展演出交流活动、加强基层戏曲人才培训等多个方面。演出活动在 18 个建制村和 1 个社区进行，使广大村民在家门口就能欣赏到优秀的传统大戏。同时，组织专业戏曲人员对农村基层文艺爱好者进行培训，把戏“种”在村里，为基层开展文艺活动打下基础。

【文化项目建设】 2019 年，铁山港区加强对公共文化服务中心的建设与管理，完成自治区下达的村级公共服务中心建设项目——兴港镇斑鸠埇村级公共文化服务中心建设，经验收完毕已交付村委管理和使用。

【文化精品打造】 2019 年，区文旅局积极挖掘本土文化资源，打造和培育一批原创文化精品。以铁山港区南珠历史文化及生产为原型创作的北部湾风情舞蹈《白龙湾不倦的歌谣》

【文艺人才培训】 2019 年，区文旅局创新开展“文化惠民演出到那里，文化培训到那里”，加大文艺人才培训力度。区文旅局在组织开展戏曲进乡村的同时，组织开展“铁山港区 2019 年戏曲人才培训班”19 场；举办传承非物质文化遗产“卖鸡调”惠民演出的同时，开

2019 年 8 月 19 日—23 日，区文旅局举办铁山港区培育文明乡风和发展农村优秀传统文化农村文艺能人培训班　刘存艳　供

2019 年，北部湾风情舞蹈《白龙湾不倦的歌谣》获自治区基层群众文艺会演舞蹈类二等奖。图为 2019 年 7 月 26 日演出现场

刘存艳　供

展“文化扶贫——铁山港区非物质文化遗产卖鸡调传承培训”9 场。区文旅局与北海市群众艺术馆联合，在南康镇政府礼堂举办“庆祝新中国成立 70 周年——铁山港区基层文艺骨干舞蹈培训班”，开展为期 5 天的爵士舞培训，对基层文艺骨干业务能力提升起到了促进作用。

【首届文体艺术节】 2019 年 5 月 6 日，铁山港区首届文体艺术节在南康镇南滨球馆开幕。这次活动由区委宣传部、团区委、区文旅局、区总工会、区教育局共同主办，旨在纪念“五四”运动 100 周年，激励广大青年继承和弘扬“爱国、进步、民主、科学”的“五四”精神。这届文体艺术节内容包括书画摄影比赛、演讲比赛、征文比赛、青年歌手大赛、青年联谊会、青年气排球赛、羽毛球赛等多项活动。

【全民终身学习活动周】 2019 年 11 月 8 日，2019 年度北海市全民终身学习活动周启动仪式在铁山港区南康镇文化广场举行。活动的主题是：推动全民终身学习，加快建设学习大国。活动形式包括书画展、传统艺术、手工艺、科技制作、创意设计展示、科普知识、政策知识咨询和宣传、健康知识咨询和宣传、健康知识讲座，组织文艺团队进社区演出，开展书法绘画、曲艺演出进校园活动等多个方面。在启动仪式上，廖民彤、邓绍婵等 5 名基层群众获得 2019 年度北海市“百姓学习之星”奖项。

文化产业

【文化产业概况】 2019 年，铁山港区文化产品的经营单位共有 49 家，从业人员 228 人。其中：从事广播电视行业经营单位 8 家，从业人员 28 人；从事文化市场各类文化产品经营单位 35 家，从业人员 150 人；从事珍珠首饰工艺品加工销售的经营单位 4 家，从业人员 15 人；从事专业文化演出的企业 1 家，从业人员 32 人；从事陶瓷文化艺术产品生产、制作、销售的企业 1 家，从业人员 3 人。

【文化产业主要项目】 2019 年，广西乡镇首家 3D 杜比全景声高清巨幕影院——铁山港区南滨影城向观众公开放映第 3 年，共放映 7507 场次，年度票房收入 77 万元。年内，铁山港区“赤江陶烧制技艺”传承人陈家宝成功入选第六批自治区级非物质文化遗产代表性项目代表性传承人，作品《一脉相传》获得 2019 年度广西工艺美术品“八桂天工奖”金奖。

【海港粤剧团】 2019 年，北海市铁山港区海港粤剧团到各地演出共计 223 场，演出创收 167 万元，观众总数 123 万人次。其中在广东省各地区巡回演出超过 105 场，在北海市辖区内演出 118 场。积极参加铁山港区 2019 年“戏曲进乡村”惠民活动，全年累计演出 59 场。该团的《六国大封相》《马老爷娶妻》《侠女奇缘》《仙姬大送子》《情花初开劫后香》等传统曲目深受群众喜爱。

文化市场管理

【文化市场日常管理】 2019年，区文旅局进一步规范网吧经营行为，出动执法人员42人次，排查辖区内网吧未成年人上网情况、涉黑涉恶问题线索等18户次，发现问题及时处置。加强对全区文物保护单位、娱乐场所等重点消防单位进行安全检查，以节假日期间为重要时间节点，共开展22次消防安全检查，检查相关单位、企业、经营场所等53户次。其中，开展文化娱乐场所检查7次，检查经营企业24户；开展文物保护单位检查4次，检查相关单位8户。

【非法卫星电视设施整治】 2019年，区文旅局组织执法人员重点对摸底排查出的非法销售卫星电视接收设施的商家、窝点和非法安装使用卫星地面接收设施的用户进行集中整治。开展联合执法行动3次，共出动执法人员80人次，执法车辆50多辆次，查处非法销售卫地设施行为10起，查扣非法出售天线14面及相关配件一批，拆除非法安装天线75面。

2019年9月17日，区文旅局开展非法卫星电视接收设施整治行动，工作人员正在拆除非法安装的电视接收天线　黄昌能　摄

【行政审批】 2019年，区文旅局进一步梳理行政审批项目，区文旅局应承担的行政审批事项20项，其中涉及文化方面的11项、涉及体育方面的3项、涉及广播电视方面的6项。全年受理许可事项3项，分别为：娱乐场所延续1项、娱乐场所设立1项、文艺表演团体延续1项。

文物管理

【文物保护】 2019年，铁山港区共有36处文物保护单位和保护点，其中省级文物保护单位和保护景点1个，市（县）级保护单位和保护景点10个，未定级单位和保护景点25个。区文旅局坚持“保护为主、抢救第一、合理利用、加强管理”的方针，年内，争取到财政项目资金188万元对市级文物保护单位——南康中学高中楼进行修缮保护。加大对文物保护单位和保护点的安全防范力度，定期开展消防指导和消防安全检查，重点检查白龙珍珠城、南康中学高中楼、南康三婆庙、南康老街建筑群、杨天锡故居等，全区没有发生文物火灾、被盗、被破坏等安全事故和案件。

【文物保护宣传】 2019年，区文旅局针对全区进入开发建设高峰期，产业项目、基础设施项目全面加快推进，为确保项目建设与文物保护同步推进，编印《中华人民共和国文物保护法》宣传海报64套，每套4张，采用图文并茂的漫画形式进行专项宣传，海报张贴遍及全区各镇政府、文化广场、各村委、主要文物点等，对依法开展文物保护和利用起到了积极的促进作用。

广播电影电视

【“壮美广西·智慧广电”工程建设】 2019年，铁山港区按照

2019年,铁山港区推进"壮美广西·智慧广电"工程建设。图为11月22日工作人员在南康镇社内村安装线路　　黄昌能　摄

自治区、北海市的部署要求,积极推进"壮美广西·智慧广电"工作,全区投入73.9万元,完成入户登记3712户;新建20个建制和55个35户以上自然村光缆联网;建设乡镇服务站2个,乡镇机房2个;超额完成"壮美广西·智慧广电"发展用户及服务站、村委联网建设、用户登记及安装任务,建成全市示范点。盐灶村委和智慧广电入户登记"十日攻坚战"经验在北海市"壮美广西·智慧广电"进村入户攻坚专项行动工作推进会上做现场展示和经验介绍,进一步加快推进新时代农村宣传思想文化阵地建设,构建新形势下农村广播电视公共服务体系。

【电视宣传摄录】 2019年,铁山港区广播电视站积极发挥"喉舌"作用,传递铁山港声音,讲好铁山港故事,围绕党委、政府中心工作和重大活动,客观摄录报道全区各行各业的新进展新情况。全年拍摄采访近200份视频资料,采编形成新闻稿件130多篇,其中北海电视台《北海新闻》和《新闻动车》共采用播出93篇,采编内容包括招商引资、征地搬迁、扶贫攻坚、科教文卫等多个领域。

体育综述

【概况】 2019年,铁山港区认真贯彻落实《中华人民共和国体育法》和《全民健身条例》,不断加强体育基础设施建设,完善公共体育服务体系。年内,区文旅局组织开展一系列丰富多彩的体育活动,促进全民健身运动的深入发展,举办全区性体育赛事活动4次,各镇、村(社区)举办各项体育赛事活动360多场。

【体育场地调研】 2019年,铁山港区新增体育活动场地面积2418平方米,超额完成新增体育活动场地面积1500平方米的年度目标任务。年内,区文旅局组织开展铁山港区体育场地统计调查工作,聘请第三方专业测量公司,对全区体育场地进行科学准确的测量。经测量,年末全区体育场地面积34.32万平方米,人均面积2.2平方米,提前超额完成《国务院关于加快发展体育产业,促进体育消费的若干意见》提出的到2025年全国的人均体育场地面积达到2平方米的目标任务。

【体育设施建设】 2019年,区文旅局组织专人到各镇对体育设施的选点进行调研,勘察体育设备设施建设用地,完成铁山港区《城乡体育设施建设规划及建议》。争取北海市旅游文体局的支持,利用体彩资金在南康镇雷田村委芋头塘自然村、黄丽窝村委老村自然村,营盘镇盐灶村委低路自然村新建村级篮球场3个,建设面积共1728平方米;在区交通局职工宿舍区、南康镇社内村委、兴港镇大树岭村委、营盘镇彬畔村委以及火禄村委火禄自然村安装建设5条健身路径,建设面积共690平方米;在各建制村新建乒乓球台18张。

2019 年 5 月 6 日，第十一届广西全民健身体育节系列活动之铁山港区青年职工气排球赛比赛现场　黄昌能　摄

竞技体育

【概况】 2019 年，铁山港区体育事业创佳绩，在多项竞技体育赛事上夺得好成绩。

【参加全国特殊运动会获奖牌】 2019 年 8 月，在第十届全国残疾人运动会暨第七届特殊奥林匹克运动会上，铁山港区籍运动员李俊升表现出色，以 1 分 30 秒的成绩夺得男子 SB5 级 100 米蛙泳决赛冠军，夺下广西代表队的首枚游泳金牌；在 SB5 级男子 200 米个人混合泳比赛中，李俊升再夺得银牌。

群众体育

【参加第十一届广西体育节气排球赛】 2019 年，铁山港区组队参加第十一届广西体育节“我要上自治区运动会”群众体育项目气排球赛选拔赛暨第五届广西城乡万人气排球赛(北海)比赛，获得女子国标青年组第一名、男子国标青年组第二名及体育道德风尚奖。

【春节男子篮球赛】 2019 年 2 月 5 日—10 日，铁山港区在营盘镇黄稍村委灯光球场举行一年一度的春节男子篮球赛，区委副书记、区长龙起云参加开幕式并为比赛开球。来自区辖各镇的 10 支村(社区)、企业代表队 150 多名运动员参赛，约 3 万人次观众观看比赛。南乐代表队获得赛事冠军，彬定、黄稍代表队分获亚军、季军。

2019 年 2 月 5 日—10 日，铁山港区在营盘镇黄稍村委灯光球场举行春节男子篮球赛，图为比赛现场　黄昌能　摄

【青年职工气排球赛】 2019 年 5 月 6 日，由团区委、区文旅局、区总工会、广西新鑫能源科技有限公司联合主办的 2019 年铁山港区“友邦广告杯”青年职工气排球赛在南康镇南滨球馆拉开序幕。辖区内党政机关、企事业单位、学校等积极组队参加，共有 20 支队伍 200 余名运动员参赛。比赛采取分组循环式赛制，历经 10 个比赛日共进行 49 场比赛。最终，营盘镇政府代表队获得机关单位组冠军，南滨文体代表队获得企

事业单位组冠军。

【广场舞大赛】 2019年8月8日，在“全民健身日”期间，由区文旅局和区卫健局共同承办的“第十一届广西体育节铁山港区分会场开幕式暨2019年铁山港区全民健身杯”广场舞大赛在南珠会堂举行，19个村(社区)代表队250多名舞蹈爱好者踊跃参赛。本次比赛设有19个单项，涵盖民族舞、现代舞、健身舞等多种表演形式。

2019年8月8日，区文旅局和区卫健局在南珠会堂共同承办“第十一届广西体育节铁山港区分会场开幕式暨2019年铁山港区全民健身杯”广场舞大赛　黄昌能　摄

【南珠节体育赛事活动】 2019年12月4日，“璀璨南珠·活力铁山港”——2019北海南珠节暨国际珍珠展系列文化活动之“南珠杯”渔(农)民排球赛在营盘镇中心渔港举行，6支队伍参赛。经过激烈角逐，营盘镇盐灶队获得冠军，石村队获得亚军，鹿塘队获得季军。12月4日晚和5日晚，“璀璨南珠·活力铁山港”——2019北海南珠节暨国际珍珠展系列文化活动之铁山港区广场健身舞比赛(展演)活动在营盘镇、兴港镇、南康镇相继举行，来自3个镇的40多支队伍参赛(展演)，为北海南珠节助兴。

2019年12月4日—5日，“璀璨南珠·活力铁山港”——2019北海南珠节暨国际珍珠展系列文化活动之铁山港区广场健身舞比赛(展演)活动现场　邓　符　摄

体育产业

【体育产业概况】 2019年，铁山港区有体育产业相关公司3家，分别为北海南滨文体有限公司、北海市崇杰健身有限公司和东华跆拳道馆，均为体育服务类企业。其中北海南滨文体有限公司主要业务为场地经营、赛事承办和体育培训，拥有多功能室内球馆1个，内含羽毛球场5个、排球场3个、乒乓球场3个；北海市崇杰健身有限公司和东华跆拳道馆均为跆拳道培训机构。年内，各企业营运正常开展并取得较好效益。

【体育彩票销售】 2019年，区文旅局把体育彩票销售作为一项利国利民的公益事业抓好抓实，完成体育彩票销售78.5万元。　(欧发增)

医疗卫生·计划生育

卫生综述

2019年，北海市铁山港区卫生健康局（简称区卫健局）内设办公室、法规与综合监督股（爱国卫生运动会办公室）、疾病预防控制股、医政与中医药管理股，有干部职工25人。下辖铁山港区计划生育协会（简称区计生协会）、铁山港区防治艾滋病服务中心；区辖4所卫生医疗机构（不含村级和村级以下机构）分别为：铁山港区人民医院、铁山港区妇幼保健院、营盘镇卫生院、兴港社区卫生服务中心，共有卫生技术人员371人，病床252张；全年诊疗病人23.5万人次，住院8.02万人次，治愈率76.7%，抢救成功率76.8%，死亡率3.3‰；全区有乡村卫生技术人员56人。年内，全区财政对卫生健康事业投入7369.49万元（含全区行政事业单位医疗经费）。年内，区卫健局深入学习贯彻中共十九大和十九届四中全会精神，全面完成各项工作任务。

医药卫生体制改革

【公立医院改革】 2019年，北海市铁山港区深化公立医院改革，以加快建设县区级公立医院运行新机制为核心，理顺医疗服务价格，建立符合行业特点的人事薪酬制度，构建起现代医院管理制度框架，健全和完善相关改革配套措施；加强监督评估和考核，开展改革效果评估和综合改革示范县区建设工作，巩固改革成效，促进全区医疗卫生服务水平提升。建立双向转诊、优势互补、资源共享的协作机制，形成科学完善、合理有序的县域医疗体系。开展综合改革试点的公立医院全部取消除中药饮片外的药品加成。

【基层医疗卫生机构综合改革】 2019年，区卫健局积极推进基层医疗卫生机构综合改革，着力提升基层中医药服务能力，充分发挥中医药“简、便、验、廉”的特色和优势，积极推进乡村医生“乡聘村用”工作。年内，区卫健局完成第一批48名“乡聘村用”乡村医生的招聘，并完成工资发放。进一步改革村卫生室管理模式，规范乡村医生配置和准入，转变乡村医生身份，明确乡村医生职责，提高乡村医生待遇，建立健全在岗乡村医生养老机制。

疾病预防与控制

【传染病防控】 2019年，铁山港区建立健全传染病及突发公共卫生事件报告制度，加强传染病及突发公共卫生事件报告和处理。区卫健局制订传染病和突发公共卫生事件应急处置预案，明确专人负责传染病和突发公共卫生事件的报告管理工作，进一步完善传染病登记报告和突发公共卫生事件报告制度。年内，全区及时发现、登记并报告传染病病例1767例，传染病报告率、及时率、准确率均为100%；突发公共卫生事件及时报告率100%。

【免疫规划实施】 2019年，铁山港区加强基础免疫和强化免疫，实施国家免疫规划，持续维持无脊髓灰质炎状态，加速消除麻疹进程，实行儿童预防接种信息化管理，强化儿童接种证查验工作，规范流动儿童管理，加强疫苗规范化管理，做好疫苗全程追溯系统实施工作。全年出生建卡儿童2583名，建卡率100%，乙肝疫苗、卡介苗、脊髓灰质炎疫苗、百白破疫苗、麻疹疫苗、A群流脑疫苗、A+C群流脑疫苗、乙脑疫苗和甲肝疫苗的全程接种率分别为99.5%、99.67%、99.52%、99.67%、99.73%、99.53%、99.53%、99.5%和99.65%。乙肝疫苗首针接种合格率97.3%，控制可免性传染病发生和流行。83所小学（托幼机构）开展新生接种证查验工作，小学（托幼机构）接种证查验率100%。

【家庭医生签约服务】 2019年，区卫健局建立健全家庭医生签约服务制度，家庭医生服务签约人数占全区总人口的44.65%。辖区重点人群有5.88万人，其中签约服务人数4.05万人，签约率达67.4%（指标率为60%）；辖区贫困总人数9014人，均全部参加签约服务。

卫生法制与监督

【卫生普法】 2019年，铁山港区开展全面落实二孩政策宣传活动、“世界艾滋病日”主题宣传、“世界母乳喂养周”“世界无烟日”“妇女普法及健康知识宣传服务活动”，全区各单位共制作横幅100幅、板报300期，发放宣传资料1500份，解答群众咨询1900人次。全区卫生系统参加“七五”无纸化普法考试285人，合格率100%。

【卫生监督】 2019年，铁山港区各医院成立卫生监督协管中心，配备专（兼）职人员负责卫生监督协管工作，设置有办公室，配置办公桌、电脑、打印机、照相机、电话、文件档案柜等办公用品，人员统一着装上岗，制订上墙卫生协管的八项制度及职责。建立辖区内生活饮用水卫生、学校卫生、非法行医及非法采供血等资料库，并分类存档。年内，全区对非法行医和采供血现象、学校饮用水安全问题共巡查1000次；全年无聚集性食源性疾病等伤害人体健康的事件。

妇幼保健和干部保健

【妇幼保健】 2019年，区卫健局扎实抓好妇幼保健工作，取得较好成效。妇幼保健，妇幼健康水平主要指标完成情况：铁山港区户籍活产数2526人，住院分娩率100%，孕产妇死亡率为0，新生儿死亡率0.40‰，婴儿死亡率0.40‰，5岁以下儿童死亡率1.98‰，出生缺陷发生率8.28‰。

【干部保健】 2019年，铁山港区卫健局根据区委、区政府的统一部署，组织全区干部、职工参加年度集中体检工作。通过体检，基本掌握全区干部、职工身体健康状况；同时，及早发现并预防个别干部、职工的身体病变，及时安排治疗，有效控制疾病发展，提高干部职工的身体健康素质和工作效率。

2019年11月3日，区卫健局局长钟羚玮（左一）到南康镇莲塘村委指导健康扶贫工作

区卫健局 供

2019 年 10 月 31 日，区卫健局党工委组织全区党员医务人员到兴港镇开展"不忘初心、牢记使命"主题教育之"守医者初心、担健康使命"义诊活动　　区卫健局　供

基层卫生

【概况】 2019 年，区卫健局认真贯彻改善民生、卫生体制改革，投入 757.28 万元开展基本公共卫生服务项目，全区适龄儿童各种疫苗接种率完成 97.5% 以上（指标任务为 90% 以上），儿童健康得到有效保障。辖区总人口为 15.43 万人，其中 65 岁以上老人 1.51 万人，接受健康管理人数 1.06 万人，老年人健康管理率达 70.2%（指标任务为 65%），建立健康档案的 65 岁及以上老年人数 1.38 万人，65 岁及以上老年人体检人数 9086 人，不断提高辖区对慢性病、老年病服务管理水平。

【健康扶贫】 2019 年，铁山港区进一步加强健康扶贫工作，由区卫健局牵头，区扶贫办等有关部门、单位大力协作，在北海市率先开展建档立卡贫困户大病兜底"一站式"结算服务，贫困计生家庭扶贫项目覆盖率 100%，贫困人口家庭医生签约服务率 100%。

【基层医疗卫生基础建设】 2019 年，铁山港区筹建铁山港区（临海）工业区人民医院、区中医医院、区疾控中心和营盘镇卫生院公卫楼、区人民医院异地搬迁、区妇幼保健院异地搬迁等一批医疗卫生建设项目。年内，营盘镇卫生院公卫楼项目投入使用；8 月 30 日铁山港区（临海）工业区人民医院动工建设，年内完成主体工程。统筹推进 36 所政府举办的村卫生室维修，新建村卫生室 3 所，解决社内、火禄村卫生室空白问题，为当地群众看病提供了便利。

2019 年 8 月 31 日，区卫健局局长钟羚玮（右一）参加铁山港区（临海）工业区人民医院（一期工程）项目开工仪式　　区卫健局　供

【基层卫生队伍建设】 2019 年，区卫健局积极推进基层卫生人才队伍建设，提高基层医疗服务能力。全年实施订单定向免费培养本（专）科、中职医学生项目，完成招收订单定向医学生本科 6 人、专科 7 人、中职 22 人，安排毕业生就业履约 2 人。推进乡村医生"乡聘村用"实施，保障乡村医生收入和解

决养老问题。推进基层医疗服务体系建设，筑牢基层卫生服务网底。年内，全区招聘48名乡村医生作为第一批“乡聘村用”乡村医生，进一步改革村卫生室管理模式，推进乡村医生配置和准入规范化，转变乡村医生身份，明确职责，提高待遇，建立健全在岗乡村医生养老机制。

2019年12月26日，北海市卫生监督所与铁山港区卫健局联合开展卫生监督执法检查。图为区卫健局局长钟羚玮（右二）与执法人员在南康镇丽港酒店座谈交流　　区卫健局　供

医政管理

【医疗联合体系建设】 2019年，北海市铁山港区人民政府与北海市妇幼保健院签订医联体协议，推进实现三二医联体，并建立稳定的远程医疗合作关系，进一步推进远程医疗试点，促进区域内医疗资源共享。区卫健局认真落实辖区医联体建设工作，由铁山港区人民医院牵头，与营盘镇卫生院、兴港社区卫生服务中心联合建立1个紧密型县（区）医疗共同体，推进铁山港区县（区）域医共体建设，全区乡镇卫生院参与率达到100%。

【实施国家基本药物制度】 2019年，铁山港区人民医院、铁山港区妇幼保健院继续开展县级公立医院改革试点工作，全部实行基本药品零差率销售和医疗服务调整。规范药品管理，抓实药品质量，严格规范网上采购工作，制订和完善采购工作制度，各医疗机构所有药械采购均在广西药械集中采购网上进行。同时，营盘镇卫生院、兴港社区卫生服务中心、区辖72所村卫生室继续推行国家基本药物制度，实行药品零差价销售，规范临床用药行为，降低患者药品负担。

【医疗机构监管】 2019年，区卫健局强化医疗机构准入和执行相关法律法规监管，加强对医疗机构设置审批、执业登记、变更、校验、延续注册管理，规范实施现场校验，组织开展以医疗机构设置审批、校验及依法执业等为主要内容的督导检查。加大对各级各类医疗机构违法违规行为查处力度。全年批准新设个体诊所3家，村卫生室4所；个体诊所和村卫生室校验128家，医师新注册和变更15例，护士注册和变更10例。

【医患纠纷调处】 2019年，铁山港区深化“平安医院”创建活动，继续推进二级及以上公立医院警务室建设工作，加强医疗机构安全防范体系建设，健全安保队伍，配备防护器材和安保装备，安装防护设施，配置入侵报警系统、视频监控系统，实现重点区域、重点科室监控设施全覆盖，构建起人防、物防、技防相结合的“三防”系统。继续严厉打击涉医违法犯罪行为，进一步建立健全医疗纠纷第三方调解机制，建立完善医疗机构与公安、医调委、保险机构之间的联动机制，开展医疗纠纷矛盾排查，依法查处涉医违法犯罪和“医闹”行为，维护正常医疗秩序，保障医患双方合法权益。实施全区二级以上公立医疗机构医疗责任保险，参保全覆盖，辖区内基层医疗机构100%购买医疗责任保险，并鼓励引导非公立医疗机构参保。

爱国卫生运动

【创卫工作】 2019年，区卫健局爱卫办全力组织、协调全区爱卫会成员单位开展迎接国家、自治区卫生城市申报及复审各项工作。按照《国家卫生镇标准》《自治区爱国卫生先进单位标准》《自治区卫生镇、村标准》，在全区开展创建卫生镇、卫生村和卫生先进单位申报及复审。年内。南康镇创建国家卫生乡镇顺利通过自治区爱卫办组织的验收。

【爱卫月活动】 2019年，铁山港区扎实开展全国第31个爱国卫生月活动。全区召开动员会1次，出动车辆85辆次，悬挂横额15幅，发放宣传资料6500多份。组织辖区各乡镇、机关企事业单位开展环境卫生大突击集中行动，开展清扫保洁，清除垃圾废物，落实“门前三包”“门内达标”责任。活动期间，全区累计出动8600多人次，清理大街小巷25条，清理垃圾、堆积物120吨，治理集贸市场15个，清理卫生死角132处，有效提高了环境卫生质量，城乡环境卫生面貌大为改观。

【病媒生物防制】 2019年，铁山港区加强病媒生物防制，有效控制传染病发生流行。重点抓好登革热疫情的防控工作。全年累计投入除“四害”工作经费10万元，对辖区市场、医院、学校、车站、码头、农贸市场、居民小区等，组织开展2次大规模的灭鼠、灭蚊行动，有效降低病媒生物引起的传染性疾病。

【健康教育】 2019年，区卫健局继续深入开展健康科普宣传，加强健康教育阵地和健康教育基地建设，充分利用健康教育宣传栏、健康步道等宣传阵地，大力开展健康科普宣传。结合“爱国卫生月”“世界无烟日”“6·17食品安全宣传周”“全球洗手日”“全球厕所日”“世界艾滋病防治日”等宣传活动开展健康教育，采用宣传栏、发放宣传资料和各级医疗机构设立清洁乡村健康咨询点等形式，向广大群众宣传健康理念，普及健康知识和技能，倡导健康生活方式，共制作宣传专栏30版，发放宣传资料9000份。

【控烟工作】 2019年，区卫健局继续加大控烟宣传力度，利用电子资料、海报、展板、宣传册等公益广告形式，向各机关企事业单位、医疗卫生机构、学校等积极宣传吸烟危害，增强控烟举措，取得良好效果。区卫健局创建自治区无烟单位并通过验收。

人口和计划生育

【人口政策宣传】 2019年，区计生协会加强宣传力度，组织干部职工进村入户，发放二孩政策宣传单1200多张，悬挂宣传横幅40幅，加强对打击“两非”（非法利用超声技术和其他非法手段进行非医学的胎儿鉴定；非法选择性别的人工终止妊娠）行为等法律法规宣传。

【人口和计划生育服务】 2019年，区计生协会紧紧围绕实施全面二孩政策和卫生计生中心工作，继续深化计划生育协会“三项建设”，落实宣传教育、生殖健康咨询服务、优生优育指导、计划生育家庭帮扶、权益维护和流动人口服务“六项任务”，受到社会好评和群众赞誉。区计生协会通过以点带面推进诚信计生和“幸福家园”建设水平，指导村（社区）做好落实“五关怀”（关怀计划生育困难家庭，关怀育龄群众生殖健康，关怀独生子女，关怀女孩健康成长，关怀基层计划生育工作者）工作。 （杜有坤）

侨务·台湾事务

侨务工作

【侨务工作概况】 2019年，北海市铁山港区人民政府侨务办公室和北海市铁山港区民族宗教事务管理局合并为北海市铁山港区民族宗教侨务局（简称区民宗侨务局），在区委统战部挂牌。11月18日，区民宗侨务局积极配合北海市侨联在滨海农场第十分队正式挂牌成立“侨胞之家”，为广大侨胞提供联谊活动交流的场所。在农历“三月三”期间，在南康镇滨海社区举办欢庆三月三民族共团圆文艺晚会。

【侨情基本情况】 2019年，铁山港区登记在册的归侨、侨眷共1755人，大多数归侨从越南回国，主要集中安置在滨海社区（75户296人）和赤江华侨陶器厂（335户1139人）。居住在区外的涉侨人员主要分布在美国、加拿大、西班牙等地。

【关爱侨胞侨眷】 2019年，区民宗侨务局坚持开展“送温暖，献爱心”活动，用好华侨事业费18万多元，用于助困解难、技术培训、资助困难学生等方面。在春节前夕，区民宗侨务局代表党和政府走访慰问归侨侨眷，为8户归侨侨眷贫困户送去慰问金和慰问品，使归侨侨眷感受了党和政府的关爱。年内，区民宗侨务局严格按照行政审批项目的办理流程，为全区参加高考的“三侨考生”（归侨学生、归侨子女、华侨在国内的子女）出具证明13件。

（卢　娜）

2019年11月18日，北海市委政法委副书记、市侨联主席莫华福（正面中），铁山港区委统战副部长、区民宗侨务局局长陈家宁（正面左二），为区民宗侨务局配合市侨联在滨海农场十分队建成的滨海社区侨胞之家揭牌　　区委统战部　供

台湾事务

【台湾事务概况】 中共北海市铁山港区委员会台湾工作办公室（北海市铁山港区人民政府台湾事务办公室）（简称区台办）在区委统战部挂牌，负责台湾事务日常工作。

【助推桂台产业合作项目发展】 2019年，区台办积极推动桂台产业合作北海示范区铁山港现代农渔业示范园建设，主动帮助港台资企业解决困难问题。

2019 年 7 月 24 日—30 日，铁山港区委副书记李玉婷（前排右三），区委常委、统战部部长刘将远（前排左二）率领区经贸考察团到台湾开展经贸考察。图为考察团与台湾寿丰乡公所员工开展联谊活动

区台办　供

争取北海市金融办、北海市科技局的支持，帮助香港喜记蟹将军项目授信 2000 万元以及人工智能养殖系统科技立项申报等事宜，帮助台资立安公司解决环保申报问题。

【对台招商引资及联谊交流】2019 年，为拓宽铁山港区与台企往来交流和经贸合作平台，提高对台交流交往的层次和实效，7 月 24 日—30 日，区委统战部、区台办牵头组织，以区委副书记李玉婷为团长的铁山港区参访考察团一行 13 人，应邀赴台湾开展经贸考察交流。考察团先后拜访了台湾钦廉四属同乡会、台湾两岸农渔业交流发展投资协会等工商社团，实地考察台湾本腾农业生技股份有限公司、龙佃海洋生物科技股份有限公司等 6 家企业。全年先后接待洽谈了台湾丽胜集团财务总监、中华两岸商贸高峰总会会长等 4 批 44 人次到铁山港区考察。推动广西港澳青少年活动交流基地在铁山港区挂牌成立。铁山港区港澳台工作得到了自治区党委统战部的肯定，在全自治区统战工作大会上做了经验交流发言。

（卢　娜）

社会事务

民族宗教工作

【概况】 2019年，北海市铁山港区人民政府侨务办公室和北海市铁山港区民族宗教事务管理局合并为北海市铁山港区民族宗教侨务局（简称区民宗侨务局），在区委统战部挂牌。铁山港区人口以汉族为主，少数民族有壮、瑶、毛南、仫佬等11个，少数民族常住人口1057人，其中915人聚居滨海农场前卫分场，其余散居于各单位、镇、村当中。宗教场所主要有南康镇基督教礼拜堂和新村坡聚会点，总建筑面积近1400平方米。宗教教职人员2人，信教群众300多人。

【民族团结宣传月活动】 2019年农历“三月三”期间，铁山港区集中开展民族团结宣传月和“三月三”宣传活动。区民宗侨务局在南康镇和兴港镇等地举办欢庆“三月三”主题文艺晚会巡演活动，观众人数累计超过2000人次。开展学习和践行社会主义核心价值观主题观影活动，播放以扶贫攻坚为主题的电影《又是一年三月三》，以敬业奉献为主题的电影《黄大年》，在各社区、村委放映5场次，观众超过1000人次。举办“壮族三月三，八桂嘉年华”系列宣传活动启动仪式，向群众广泛宣传壮族三月三文化，受众近万人次。

【少数民族发展资金项目】 2019年，区民宗侨务局积极争取到32万元少数民族发展资金，主要用于南康镇秋风塘村委、兴港镇富屋村委的2个道路建设项目。

【基层宗教“纵横通”工作】 2019年，区民宗侨务局加强基层宗教工作，实施“纵横通”工程。“纵”是纵向深入到村镇，层层压实责任；“横”是横向整合部门力量，形成工作合力；“通”是继续实施“三访三通”工程，打牢群众基层。重点开展全区镇、村（社区）宗教工作信息员和党支部书记宗教工作培训，不断提升农村基层宗教工作队伍的综合能力，充分发挥基层工作队伍的作用。

【宗教场所管理】 2019年，铁山港区主要宗教场所有南康镇基督教礼拜堂和北海市基督教新村坡聚会点，总建筑面积近1400平方米。区民宗侨务局坚持日常对宗教场所走访，与

2019年“三月三”节日期间，铁山港区南康镇滨海社区举办以“欢庆三月三　民族共团圆”为主题的联欢晚会　　曾月婵　摄

教职人员举行座谈活动，倾听他们的意见和建议；同时，教育宗教教职人员和信众依法开展宗教活动，防止境外非法宗教势力渗透，加强对堂点宗教活动的管理。

【关爱少数民族群众和困难信众】 2019年春节前夕，区民宗侨务局对少数民族困难群众及基督教困难信众进行走访慰问，为5户少数民族困难家庭和10户基督教信众贫困户送去慰问金和慰问品共约3000元。 （卢 娜）

婚姻管理与殡葬管理

【婚姻登记】 2019年，区民政局以创建文明窗口为载体，以优质文明服务为目标，进一步提高婚姻登记服务质量。全年共办理结婚登记1220对，离婚登记307对，补领结婚登记228对，补领离婚登记11.5对，查询婚姻档案322次。开展婚姻相关法律法规知识宣传，提高群众法律素质和维权意识。

【殡葬管理】 2019年，区民政局大力宣传殡葬改革，推广鲜花祭扫、植树祭扫、网络祭扫等文明祭扫方式，培育绿色文明殡葬理念，推行节地生态安葬和绿色殡葬。制订工作方案，在清明节期间，组织人员加强值班值守、进行交通疏导等，确保祭扫平安有序。

社会福利与老龄事业

【社会福利事业】 2019年，区民政局积极筹措资金，为全区孤儿每人每月发放孤儿养育金800元，全年累计发放孤儿养育金14.38万元，全区孤儿生活和成长得到物质保障。扎实开展残疾人“两项补贴”工作，按时足额发放补助金，全年全区享受困难残疾人生活补贴1335人，重度残疾人护理补贴2162人，残疾人“两项补贴”累计发放资金262.28万元，有效改善残疾人生活质量。

【老龄事业】 2019年，区民政局为老年人办理老年优待证做到现场办理、随到随办、免费办理，共办理老年优待证179本；切实加强高龄老人生活保障工作，积极筹措资金为全区满80岁、90岁、100岁及以上老人每人每月分别发放50元、80元、200元高龄津贴，全年发放资金约352万元。 （唐文媛）

乡镇概况

南康镇

【概况】 南康镇位于广西北部湾畔、北海市东部，东南与兴港镇接壤，西南与营盘镇相接，东北与合浦县闸口镇毗邻，西北与北海市银海区福成镇相连。玉林至铁山港铁路、玉林至铁山港高速公路、向海大道经过镇境。2019年，全镇辖15个建制村、2个社区，辖区总面积175.4平方千米，总人口7.36万人。财政收入6.89亿元，比上年增长8.17%；工业总产值12.18亿元，增长66.5%；农业总产值7.77亿元，增长5.2%。

【招商引资】 2019年，南康镇深入开展"项目落实年""投资促进年"活动，打好"政策、乡情、宣传和服务"四张牌。引进北京牛栏山庄饮品有限公司投资3000多万元建设年产1万吨白酒灌装项目；通过"EPC"方式吸引社会资本5000多万元参与三塘土地整治"旱改水"项目，为特色小镇建设解决融资4亿多元；推动特色村镇高标准农田建设项目，投入资金1800万元；山东寿光禾生物科技有限公司已明确在南康镇开展农业智能温室种植、育苗项目。

【征地搬迁】 2019年，南康镇积极服务项目建设，开展南珠新城行政中心片区项目新征用地44.4公顷征地工作，年内共完成任务量的51%；完成向海大道、行政中心片区征地130公顷，征地搬迁取得实质性进展。

【脱贫攻坚】 2019年，南康镇聚焦解决贫困户"两不愁，三保障"和饮水安全突出问题，补齐短板，完成89户贫困户住房改造，实现680名适龄儿童"零辍学"，454名建档立卡贫困人口完成特殊门诊慢性病认定，6户贫困户饮水条件得到改善。深入开展脱贫攻坚"回头看"工作，排查边缘户34户，核实核准613户脱贫户年人均纯收入稳定超过4000元，稳定脱贫。注重培育特色优势产业，投入91.09万元扶持834户贫困户发展到户产业，投入649.6万元打造"南康镇梦想创业孵化基地"，其中包括投入115.5万元扶持77户依靠自我发展难以稳定脱贫的贫困户入股孵化基地发展资产性收益扶贫项目，投入534.1万元建设黄丽

2019年11月9日，黄丽窝梦想创业孵化基地启动仪式现场

南康镇政府　供

窝果蔬大棚(共2期)13.34公顷,为87户贫困户提供免费"一站式"创业服务平台,推动扶贫产业健康发展。通过"公司+合作社+农户"的方式,引进公司与合作社联建扶贫车间1个,提供就业岗位50多个;通过开发及安置公益性岗位,25名建档立卡贫困人口实现就近就地就业。实施"雨露计划"资助政策,投入40.86万元扶持贫困学子246人次。基础设施建设投入1315.1万元新建产业基地道路20.28千米。全年实现贫困户287户1184人高质量脱贫,脱贫比例达97%,顺利通过自治区"四合一"核验。年内,南康镇村级集体经济总收入146万元,其中南康社区实现集体经济收入45.1万元。

2019年,南康镇秋风塘村委简屋村村容村貌一角

南康镇政府　供

【城镇建设与管理】 2019年,南康镇落实"创城""三清三拆"等工作部署,大力开展"创城创卫"工作,"创城"工作得到北海市红榜表扬,"创卫"工作通过自治区核验。以创建全国文明城市为契机,开展"垃圾不落地·南康最美丽""全民齐上阵环境大整治"等系列活动,清理街头小广告5000张、无证摊点30摊、乱摆乱卖摊点205个,撤销原审批摊点20摊,规范摊点经营300多户,整改"创城"督查问题10宗。大力推进镇城镇基础设施建设,镇区8条主干道、42条小街小巷已全部完成硬底化改造。年内,投资1284万元的老街排污及路面改造等5项工程均已竣工,投资5000多万的城镇污水管网工程顺利开工,三塘"旱改水"项目顺利推进。小镇核心区建设有所突破,7月,南康镇特色小镇核心区规划顺利通过自治区评审,4月和11月,分别完成自治区住建厅开展的2次特色小镇动态评估。

【乡村建设】 2019年,南康镇申报17个村(社区)村级财政奖补项目32个,总投资428万元,其中安装太阳能路灯工程18个,安装路灯448盏,修建村中硬底化道路13条和小广场建设1个;投入29.6万元用于农村公共服务运行维护建设;完成农村危房改造95户。围绕"双创"(创建文明城和创建卫生城)工作开展,将"三清三拆"作为提升乡村风貌的重要抓手,共召开动员会30多次,印发资料2万多份,制作板报300多版,悬挂横幅80多幅,出动人员3100多人次,清理乱堆乱放465处,拆除乱搭乱盖面积约7150平方米。年内,扫管龙村获得"自治区文明村镇"称号,火甲村、秋风塘村、扫管龙村、社内村等4个村获得"市级生态村"称号。扎实推进"农事网通""阳光红页"平台应用,配备专用电脑,实行专人专责,切实服务惠民,实现网上为民办事和网上信息资源共享。年内,全镇"农事网通"受理1135件,已办结1047件,通过"阳光红页"发布本地信息850条。

【生态环境整治】 2019年,南康镇坚定不移践行绿色发展理念,严格整治生态环境。深入开展中央环境保护督察"回头看",开展反馈问题整改工作督导行动5次,开展生态文明建设和环境保护检查2次，针对全镇疑似问题进行全面审查，确保整改工作落实到位。继续保持“打非治违”的高压态势，全年共组织矿产执法巡查140次，出动执法人员300人次，办理无证运输矿产品案件17起，责令2个洗砂场停工，配合公安部门查扣运输矿产品车辆23辆。认真开展污染防治工作，落实禁烧秸秆责任制，严控废气排放，组织清理村头巷尾卫生死角；落实“河长制”责任，将全镇9条主要河流纳入日常河长巡河管理，共开展日常巡河360次；投入近6万元，开展河道清理疏浚，清除垃圾及其他污积物13车共15吨。

【民生保障】 2019年，南康镇扎实开展社保工作，城乡居民养老保险参保率95%，城乡居民基本医疗保险参保率96%。接收社会化管理退休人员1710人，城镇新增就业347人，农村劳动力转移就业新增403人。人口计生工作方面，全年新出生人口579人，政策内生育546人，出生率8.9‰，符合政策生育率为94.3%，比上年上升0.5个点；全年死亡212人，人口自然增长率为5.7‰。落实农村60周岁独生子女家庭奖励扶助人员42人，兑现奖扶金额6.05万元。民政救济工作方面，城市低保发放1622人次，发放金额85.16万元；农村低保发放1.53万人次，发放金额397.12万元；特困供养户发放2956人次，发放特困供养金137.58万元。

【文化事业】 2019年，南康镇文化体育事业平衡发展。群众性文体活动正常开展。逢年过节，举办篮球、气排球、象棋比赛及文艺晚会、画展等活动。选送乐器类二胡演奏《花间蝶》和声乐类男声独唱《念海》参加自治区基层文艺会演北海区选拔赛；滨海社区参加北海市第二届“海丝秋韵”文化活动月启动仪式合唱比赛获得亚军；在第十一届广西体育节铁山港区分会场开幕式暨2019年铁山港区广场舞大赛中，南康镇文艺舞蹈队囊括一、二、三等奖。开展“喜庆祖国华诞、再铸港区辉煌”文化进万家惠民巡回演出12场；举办铁山港区非物质文化遗产“卖鸡调”传承培训班5期，2019年“南康卖鸡调”获评自治区终身学习品牌项目；开展戏曲进校园20余场。此外，《水糍》《三棋》成功列入北海市非物质文化遗产名录，全市农村精神文明建设现场推进会在南康镇召开，进一步提升全镇精神文明建设和知名度。 （卢小美）

2019年，全市农村精神文明现场会参观点——南康镇南滨广场

南康镇政府　供

营盘镇

【概况】 营盘镇位于北海市东端，铁山港区南部，东面、南面濒临北部湾，东北与兴港镇接壤，北与南康镇相连，西与北海市银海区福成镇相连。全镇总面积99.8平方千米，耕地面积2610.3公顷(其中水田561.9公顷)。辖区内有LNG码头，渔港码头。西距北海福成机场15千米，东距玉铁高速出口12千米，一条东西走向长达27千米的沿海公路贯穿全镇，交通十分便利。2019年，全镇辖10个行政村、2个社区，总人口6.51万人。辖区内有卫生院、信用社、农业银行、公安派出

所、市场监督管理所、自来水厂、渔政渔港监督支队铁山港大队、电信等企事业单位;有南珠城遗址、千层珠贝残墙、太监碑和断头龟、珍珠亭等珍贵文物和名胜古迹。营盘镇沙蟹汁制作技艺入选自治区级非物质文化遗产代表性项目,白龙珍珠城获评为国家AAA级旅游景区。营盘镇人民政府被自治区政法委评为2019年度群防群治工作表现突出集体,被自治区统计局授予广西新时代基层统计工作规范化建设示范单位。

【"三农"工作】 2019年,营盘镇粮食种植面积1027公顷,比上年增长9.84%,粮食总产量4417吨,增长7.32%。发放农村耕地地力保护补贴1.24万户,实际补贴面积2777.27公顷,补贴资金236.4万元;水稻补贴797户,补贴资金11.7万元;农机购置补贴10.7万元。年内,营盘镇全力做好"非洲猪瘟"防控工作,应急人员坚持应急值守,按时上报防控中的各种信息,轮流在白龙路口实行24小时无间隙值班,做好过往车辆的消毒灭源和可疑车辆排查登记工作。同时做好"非洲猪瘟"防控善后补助发放工作,落实病死猪处理补助资金236.73万元。开展村集体产权制度改革工作,9个村(社区)成功召开第一届股东代表大会,选举产生董事会和监事会,完成9个村(社区)集体产权制度改革。彬塘村成功申报自治区2019年农村综合改革美丽乡村建设项目,塘仔村成功申报市级乡村振兴示范村。按时按质完成土地确权工作,共签订成果协议1.06万户,整理资料归档1.06万户,数据汇交1.06万户,打印发放确权证书1.05万份,农村土地承包经营权登记完成率98.7%。继续加大发展壮大村级集体经济力度,通过发展肉牛养殖、山羊养殖、光伏发电及土地租赁、菜市场租赁、商铺出租、房屋出租、虾塘出租等方式,实现收入渠道多元化,12个村(社区)村集体经济收入均达到5万元以上,其中10个村(社区)收入10万元以上。

【脱贫攻坚】 2019年,营盘镇发放310万元用于扶持铁山港区绿牧农民专业合作社示范种植杂交构树等扶贫项目,受益贫困户528户1942人。全年申报发展种植项目67.53公顷,家禽养殖6372羽,家畜养殖267头(只),申请"以奖代补"项目奖补资金54.6万元,受益贫困户528户1942人。年内,绿牧农民专业合作社举行股民分红大会,321户贫困户喜获产业扶贫项目分红12.74万元。全镇完成脱贫209户798人,原贫困村盐灶村脱贫16户56人。落实"雨露计划",发放资金21.34万元,133名贫困家庭学生受益。

【服务项目建设】 2019年,营盘镇落实南珠养殖专用海域676.67公顷,配套陆域建设用地6.7公顷,引进北海精工集团、北海铭美珍珠有限公司和北海市旺海珠宝有限公司等南珠养殖龙头企业,积极打造南珠养殖特色核心示范区。深海抗风浪养殖示范区带动养殖户305户,养殖面积超过35万平方米,网箱个数4600口,网箱

2019年5月17日,北海市铁山港区营盘镇人民政府与华佗建设集团在北海富丽华大酒店举行营盘中心渔港与白龙珍珠城基础设施建设合作签约仪式
营盘镇政府　供

产量突破44万吨，年产值5.2亿元。配合实施振兴南珠产业基础设施配套道路——北铁公路经白龙珍珠城至南珠养殖区海岸公路建设，签订总投资20亿元的营盘中心渔港和白龙城基础设施建设合作协议。营盘中心渔港斜坡护岸工程，已完成块石护面、陆域回填等，累计完成投资约3100万元，整体工程进度完成90%。推进经四路、经四路延长线、精细化工业园项目、诚德填平补齐4个项目征地搬迁工作，共新征地45.67公顷，清场95公顷。引进投资超百亿元的香港鹏晖国际企业集团有限公司、广西强一新能源科技发展有限公司、深圳金昌资产管理有限公司、广东鼎龙实业集团有限公司4家企业。

【城乡环境整治】 2019年，营盘镇扎实开展“美丽广西·宜居乡村”活动，累计开展环境集中清理整治行动283次，9386人次参与，清理卫生死角397处，清除垃圾1.56万吨。创新保洁员管理制度和保洁费收缴制度，全镇12个村（社区）在3月底前完成保洁费收缴任务，收缴率100%，收缴金额共39.32万元。全面推进“三清三拆”行动，已开展“清拆”的村庄25条，其中已竣工的9条；清理乱堆乱放206处、池塘沟渠143处，拆除乱搭乱盖84处共736平方米，拆除非法广告牌25个，拆除废弃建筑112栋共1.04万平方米，清除垃圾等1964吨。实施景观改造5处，开展公共空间整治8处共1842平方米，开展“三微”整治17处共2271平方米，为创建优美乡村提供保障。落实林长制、“河长制”工作，营盘镇作为林长制试点镇，结合实际情况完成林长制公示牌电子版和镇级、村级林长制公示牌上墙，确保林长制工作顺利推进。分级分段设立各级河长20名，镇河长名单已在政府网站上公布，制订河长会议制度、信息共享制度等6项制度，全年开展河道清洁整改11次。

【社会事业】 2019年，营盘镇实现新增城镇就业人员133人，下岗失业人员再就业24人，农村劳动力转移就业新增300人，城镇登记失业率为3.19%。城乡居民社会养老保险正常参保人数1.37万人，续缴人数8612人，正常领取待遇人数7549人。办理被征地农民领取退休待遇30人；贫困人口参加城乡居民基本医疗保险2323人，城乡居民社会养老保险1601人。推进农村危房改造，保障群众住房安全。完成全部建档立卡贫困户35户危房改造，其中重建27户、修缮加固8户；完成五保、低保、残疾等三类重点对象户房屋改造18户，其中重建9户，修缮加固9户。

【平安建设】 2019年，营盘镇重视排查不稳定因素。全年共排查出矛盾纠纷186起，纠纷调处率100%，成功调处179起，调处成功率96.2%。防止民间纠纷激化5起，防止群体性上访8起，3380多人次。推进扫黑除恶专项行动，加大宣传力度，扩大宣传影响，共制作专题宣传栏13个，设立举报箱13个，组织专题学习活动13场2600多人次，发放扫黑除恶应知应会手册5000份。严厉打击非法采矿行为，全年组织巡查80多次，出动执法车辆80多辆次，出动人员160多人次，通过定期或者不定期对重点矿区进行巡查，切实做到及时发现、及时制止、及时纠正并上报。

【基层党建】 2019年，营盘镇重点抓基层“三会一课”标准化建设，研究制订《营盘镇2019年“三会一课”学习计划》，落实“党务公开日”制度，通过公开上个月“三会一课”开展情况，接受监督，严格执行党的组织生活制度，全面落实党建工作责任制，把“三会一课”与进村入户和志愿服务等活动结合起来，各村（社区）根据实际情况开展主题党日活动。年内，营盘镇落实村（社区）党组织服务群众专项经费管理及使用，申报12个村（社区）党组织服务群众项目94个，涉及金额126万元。结合扫黑除恶专项斗争，对排查出的8个软弱涣散村党组织，实行一村一策，制订整顿提升方案并列出整改清单进行整顿；全部落实村（社

2019 年 10 月 31 日，营盘镇白龙社区补选居委会主任。图为工作人员在清点选票　　营盘镇政府　供

区）书记、主任“一肩挑”整顿工作，所有软弱涣散村党组织完成整顿转化，促进辖区基层党建水平整体晋位升级。新成立 5 个“两新”党支部，组建率 100%。推荐提拔领导干部 8 人，发展预备党员 6 名，培养村（社区）后备干部 65 人。组织开展落实全面从严治党“书记点题谈”活动 13 次，解决问题 14 个。持续推进反腐败工作，立案 15 起，纪律处分党员干部 12 名，查处扶贫领域腐败和作风问题案件 3 起，处理党员干部 3 名。

（欧祥胜）

兴港镇

【概况】 北海市铁山港区兴港镇位于铁山港区东部，是广西北部湾经济区五大功能组团之一铁山港（龙潭）组团的核心区，也是铁山港（临海）工业区的重点区域。东濒铁山港，南临北部湾，西南与营盘镇接壤，东北至西北与南康镇相邻。距北海市区 41 千米，距北海机场 30 千米。辖区内东西走向的向海大道、七号路、营闸路和国防路，南北走向的四号路、兴港路、进港路与玉铁高速构成便利的陆路交通网络。该镇属于亚热带气候地区，土地平整，雨量充足，日照时间长。2019 年，全镇总面积 111 平方千米，下辖 12 个村委会、2 个居委会，121 个自然村，总人口 5.7 万人。财政总收入 11.98 亿元，比上年增长 8.38%，其中一般公共预算收入 4058 万元，比上年下降 9.78%。农民人均可支配收入 16189 元，比上年增长 10.5%。

【服务重大项目建设】 2019 年，兴港镇着力抓好征地服务，为重点项目建设创造条件。2 月，正式启动征地搬迁工作的向海大道项目铁山港段，兴港镇段 2.4 千米遗留问题涉及富屋村委谭村的 1993 年—1994 年征地搬迁历史欠款已全部兑现。2.4 千米遗留问题涉及 30.67 公顷的青苗已全部丈量完成，并已清场交地 16 公顷，后续工作顺利推进。5 月，完成南珠新城项目的首期建设用地 47.33 公顷征地搬迁和清场。6 月，签约铁山港制浆造纸产业园的太阳纸业项目，7 月初成立征地搬迁队伍，仅用 3 个月时间就完成征地 146.7 公顷。10 月 16 日，太阳纸业项目按预期举行开工仪式。公共执法码头、航道三期、一般工业固体废物集中处置场等一批项目征地搬迁工作按计划有序推进。

【“三农”工作】 2019 年，兴港镇积极开展耕地地力保护补贴工作，共为 13 个村委的 9311 户农户发放耕地地力保护补贴，补贴面积为 2614.95 公顷，补贴金额 222.64 万元。继续发展壮大村级集体经济，加强基层党组织领导农村经济社会发展能力，因村制宜制订项目计划。全年集体经济收入增长迅速，全镇 14 个村（社区）集体经济收入均超过 5 万元，共计 127.13 万元，比上年增长 6.59%。集体收入超过 10 万元的村（社区）有 4 个，其中石头埠社区收入 26 万元，小马头村 17 万元，陂头村 11.2 万元，川江 10.01 万元。积极开展农村土地承包经营权确权工作，涉及辖区12个行政村（社区）183个村民小组共6498户，完成地块测量面积2428.45公顷，正在进行查漏补缺。年内，兴港镇狠抓粮食生产，积极推广杂交水稻，全年水稻种植面积1038公顷。巩固和发展甘蔗、辣椒、花生、西瓜、蔬菜等高效益经济作物，其中花生种植825公顷、西瓜种植68公顷、蔬菜种植1121公顷。

【村镇建设】 2019年，兴港镇全力推进基础设施建设，共修建硬化道路16条，安装路灯200盏；积极推进危房改造工作，帮助29户住房困难户实施危房改造工程，解决困难群体的住房问题。开展“三清三拆”工作，共清理积存垃圾1521吨，清理池塘沟渠185处，拆除旧房危房、废弃猪牛栏及露天厕所140个，拆除乱搭乱建、违章建筑3657平方米，拆除广告招牌107处。开展“创城”活动，整治街道“脏乱差”问题。

【生态治理】 2019年，兴港镇坚持绿水青山就是金山银山的生态理念，在上年的基础上，进一步开展矿坑复绿工作，巩固地表生态修复成效。同时加强生态环境日常监管，依法严肃查处国土资源违法案件，累计开展巡查40多次，出动160人次，出动车辆40辆次。下发《责令停止违法行为通知书》《责令改正违法行为通知书》共35份，现场口头制止10次，有效遏制违法行为蔓延，规范了用地行为。

【脱贫攻坚】 2019年，兴港镇把脱贫攻坚作为第一民生工程，大力抓好产业扶贫：投入资金80万元，扶持粟山村发展壮大村级集体经济，种植构树6.7公顷；扶持粟山村委集体经济项目——努比亚山羊养殖项目；投入109.5万元扶持部分依靠自我发展难以稳定脱贫贫困户73户（每户1.5万元）入股北海市铁山港区宏邦机械建筑有限公司发展产业。2018年建成的粟满仓民宿（农家乐）项目年内已经产生11万元收益，除提留20%作后续发展资金外，其余收益已于10月10日发放给389户入股贫困户及村干部（村干部入股5万元）。精准施策，攻坚“四大战役”：29户贫困户参加危房改造项目，落实危房改造资金100.47万元；对贫困户进行29种慢性病认定，办理了慢性病卡，并进行家庭医生签约；落实义务教育控辍保学“双线四包”责任，全镇建档立卡贫困户6岁—16周岁子女共510人，没有学生辍学，实施“雨露计划”共资助111人次，发放资助金16.98万元；为4户贫困户打水井，解决他们饮水难的问题。如期完成2019年脱贫攻坚任务，共脱贫185户654人。

【平安建设】 2019年，兴港镇全面落实社会治安综合治理的各项责任，扎实推进“平安兴港”建设，积极采取措施加强排查，及时掌握动态，加大调处力度，预防矛盾激化，维护社会和谐稳定。全年排查各类纠纷230件，其中民间纠纷141件，项目引发的矛盾纠纷89件，调解纠纷230件，调解率为100%，调解成功233件，调解成功率为96%，防止民间纠纷激化46件，没有因民间纠纷调解不及时引发的民转刑案件及群体性上访、群众性械斗等事件。大力开展扫黑除恶，弘扬社会正气，促进社会和谐。年内，全镇加大扫黑除恶的宣传力度，共播放同心广播20次，发放宣传单5000多份，悬挂横幅80多幅，并在粟山村委、石头埠社区开展扫黑除恶“守正道　创新局”百姓宣讲活动2场；开展对涉黑涉恶人员大排查活动，加大对娱乐场所、宾馆、网吧等重点领域、重点行业实地摸排，重点排查农村土地纠纷、矿产资源领域、征地拆迁项目等，切实做到线索摸排横到边、纵到底。全年办理上级移交的涉黑恶案件7件，已办结6件，办结率85.71%。年内，兴港镇获得北海市平安建设工作目标管理先进单位一等奖。

【民生事业】 2019年，兴港镇推进劳动就业和社会保障工作，对129人（其中贫困户34人）进行技能培训，农村富余劳动力转移就业新增人数379

人。专门向贫困户开发的扶贫公益性岗位已安置贫困户上岗 15 人，保障困难群众的基本生活权益。为 1949 名低保人员发放低保金 346.34 万元，为 235 名城乡特困供养人员发放供养金 161.23 万元，落实优抚对象享受的各项抚恤、补助、优待政策，共发放优抚金 127.75 万元。加强对生猪养殖及生猪屠宰场所的日常监管，严防染疫产品和病死猪肉流入市场，确保市场猪肉供应安全。

2019 年 11 月 22 日，兴港镇在兴港镇大会议室举办“不忘初心 牢记使命——我为人民群众办实事”主题演讲　　兴港镇政府　供

【文化宣传】 2019 年，兴港镇及各村（社区）共制作大型高标准公益广告 30 多块，全方位、多角度宣传社会主义核心价值观。全年 14 个村（社区）共举办文艺晚会、戏曲进乡村、篮球比赛等文体活动 57 场次，丰富群众文化生活，弘扬了中国传统文化。充分利用“同心广播”对全镇移风易俗、扶贫攻坚、环境整治等先进经验和典型进行推介报道，把党的声音同步传送到 14 个村（社区）。年内，全镇通过“同心广播”播放扫黑除恶、廉政教育等各类信息 30 多次；“奋进兴港”微信公众号发布推文 20 多篇；在辖区各村（社区）及主要交通路段悬挂庆祝新中国成立 70 周年横幅、张贴创建文明城市标语 60 多条，在 12 个行政村（国旗工程点）开展国旗工程主题教育，强化村民的爱国意识。

【党建工作】 2019 年，兴港镇大力开展“不忘初心、牢记使命”主题教育活动，共举行中心组学习研讨 4 次，读书班学习 44 人次，上党课 56 次。通过组织镇党委班子成员到各挂点村开展专题党课，组织 14 个村（社区）党支部书记参加“我为人民群众办实事”主题演讲，党委班子成员围绕征地服务项目、脱贫攻坚、村集体经济发展、社会稳定等方面开展调查研究等方式，强化主题教育效果。加强作风建设，落实中央八项规定精神，开展对公款吃喝、公车私用等问题督查 7 次。开展违规使用公务加油卡和“私车公养”专项整治，发现问题公务加油卡 22 张，涉及人员 21 人，已按有关规定进行处理。坚持惩治腐败高压态势，全年共处置问题线索 27 件，其中 8 件以第一种形态处理，转立案 14 件，结案 13 件，27 件线索中涉及扶贫领域的 6 件，其中 4 件以第一种形态处理，2 件以第二种形态处理。　（苏　玲）

2019 年 9 月 20 日，兴港镇在兴港镇大会议室召开“不忘初心、牢记使命”主题教育动员部署会　　兴港镇政府　供

统计资料

2019年北海市铁山港区国民经济和社会发展统计公报

2019年，铁山港区各级各部门在区委、区政府的领导下，以习近平新时代中国特色社会主义思想为指导，全面贯彻落实中共十九大和十九届二中、三中、四中全会精神以及中共中央总书记习近平考察广西及北海重要讲话精神，坚持新发展理念，落实“六稳”工作要求，凝心聚力、主动作为，全力以赴推进铁山港高质量发展，全区经济社会发展保持稳中向好的态势。

一、综合

初步核算，全年全区完成地区生产总值（以下简称GDP）340.70亿元，按可比价计算，比上年增长9.1%。其中：第一产业实现增加值33.23亿元，增长6.1%；第二产业实现增加值275.18亿元，增长9.8%；第三产业实现增加值32.30亿元，增长5.9%。

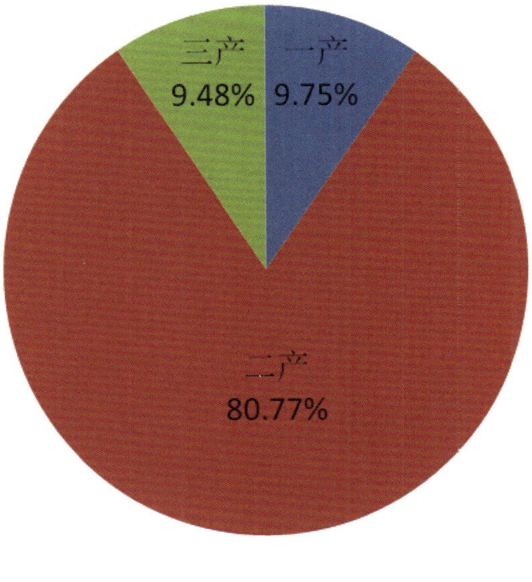

图1　2019年铁山港区三次产业结构

全年全区财政收入49.41亿元，比上年增长8.34%；一般公共预算收入2.29亿元，下降6.61%；一般公共预算支出10.46亿元，增长12.08%。

二、农业

全年全区农林牧渔业实现总产值51.04亿元,比上年增长6.2%;实现增加值33.4亿元,增长6.04%。农业完成总产值7.06亿元,比上年增长4.07%;林业完成总产值0.5亿元,增长9.51%;牧业完成总产值3.1亿元,下降2.41%;渔业完成总产值39.41亿元,增长7.06%;农林牧渔服务业完成总产值0.97亿元,增长9.37%。

全年全区粮食种植面积5121公顷,比上年增长0.41%。油料作物种植面积2749公顷,比上年增长1.18%。甘蔗种植面积4123公顷,比上年增长0.39%。蔬菜种植面积5142.9公顷,比上年增长1.92%。

全年全区粮食总产量2.25万吨,比上年下降1.32%。油料产量0.85万吨,比上年增长1.23%。蔬菜产量11.23万吨,比上年增长3.46%。园林水果产量0.84万吨,比上年增长21.19%。

全年全区肉类总产量10562.97吨,比上年下降10.16%。其中:猪肉产量5732.4吨,比上年下降25.77%;牛肉产量257.32吨,增长21.38%;羊肉产量43.43吨,增长382.56%;禽肉产量4385.92吨,增长19.34%。禽蛋产量119.25吨,比上年增长3.7%。全年生猪出栏6.57万头,比上年下降27%;年末生猪存栏4.0038万头,下降19.9%。

全年全区水产品产量19.25万吨,比上年增长3.56%,其中海水产品产量18.59万吨,增长3.47%。

表1　2019年铁山港区主要农产品产量及其增长速度

主要农产品	单位	2019年	比2018年增长(%)
一、粮食	万吨	2.25	−1.32
其中:稻谷	万吨	1.3	−5.55
玉米	万吨	0.74	6.77
薯类(折粮)	万吨	0.18	−0.81
豆类	万吨	0.03	2.31
二、经济作物			
其中:油料	万吨	0.85	1.23
花生	万吨	0.85	1.07
甘蔗	万吨	26.85	4.23
木薯	万吨	3.34	8.38
蔬菜	万吨	11.23	3.46
瓜果类	万吨	1.73	5.62
三、水果	万吨	0.84	21.19
其中:香蕉	万吨	0.20	4.46
四、生猪出栏	万头	6.57	−27
五、牛出栏	万只	0.20	16.47
六、家禽出栏	万只	256.7	20.09
七、肉类	万吨	1.06	−10.16
八、水产品	万吨	19.25	3.56
其中:海水产品	万吨	18.59	3.47

三、工业

全年全区工业增加值比上年增长9.8%，其中规模以上工业增加值增长9.9%。在规模以上工业增加值中，轻工业增长24.1%，重工业增长9.6%；国有企业下降28.4%，股份制企业增长9.9%，外商及港澳台商投资企业增长8.7%，其他经济类型企业下降4.9%；非公有工业企业增长14.0%。

从分行业增加值完成情况来看，规模以上工业主要行业中，非金属矿采选业增长8.7%；农副食品加工业增长31.5%；木材加工业增长75.8%；造纸和纸制品业下降1.3%；石油、煤炭及其他燃料加工业增长7.7%；化学原料和化学制品制造业增长0.0%；非金属矿物制品业增长59.5%；黑色金属冶炼和压延加工业增长15.5%；电力、热力生产和供应业增长8.6%；燃气生产和供应业增长16.3%。

表2　2019年铁山港区规模以上工业主要产品产量及增长速度

产品名称	单位	2019年	比2018年增长(%)
汽油	万吨	224.64	−0.6
柴油	万吨	267.34	3.3
液化石油气	万吨	40.64	−3.4
发电量	亿千瓦时	46.17	5.3
饲料	万吨	143.39	4.6
精制食用植物油	万吨	36.00	5.6
成品糖	万吨	17.22	148.0
人造板	万立方米	12.78	59.6
粗钢	万吨	218.94	36.8
钢材	万吨	365.23	4.7
商品混凝土	万立方米	27.04	66.7
机制纸及纸板	万吨	39.68	−0.02

四、固定资产投资

全年全区完成固定资产投资（不含农户）比上年增长37%。分产业看：第一产业投资下降60.5%；第二产业投资增长6.5%，其中工业投资增长3.7%；第三产业投资增长159.3%。基础设施投资增长249.1%，占固定资产投资（不含农户）的比重为33.8%。民间固定资产投资下降42.1%，占固定资产投资（不含农户）的12.4%。

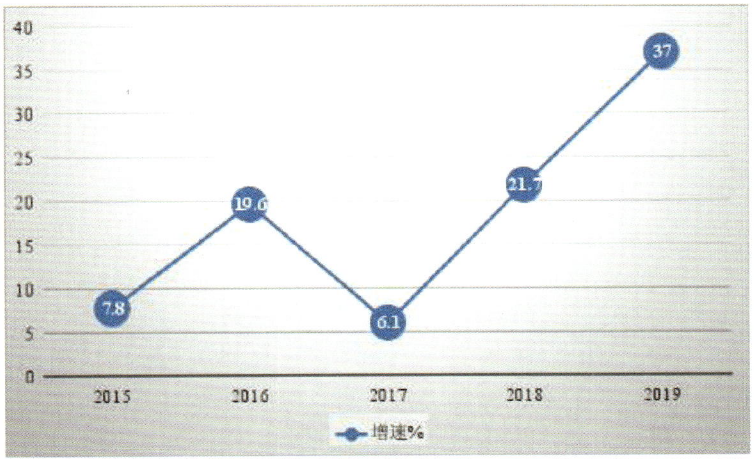

图2　2019年铁山港区固定资产投资增长速度

五、国内贸易

全年全区社会消费品零售总额 13.66 亿元，比上年增长 8.6%。按经营地统计：城镇消费品零售额 12.29 亿元，比上年增长 8.4%；乡村消费品零售额 1.37 亿元，增长 10.3%。按消费类型统计：商品零售额 12.88 亿元，比上年增长 8.7%；餐饮收入额 0.77 亿元，增长 6.7%。

六、对外经济

全年全区外贸进出口总额 129814 万美元，比上年增长 20.8%。其中：出口 3056 万美元，比上年下降 17.2%；进口 126758 万美元，增长 22.1%。进出口差额（出口减进口）-123702 万美元。

七、交通

全年全区港口吞吐量 2507.06 万吨，比上年下降 3%，其中集装箱吞吐量 2348.15 万吨，比上年增长 22%。货运量 709 万吨，增长 7.42%。货物周转量 9809 万吨公里，增长 6.61%。

八、教育和卫生

全年全区没有普通高等教育学校和中等职业学校。有普通中学 8 所，专任教师 577 人，在校生 7440 人；普通小学 51 所（含 14 所教学点），专任教师 792 人，招生 2267 人，在校生 13400 人；幼儿园 74 所，在校幼儿 6875 人。（注：专任教师是指教职工）

年末全区共有医疗卫生机构（含村卫生室和计生机构）136 个，其中医院 1 个，乡镇卫生院 2 个，社区卫生服务中心（站）1 个，诊所（卫生所、医务室）132 个，妇幼保健院（所、站）1 个。有卫生技术人员 551 人，有医院卫生院病床 219 张。

九、人口、人民生活和社会保障

年末全区常住人口 15.80 万人，比上年末增加 0.2 万人，其中城镇常住人口 5.82 万人，占常住人口比重（常住人口城镇化率）36.84%，比上年末提高 1.84 个百分点。全年人口出生率为 13.13‰，人口死亡率为 4.68‰，自然增长率为 8.45‰。

表 3　2019 年北海市铁山港区常住、户籍人口数及构成

指标	年末数（万人）	比重（%）
常住人口	15.80	
其中：城镇	5.82	36.84
乡村	9.98	63.16
户籍人口	18.77	100
其中：城镇	2.20	11.72
乡村	16.57	86.28
其中：男性	9.66	51.47
女性	9.11	46.53
其中：0—17 岁	4.55	24.21
18—34 岁	5.32	26.35
35—59 岁	5.92	31.55
60 岁以上	2.98	15.88

全年全区居民人均可支配收入 22869 元，名义增长 10%。按常住地分，城镇居民人均可支配收入 35779 元，名义增长 7.6%；农村居民人均可支配收入 16189 元，名义增长 10.5%。

全区城镇居民人均现金消费支出 20623 元，增长 8.5%；农村居民人均生活消费支出 11456 元，增长 10.9%；城镇居民家庭恩格尔系数（即居民家庭食品消费支出占生活消费总支出的比重）为 41.0%，农村居民家庭恩格尔系数为 33.3%。

全年全区非私营企业（单位）从业人员期末人数为 15016 人，比上年末增加 22 人，增长 0.15%；从业人员工资总额 127738.7 万元，比上年末增加 15498.6 万元，增长 13.81%；从业人员平均工资 86974 元，比上年末增加 10997 元，增长 14.74%；在岗劳务合计人员平均工资 89741 元。

全年全区参加城乡居民基本养老保险的人数 60138 人，比上年末减少 255 人；参加城乡居民基本医疗保险的人数 150686 人，比上年末增加 39 人。

全年全区城镇新增就业 1037 人。其中：失业人员再就业 185 人，就业困难人员再就业 51 人；农村劳动力转移就业新增 1082 人；城镇登记失业率 2.91%。

十、环境

全年全区 $PM_{2.5}$ 浓度平均值 26 微克 / 立方米，空气优良率 95.1%。

注：

1. 本公报中数据均为初步统计数。

2. 地区生产总值、三次产业增加值、工业增加值、农业产值绝对数按现行价格计算，增长速度按可比价格计算；工业总产值增速按现行价格计算。

3. 规模以上工业企业是指年主营业务收入 2000 万元及以上的全部法人工业企业；限额以上批发零售企业是指年主营业务收入 2000 万元及以上批发企业和年主营业务收入 500 万元及以上零售企业。

4. 部分数据因四舍五入的原因，存在着总项与分项合计不等的情况。

5. 资料来源：本公报中户籍人口数据来自区公安分局；财政数据来自区财政局；居民收入部分数据来自国家统计局北海调查队；进出口数据来自区科技商务和工信局；交通数据来自区交通运输局；教育数据来自区教育局；卫生数据来自区卫健局；社会保障数据来自区人社局；气象数据来自市铁山港生态环境局；其他数据均来自区统计局。

（区统计局　供）

附　录

文件目录

2019 年中国共产党北海市铁山港区委员会部分重要发文

文号	文件标题
北铁发〔2019〕1 号	关于学习宣传贯彻习近平总书记“建设壮美广西　共圆复兴梦想”重要题词精神的通知
北铁发〔2019〕2 号	铁山港区机构改革方案
北铁发〔2019〕3 号	关于表彰 2018 年度平安建设工作目标管理先进单位的决定
北铁发〔2019〕4 号	关于印发《铁山港产业树招商实施方案》的通知
北铁发〔2019〕5 号	关于认真学习贯彻习近平总书记全国两会期间重要讲话精神的通知
北铁发〔2019〕6 号	关于印发《中共北海市铁山港区委员会常委会 2019 年工作要点》的通知
北铁发〔2019〕7 号	印发北海市铁山港区关于深化人才发展体制机制改革的实施办法的通知
北铁发〔2019〕8 号	关于调整“5+4”实施方案责任单位职责的通知
北铁发〔2019〕9 号	关于自治区党委第六巡视组巡视整改情况的通报
北铁发〔2019〕10 号	关于印发北海市铁山港区 2019 年重点工作“四定”任务安排表的通知
北铁发〔2019〕11 号	关于印发《2018—2022 年铁山港干部教育培训规划》的通知
北铁发〔2019〕12 号	印发《关于在全区开展“不忘初心、牢记使命”主题教育的实施方案》的通知
北铁发〔2019〕13 号	关于表彰 2019 年铁山港区“十佳教师(校长)”的决定

2019 年中国共产党北海市铁山港区委员会办公室部分重要发文

文号	文件标题
北铁办发〔2019〕1 号	关于做好 2019 年元旦春节期间有关工作的通知
北铁办发〔2019〕2 号	关于加强疫情处置等相关工作情况报告的通知
北铁办发〔2019〕3 号	关于建立北海市铁山港区党内法规工作联席会议制度的通知
北铁办发〔2019〕4 号	关于印发《北海市铁山港区机构改革实施意见》的通知
北铁办发〔2019〕5 号	关于成立北海市铁山港区风清气正政治生态建设和科学评价机制试点工作领导小组及办公室的通知
北铁办发〔2019〕6 号	关于印发北海市铁山港区 2019 年重点项目、重点片区征地搬迁工作方案的通知
北铁办发〔2019〕7 号	关于印发北海市铁山港区落实中央第二巡视组对广西开展脱贫攻坚专项巡视反馈意见整改方案的通知

续表

文号	文件标题
北铁办发〔2019〕8 号	关于印发北海市铁山港区南康镇机构改革方案的通知
北铁办发〔2019〕9 号	关于印发北海市铁山港区兴港镇机构改革方案的通知
北铁办发〔2019〕10 号	关于印发北海市铁山港区营盘镇机构改革方案的通知
北铁办发〔2019〕11 号	关于印发《中共北海市铁山港区委员会统一战线工作部职能配置、内设机构和人员编制规定》的通知
北铁办发〔2019〕12 号	关于印发《中共北海市铁山港区委员会政法委员会职能配置、内设机构和人员编制规定》的通知
北铁办发〔2019〕13 号	关于印发《中共北海市铁山港区委员会宣传部职能配置、内设机构和人员编制规定》的通知
北铁办发〔2019〕14 号	关于印发《中共北海市铁山港区纪律检查委员会、北海市铁山港区监察委员会机关职能配置、内设机构和人员编制规定》的通知
北铁办发〔2019〕15 号	关于印发《中共北海市铁山港区委员会组织部职能配置、内设机构和人员编制规定》的通知
北铁办发〔2019〕16 号	关于印发《中共北海市铁山港区委员会巡察工作办公室（中共北海市铁山港区委员会巡察工作领导小组办公室）职能配置、内设机构和人员编制规定》的通知
北铁办发〔2019〕17 号	关于印发《北海市铁山港区司法局职能配置、内设机构和人员编制规定》的通知
北铁办发〔2019〕18 号	关于印发《中共北海市铁山港区委员会北海市铁山港区人民政府督查绩效考评办公室职能配置、内设机构和人员编制规定》的通知
北铁办发〔2019〕19 号	关于印发《中共北海市铁山港区退役军人事务局职能配置、内设机构和人员编制规定》的通知
北铁办发〔2019〕20 号	关于印发《北海市铁山港区教育局职能配置、内设机构和人员编制规定》的通知
北铁办发〔2019〕21 号	关于印发《北海市铁山港区文体广电旅游局职能配置、内设机构和人员编制规定》的通知
北铁办发〔2019〕22 号	关于印发《北海市铁山港区扶贫开发和水库移民工作局只能配置、内设机构和人员编制规定》的通知
北铁办发〔2019〕23 号	关于印发《北海市铁山港区农业农村和水利局职能配置、内设机构和人员编制规定》和《北海市铁山港区海洋局职能配置、内设机构和人员编制规定》的通知
北铁办发〔2019〕24 号	关于印发《北海市铁山港区应急管理局职能配置、内设机构和人员编制规定》的通知
北铁办发〔2019〕25 号	关于印发《北海市铁山港区审计局职能配置、内设机构和人员编制规定》的通知
北铁办发〔2019〕26 号	关于印发《北海市铁山港区卫生健康局职能配置、内设机构和人员编制规定》的通知
北铁办发〔2019〕27 号	关于印发《北海市铁山港区综合行政执法局职能配置、内设机构和人员编制规定》的通知
北铁办发〔2019〕28 号	关于印发《北海市铁山港区自然资源局和市场监督管理局职能配置、内设机构和人员编制规定》的通知
北铁办发〔2019〕30 号	关于印发北海市铁山港区贯彻落实中央环境保护督察"回头看"及固体废物环境问题专项意见整改方案的通知
北铁办发〔2019〕31 号	关于印发《北海市铁山港区"美丽港区"乡村建设责任追究暂行办法》的通知
北铁办发〔2019〕32 号	关于调整区委落实全面从严治党主体责任领导小组成员的通知
北铁办发〔2019〕33 号	印发关于落实自治区党委第六巡视组巡视铁山港区反馈意见的整改方案的通知
北铁办发〔2019〕34 号	关于印发北海市铁山港区巡察整改专题民主生活会实施细则（试行）的通知
北铁办发〔2019〕35 号	关于印发北海市铁山港区委员领导班子 2018 年度民主生活会整改落实方案的通知
北铁办发〔2019〕36 号	关于印发北海市铁山港区巡察整改专题组织生活会实施细则（试行）的通知
北铁办发〔2019〕37 号	关于印发《北海市铁山港区事业单位公务用车制度改革实施方案》和《北海市铁山港区国有企业公务用车制度改革实施方案》等文件的通知

续表

文号	文件标题
北铁办发〔2019〕38 号	关于调整铁山港区处级领导干部联系点和区直(驻区)单位联系点的通知
北铁办发〔2019〕39 号	北海市铁山港区处级领导带队开展脱贫攻坚专项巡视整改调研督导工作方案
北铁办发〔2019〕40 号	关于印发《在两新组织党组织中开展“三有三送”活动工作方案》的通知 4.11
北铁办发〔2019〕41 号	关于印发《北海市铁山港区发展壮大村级集体经济三年行动计划(2018 年—2020 年)》的通知
北铁办发〔2019〕42 号	关于印发《北海市铁山港区开展防范和惩治统计造假弄虚作假自查自纠工作方案》的通知
北铁办发〔2019〕43 号	关于印发中共北海市铁山港区委员会常委会 2019 年工作要点确定工作任务分解表的通知
北铁办发〔2019〕44 号	关于实行无会日制度的通知
北铁办发〔2019〕46 号	关于印发北海市铁山港区四家班子领导与非公有制经济代表人士和非公有制企业联系表的通知
北铁办发〔2019〕47 号	关于做好 2019 年区委、区政府和区政协领导督办政协重点提案办理工作的通知
北铁办发〔2019〕48 号	关于成立北海市铁山港太阳纸业项目征地搬迁指挥部的通知
北铁办发〔2019〕49 号	关于成立北海市铁山港太阳纸业项目征地搬迁指挥部的通知
北铁办发〔2019〕50 号	关于印发《铁山港区党政领导班子成员防汛值班制度》《2019 年北海市铁山港区党政领导防汛值班安排表》和《2019 年北海市铁山港区领导干部防汛抗洪救灾分片包干责任制安排表》的通知
北铁办发〔2019〕51 号	关于印发《北海市铁山港区党政领导干部安全生产责任制实施细则》的通知
北铁办发〔2019〕52 号	关于印发《北海市铁山港区扶贫开发工作奖惩办法》的通知
北铁办发〔2019〕53 号	印发《关于解决形式主义突出问题为基层减负的工作措施》的通知
北铁办发〔2019〕54 号	关于印发《北海市铁山港区发展壮大村级集体经济若干政策措施》的通知
北铁办发〔2019〕55 号	关于印发《“美丽港区 · 幸福乡村”活动实施方案及四个专项活动实施方案》的通知
北铁办发〔2019〕56 号	关于印发《北海市铁山港区乡村风貌提升三年行动实施方案》的通知
北铁办发〔2019〕57 号	关于做好 2019 年工作总结和 2020 年工作计划的通知
北铁办发〔2019〕58 号	关于印发北海市铁山港区创建全域旅游示范区任务分工表(2019 年)的通知
北铁办发〔2019〕59 号	关于成立铁山港区新时代文明实践志愿服务总队的通知
北铁办发〔2019〕60 号	关于调整有关领导小组的通知
北铁办发〔2019〕61 号	关于调整铁山港区处级领导干部联系点和区直(驻区)单位联系点的通知
北铁办发〔2019〕62 号	关于印发《北海市铁山港区社会科学界联合会深化改革实施方案》的通知
北铁办发〔2019〕63 号	关于印发北海市铁山港区着力发展壮大民营经济工作方案的通知
北铁办发〔2019〕65 号	关于印发北海市铁山港区打赢脱贫攻坚三年实施方案分工方案的通知
北铁办发〔2019〕66 号	关于进一步完善领导干部外出请示请假报告制度的通知

2019 年北海市铁山港区人民政府部分重要发文

文号	文件标题
北铁政发〔2019〕1 号	北海市铁山港区人民政府关于印发《北海市铁山港区全面推行“证照分离”改革实施方案》的通知
北铁政发〔2019〕2 号	关于领导工作分工调整的通知
北铁政发〔2019〕3 号	关于转发《自治区工业和信息化厅关于组织开展 2019 年广西工业龙头企业培育入库申报推荐工作(第一批)的通知》的通知

续表

文号	文件标题
北铁政发〔2019〕4号	关于北海市铁山港区南康镇陂塘村委会木村村民小组与广西农垦国有滨海农场土地权属纠纷的处理决定
北铁政发〔2019〕5号	关于成立北海市铁山港区土地(海洋)使用预选工作领导小组的通知

2019年北海市铁山港区人民政府办公室部分重要发文

文号	文件标题
北铁政办〔2019〕1号	关于转发北海市生态环境保护基础设施建设三年作战方案(2018—2020年)的通知
北铁政办〔2019〕2号	关于转发北海市土壤污染防治攻坚三年作战方案(2018—2020年)的通知
北铁政办〔2019〕3号	关于转发北海市大气污染防治攻坚三年作战方案(2018—2020年)的通知
北铁政办〔2019〕4号	关于成立铁山港区保护发展森林资源目标责任制工作领导小组的通知
北铁政办〔2019〕5号	关于调整北海市铁山港区公务用车制度改革领导小组的通知
北铁政办〔2019〕6号	关于成立推进政府职能转变和“放管服”改革协调小组的通知
北铁政办〔2019〕7号	关于印发北海市铁山港区开展预防一氧化碳中毒集中整治行动方案的通知
北铁政办〔2019〕8号	关于印发北海市铁山港区2018年度水土保持目标责任考核方案的通知
北铁政办〔2019〕9号	关于成立铁山港区生态环境损害赔偿制度改革工作领导小组的通知
北铁政办〔2019〕10号	北海市铁山港区人民政府办公室关于印发铁山港区2019年春季大气污染防治综合治理攻坚行动方案的通知
北铁政办〔2019〕11号	关于印发北海市铁山港区深化“放管服”改革转变政府职能电视电话会议重点任务分工方案的通知
北铁政办〔2019〕12号	北海市铁山港区人民政府办公室关于印发北海市铁山港区禁燃限放烟花爆竹工作方案的通知
北铁政办〔2019〕13号	关于做好2019年春节期间渔港渔船安全管理工作的通知
北铁政办〔2019〕14号	关于印发余兴国同志自然资源资产任中审计发现问题整改工作方案的通知
北铁政办〔2019〕15号	北海市铁山港区人民政府办公室关于成立北海诚德金属压延有限公司“2·15”事故调查组的通知
北铁政办〔2019〕16号	关于认定并公布全区三级古树及准古树保护的通知
北铁政办〔2019〕17号	关于印发北海市铁山港区人民政府网站信息审核发布制度的通知
北铁政办〔2019〕18号	关于印发北海市铁山港区“菜篮子”市场供求应急调控预案的通知
北铁政办〔2019〕19号	关于印发《北海市铁山港区落实“菜篮子”市长负责制工作方案》的通知
北铁政办〔2019〕20号	关于印发2019年北海市铁山港区人民政府及铁山港(临海)工业区管理委员会领导联系服务工业企业生产运行工作方案的通知
北铁政办〔2019〕21号	北海市铁山港区人民政府办公室关于成立铁山港区减税降费工作领导小组的通知
北铁政办〔2019〕22号	关于印发北海市铁山港区2019年伏季休渔管理工作实施方案的通知
北铁政办〔2019〕23号	关于成立铁山港区项目落实办公室的通知
北铁政办〔2019〕24号	关于成立铁山港区农村饮水安全管理责任体系领导小组的通知
北铁政办〔2019〕25号	关于印发《北海市铁山港区加快推进全区农业信贷担保体系建设助推乡村振兴工作方案》的通知
北铁政办〔2019〕26号	关于印发北海市铁山港区农村客运成品油价格补贴资金管理办法的通知
北铁政办〔2019〕27号	关于成立铁山港区农村物流融合发展工作领导小组的通知
北铁政办〔2019〕28号	关于印发铁山港区联合治超工作管理制度的通知

续表

文号	文件标题
北铁政办〔2019〕29号	关于印发北海市铁山港区畜禽养殖废弃物资源化利用工作考核方案通知
北铁政办〔2019〕30号	关于印发北海市铁山港区清理整治涉渔“三无”船舶专项行动工作方案的通知
北铁政办〔2019〕31号	关于印发北海市铁山港湾铁山港区海域生态环境治理工作方案的通知
北铁政办〔2019〕32号	关于印发北海市铁山港区政策性粮食库存数量和质量大清查工作实施方案的通知
北铁政办〔2019〕33号	关于建立“城乡居民两险”协调机制的通知
北铁政办〔2019〕34号	关于办公室领导工作分工调整的通知
北铁政办〔2019〕35号	关于印发2019年铁山港区耕地地力保护补贴项目实施方案的通知
北铁政办〔2019〕36号	关于印发北海市铁山港区农村集体经济组织成员身份确认指导意见(试行)的通知
北铁政办〔2019〕37号	关于印发北海市铁山港区2019年政务信息报送绩效考评方案的通知
北铁政办〔2019〕38号	关于印发铁山港区开展安全隐患大检查大排查大整治工作方案的通知
北铁政办〔2019〕39号	关于深化“一事通办”改革加强权责清单规范化建设的通知
北铁政办〔2019〕40号	关于做好区人大代表建议和政协委员提案办理工作的通知
北铁政办〔2019〕41号	关于印发北海市铁山港区整治道路货车违法超限超载、改装行为和非法运输矿产品专项行动方案的通知
北铁政办〔2019〕42号	关于印发北海市铁山港区深入开展公路货运车辆超限超载运输及加强货运装载源头整治工作方案的通知
北铁政办〔2019〕43号	关于印发北海市铁山港区新时代基层统计工作规范化建设实施方案的通知
北铁政办〔2019〕44号	关于印发北海市铁山港区江河湖库管理范围划定工作方案的通知
北铁政办〔2019〕45号	关于转发区审计局2019年度全区统一组织实施审计项目计划的通知
北铁政办〔2019〕46号	关于调整北海市铁山港区防汛抗旱指挥部成员的通知
北铁政办〔2019〕47号	关于成立“5·26”事故调查组的通知
北铁政办〔2019〕48号	关于调整区安全生产委员会组成人员的通知
北铁政办〔2019〕49号	关于做好市人大代表建议和政协委员提案办理工作的通知
北铁政办〔2019〕50号	关于调整北海市铁山港区招生委员会成员的通知
北铁政办〔2019〕51号	关于调整北海市铁山港区妇女儿童工作委员会成员的通知
北铁政办〔2019〕52号	关于调整北海市铁山港区消防安全委员会成员的通知
北铁政办〔2019〕53号	关于印发铁山港区诚德镍业公司废渣治理项目及辖区内建设项目扬尘整治专项整改方案的通知
北铁政办〔2019〕54号	关于调整营盘中心渔港项目开发建设协调工作领导小组的通知
北铁政办〔2019〕56号	关于印发南康糖厂生活区危房清场实施方案的通知
北铁政办〔2019〕57号	关于调整北海市铁山港区“四好农村路”领导小组的通知
北铁政办〔2019〕58号	关于印发北海市铁山港区2019年自然资源卫片执法工作实施方案的通知
北铁政办〔2019〕59号	关于成立北海港铁山港区航道三期工程Ⅱ标段海域施工影响范围清海工作组的通知
北铁政办〔2019〕60号	关于成立北海诚德镍业有限公司“7·6”事故调查组的通知
北铁政办〔2019〕61号	关于印发北海市铁山港区重点片区、重点项目征地搬迁蓄水池资金管理办法的通知
北铁政办〔2019〕62号	关于调整铁山港区重大动物疫病防治指挥部成员的通知
北铁政办〔2019〕63号	关于调整北海市铁山港区农村公路建设领导小组的通知
北铁政办〔2019〕64号	北海市铁山港区人民政府办公室关于印发北海市铁山港区乡村“三清三折”整治六十日攻坚行动方案的通知
北铁政办〔2019〕65号	关于印发第十一届广西体育节铁山港区分会场工作方案的通知

续表

文号	文件标题
北铁政办〔2019〕66号	关于成立北海诚德金属压延有限公司“7·28”事故调查组的通知
北铁政办〔2019〕67号	关于调整北海市铁山港区妇女儿童工作委员会成员的通知
北铁政办〔2019〕68号	关于印发北海市铁山港区加快实施“四建一通”工程推进“四好农村路”高质量发展工作方案(2019—2021年)的通知
北铁政办〔2019〕69号	关于成立北海市铁山港区铁路建设工作领导小组的通知
北铁政办〔2019〕70号	关于印发北海市铁山港区继续深入开展公路货运车辆违法超限超载治理专项行动工作方案的通知
北铁政办〔2019〕71号	关于区人民政府领导AB角工作安排的通知
北铁政办〔2019〕72号	关于成立北海市铁山港区非洲猪瘟防控指挥部的通知
北铁政办〔2019〕73号	关于印发北海市铁山港区城乡居民最低生活保障和特困人员救助供养审批权限下放镇人民政府工作实施方案的通知
北铁政办〔2019〕74号	北海市铁山港区人民政府办公室关于印发铁山港区乡镇污水处理收费工作实施方案的通知
北铁政办〔2019〕75号	关于印发北海市铁山港区残疾儿童康复救助实施方案的通知
北铁政办〔2019〕76号	关于成立铁山港区防范中小学生溺水工作领导小组和建立联席会议制度的通知
北铁政办〔2019〕77号	关于印发2019—2020年北海市铁山港区农村建档立卡贫困户危房改造奖励方案的通知
北铁政办〔2019〕78号	关于印发北海市铁山港区开展2014—2018年度农村饮水安全工程建设存在问题专项清理整治工作方案的通知
北铁政办〔2019〕79号	关于印发北海市铁山港区“壮美广西·智慧广电”工程实施方案的通知
北铁政办〔2019〕80号	关于印发铁山港区公用码头无主矿产品堆场处置专项工作方案的通知
北铁政办〔2019〕81号	关于印发北海市铁山港区防御台风应急预案和北海市铁山港区洪潮灾害应急预案的通知
北铁政办〔2019〕82号	关于印发北海市铁山港区农村公路土地确权工作实施方案的通知
北铁政办〔2019〕84号	关于将农村公路客运经费纳入公共财政保障的通知
北铁政办〔2019〕85号	关于印发北海市铁山港区农村公路路域环境整治专项行动方案的通知
北铁政办〔2019〕86号	关于印发北海市铁山港区高速公路入口称量检测工作实施方案的通知
北铁政办〔2019〕87号	关于印发北海市铁山港区乡村医生“乡聘村用”实施方案(试行)的通知
北铁政办〔2019〕88号	关于印发北海市铁山港区紧密型县(区)域医疗卫生共同体试点建设实施方案(试行)的通知

文件选编

中共北海市铁山港区委员会　北海市铁山港区人民政府
北海市铁山港(临海)工业区管理委员会关于印发
《铁山港产业树招商实施方案》的通知

北铁发〔2019〕4号

区辖镇党委和人民政府,区直各部、委、办、局,各企事业单位,铁管委各部门,各有关单位:

现将《铁山港产业树招商实施方案》印发给你们，请认真贯彻执行。

中共北海市铁山港区委员会
北海市铁山港区人民政府
北海市铁山港（临海）工业区管理委员会
2019 年 3 月 12 日

铁山港产业树招商实施方案

为推进我区石油化工、不锈钢、玻璃、林纸、农渔业、服务业等重点产业发展，将产业树编制成果落到实处，以产业树为指导开展全员精准招商，特制定本实施方案。

一、指导思想

围绕"强龙头、补链条、聚集群"，以"项目落实年"为抓手，以石油化工、不锈钢、玻璃、林纸、农渔业、第三产业等为重点，以产业树为指导，以产业链招商为主要途径，深入开展全员招商工作，不断强化招商工作机制，创新招商引资手段，拓展招商引资的广度和深度，提高招商引资质量和水平，实现"投产一批，落户一批，储备一批，洽谈一批，推介一批"的招商发展目标，补全、延长产业链，把产业树做成产业林，把产业实力做大做强做优。

二、主要目标

（一）新签投资合同项目 50 个以上，投资总额 350 亿元以上，其中 50 亿元以上项目不低于 3 个，10 亿元以上项目不低于 10 个，亿元以上项目不低于 20 个。

（二）招商引资实际到位资金 121 亿元以上，其中全口径实际利用外资 2.5 亿美元以上。

三、招商引资工作重点和职责分工

由区委书记余兴国、区政协主席彭岳军担任产业树招商总负责人，按照"一棵产业树、一个工作组、一支招商队伍"的工作模式，每棵产业树对应成立一个招商工作组，分别由一名区领导担任组长、副组长，相关部门抽调人员组成一支招商队伍具体承担各产业树招商工作。没有抽调参加产业招商工作组、督查组的区四家班子、法院、检察院其他处级领导干部以及区党政工作部门，自行组织开展招商活动，每名处级领导、每个部门引进项目 1 个以上。各乡镇组建招商队伍，引进项目不少于 5 个。

成立招商工作领导小组：

组　长：余兴国　区委书记
副组长：龙起云　区委副书记、区长、铁管委主任（兼）
　　　　彭岳军　区政协主席
成　员：李玉婷　区委副书记
　　　　叶　艳　区委常委、纪委书记、监委主任
　　　　刘将远　区委常委、统战部部长
　　　　卢道云　副区长提名人选
　　　　岑明阳　区委常委、副区长（挂职）
　　　　罗　虹　副区长提名人选
　　　　杨晓峰　副区长提名人选、南康镇党委书记
　　　　严锡强　区人大常委会副主任

王才儒　区人大常委会副主任
李　静　区人大常委会副主任
管务光　区政协副主席
陈德萍　区政协副主席
邓明仪　区政协副主席
吴华强　铁管委副主任
陈绪贤　区住房和城乡建设局局长
陆国忠　区发展和改革局负责人、铁管委招商局局长
韩有才　区海洋局局长
黄元贵　区科技商务和工业信息化局局长
叶培高　区招商促进局局长
黄家琳　区农业农村和水利局局长
李学武　铁管委财政局局长

领导小组下设办公室、十个工作组，办公室设在区招商局，罗虹同志担任办公室主任，陆国忠、叶培高担任办公室副主任，负责日常工作。

（一）石化产业招商工作组

组　长：卢道云　副区长提名人选

副组长：严锡强　区人大常委会副主任

成　员：铁管委建开局韦功华、铁管委招商局潘承君、韩映虹（排在首位的为工作组联络员，下同）

目标任务：新签投资合同项目10个以上，投资总额100亿元以上，完成招商引资到位资金35亿元，举办1次以上专题推介会。

工作重点：上游环节重点推动中石化北海炼化提质增效；中游环节重点引进一批乙烯、丙烯、异辛烷、芳烃、甲苯、二甲苯等基础化工原料项目；下游环节重点引进PP聚丙烯、聚乙烯、EVA树脂、苯乙烯、聚碳酸酯、丁苯橡胶、ABS等精细化工项目。

重点跟踪项目：上游环节重点跟踪北海炼化炼油结构化调整项目、5万吨级化工码头、LNG项目二期等；中游环节重点跟踪30万吨/年丙烷脱氢项目、200万吨/年劣质油深加工项目、100万吨/年乙烷制乙烯项目等；下游环节重点跟踪300万吨/年超低甲醛释放尿醛树脂项目、25万吨/年苯乙烯项目、2万吨/年催化剂及吸附剂项目、抗污船舰涂料基地建设项目等。

重点招商区域：山东东营市、江苏南京市、浙江宁波市等。

（二）不锈钢产业招商工作组

组　长：罗　虹　副区长提名人选

副组长：管务光　区政协副主席

成　员：区发改局陆国忠，铁管委建开局李洋、经发局张清贤

目标任务：新签投资合同项目10个以上，投资总额80亿元以上，完成招商引资到位资金26.5亿元，举办1次以上专题推介会。

工作重点：上游环节重点推动北海诚德扩能增效，争取引进不锈钢产能转移项目；中游环节重点引进板材、型材、棒线卷材、制管等不锈钢深加工项目；下游环节重点引进一批五金配件、建材、汽车配件、船舶部件、存储罐、医疗器械、餐厨具、不锈钢家具、废钢回收加工等项目。

重点跟踪项目:上游环节重点跟踪诚德新材料填平补齐优化结构项目等;中游环节重点跟踪70 万吨 / 年棒线材项目、60 万吨 / 年圆钢和型材项目、10 万吨 / 年不锈钢焊管项目、不锈钢精密加工配送中心项目等;下游环节重点跟踪不锈钢建材五金产品生产线项目、废钢加工处理及综合利用项目、年产 1 万吨热支撑材料生产线项目等。

重点招商区域:河北廊坊市,山东淄博市、临沂市,广东佛山市、云浮市、揭阳市等。

(三)玻璃产业招商工作组

组　长:吴华强　铁管委副主任

副组长:陈德萍　区政协副主席

成　员:区科技商务工信局黄元贵,铁管委招商局夏汇哲、建开局蔡晓霞

目标任务:新签投资合同项目 5 个以上,投资总额 40 亿元以上,完成招商引资到位资金 13.5 亿元以上,举办 1 次以上专题推介会。

工作重点:上游环节重点加快推进石英砂深加工企业的环保整治工作,引进纯碱等原料生产企业,确保信义玻璃项目的原料供应;中游环节全力推进信义玻璃系列项目,争取引进玻璃纤维项目;下游环节重点引进一批玻璃制品制造、建筑行业、家具行业、光伏组件等玻璃应用领域的项目。

重点跟踪项目:上游环节重点跟踪 60 万吨 / 年纯碱项目、50 万吨 / 年优质高纯石英砂深加工项目、高纯石英光电新材料项目等;中游环节重点跟踪信义集团的浮法玻璃、LOW-E 镀膜玻璃、汽车前挡夹层玻璃、超白太阳能玻璃项目、颂领环球的节能玻璃开发与制造项目等;下游环节重点跟踪福田汽车生产基地项目等。

重点招商区域:江苏苏州市、无锡市,安徽芜湖市、滁州市,广东中山市等。

(四)林纸产业招商工作组

组　长:杨晓峰　副区长提名人选、南康镇党委书记

副组长:邓明仪　区政协副主席

成　员:区招商局叶年洪,铁管委招商局李菁菁、建开局林钧

目标任务:新签投资合同项目 5 个以上,投资总额 30 亿元以上,完成招商引资到位资金 10 亿元,举办 1 次以上专题推介会。

工作重点:上游环节重点推进清洁分布式能源、林纸产业原料、辅助材料供应;中游环节重点推进斯道拉恩索(广西)浆纸有限公司二期项目建设,积极洽谈引进纸浆、纸板转移项目;下游环节重点引进一批液体包装纸、纸杯、牛卡、白卡烟卡包装、高档生活用纸及相关纸制品等项目。

重点跟踪项目:上游环节重点跟踪宏大双氧水项目、松脂覆膜项目等;中游环节重点跟踪斯道拉恩索(广西)浆纸有限公司二期项目、广州造纸厂项目等;下游环节重点跟踪可恩索纸管生产线项目、利乐液体包装纸项目等。

重点招商区域:上海市、山东青岛市、浙江杭州市、广东广州市等。

(五)农渔业招商工作组

组　长:李玉婷　区委副书记

副组长:李　静　区人大常委会副主任

成　员:区农业农村和水利局黄家琳、区海洋局韩有才、区招商局陈礼娟

目标任务:全年新签投资合同项目 5 个以上,投资总额 10 亿元以上,完成招商引资到位资金 3 亿元。

工作重点:围绕现代农业、田园综合体、渔港配套设施、水产品加工、远洋捕捞、冷链物流、农产

品加工储藏、电子商贸、名特优产品种养、休闲农庄、精准扶贫、集贸市场建设以及村集体经济等方面进行招商,引进布局环保、劳动密集型产业,提高农业生产现代化水平和农民经济收入。

重点跟踪项目:台湾南樟股份公司澳洲龙虾项目、海南凯洋海洋生物提炼及研发项目等。

重点招商区域:港台地区、辽宁大连市、浙江省舟山市、福建福州市等。

(六)第三产业招商工作组

组　长:岑明阳　区委常委、副区长(挂职)

副组长:罗　虹　副区长提名人选

成　员:区招商局叶培高、区住建局肖慧敏、区招商局陈洪杰

目标任务:新签投资合同项目 10 个以上,投资总额 70 亿元以上,完成招商引资到位资金 23 亿元。

工作重点:围绕新城区高品质学校和医院、城市综合体、房地产、商贸物流、高品质服务业以及其他生产性、生活性服务业开展招商引资,优化城镇居民居住条件以及我区创新创业环境,加快产城融合发展。围绕南康特色小镇,开展商贸物流中心、特色商业街区、乡镇基础设施建设、特色手工业等方面进行招商。

(七)其他产业招商工作组

组　长:刘将远　区委常委、统战部部长

副组长:王才儒　区人大常委会副主任

成　员:铁管委经发局宋平、田春,区退役军人事务局甘绍强

目标任务:新签投资合同项目 5 个以上,投资总额 30 亿元以上,完成招商引资到位资金 10 亿元。

工作重点:围绕上述产业之外的其他产业项目,组建招商小分队开展招商引资。

(八)综合组

组　长:罗　虹

副组长:陆国忠、叶培高

成　员:铁管委财政局李学武、区招商局蔡美燕、铁管委招商局朱觉军

工作职责:汇总招商引资工作计划,编制月度快报,每月定斯通报招商进展情况。审定投资合同并按程序报批。负责招商经费安排和报销。建立定期沟通机制,牵头组织每季度召开一次工作协调会,半年开一次产业树招商经验小结会,总结取得的成绩,共享收集的信息,分析存在的问题,研判面临的新形势、新变化,及时解决问题,调整招商策略。组织开展年度招商工作评优评劣。

(九)项目落地服务组

1. 帮办服务组

组　长:吴华强

副组长:廖园、李洋

成　员:铁管委综合服务中心李潇、黎耀宇、庞英南、

区发改局蔡昭满及区政务服务中心相关人员

工作职责:项目签订投资合同后,开展帮办服务。

2. 规划国土报批组

组　长:卢道云

副组长:陈绪贤、韦功华

成　员:铁管委建开局谌春梅、林钧及相关人员

工作职责:项目签订投资合同后,负责协助企业办理规划、国土报批手续。

(十)督查组

组　长:叶　艳　区委常委、纪委书记、监委主任

副组长:区纪委黄洪、区委办吴志全

成　员:区纪委监委卢俊方、区委组织部徐小琴、区政府办公室梁文洁

工作职责:对照年度招商计划,对各招商工作组和各乡镇、区直部门招商工作开展专项督查,对不积极作为、不采取有效措施、不能完成招商任务的单位进行通报,并提出追责问责建议,确保产业树招商取得扎实、持续的成效。

四、保障措施

(一)组织招商业务培训。区招商局、铁管委招商局牵头组织开展招商培训活动,工作组全体成员及全区有招商任务的工作人员充分熟悉各产业树的重点发展环节、发展方向和推进策略等主要内容,掌握招商政策和谈判策略技巧。

(二)细化招商计划方案。各招商工作组要根据本方案的要求,及时制定工作计划细案开展招商引资行动,工作计划细案于 2 月 28 日前分别报综合组和督查组。

(三)定期汇报沟通。各招商工作组每半月将招商工作进展情况分别报综合组和督查组。每月召开一次工作沟通协调会,交流招商经验、协调解决问题。

(四)编制用地用海方案。根据各工作组年度招商计划,制订年度项目用地收储方案、用海方案、岸线前置审核计划。全面保障年度招商项目落地。(责任单位:区自然资源局、区海洋局、区发改局)

(五)开展土地征收。根据年度项目用地收储方案,制定年度征地计划,按计划分步骤开展征地搬迁工作,确保招商项目按时用地。全面清理闲置项目,妥善解决历史遗留问题,腾出土地利用空间以有效洽谈新项目。(责任单位:区征收办、各镇政府)

(六)开展帮办服务。招商项目投资意向明确落实后,列入铁山港“该干即办”服务事项,根据“该干即办”的工作模式,由帮办中心开展“一周协调、一月通报、一季小结、一年评比”的项目跟踪服务活动,对招商过程和项目建设过程中存在的问题予以及时协调解决。(责任单位:区政务服务管理办公室、铁管委综合服务中心、各镇政府)

(七)开设绿色通道。开设招商引资绿色通道,对重点招商项目,执行“三个优先”,即优先开展审批或认定、优先办理证照、优先安排规划和项目用地,并及时为项目落地、建设和投产兑现相关优惠扶持政策。(责任单位:区政务服务管理办公室、区发改局、铁管委综合服务中心)

(八)纳入绩效考评。对各工作组、相关单位招商工作和服务工作进行绩效考评。对在招商工作中做出重大贡献的相关单位,年度考核中优秀等次比例提高 10 个百分点,绩效考评优先评为一等;对表现突出的干部,年度考核评定为优秀等次,并提拔重用。对未完成招商引资任务的单位,年度考核中优秀等次比例减少 10 个百分点,绩效考评不得评为一等。鼓励先进,鞭策后进,形成招商工作创先争优的氛围。(责任单位:区委组织部、区督查绩效办)

(九)加强经费保障。各工作组根据年度工作计划,编制工作经费预算。区财政、铁管委财政应积极提供经费保障,确保产业树招商工作顺利开展。(责任单位:区财政局、铁管委财政局)

2019 年 3 月 12 日

2019 年铁山港产业树全员招商区直单位任务表

单位	新签约项目任务(个)(投资额度 1000 万元以上)
区人民法院	1
区人民检察院	1
区机关工委	1
区编委办	1
区委巡察办	1
区督查绩效办	1
区信访局	1
团区委	1
区妇联	1
区残联	1
区工商联	1
区党史办	1
区教育局	1
区人社局	1
区自然资源局	1
区交通局	1
区文体广电旅游局	1
区卫生健康局	1
区应急管理局	1
区审计局	1
区市场监督管理局	1
区统计局	1
区综合行政执法局	1

中共北海市铁山港区委员会印发《关于在全区开展“不忘初心、牢记使命”主题教育的实施方案》的通知

北铁发〔2019〕12 号

区辖镇党委,区委各部门,区直各党(工)委、党组,各人民团体党组织,各有关单位党组织:

现将《关于在全区开展“不忘初心、牢记使命”主题教育的实施方案》印发给你们,请结合实际,认真贯彻落实。

中共北海市铁山港区委员会

2019 年 9 月 16 日

关于在全区开展“不忘初心、牢记使命”主题教育的实施方案

根据党的十九大部署,党中央决定,以县处级以上领导干部为重点,在全党开展“不忘初心、牢

记使命”主题教育。根据《中共中央关于在全党开展“不忘初心、牢记使命”主题教育的意见》(中发〔2019〕19号)、《印发〈关于开展第二批“不忘初心、牢记使命”主题教育的指导意见〉的通知》(教组发〔2019〕24号)、《自治区党委印发〈关于在全区开展“不忘初心、牢记使命”主题教育的实施方案〉的通知》(桂发〔2019〕18号)和《中共北海市委印发〈关于在全市开展“不忘初心、牢记使命”主题教育的实施方案〉的通知》(北发〔2019〕17号)精神,结合实际,现就铁山港区开展“不忘初心、牢记使命”主题教育制定如下实施方案。

一、总体要求

为中国人民谋幸福,为中华民族谋复兴,是中国共产党人的初心和使命,是激励一代代中国共产党人前赴后继、英勇奋斗的根本动力。开展“不忘初心、牢记使命”主题教育,是以习近平同志为核心的党中央统揽伟大斗争、伟大工程、伟大事业、伟大梦想作出的重大部署,对我们党不断进行自我革命,团结带领人民在新时代把坚持和发展中国特色社会主义这场伟大社会革命推向前进,对统筹推进“五位一体”总体布局、协调推进“四个全面”战略布局,决胜全面建成小康社会、夺取新时代中国特色社会主义伟大胜利、实现中华民族伟大复兴的中国梦,具有重大而深远的意义。

当前,铁山港区已经和全国、全区、全市一道迈进新时代,踏上了建设壮美广西、共圆复兴梦想的新征程,迫切需要我们进一步凝聚共识、集聚动力,奋力谱写新时代铁山港发展新篇章。区辖各级党组织和广大党员干部要深刻认识开展“不忘初心、牢记使命”主题教育,是用新时代中国特色社会主义思想武装全党的迫切需要、推进新时代党的建设的迫切需要、保持党同人民群众血肉联系的迫切需要、实现党的十九大确定的目标任务的迫切需要,坚持以习近平总书记重要指示精神统揽工作全局,主动在习近平总书记视察广西及北海重要讲话和对广西工作的定位、题词、批示要求中找铁山港区的责任使命和发展机遇,在广西和北海的发展大局当中找铁山港区的位置和工作重点,努力解放思想、改革创新、转变作风、担当实干,加快推进南珠新城建设,加速产城融合高质量发展,打造向海发展的临港大工业集群。

开展“不忘初心、牢记使命”主题教育,根本任务是深入学习贯彻习近平新时代中国特色社会主义思想,锤炼忠诚干净担当的政治品格,团结带领各族人民为实现伟大梦想共同奋斗。县处级以上领导干部是党执政兴国的骨干力量,必须在学懂弄通做实习近平新时代中国特色社会主义思想上下功夫、作表率,确保全党思想意志统一、行动步调一致。要将力戒形式主义、官僚主义作为主题教育重要内容,教育引导党员干部牢记党的宗旨,坚持实事求是的思想路线,树立正确政绩观,真抓实干,转变作风。

这次主题教育要贯彻守初心、担使命,找差距、抓落实的总要求。

——守初心,就是要牢记全心全意为人民服务的根本宗旨,以坚定的理想信念坚守初心,牢记人民对美好生活的向往就是我们的奋斗目标;以真挚的人民情怀滋养初心,时刻不忘我们党来自人民、根植人民,人民群众的支持和拥护是我们胜利前进的不竭力量源泉;以牢固的公仆意识践行初心,永远铭记人民是共产党人的衣食父母,共产党人是人民的勤务员,永远不能脱离群众、轻视群众、漠视群众疾苦。

——担使命,就是要牢记我们党肩负的实现中华民族伟大复兴的历史使命,勇于担当负责,积极主动作为,用科学的理念、长远的眼光、务实的作风谋划事业;保持斗争精神,敢于直面风险挑战,知重负重、攻坚克难,以坚忍不拔的意志和无私无畏的勇气战胜前进道路上的一切艰难险阻;在实践历练中增长经验智慧,在经风雨、见世面中壮筋骨、长才干。

——找差距,就是要对照新时代中国特色社会主义思想和党中央决策部署,对照党章党规,对照人民群众新期待，对照先进典型、身边榜样，坚持高标准、严要求，找一找在增强“四个意识”、坚定“四个自信”、做到“两个维护”方面存在哪些差距，找一找在知敬畏、存戒惧、守底线方面存在哪些差距，找一找在群众观点、群众立场、群众感情，服务群众方面存在哪些差距，找一找在思想觉悟、能力素质、道德修养、作风形象方面存在哪些差距，有的放矢进行整改。

——抓落实，就是要把新时代中国特色社会主义思想转化为推进改革发展稳定和党的建设各项工作的实际行动，把初心使命变成党员干部锐意进取、开拓创新的精气神和埋头苦干、真抓实干的自觉行动，力戒形式主义、官僚主义，推动党的路线方针政策落地生根，推动解决人民群众反映强烈的突出问题，不断增强人民群众获得感、幸福感、安全感。

这次主题教育要达到以下目标：

1. 理论学习有收获。在原有学习的基础上取得新进步、达到新高度，不断加深对习近平新时代中国特色社会主义思想重大意义、科学体系、丰富内涵的理解，学深悟透、融会贯通、真信笃行，增强贯彻落实的自觉性坚定性，提高运用党的创新理论指导实践、推动工作的能力。

2. 思想政治受洗礼。坚定对马克思主义的信仰、对中国特色社会主义的信念，传承红色基因，增强“四个意识”，坚定“四个自信”，做到“两个维护”，自觉在思想上政治上行动上同以习近平同志为核心的党中央保持高度一致，始终忠诚于党、忠诚于人民、忠诚于马克思主义。

3. 干事创业敢担当。勇于直面矛盾，增强斗争精神，苦干实干、开拓进取，知重负重、攻坚克难，以钉钉子精神贯彻落实党的十九大精神和党中央决策部署，努力创造经得起实践、人民、历史检验的实绩。

4. 为民服务解难题。坚守人民立场，把人民对美好生活的向往作为奋斗目标，自觉同人民想在一起、干在一起，着力解决群众的操心事、烦心事、揪心事，不断增强人民群众获得感、幸福感、安全感。

5. 清正廉洁作表率。保持为民务实清廉的政治本色，警钟长鸣，知敬畏、存戒惧、守底线，公私分明，“亲”“清”分开，清白做人、干净干事，坚持公正用权、依法用权、为民用权、廉洁用权，营造风清气正的政治生态。

二、工作安排

铁山港区主题教育从 2019 年 9 月开始，11 月底基本结束，开展集中教育时间不少于 3 个月。主要包括区级党和国家机关及其直属单位和企事业单位，区直各党委（党工委、党组），区辖各镇和各村、社区，非公有制经济组织、社会组织和其他基层组织。区委常委会主动对标自治区党委，参照北海市委常委会的做法，以高度的政治自觉带头开展“不忘初心、牢记使命”主题教育，结合工作对主题教育进行调研指导，推进铁山港区主题教育深入开展。这次主题教育不划阶段、不分环节，把学习教育、调查研究、检视问题，整改落实贯穿全过程。

（一）学习教育。将学习贯彻始终，区辖各党委（党工委、党组）要制定专门学习计划，列出学习内容清单，推动学习贯彻习近平新时代中国特色社会主义思想往深里走、往心里走、往实里走，把学习成效体现到增强党性、提高能力、改进作风、推动工作上来。

原原本本学。党员领导干部以自学为主，学习党的十九大报告和党章，学习《习近平关于“不忘初心、牢记使命”重要论述选编》《习近平新时代中国特色社会主义思想学习纲要》，要组织党员以个人自学为主，原原本本通读《习近平关于“不忘初心、牢记使命”重要论述摘编》等，跟进学习习近平总书记最新重要讲话文章，理解其核心要义和实践要求，自觉对表对标、及时校准偏差。深入学习习近平总书记 2015 年参加十二届全国人大三次会议广西代表团审议时的重要讲话、2017

年视察广西及北海时的重要讲话、2018 年为自治区成立 60 周年的重要题词、2019 年全国“两会”期间听取广西工作汇报时的重要指示，全面准确把握“三大定位”新使命、“五个扎实”新要求和建设壮美广西、共圆复兴梦想以及“打造好向海经济，写好新世纪海上丝绸之路新篇章”等重要指示精神，及时跟进学习贯彻习近平总书记最新讲话精神。各部门还要学习贯彻习近平总书记关于本领域工作的重要讲话和指示精神。

集中学习研讨。采取理论学习中心组学习、举办读书班等形式，列出专题，交流研讨，集中学习研讨 5—7 天时间。开展“守初心，传承红色基因”学习讨论，依托北海市“不忘初心、牢记使命”主题教育体验基地和市、区内各红色资源进行革命传统教育，深度挖掘革命文化的时代内涵和当代价值；开展“记嘱托、解束缚再出发”学习讨论，重拾习近平总书记视察北海、铁山港足迹，对照习近平总书记视察铁山港公用码头提出的“打造向海经济”重要指示精神的落实情况，组织开展加快打造向海经济、加强生态文明建设、优化营商环境“强龙头、补链条、聚集群”、对接粤港澳大湾区建新功等专题讨论，进一步解放思想、认清形势、找准定位，推动铁山港区经济提质增量，富民强区；开展“担使命、强信心谋发展”学习讨论，继续发扬“说干就干、干就干好”这一铁山港人“铁”的精神，深入落实“四为”理念、“三坚持两改变”要求和“解放思想大讨论”提炼的成果，学习新中国成立 70 周年以来的建设发展历程，加强形势政策教育，大力破除“五种沉疴痼疾”，坚决整治“四不为”（不作为、慢作为、懒作为、乱作为），推动思想再解放、能力再提高、方法再创新，激励广大干部践行“担当为要、实干为本、发展为重、奋斗为荣”理念，全力推进南珠新城建设，壮大临港工业“产业树”；开展“学先进、找差距存戒惧”学习讨论，认真学习《先进典型教育材料汇编》，深入学习张富清、黄大年、黄文秀、骆春伟等同志的先进事迹，选树“港区发展先锋”，加强向身边先进典型学习，深入剖析“解放思想大讨论”梳理汇编的正反面典型案例，选取近年来中央、自治区、北海市及铁山港区查处的党员干部违法违纪典型案例作为反面教材，进行深刻剖析，强化警示教育。要灵活采取宣讲辅导、座谈研讨、现场教学、观看革命题材影片等形式，增强学习的针对性、实效性和感染力。领导干部要写好学习体会，通过学习，提升素质和能力，学以致用，用有所成。

（二）调查研究。大兴调查研究之风，区辖各党委（党工委、党组）要结合党中央、自治区党委、北海市委及区委部署正在做的事情，着眼解决实际问题，制定调研计划，列出调研内容清单，促进各级领导干部沉下去了解民情、掌握实情，多到“三个一线”去，多到情况复杂、群众意见多的地方去，拿出破解难题的实招、硬招，推动党中央、自治区党委、北海市委和区委决策部署落实落地。

区处级领导干部要带头深入开展调研。围绕贯彻落实党中央决策部署和习近平总书记重要指示批示精神，围绕解决铁山港区和分管领域存在的突出问题和群众反映强烈的热点难点问题，围绕解决党的建设面临的紧迫问题，围绕坚决打好三大攻坚战、应对和化解各种风险挑战等进行调研，真正把情况摸清楚，把症结分析透，研究提出解决问题、改进工作的办法措施。着眼于提高经济发展质量，组织开展完成重大项目建设攻坚年、优化营商环境攻坚年、产业大招商攻坚年“三大攻坚年”目标任务专题调研；着眼于提高脱贫攻坚质量，组织开展推进农业产业化和发展壮大村级集体经济、加快乡村振兴步伐专项调研；着眼于提高新时代党的建设质量，组织开展提升党组织的组织力、抓党建促发展、抓党建促业务专项调研。调查研究要树立鲜明的问题导向，要重实效、接地气，提倡蹲点调研、跟踪调研、随机调研，一竿子插到底，切实掌握第一手材料。要轻车简从，不搞层层陪同，不增加基层负担。要统筹安排，不扎堆调研。调研结束后，领导班子成员要梳理调研情况，撰写调研报告，交流调研成果，把调研成果转化为解决问题的具体行动。

领导班子成员在学习调研基础上讲专题党课。主要负责同志带头讲，班子成员到分管领域、单位或挂点村、“三有三送”联系点讲。党课要突出针对性，讲学习体会收获，讲运用习近平新时代中国特色社会主义思想指导实践、推动工作存在的差距和改进工作的思路措施。

调查研究要树立鲜明的问题导向，注重实效。聚焦人民群众最急最忧最怨的问题，聚焦长期困扰我区改革发展的痛点堵点难点问题，形成针对性、指导性、操作性强的意见和建议，制定化解矛盾和解决问题的工作方案，使调研的过程成为加深对党的创新理论领悟的过程，成为密切同人民群众血肉联系的过程，成为推动事业发展的过程。

（三）检视问题。区辖各党委（党工委、党组）要对照习近平新时代中国特色社会主义思想和党中央决策部署，对照党章党规，对照初心使命，对照习近平总书记视察铁山港公用码头提出的重要指示精神，查摆自身不足，查找工作短板，列出检视问题清单，深刻检视剖析。

广泛听取意见。结合调查研究，采取座谈交流、个别访谈、随机走访、谈心谈话、书面征求意见等多种方式，充分听取工作服务对象、基层党员群众对领导班子、领导干部存在突出问题的反映，对改进作风、改进工作的意见和建议。上级党组织要结合巡视巡察、干部考察、工作考核等情况，对下级单位领导班子和班子成员提出意见。

认真检视反思。领导班子要聚焦党的政治建设、思想建设、作风建设存在的突出问题进行检视反思。政治建设方面要重点检视政治信仰、政治领导、政治能力、政治生态上存在的问题；思想建设方面要重点检视理论武装、信念信仰、党性修养、价值观念、思想解放、创新意识上存在的问题；作风建设方面要重点检视宗旨意识、精神状态、担当实干、务实为民、遵规守纪上存在的问题。党员领导干部要对照上级党组织巡视巡察和督导检查反馈的问题、上级领导的点评要求、群众提出的意见建议、学习先进对比出的差距不足以及通过调研了解掌握的实际情况等进行全面梳理，逐项列出清单，逐一对照检查，把问题找准找实、把根源挖深挖透，明确努力方向，联系思想工作，实事求是地写检视剖析材料，不搞官样文章，不硬性规定字数。

（四）整改落实。突出主题教育的实践性，坚持边学边查边改，对调研发现的问题、群众反映强烈的问题、巡视巡察反馈的问题，找准靶子，有的放矢，制定整治工作方案，列出整改措施清单，逐项进行整改。整改措施要针对问题、落细落小，能改的立即改，一时解决不了的盯住改、限期改，一件一件整改到位，在不断解决问题中深化改革、推动发展。

坚决整治党中央提出的8项整治重点问题。一是整治对贯彻落实习近平新时代中国特色社会主义思想和党中央决策部署置若罔闻、应付了事、弄虚作假、阳奉阴违的问题。大力整治党员干部作风不正、守不住底线、说假话欺上瞒下的问题。二是整治干事创业精气神不够，患得患失，不担当不作为的问题。结合铁山港区实际强化干部队伍中存在的不敢担当、不愿担当、不会担当的突出问题整治。三是整治违反中央八项规定精神的突出问题。四是整治形式主义、官僚主义，层层加重基层负担，文山会海突出，督查检查考核过多过频的问题。五是整治领导干部配偶、子女及其配偶违规经商办企业，甚至利用职权或者职务影响为其经商办企业谋取非法利益的问题。六是整治对群众关心的利益问题漠然处之，空头承诺，推诿扯皮，以及办事不公、侵害群众利益的问题。七是整治基层党组织软弱涣散，党员教育管理宽松软，基层党建主体责任缺失的问题。八是整治对黄赌毒和黑恶势力听之任之、失职失责，甚至包庇纵容、充当保护伞的问题。

扎实开展自治区党委提出的3项专项整治行动。一是着眼于加快建设壮美广西，开展“六破六立”促发展专项行动，全面落实激励干部担当作为系列政策措施，推动“担当为要、实干为本、发展为重、奋斗为荣”理念走深走实，全面破除“五种沉疴痼疾”，坚决整治“四不为”，形成“争上游、创一流”的生动局面。二是着眼于改善软环境、提升软实力，开展整治营商环境专项行动，加快兑现“最多跑一次”和“一次都不用跑”的承诺，认真落实“三坚持两改变”，坚决执行市委、市政府和区委、区政府做出的决定部署，认真完成各项工作任务，决不拖全区后腿。着力打造稳定公平透明、可预期的一流营商环境，构建新型亲商安商的政商关系。三是着眼于提高基层党组织的组织力，重点整治基层党建弱化虚化边缘化问题，开展基层党建“提质聚力”行动，实现基层党组织全面过硬、全面进步。

整改落实要防止虎头蛇尾、久拖不决，防止纸上整改、虚假整改，防止以简单问责基层干部代替整改责任落实，防止以整改为名，层层填表报数，增加基层负担。上级机关要作出表率，并加强对下级机关整改的督促检查。专项整治情况要以适当方式向党员干部群众进行通报。对专项整治中发现的违纪违法问题，要严肃查处。要从领导干部自身素质提升、解决问题成效、群众评价反映等方面，客观评估主题教育效果，形成成果清单，把主题教育中形成的好经验好做法用制度形式运用好、坚持好。

主题教育结束前，区委及区辖各党委（党工委、党组），区直各部门、直属企事业单位要召开党员领导干部专题民主生活会，落实“八个必须、八个决不允许”要求，运用学习调研成果，针对检视反思的问题，联系整改落实情况，红脸出汗，认真开展批评和自我批评。

村、社区党组织，中小学校等事业单位以及其他经济组织、社会组织中的基层党组织，要以党支部为单位，依托“三会一课”主题党日等，组织党员开展学习教育，严格组织生活，召开专题组织生活会，深化主题教育成果，加强组织建设。

三、组织领导

（一）强化领导责任。铁山港区“不忘初心、牢记使命”主题教育在区委常委会领导下开展。成立铁山港区委“不忘初心、牢记使命”主题教育领导小组及其办公室，领导小组成员单位要发挥职能作用，形成齐抓共管合力。区辖各党委（党工委、党组）、区直各部门单位要把主题教育主体责任扛起来，主要领导同志要履行第一责任人职责。领导机关和领导干部要先学一步、学深一点，先改起来、改实一点，防止只抓下级、不抓自身。对开展主题教育消极对待、敷衍应付的要严肃批评，对走形变样、问题严重的要给予组织处理。

（二）加强统筹协调。区辖各级党组织要结合本地本部门本单位实际，统筹安排、有序推进。对需要解决的突出问题等提出具体要求。区直属机关工委、区教育工委、区卫生健康工委要发挥行业系统主管部门对本行业本系统的指导作用。要把开展主题教育同推进“两学一做”学习教育常态化制度化结合起来，同推动本地本部门本单位的中心工作结合起来，防止“两张皮”。要把开展主题教育同树立正确用人导向结合起来，及时选拔使用忠诚干净担当的好干部。

（三）强化督促指导。区委将派出指导组，采取巡回指导、随机抽查、调研访谈等方式，对区辖各镇各部门各单位开展主题教育进行督促指导。巡回指导要因地制宜、分类指导、精准施策，防止一刀切。对工作基础薄弱、情况复杂的单位，要多帮助出主意、想办法。要尊重各镇各单位党委（党工委、党组）主体作用，依靠党委（党工委、党组）开展工作，向党委（党工委、党组）及时反馈督导情况和存在问题。

（四）营造良好氛围。充分发挥传统媒体和新兴媒体作用，开设“不忘初心、牢记使命”专栏、专题、网页，运用新闻报道、言论评论、典型宣传等形式，深入宣传党中央和自治区党委、市委及区委精神，结合新中国成立 70 周年系列宣传活动，大力宣传主题教育的做法和成效，加强正面引导，强化舆论监督，为主题教育营造良好氛围。要选树宣传先进典型，尤其要宣传那些秉持理想信念、保持崇高境界、坚守初心使命、敢于担当作为的先进典型，宣传党员干部身边可信可学的先进人物，推广可复制可普及的好经验，形成学先进、当先进的良好风尚。

（五）防止形式主义。以好的作风开展主题教育，教育引导党员干部树立正确政绩观，真抓实干、转变作风。主题教育全程用“清单式”进行管理，将问诊把脉、对症下药、销号管理、建章立制贯穿全过程，做到治标与治本、点上与面上、单项与系统、当前与长远相结合。学习教育不对写读书笔记、心得体会等提出硬性要求；调查研究不搞“作秀式”“蜻蜓点水式”调研和不解决实际问题的调研；检视问题不大而化之、隔靴搔痒，不避重就轻、避实就虚，不以工作业务问题代替思想政治问题；整改落实不能口号喊得震天响、行动起来轻飘飘，不虎头蛇尾、久拖不决。要严格控制简报数量，重点刊发指导性强和反映突出问题的简报。不随意要求基层填报材料，不将有没有领导批示、开会发文发简报、台账记录、工作笔记等作为主题教育各项工作是否落实的标准。

中共北海市铁山港区委员会办公室　北海市铁山港区人民政府办公室关于印发《北海市铁山港区发展壮大村级集体经济三年行动计划（2018 年—2020 年）》的通知

北铁办发〔2019〕41 号

区辖镇党委和人民政府，区直各部、委、办、局，区人民法院、区人民检察院，各人民团体，各有关单位：

经区委、区政府同意，现将《北海市铁山港区发展壮大村级集体经济三年行动计划（2018 年—2020 年）》印发给你们，请结合实际，认真抓好落实。

中共北海市铁山港区委员会办公室
北海市铁山港区人民政府办公室
2019 年 4 月 26 日

北海市铁山港区发展壮大村级集体经济三年行动计划

（2018—2020 年）

为深入贯彻落实自治区党委和市委关于实施乡村振兴战略的决策部署，进一步加快村级集体经济发展，繁荣农村产业，夯实脱贫攻坚、乡村振兴的经济基础，根据自治区和市委关于实施发展壮大村级集体经济三年行动计划（2018—2020 年）的有关文件精神，结合我区实际，特制定本计划。

一、总体要求

以习近平新时代中国特色社会主义思想为指导，全面贯彻党的十九大和十九届二中、三中全会精神，牢固树立新发展理念，落实高质量发展要求，以打赢脱贫攻坚战、实施乡村振兴战略为统领，以壮大村级集体经济实力、实现农民共同富裕为目标，以农村集体资产、资源、资金等生产要素有效利用为纽带，以创新完善村级集体经济经营管理机制为动力，以增强村级集体经济造血功能为主攻方向，加强政策引导，创新发展模式，拓宽发展路径，多层次、多渠道、多形式提高村级集体经济收入水平，推动我区村级集体经济持续健康发展，助力打赢脱贫攻坚战，推进乡村振兴战略实施，为实现乡村振兴，把铁山港区建设成为充满生机与活力的现代化工业新城区提供坚强保障。

二、目标任务

根据因地制宜、分类指导的原则，重点扶持集体经济薄弱村（年收入低于 7 万元，下同）和贫困村，力争到 2020 年，全区所有行政村（含社区，下同）集体经济年收入达到 10 万元以上，村级集体经济实力明显增强，管理日趋规范，基本形成自我发展的良好机制，分阶段目标任务如下：

第一阶段（至 2018 年年底）：全区所有行政村集体经济年收入达到 5 万元以上。

第二阶段（至 2019 年年底）：重点打造 20 个年收入超 10 万元、5 个年收入超 20 万元、3 个年收入超 50 万元的集体经济示范村。

第三阶段（至 2020 年底）：全区所有行政村集体经济年收入达到 8 万元以上，重点打造 30 个年收入超 10 万元、8 个年收入超 20 万元、5 个年收入超 50 万元、1 个以上年收入超过 100 万元的集体经济典型示范村。

三、主要任务

（一）深入开展四项行动筑牢农村集体经济发展基础

1. 开展清产核资专项行动。以乡镇为单位，全面推进农村集体资产清产核资，逐个清查核实村、村民小组两级集体各类资产，摸清集体资产家底，明确产权归属，力争到 2019 年底基本完成农村集体资产清产核资，合理界定农村集体经济组织成员身份，明晰集体所有产权关系，发展新型集体经济。

2. 开展规范合同专项行动。以乡镇为单位，全面清理涉及农村集体所有的土地、房产和国家所有的依法由村集体使用的农地、林地、果园、水面等资产资源的承包合同，规范资产经营和资源发包程序，完善党务、村务公开制度，在资产发包、租赁时，应依法签订承包、租赁合同，按合同约定及时向承包人、承租人收取承包金、租金。依法终止或修改不合法不合理的承包合同，坚决防止农村集体资产资源被贱租贱赁。规范农村集体资产资源承包租赁经营，加强农村集体资产资源的合理利用，防止农村集体资产资源流失。

3. 开展登记赋码专项行动。结合实际，指导和推动有农村集体统一经营资产资源的村、乡镇建立健全农村集体经济组织，规范农村集体经济组织名称，全面推进农村集体经济组织登记赋码工作，2019 年底前按照统一社会信用代码的编制规则完成农村集体产权制度改革的村民合作社换证赋码，并实现与相关部门的信息共享交换，规范农村集体经济组织银行账户开立，及时办理农村集体经济组织相关事项变更登记。

4. 开展平台建设专项行动。充分整合和利用现有的各类农村产权流转服务平台，成立区级农村产权流转交易中心，设立镇级农村产权流转交易服务站，建立村级农村产权流转交易服务点，根据农村产权流转交易需求和自身情况因地制宜建立区级农村产权流转交易机构。到 2020 年，基本建立市、区、镇统一联网、二级联动的农村产权流转交易市场体系和信息服务网络平台，引导农户合法有效地进行农村产权流转交易。

（牵头单位：区农业农村和水利局；配合单位：区发改局、市场监督管理局、教育局、科技商务和工业信息化局、司法局、财政局、自然资源局、住房和城乡建设局、文体广电旅游局、卫生健康局、海洋局，辖区金融机构，区税务局，各镇人民政府）

（二）扎实推进产权改革催生农村集体经济发展活力

1. 深化农村土地制度改革和集体产权制度改革。2018 年全面完成农村土地承包经营权确权登记颁证工作，落实农村土地所有权、承包权、经营权分置并行。加快推进房地一体的农村集体建设用地和宅基地使用权确权登记颁证。扎实推进集体林地林权证发放查缺补漏纠错工作。在清产核资的基础上，将农村集体经营性资产以股份或者份额形式量化到本集体经济组织成员，作为其参加集体收益分配的基本依据，发展多种形式的股份合作。

2. 推进“资源变资产、资金变股金、农民变股东”改革。建立健全农村集体“三资”（资金、资产、资源）管理监督和收益分配制度，鼓励农村集体经济组织将预期可转为经营性资产的资源、财政投资划拨形成的资产资金折股量化给集体经济组织成员；支持村民合作社吸收本村所辖村民小组及本社社员自有的资源资产资金量化入股。建立同权同价、流转顺畅、收益共享的入市机制，促进集体资产保值增值。

3. 抓好农民对农村集体资产股份权能的改革工作。维护进城落户农民土地承包权、宅基地使用权和集体收益分配权，鼓励和引导依法自愿有偿转让。通过增量带存量、存量促增量，多途径多方式增强农村集体经济发展活力和经济实力。

（牵头单位：区农业农村和水利局，配合单位：区教育局、公安分局、财政局、自然资源局、文体广电旅游局、卫生健康局，各镇人民政府）

（三）大力创新发展模式提升农村集体经济发展质量

支持和帮助农村集体经济组织立足区位、资源、资产、产业等优势，因村制宜，有针对性地选择发展路径。重点推行“六大模式”。

1. 发展物业经济。鼓励和引导城镇附近的村级集体经济组织，围绕当地主导产业和特色产业，建设生产、加工和经营服务设施，通过发包租赁取得收入。鼓励有条件的村，在区位优势明显地区，通过异地兴建、联村共建等形式，兴建专业市场、门面商铺、仓储设施、车库泊位、厂房、码头、娱乐设施、广告设施等物业。大力引导城镇附近的村以集中方式建设发展标准厂房、商业用房、仓储物流等经营性物业设施，形成村级资源要素集中配置、集约利用的投资发展新格局。

2. 发展服务经济。鼓励村集体兴办各类服务实体，按照“自愿互利，有偿服务”的原则，创办农业服务队、运输公司等服务实体，承接劳务输出、环卫清洁、河道清洁、物业管理、社区服务、村级公路养护、绿化管护、家政服务、电商服务、物流配送、企业后勤等业务，增加集体经济收入。因地制宜为种养大户、家庭农场、合作社、龙头企业等新型农业经营主体开展技术指导、农机作业、病虫害防治、物资供应、田间管理、农产品购销等生产经营服务。

3. 发展特色经济。按照“美丽北海·幸福乡村”活动部署和“生活甜美”专项活动安排，进一步解放和发展农村生产力。鼓励村集体依托农业资源优势，采取入股、租赁、合作等形式，发展现代特色农林业、品牌农业和生态循环农业，带动农户或联动企业建设特色产业基地，发展适度规模经营，打造菜、瓜、果、林、禽、兽、渔等“一村一品”特色产业基地。鼓励参与农产品加工冷链物流及农产品销售等，延长农业产业链，推动现代特色农业发展。

4. 发展旅游经济。结合“清洁乡村”“生态乡村”“宜居乡村”“幸福乡村”的建设要求，领办创办乡村旅游经济实体，挖掘乡村旅游资源，拓展农林多种功能，依托滨海新城、南康特色小镇、青山头乡村旅游区、南珠产业，开发农家乐、渔家乐、度假村、采摘园、农耕体验、生态体验、南珠历史文化、乡村美食节、观海尝鲜、休闲农庄等乡村旅游项目，或引进社会资本开发乡村旅游业，村级集体经济组织通过拓展配套业务，增加集体经济收入。发展民宿、农家乐、度假村、生态观光农业和旅游商品开发等旅游产业，实现旅游增收。

5. 发展资源经济。支持村民合作社领办股份有限公司，在充分尊重社员意愿的前提下，鼓励和引导本社社员以土地经营权折股入社；鼓励村民合作社流转或利用机动地、荒地和村庄整治、宅基地复垦等结余土地的使用权及其他可利用的集体所有资源，发展优势特色产业等。

6. 发展合作经济。鼓励有条件的村民合作社与其他鼓励整合利用集体积累资金、财政扶持资金，通过入股或者参股农业企业、村与村合作、村企联手共建等形式发展集体经济。支持村民合作社加大招商引资力度，引企入村，引进国企、民企，重点引进广东等东部发达地区企业进行合作经营，建设规模以上的特色优势农业生产示范基地。

（牵头单位：区农业农村和水利局；配合单位：区科技商务和工业信息化局、民政局、财政局、人力资源和社会保障局、自然资源局、住房和城乡建设局、交通局、文体广电旅游局、市场监督管理局、发改局、扶贫开发和水库移民工作局、招商促进局，各镇人民政府）

（四）创新实施培优行动壮大发展村级集体经济实力

按照“扶弱固强、量质齐升、注重实效”的思路，统筹推进，精准施策，促进村级集体经济持续健康发展。

1. 实施脱帽行动。对村级集体经济收入薄弱村，着重给予资产性扶持，将财政资金支持形成的资产量化一定比例作为村集体的资产，推动村集体经济与当地区域经济融合发展，共享发展成果。对发展条件差、确无资源资产开发的特别薄弱村，政府可通过转移支付增加薄弱村财力、购买服务、提供公益岗位等进行兜底帮扶，支持薄弱村发展集体经济。

2. 实施示范行动。对有一定集体资产资源条件，但缺少经营性资金的村，着重给予资金、项目引导支持，扶持发展一批具有较强发展能力的集体经济项目，打造 8 个年收入超过 20 万元的集体经济示范村。

3. 实施培优行动。鼓励和支持实力较强的村，创新经营机制，拓展增收渠道，通过引资或入股合作经营的方式，做强做大村级集体经济，打造 4 个年收入 50 万元以上的集体经济强村（明星村）。

（牵头单位：区农业农村和水利局；配合单位：区科技商务和工业信息化局、民政局、财政局、人力资源社会保障局、住房和城乡建设局、交通局、文体广电旅游局、市场监督管理局、发改局、扶贫开发和水库移民工作局，各镇人民政府）

（五）持续加强队伍建设提高农村集体经济经营水平

加大人才培育、引进政策激励和支持力度，引导返乡人才经济能人、经纪人、种养能手、大学生村官参与集体经济组织经营管理，打造一支会经营、善管理的经营队伍。

1. 强化村党组织政治功能。健全村党组织的领导体制，探索对农村集体经济组织加强党的领导和党建工作的有效模式。适应农村经济新业态，探索在产业链上设立党组织，鼓励和支持党员领办和创办致富项目，充分发挥党小组引领作用，带动经济发展和农民增收。将村党组织的领导核心和领导方式嵌入村级各类组织的章程和工作规则，拓展基层党组织发挥领导核心作用的具体途径，不断构建以党组织为核心，以龙头企业、产业基地、合作组织、专业协会等为支撑的组织体系。

2. 选优配强骨干队伍。建立村党组织书记镇级备案管理制度，实施村党组织“领头雁”培养优化提升工程，大力选拔熟悉农村工作的党组织书记。选好配强贫困村党组织第一书记、脱贫攻坚（乡村振兴）工作队员。强化村党组织对本村集体经济组织的领导，选优配强农村集体经济组织负责人和经营管理人员。支持有条件的农村集体经济组织从外部聘请职业经理人和发展带头人探索选派发展集体经济指导员，鼓励农业技术专家、科技特派员进村入屯，为发展农村集体经济提供指导服务和人才支撑。

3. 回引能人返乡创业。研究制定回引农村基层人才实施办法，实施乡土人才“归雁”工程，通过政策宣传、选聘下派、组织引导、前景引领等途径，回引一批眼界宽、思路活、资源广、有一定资本的外出务工致富能人回村任职。动员吸引本乡本土有能力有业绩、对家乡有感情的致富能人和外出务工人员回乡创业，并在政策、技术、金融等方面给予支持。鼓励引导事业单位、企业专业技术人员到农村挂帮、参与集体经济项目合作或兼职，参与村集体经济组织联合创办企业，合作组建各类农民专业合作社，发展农业产业。

4. 培养党员致富带头人。设立党员致富带头人党费专项扶持资金，鼓励和支持党员发展特色产业，实现每个村都有1名以上党员致富带头人。实施“带富计划”，从项目、信贷、技术等方面，鼓励支持农村党组织和党员，领办创办农民专业合作社、农业龙头企业、家庭农场，带领群众共同富裕。

（牵头单位：区委组织部，区农业农村和水利局；配合单位：区科技商务和工业信息化局、人力资源社会保障局、扶贫开发和水库移民工作局，各镇人民政府）

（六）健全完善治理结构提升农村集体经济运转效能

明确农村集体经济组织特别法人地位和市场主体地位作用，强化农村集体资产管理机制体制创新，不断提高自我管理、自我服务和自我发展的能力。

1. 健全经营运行机制。推动将现代企业制度引入农村集体经济组织，建立以市场为导向的经营灵活、管理有效、运行稳健的集体经济发展新机制，建立发展村级集体经济工作台账，落实村级集体经济组织的财务会计记账管理措施，实行一村一账，推动村民委员会事务和集体经济事务分离，完善资产管理、财务管理、项目管理和重大经营活动民主决策等制度，推进集体经济组织管理民主化、规范化、制度化。

2. 完善收益分配制度。每年从全区发展壮大村级集体经济专项资金中划拨一定比例资金对集体经济增收突出的村集体进行奖励，奖励办法由区发展壮大村级集体经济工作领导小组牵头制定。实施经营管理绩效与经营者收入挂钩、“基本报酬＋绩效考核＋集体经济发展创收奖励”的报酬补贴制度，允许各村经村民合作社社员大会或者社员代表大会讨论通过，按照当年村级集体经济经营性的纯收入新增部分不超过15%比例提取奖励资金，对村民合作社负责人和相关工作人员进行奖励。

3. 健全监督管理机制。健全完善农村集体经济组织章程和经营管理制度办法，健全农村集体经济组织内部经营管理与监督分离的制约机制，健全完善农村集体经济组织财务管理和会计核算办法，推行会计代理制度，建立健全农村集体经济组织财务公开经营活动信息披露等制度，实行农村集体经济组织负责人离任审计制度，切实维护集体经济利益相关方的参与权、知情权和监督权。建立项目实施跟踪管理机制，由区发展壮大村级集体经济发展领导小组办公室牵头，每月对项目实施进度进行调度，加快项目推进速度。各镇要对发展壮大村级集体经济情况进行经常性跟踪督查，实行季通报、年考核，确保取得实效。

（牵头单位：区委组织部，区农业农村和水利局、财政局、民政局、审计局，各镇人民政府）

四、保障措施

（一）健全领导机制，明确责任分工

区发展壮大村级集体经济工作领导小组在区委、区政府领导下，负责统筹指导全区发展壮大村级集体经济工作；各成员单位按照职责分工，各负其责，密切协作，共同推进。全区要建立健全党委政府统一领导、部门密切协作、群众广泛参与的工作机制，压实党政主要负责同志的领导责任，强化乡镇主体责任。区发展壮大村级集体经济领导小组办公室主要负责编制计划，组织实施；乡镇主要负责统筹谋划村级集体经济发展项目，抓好村级集体经济发展的组织实施、管理协调和工作指导；村“两委”主要负责具体制定村级集体经济发展工作方案，指导组织村级集体经济组织抓好具体实施。乡镇党委和政府每半年向区委和政府书面汇报发展壮大村级集体经济工作情况。

（牵头单位：区发展壮大村级集体经济工作领导小组办公室；配合单位：区发展壮大村级集体经济工作领导小组各成员单位，各镇人民政府）

（二）科学制定计划，明晰发展路径

各镇要按照“一镇一计划、一村一方案”的要求，立足本地实际，统筹规划，科学制定本镇村级集体经济发展三年实施计划，明确发展蓝图和实施路径，并按年度发展目标确定阶段性工作思路和措施，落实牵头领导、责任部门、支持项目、发展计划、经营团队、保障资金等；逐村指导制定村级集体经济发展工作方案，建立村级项目库，推动村级集体经济持续稳定增收。

（牵头单位：各镇人民政府）

（三）统筹整合资源，落实扶持措施

落实好、运用好中央、自治区以及北海市扶持农村集体经济发展的政策措施，统筹使用好现有的各项涉农、涉扶贫、涉乡村振兴的资金、项目、用地、税费、用水用电、金融服务等扶持政策措施，加强对农村集体经济组织建设、资金管理、产业发展、土地流转、招商引资、人才培训、政策宣传等方面的指导服务。区、镇两级要统筹整合各类财政资金，探索先建后补、以奖代补、政府与社会资本合作、政府引导基金等方式，分类扶持支持贫困村、非贫困村发展集体经济。要创新项目扶持方式，强化扶持项目管理，规范项目建设实施，推动政府投资项目向村级集体经济倾斜。区、镇涉农项目审批部门要对村级集体经济建设项目或经营项目，建立审批“绿色通道”，简化行政审批手续，减少办理环节，缩短审批时限，提高办事效率，规范项目审批环节中涉及的中介服务。

（牵头单位：区发改局；配合单位：区委组织部，区科技商务和工业信息化局、民政局、财政局、人力资源社会保障局、自然资源局、住房和城乡建设局、交通局、农业农村水利局、文体广电旅游局、市场监督管理局、扶贫开发和水库移民工作局、政务服务中心，各镇人民政府）

（四）加强宣传培训，培植树立典型

区镇两级要认真总结发展村级集体经济的好模式好经验好做法，注重挖掘、培植、树立先进典型，发挥引领带动作用。宣传部门和新闻媒体要加大对发展村级集体经济政策措施与先进典型的宣传力度，重点宣传集体经济强村（明星村）及其带头人，营造政府支持、乡村实施、群众积极参与、社会关心的良好氛围。要多层次、多渠道开展发展村级集体经济专题培训，重点加强对村“两委”干部、村民合作社负责人、驻村工作队员（含第一书记）、大学生村官和返乡人才、经济能人、种养能手等带头人的培训，提升他们谋划和推动集体经济发展的能力。

（牵头单位：区委宣传部；配合单位：区委组织部，区科技商务和工业信息化局、民政局、财政局、人力资源社会保障局、住房和城乡建设局、交通局、文体广电旅游局、市场监督管理局、扶贫开发和水库移民工作局，各镇人民政府）

（五）强化监督考核，推动工作落实

建立乡镇党政领导班子和领导干部抓村级集体经济发展的实绩考核制度，将考核结果作为选拔任用领导干部的重要依据。全面推行脱贫攻坚（乡村振兴）工作队员（含第一书记）派出单位与所驻村集体经济发展包保挂钩制度，落实派出单位对所驻村发展集体经济的责任、资金、项目捆绑，加强检查督导，健全“两随机”（随机督导、随机调研）工作制度和“红黑榜”通报制度，及时了解掌握进展情况，发现和解决工作中存在的困难和问题，推动工作落实。对发展村级集体经济成效突出的乡镇、行政村和后盾单位以及作用突出的个人给予表扬，对未完成发展村级集体经济年度任务或弄虚作假造成恶劣影响的，乡镇和后盾单位党政主要负责同志、分管负责同志年度考核不得评为优秀等次。

（牵头单位：区委组织部；配合单位：区直各相关单位，各镇人民政府）

2019 年 4 月 26 日

中共北海市铁山港区委员会办公室　北海市铁山港区人民政府办公室关于印发《北海市铁山港区乡村风貌提升三年行动实施方案》的通知

北铁办发〔2019〕56号

区辖镇党委和人民政府，区直各部、委、办、局，各人民团体，各有关单位：

《北海市铁山港区乡村风貌提升三年行动实施方案》已经区委、区人民政府同意，现印发给你们，请认真组织实施。

中共北海市铁山港区委员会办公室

北海市铁山港区人民政府办公室

2019年10月28日

北海市铁山港区乡村风貌提升三年行动实施方案

为加快实施乡村振兴战略，深入学习浙江“千村示范、万村整治”工程经验，持续推进美丽乡村建设，提升乡村风貌，建设生态宜居的美丽乡村，充分展现我区良好的农村新貌，现根据《广西乡村风貌提升三年行动方案》《北海市乡村风貌提升三年行动实施方案》，制定本方案。

一、总体要求

（一）指导思想。全面贯彻党的十九大和十九届二中、三中全会精神，以习近平新时代中国特色社会主义思想为指导，深入贯彻落实中央、自治区和北海市关于实施乡村振兴战略的决策部署，认真学习领会浙江“千村示范、万村整治”工程经验，扎实推进农村人居环境整治工作会议精神，坚持生产、生活、生态“三生”共进，坚持人与自然和谐共生，坚持生态立区，按照“产业兴旺、生态宜居、乡风文明、治理有效、生活富裕”的总体要求，分类推动城镇改造提升、村庄改造建设，不断优化乡村空间布局，严格保护乡村生态环境，完善乡村基础设施和公共服务，推进农村宅基地改革试点，进一步规范农房建设和风貌管控，提升乡村风貌水平，努力把全区农村建设成为生活舒适的乐园、道德示范的家园、生态良好的田园、乡愁记忆的故园。

（二）总体目标。到2021年，实现对全区乡村风貌整治“扫一遍”的目标，逐步塑造和形成传承文明、滨海新韵、生态宜居、和谐美丽的铁山港区乡村风貌。

——完成1个县域乡村建设规划和178个实用性村庄规划编制，全面落实居民点布局、宅基地安排，完善基础设施和公共服务设施配套，着重打造向海大道乡村风貌提升示范带。明确风貌管控要求，实现乡村规划建设管理基本覆盖。

——指导和支持200个左右未实施过改造建设的村庄基本完成环境综合整治和宅基地治理。

——推动35个左右基础条件好、群众意愿高的村庄因地制宜开展基础设施和公共服务设施配套建设。

——完成5个村庄精品改造建设（市下达计划），为实施乡村风貌提升提供示范样板。

——完成10个示范型村庄建设（区本级计划），沿向海大道和营盘海边布局，建设标准介于设施完善型和精品示范型村庄之间，打造政府支持引导、乡贤及社会积极捐助、群众主动参与投工投劳的，可复制、易推广、可实现长效管控的乡村风貌提升示范带（片区）。

——建立乡村风貌管控的长效机制,全区新建农房基本采用特色农房实用图集进行建设,违法建设和违法用地现象得到有效整治,村庄环境明显改善,各类设施配套逐步完善,宅基地改革逐步推进,宅基地规范管理不断加强,村民自主管理水平明显提高,乡风文明稳固提升。

(三)基本原则。乡村风貌提升三年行动要与实施乡村振兴战略统筹衔接起来,与实施农村人居环境整治三年行动计划统筹衔接起来,与“美丽港区”乡村建设统筹衔接起来,与脱贫攻坚统筹衔接起来,与乡村产业、人才、文化、生态、组织“五振兴”统筹衔接起来。

——坚持规划先行,建管并重。优先编制县域乡村建设规划和实用性村庄规划,明确村庄体系、宅基地安排和配套设施建设标准,分步实施,充分发挥规划引领作用。创新乡村规划建设管理体制机制,夯实镇村两级主体责任,优化建设管理内容和程序,推动乡村高质量建设、高效能管理。

——坚持因地制宜,分类指导。遵循乡村发展规律和当地实际,按照不同类型和不同发展水平,确定村庄体系和定位,分类别、分层次制定工作目标和建设标准,不搞“齐步走”,不搞“一刀切”,不照搬城市模式,避免出现“形象工程”。

——坚持政府主导,群众主体。强化各级政府对乡村风貌提升的组织领导,充分调动群众的积极性和主动性,激励引导群众自觉按规划、按图集改造建设农房,持续改善农村人居环境。充分尊重民意和群众首创精神,保障群众合法权益,发挥群众自建自治的主体作用,让群众真正成为乡村风貌提升工作的组织者、建设者和受益者。

——坚持传承文化,彰显特色。深入挖掘乡村优秀传统文化,强调文化保护与传承,尊重现有的原始风貌和民俗风情等,凭借着得天独厚的自然资源进行开发,展现乡村传统格局和风貌多样性,避免“千村一面”,建设有乡愁记忆、文化脉络、地域风貌、民族特色的美丽乡村。

——坚持注重实效,改善民生。顺应广大农民过上美好生活的期盼,从群众反映最强烈、需求最迫切的问题入手,“缺什么补什么”,优先解决交通、教育、医疗、住房、污水垃圾处理等民生领域短板。立足到 2020 年完成脱贫攻坚目标任务要求,优先安排贫困村开展风貌整治建设,确保贫困村农民群众安居乐业、共奔小康。

——坚持生态优先,和谐发展。树立绿水青山就是金山银山的理念,优先保护乡村生态环境,充分尊重自然环境、村庄肌理、历史文脉,系统保护治理山水林田湖草,慎砍树、禁挖山、不填塘、河(海),推动绿色发展、可持续发展,实现人与自然的和谐统一。

——坚持示范引领,逐步铺开。要整合现有的各类资源,向重点村、重点镇、示范带集中投入,逐步扩大建设面、提高精品率,有序推进,亮点连线成片,逐步覆盖全区乡村。

二、规划布局与建设模式

按照国家有关规定和“多规合一”要求,坚持科学性、实用性、可操作性原则,编制县域乡村建设规划和村庄规划,到 2021 年,实现县域乡村建设规划和保留村庄实用性村庄规划基本覆盖。

(一)规划体系。以县域乡村建设规划为引导,优化居民点布局、落实宅基地安排、明确配套标准、改善人居环境,推动实用性村庄规划编制,保障群众的知情权、参与权、监督权和决策权,实现乡村规划基本覆盖。

县域乡村建设规划要根据当地发展水平、区域条件等,形成由中心村和一般自然村(屯)两个层次构成的村庄体系;划定居民点管控边界,确定村庄建设用地规模和管控要求;确定村庄基础设施的用地、规模和建设标准,配置教育、医疗、商业等公共服务设施;分区制定田园风光、自然景观、建筑风格和文化保护等风貌控制要求;分区、分类制定村庄人居环境整治要求,提出相应重点整治项目、建设标准和推进时序;开展农村宅基地改革试点,建立宅基地规范管理长效机制。

根据自治区关于乡村振兴有关部署，已完成村庄规划编制的村屯，应按照北海市、铁山港区乡村振兴战略规划、乡村风貌提升和“多规合一”的要求及时修编规划。50户或200人以上、未编制村庄规划的村屯，按照“多规合一”和“好编、好懂、好用”的基本要求，与当地乡镇土地利用总体规划做好衔接，划定符合土地利用规划的村庄建设用地范围；优先配套完善污水和垃圾处理等基础设施和教育、医疗等公共服务设施，完善公共服务体系；制定村庄生态环境的保护措施以及公共环境的整治措施，因地制宜制定村庄风貌特色管控要求。50户或200人以下的分散型、小规模村庄，可以在县域乡村建设规划的总体约束下，以文字形式规定农房建设管理、宅基地预留和安排要求。

（二）建设模式。坚持整治提升为主，优先发展中心村，保障一般自然村，因地制宜、因村施策，按照基本整治型、设施完善型、精品示范型、乡村风貌提升示范带（片区）四种类型分类进行建设。探索试行统筹各部门涉农建设项目和资金，形成集中优势，因地制宜、自主决定各类村庄具体内容、建设规模和组织形式。

1. 基本整治型。对全区村庄开展村庄环境基本整治，未编制过村庄规划的村庄要完成规划编制(50户以上村屯)、按照“一户一宅”要求整治宅基地、营造干净整洁的乡村环境、建立完善乡村保洁、农房规划管控等长效管理机制。

2. 设施完善型。在完成基本整治改造的基础上，选择约35个基础条件好、群众意愿高的村屯，按照“缺什么补什么”的要求，因地制宜改造村庄基础设施，完善村庄公共服务。

3. 精品示范型。在完成基本整治和完善设施服务的基础上，选择约5个区位条件好、生态环境优、资源禀赋强、发展潜力大、群众意愿高的村庄，开展旧房风貌改造和居住功能提升工程。实施乡土化环境改造，增添乡村韵味。具备条件的村庄可推进村史室建设，提升乡村文化品位。推动乡村产业转型和提质升级，大力发展特色种植业、特色养殖业和农产品加工业。培育乡村旅游新业态，推进民俗体验、农耕体验、生态旅游建设，将文化资源、自然资源优势转化为经济优势，促进农民就业创业和增产增收。开展农村宅基地改革试点，探索宅基地所有权、资格权、使用权“三权分置”。加强农村宅基地档案管理，完善“一户一宅”合理分配机制，严格宅基地审批管理，强化村民自主管理，建立宅基地有偿使用、有偿退出和增值收益分配制度，促进农村宅基地节约集约利用、科学规范管理。

4. 乡村风貌提升示范带（片区）。在完成基本整治、设施完善型村庄建设基础上，沿向海大道和营盘海边选择10个环境条件好、乡愁韵味浓、群众意愿高的村庄，建设成政府支持引导、乡贤及社会积极捐助、群众主动参与投工投劳的，建设标准介于设施完善型和精品示范型村庄之间的，可复制、易推广、可实现长效管控的乡村风貌提升示范带（片区）。

三、主要任务

（一）开展乡村规划“三落实”行动

1. 落实居民点空间布局。编制县域乡村建设规划和自治区级传统村落保护发展规划，确定规划保留和撤并的村庄，明确撤并村庄农房建设管理要求，引导农民向规模较大的居民点和产业发展区集中，安排旧村改造、“空心村”整治、传统村落保护发展等项目，有效盘活用活农村土地，形成居民点大小尺度适宜，既利于生产、又便于生活、生态良好的空间格局。（牵头单位：区自然资源局，排在首位的为主要牵头单位，下同；责任单位：区辖各镇政府）

2. 落实宅基地安排。全面推动村庄规划实施，落实宅基地安排，推进农村废弃住宅、废弃宅基地、“空心村”等闲置建设用地拆旧复垦，依法依规消除存量违法用地，严格遏制违法用地增量，调整优化村庄用地布局。重点在精品示范型村庄开展农村宅基地改革试点，取得经验后稳步推进。

对农村宅基地进行全面调查摸底，对一户多宅、超占面积、闲置房屋、村内空地、附属设施、户籍信息等进行准确登记，充分掌握农村宅基地利用现状，完善宅基地档案。建立农村宅基地统一规划、统一整治、统一使用、统一管理的制度体系，完善农村宅基地取得、流转、退出、审批、监管等制度，促进土地集约利用和耕地、林地保护落到实处。严格落实"一户一宅、建新拆旧、法定面积"的要求，推进农村宅基地审批程序、申请条件、审批结果、建房名单公开公示，协调处理好村内农民建房选址、轮候排序和承包地调整等工作，优先解决无房户、危房户建房需求。积极探索对符合村庄规划，但超过规定面积标准、已经实施建设的农村宅基地进行有偿使用。按照村集体主导、群众自愿、退出补偿的原则，因地制宜建立农村宅基地退出和供给补偿机制。新建住房选址要在规划的宅基地范围内，通过转换补偿城乡建设用地。按照宜耕则耕、宜林则林、宜建则建的要求，对闲置或废弃宅基地进行土地综合整治，统筹盘活，合理利用，暂不能利用的宅基地，由村集体统一管理。充分发挥村民事务理事会在宅基地申请、流转、退出、收益分配等事务民主管理中的作用，保障宅基地管理各项制度得到严格执行。（牵头单位：区自然资源局；责任单位：区辖各镇政府）

3. 落实规划实施保障。建立县域乡村建设规划有效实施机制，加强村庄规划实施监管，夯实乡镇主体责任，推动"两违"（违法建设、违法用地）整治向农村延伸。建立完善乡村规划建设管理机制，进一步优化国土、规划建设、环保、安监等"四所合一"新机构办事审批流程，完善权责清单和服务清单，加大机构职能整合力度，健全监督管理机制，规范行政执法体制。加强乡镇规划建设管理人才的引进和培育，加强农村建筑工匠的培训和规范管理，整体提升农房建设管理水平和质量。贯彻落实自治区乡村规划建设管理条例，进一步完善乡村规划建设管理法规体系，保障农村生产、生活、生态空间依规划融合发展。（牵头单位：区委编办、区自然资源局、市铁山港生态环境局、区住房和城乡建设局；责任单位：区辖各镇政府）

（二）开展特色风貌"三提升"行动

1. 提升村庄和农房设计水平。开展村庄、农房设计竞赛，充分挖掘提炼利用本地特色建筑元素，分不同区域设计具有乡村特色、符合现代生活需求，农户高度认同、乐于采纳，安全、实用、经济、美观的农房建设实用图集和旧房风貌改造技术导则、图集等。开展规划设计下乡服务活动，组织规划设计技术骨干深入乡村了解村情、民情，开展技术指导、宣传动员和农民工匠技能培训，整体提升乡村特色建设图集的应用水平。（牵头单位：区自然资源局、住房和城乡建设局；责任单位：区辖各镇政府）

2. 提升农房特色风貌。加强农村和农房建设管理，严格按村庄规划要求新建住房，全面推广使用农房建设实用图集。对于与乡村风貌不协调的旧建筑，通过调动村民的积极性，有序推动并按照旧房风貌改造技术导则、图集要求进行改造。推动按图集新建和改造农房全覆盖，整体提升农房特色风貌水平。推广使用符合我区生态乡村建设需要的各类新型墙体材料，开展新型建材下乡活动，鼓励农民采用节能、节水新技术、新工艺、新设备和新型墙体建材、环保装修材料，改造提升现有民居。加大农村自建房新型墙体材料推广应用力度，逐步推进装配式农房建设。严格实施乡村建设规划许可制度，力争到 2021 年实现新建农房办理乡村建设规划许可证比例达到 90% 以上。（牵头单位：区住房和城乡建设局、自然资源局、农业农村和水利局；责任单位：区辖各镇政府）

3. 提升村庄特色景观。按照村庄规划和"一清二拆三整理四美化"的要求，组织群众自觉主动清理庭院杂物、卫生死角，拆除私搭乱建、违章建筑、废弃危旧建筑，清除残垣断壁、乱堆乱放等。开展"微田园、微菜园、微果园、微庭院、徽水体"生态环境治理，实现村庄环境硬化、净化、绿化、亮化、美化。统筹山水林田湖草系统治理，充分挖掘村庄文化内涵，开展景观绿化、雕塑小品、水岸步道等景观设施建设，推动村庄特色景观塑造。（牵头单位：区乡村办、自然资源局、市铁山港生态环境局、区住房和城乡建设局、农业农村和水利局；责任单位：区辖各镇政府）

村口景观。通过小品配置、植物造景、活动场地与建筑空间建设等，突出景观效果，体现村庄特色与标志风貌。（牵头单位：区自然资源局、住房和城乡建设局；责任单位：区辖各镇政府）

水体景观。整治疏通河道水系、湖泊、塘坝，改善水质环境。河道坡岸尽量随岸线自然走向，采用自然斜坡形式。滨水驳岸以生态驳岸形式为主，采用硬质驳岸形式不宜过多，断面形式宜采用台阶式。滨水绿化以亲水型植物为主，丰富河岸景观。（牵头单位：区农业农村和水利局、市铁山港生态环境局；责任单位：区辖各镇政府）

绿化景观。实施“绿美乡村”建设行动，选择一批具备发展乡村旅游条件的重点村屯因地制宜种植开花树种、彩叶树种、芳香树种、果树，打造四季有花、四季有果、五彩缤纷的乡村森林美景。（牵头单位：区自然资源局；责任单位：区辖各镇政府）

亮化景观。鼓励和引导农村居民参与路灯建设，推广使用新型节能灯具，完善村内主要道路夜晚照明设施建设，完成16个公共照明试点村和1个太阳能光伏发电或太阳能路灯示范村项目建设。（牵头单位：区住房和城乡建设局、自然资源局；责任单位：区辖各镇政府）

庭院环境。注重围墙、绿篱等围合构筑物和庭院出入口的美化处理，不宜采用大面积的硬质铺装；绿化格局层次丰富、错落有致，植物配置采用乔、灌、草结合的方式，营造户户皆美景的环境效果。（牵头单位：区乡村办、住房和城乡建设局、自然资源局；责任单位：区辖各镇政府）

（三）开展乡村文明“三治理”行动

1. 推进村民自我治理。坚持“四议两公开”（党支部会提议、“两委”会商议、党员大会审议、村民代表会议或村民会议决议及决议公开、实施结果公开）工作法和探索“一组两会”（党小组、互助会、理事会）协商自治模式，依托村民代表大会、村民理事会、议事会等，形成民事民议、民事民办、民事民管的多层次基层协商格局。充分发挥老党员、老干部、老战士、老教师、老劳模等本土乡贤在乡村规划建设管理中的沟通协调和带动作用，引导农民自我建设、自我管理、自我教育、自我服务、自我提高，形成乡村规划建设共同参与、互相商量、互相支持、互相帮助，共同建设美丽家园。进一步完善村规民约，提高村规民约的针对性和适用性，充分发挥其在治理乡村中的积极作用。到2021年实现所有50户或200人以上村庄均建立健全村民议事会和制定村规民约。（牵头单位：区民政局、自然资源局；责任单位：区辖各镇政府）

2. 推进乡村以德治理。培育和弘扬社会主义核心价值观，把社会主义核心价值观融入社会发展各方面，转化为人们的情感认同和行为习惯。大力开展移风易俗，破除陈规陋习，倡导科学文明健康的生活方式。深入开展文明村、文明家庭、五好家庭、十星级文明户等创建活动，开展寻找最美乡村教师、医生、大学生村官、家庭等活动，营造爱国爱家、和谐文明、共建共享的社会新风尚。（牵头单位：区委宣传部、区乡村办、民政局、住房和城乡建设局；责任单位：区辖各镇政府）

3. 推进乡村依法治理。依据乡村规划建设管理的法律法规，深化乡村规划建设管理制度改革，强化村庄规划实施监管，加大“两违”查处力度。加强法律法规宣传教育，提高村民的法治意识，形成遵纪守法、平安稳定的良好氛围。（牵头单位：区自然资源局、司法局；责任单位：区辖各镇政府）

（四）开展村庄基础设施“七改造”行动

1. 改路行动。继续推进农村公路硬化道路工程建设，实施农村公路安全隐患工程，建设“四好”农村路。完成一批便民候车亭的建设。（牵头单位：区交通运输局；责任单位：区辖各镇政府）

完成一批中心村和一般自然村的屯内道路硬化。通村、屯内主要道路道路硬化，确保结实耐用、行车方便，其他村内次要道路、宅间道路坚持石板路、灰砖路、石子路等多种模式并举，路面穿插设计美观造型，和周围环境浑然一体，体现乡村特色。要把排水、照明设施一并考虑，注意统筹安排，避免造成资源浪费。（牵头单位：区住房和城乡建设局、交通运输局、扶贫开发和水库移民工作局；责任单位：区辖各镇政府）

2. 改水行动。实施农村饮水安全巩固提升工程。到 2020 年，全区农村饮水安全集中供水率达 85% 以上，自来水普及率达 80% 以上。（牵头单位：区农业农村和水利局；责任单位：区辖各镇政府）

3. 改厕行动。推动城乡“厕所革命”新三年行动，改造农村户用厕所 0.3 万户以上，实现全区农村无害化卫生厕所普及率保持在 90% 以上。推进行政村所在自然村或集中连片 300 户以上的自然村、集贸市场、中小学校、乡村旅游景区等人群聚集地区公共厕所的建设或改造。（牵头单位：区住房和城乡建设局、农业农村和水利局、教育局、科技商务和工业信息化局、文体广电旅游局、卫生健康局、市铁山港生态环境局、区自然资源局；责任单位：区辖各镇政府）

4. 改厨行动。开展以“改灶、改台、改柜、改管、改水”为主要内容的改厨工作，建设干净整洁卫生、满足基本功能、管线安装规范、烟气排放良好的清洁厨房。（牵头单位：区住房和城乡建设局；责任单位：区辖各镇政府）

5. 改圈行动。在农户屋外建设独立畜圈，完善储粪房、沼气池或储液池配套设施，加强粪污处理力度和资源化利用，提高村民生活环境宜居舒适程度，在总结 2018 年改圈试点基础上，逐步在全区推广。（牵头单位：区农业农村和水利局；责任单位：区辖各镇政府）

6. 改沟渠行动。开展清淤疏浚行动，抓好一批村庄清淤疏浚治理试点，在试点的基础上总结经验，逐步推进村屯内部河塘沟渠治理。（牵头单位：区农业农村和水利局、市铁山港生态环境局；责任单位：区辖各镇政府）

7. 改农村电网行动。推动农村电网改造升级，重点实施贫困村农村电网改造升级项目。（牵头单位：区发展和改革局；责任单位：广西电网公司北海铁山港供电局，区辖各镇政府）

（五）开展村庄公共服务“十完善”行动

1. 完善村级公共服务平台。继续巩固提升村级综合性文化服务中心建设，加强乡村公共数字文化建设，2018 年至 2020 年，每年建设一批村级公共服务中心，到 2020 年，基本覆盖全区具备建设条件的行政村。选择有条件的村庄推进乡村文化广场、礼堂建设，充实乡村文化载体，为村民打造精神家园。

2018 年至 2020 年，对原有农家书屋进行补充更新，每年每个书屋补充更新图书不少于 80 册。在 2018 年建成的数字农家书屋基础上，2019 年至 2020 年，建成一批数字农家书屋。（牵头单位：区文体广电旅游局、区委宣传部；责任单位：区辖各镇政府）

有效解决我区农村儿童特别是留守儿童的校外游戏、娱乐、教育、卫生、社会心理支持和转介服务等问题，加快推进“儿童之家”建设。到 2020 年，实现 90% 以上的行政村建设“儿童之家”。（牵头单位：区妇联；责任单位：区辖各镇政府）

2. 完善公共交通服务。进一步推动行政村优先通达路线窄路基路面公路拓宽改造，完善农村客运基础设施。到 2020 年，实现全区具备条件的建制村通客车率达 100%。（牵头单位：区交通运输局；责任单位：区辖各镇政府）

在具备条件的中心村和干道旁新建公交站点，统一制定站台建设标准，设置顶棚、休息椅、站牌，张贴乘车时间表，方便村民出行。发展乡村旅游的村庄有条件的设置旅游指示标牌、建设生态

停车场。（牵头单位：区交通运输局、文体广电旅游局；责任单位：区辖各镇政府）

3. 完善污水垃圾处理设施。改造或新建一批村级垃圾收集转运处理设施项目，合理设置农村生活垃圾二次分拣站及垃圾桶，配备一支强有力的乡村保洁队伍，巩固完善农村垃圾处理体系。到 2020 年，全区农村生活垃圾治理率保持在 90% 以上。全面推进农村非正规垃圾堆放点整治工作，及时关闭非正规垃圾堆放点，分阶段清运和处理陈年垃圾，基本消除垃圾山、垃圾沟、工业污染“上山下乡”现象。（牵头单位：区乡村办、市铁山港生态环境局、区住房和城乡建设局、农业农村和水利局；责任单位：区辖各镇政府）

完成自治区下达的镇级污水处理设施建设任务，实施 2 个建制镇的污水收集管网工程。（牵头单位：区住房和城乡建设局、市铁山港生态环境局；责任单位：区辖各镇政府）

完成一批行政村生活污水处理设施项目建设，推进农村环境连片综合整治。（牵头单位：市铁山港生态环境局、区住房和城乡建设局；责任单位：区辖各镇政府）

4. 完善金融服务。持续开展农村金融服务进村示范点专项活动，争创一批自治区级农村金融服务进村示范点。积极推进农村支付户户通工程和移动支付便民示范工程。（牵头单位：区财政局；责任单位：区辖各镇政府）

5. 完善医疗健康服务。标准化配置医疗设施，加强农村医疗卫生队伍建设，推进家庭医生签约服务，组织实施村卫生室订单定向农村医学生培养计划，推广中医药适宜技术，推动完善慢性病处方用药政策，为农民及时提供基本医疗及基本公共卫生服务。（牵头单位：区卫生健康局；责任单位：区辖各镇政府）

6. 完善便民超市服务。具备条件的中心村可建设完善便民超市（电子商务服务站点、村邮站），以安全可靠和价格实惠的商品服务广大农民，并为农民提供商品代购、收寄快递、费用代缴、农产品网上销售等便民服务项目。做好乡镇电商运营中心、仓配中心、“邮乐购”门店规划，推动邮政农村电商一体化运营建设。（牵头单位：区科技商务和工业信息化局、广西邮政公司铁山港分公司；责任单位：区辖各镇政府）

7. 完善广电网络服务。完善各镇无线台站建设；适当增加建设镇无线发射台，可以发射调频和数字电视信号，全面推进数字广西“广电云”村村通户户用基础网络全覆盖。（牵头单位：区文体广电旅游局；责任单位：区辖各镇政府）

8. 完善通信网络服务。加快农村及偏远区域网络建设，实现全部行政村通光纤。到 2020 年底，实现每个行政村至少有 1 个 4G 基站。到 2020 年底，以行政村通光纤和 4G 网络为基础，逐步将光纤宽带网络和 4G 网络向有条件的自然村延伸。（牵头单位：区科技商务和工业信息化局；责任单位：中国电信北海分公司、中国移动广西北海分公司、区辖各镇政府）

9. 完善气象服务。在粮食主产区布点建设土壤水分自动观测站；开展“三农”气象服务专项建设；宣传使用广西公众气象服务 APP 和乡村智慧气象 APP；探索开展生态宜居乡村气象保障服务示范建设工程。（牵头单位：区科技商务和工业信息化局；责任单位：区辖各镇政府）

10. 完善教育服务

(1) 小学教育。实施义务教育优质均衡工程，进一步优化乡村学校布局，重点建设乡村小规模学校和乡镇寄宿制学校，新建改建一批农村义务教育学校，保留并办好必要的教学点。完善乡村学校校舍安全保障长效机制，加快条件薄弱学校改造，全面改善乡村学校办学条件。加快乡村学校信息化建设，促进优质教育资源共享。进一步完善乡村小规模学校办学机制和管理办法，将村小学和教学点纳入乡村中心学校考核范围，加强乡村中心学校对村小学、教学点的指导和管理。

加强乡村教师队伍建设，开齐开足国家规定的课程，不断提高乡村学校教育质量。

⑵幼儿园教育。实施学前教育普及普惠工程，扩大农村公办学前教育资源，建设一批镇级、村级公办幼儿园。支持有条件的小学附设幼儿园独立办园。继续实施公办幼儿园建设奖补政策，完善多元普惠幼儿园激励政策。加强农村幼儿园保教人员配备，规范园内管理，健全监管体系，为农村幼儿提供就近普惠的学前教育。防止和纠正幼儿园“小学化”倾向。

基本整治型村庄要优先开展乡村规划“三落实”行动、乡村文明“三治理”行动；设施完善型村庄要在基本整治的基础上，因地制宜开展村庄基础设施“七改造”和公共服务“十完善”行动；精品示范型村庄要在设施完善的基础上，重点实施特色风貌“三提升”行动，突出农村宅基地规范管理、特色风貌改造、环境改善、文化提升和产业发展等精品建设工程。（牵头单位：区教育局；责任单位：区辖各镇政府）

（六）统筹提升小城镇特色风貌

1. 深化城镇环境综合整治行动。将市容市貌“百日攻坚”行动、“城乡环境提升年”活动向城镇延伸，对标城市管理办法，加大城乡环境综合整治力度。优化小城镇空间布局，加强老旧工业区、棚户区改造，推进产镇融合，打造一批卫生示范、文明乡镇。健全小城镇、城乡接合部环境卫生面貌长效管理机制，推进数字城管、智慧城镇等建设，提升镇区治理水平。（牵头单位：区住房和城乡建设局、卫生健康局；责任单位：区辖各镇政府）

2. 打造特色街道。改造沿街民居外立面，铺砌沿街路面，实施管线下地工程，种植行道树及绿地，塑造富有特色的城市小品，粉刷宣传栏、围挡和围墙，规范户外设施。拆除建筑临街面外置防护栏，拆除、改造和规范设置建筑临街面各类雨篷，对商铺的店招、店牌、灯箱、广告、电话亭、书报亭、果屑桶以及电子显示屏等进行统一设计、科学设置、规范管理。每个乡镇打造一条具有地方、民族和文化特色的标志性特色街区和景观大道。（牵头单位：区住房和城乡建设局、财政局、自然资源局、文体广电旅游局；责任单位：区辖各镇政府）

3. 加快特色小城镇培育建设。按照产业特色鲜明、服务便捷高效、文化浓郁深厚、环境美丽宜人、体制机制灵活的要求，推进南康特色小镇建设提升。编制完善产业发展策划和核心区建设规划，提高规划设计编制和项目实施水平。凭借海域优势，充分挖掘南珠文化等特色文化资源，打造南康滨海宜居小镇。（牵头单位：区发展和改革局、住房和城乡建设局、文体广电旅游局、自然资源局、财政局；责任单位：区辖各镇政府）

4. 促进城乡基础设施一体化建设。进一步完善镇区排水供水体系，增强城镇“绿化、美化、亮化”建设，促进城乡道路互联互通、加大供水管网、污水管网建设、垃圾统一收运处理、公交一体化经营，提升小城镇基础设施建设水平和效益。推动城镇医疗、教育、文化、体育、社会保障等稳步提升，促进城乡基本公共服务均等化。（牵头单位：区发展和改革局、教育局、财政局、人力资源和社会保障局、自然资源局、住房和城乡建设局、交通运输局、文体广电旅游局、卫生健康局；责任单位：区辖各镇政府）

四、实施步骤

（一）实行“八步法”工作流程

第一步：制定乡村风貌提升三年行动实施方案。明确任务范围、工作目标、年度计划、激励政策、保障机制等内容。

第二步：确定工作计划。区各有关部门、区辖各镇分别制定一至三期工程的重点任务、建设目标报送区乡村风貌提升三年行动联席会议办公室。

第三步:优选建设地点。区各有关部门、区辖各镇根据每期工作计划,将工作项目化,落实基本整治型、设施完善型、精品示范型村庄名单和项目布点对象,并报区乡村风貌提升三年行动联席会议办公室汇总审定。

第四步:落实具体项目。区乡村风貌提升三年行动联席会议办公室将每期工程重点任务清单提交各成员单位,由各成员单位根据部门职能和涉农项目提出投入的项目资金计划,形成"对点对位"的项目清单。

第五步:拨付奖励资金。根据区各有关部门、区辖各镇任务数量和考核结果,将年度财政奖励资金进行分配,报区级乡村风貌提升三年行动联席会议审定后拨付区各有关部门、区辖各镇。

第六步:推动项目建设。区各有关部门、区辖各镇按照下达的任务清单和项目计划统筹组织实施,按期完成任务。

第七步:综合验收考评。每期工程的最后 2 个月,由区乡村风貌提升三年行动联席会议办公室组织各成员单位根据验收细则开展验收初评,按照优秀、良好、合格、不合格四个等次确定等级排名上报北海市验收考评,并据此确定下一期奖励资金分配方案。

第八步:完善长效机制。至 2021 年年底,在系统总结实施经验和做法的基础上,进一步完善长效机制,制定出台相关规定。

(二)分三期工程组织实施

分三个阶段组织实施乡村风貌提升三年行动。

1. 一期工程(2018 年 9 月—2019 年 10 月)。2018 年底前,制定乡村风貌提升三年行动实施方案和分年度实施计划。组织技术力量开展规划设计下乡服务,推进县域乡村建设规划编制,开展农房建设图集的设计评选,宣传使用广西农村建房实用图集和旧房改造参考图集;探索建立原有农房风貌改造和农房新建的激励奖惩机制。2019 年,参考自治区试点实施经验和做法,启动 178 个实用性村庄规划编制,推进 80 个基本整治型村庄建设,基本完成村庄"三清三拆三整理"整治任务、12 个设施完善型村庄建设和 2 个精品示范型村庄建设。宣贯广西推进农村宅基地改革工作的政策文件,结合铁山港区实际,研究制定农村宅基地政策办法。

2. 二期工程(2019 年 10 月—2020 年 11 月)。总结、推广一期工程实施经验和做法,形成实用性村庄规划文本,推进 120 个基本整治型村庄建设,基本完成村庄"三清三拆三整理"整治任务、23 个设施完善型村庄建设和 3 个精品示范型村庄建设,以及由 10 个示范型村庄组成的乡村风貌提升示范带(片区)建设。

3. 三期工程(2020 年 11 月—2021 年年底)。在巩固二期工程的基础上,总结推广实用性村庄规划编制经验,继续推进基本整治型村庄建设,基本完成村庄"三清三拆三整理"整治任务,完善设施完善型村庄建设和精品示范型村庄建设管理机制;组织开展乡村风貌提升三年行动总体验收考评,系统总结经验做法,查找问题;召开乡村风貌提升三年行动实施总结大会;出台相关文件政策,推动建立长效机制。

五、组织机构

为加强组织领导,确保乡村风貌提升行动有序开展,由区乡村振兴("美丽港区"乡村建设)领导小组负责统筹推进全区乡村风貌提升三年行动工作。建立区乡村风貌提升三年行动联席会议(以下简称联席会议)制度,在区乡村振兴("美丽港区"乡村建设)领导小组领导下工作,召集人由分管副区长担任,副召集人由区政府办分管副主任、区住房和城乡建设局主要负责人担任,区委宣传部、区委编办、区乡村办、区妇联、区发展和改革局、教育局、科技商务和工业信息化局、民政局、司法局、财政局、自然资源局、市铁山港生态环境局、区住房和城乡建设局、交通运输局、农业农村和水利局、文体广电旅游局、卫生健康局、海洋局、扶贫开发和水库移民工作局等相关部门为成员单位。

联席会议办公室设在区住房和城乡建设局，办公室主任由区住房和城乡建设局主要负责人兼任，副主任由区乡村办、财政局、自然资源局、市铁山港生态环境局、区农业农村和水利局分管领导兼任，成员由各成员单位抽调组成。办公室负责统筹协调各成员单位按照职责分工抓好联席会议议定事项的落实。各职能部门、区辖各镇党委是乡村风貌提升三年行动的责任主体，要按职责统筹推进辖区内乡村风貌提升三年行动各项工作。区辖各镇人民政府是乡村规划建设管理的直接责任主体，要切实担负起落实乡村风貌提升三年行动的责任。

六、保障措施

（一）加强资源整合，形成投入合力。要将拆旧复垦、扶贫开发、“一事一议”等涉农项目资金统筹使用，项目资金采用整合部门涉农投入、上级财政奖励资金、地方财政配套、群众自筹、社会投入等方式筹措，做到项目主体不变、资金渠道不变、使用性质不变、管理权限不变，整合各部门涉农项目资金集中投入，形成放大效应。涉及扶贫、涉农资金整合的，按照中央和自治区有关政策执行。充分引入市场机制，积极吸引社会资本参与具有市场前景和招商可能的项目建设。着力强化金融服务支持作用，扩大农村金融服务规模和覆盖面，加快建立多层次、广覆盖、可持续、竞争适度、风险可控的现代农村金融体系。要加强结对帮扶，鼓励有社会责任感的企业、农民企业家、新乡贤与其家乡或贫困村开展“一企一村”结对建设活动，充分调动农民群众建设家园、美化家园和热爱家园的热情。鼓励社会力量以捐资捐建的方式，支持乡村风貌提升建设。

（二）加强统筹协调，优化指导服务。要建立完善工作协调机制，加强上下联动、部门协作，抓好进度统筹、问题协调、资金筹措和项目推进，形成各部门共同参与、高效有力的工作推进机制。各相关职能部门要加强对村庄规划指导和技术培训工作，积极组织大专院校、科研单位、企业等选派规划、建筑等专业技术人员驻村服务，提高区、镇、村相关人员工作能力和技术管理水平。大力开展科技、规划、技术下乡，建立科技、规划、设计单位“一对一”技术帮扶机制。

（三）创新机制模式，确保持续发展。转变思维模式，从农民生产生活实际需要出发，创新提供规划设计产品和服务。深化农村“最多跑一次”改革，简化整治项目审批和招投标程序。按照“疏堵结合、奖惩并重、注重长效”的原则，构建乡村规划建设管理的长效机制，从根本上解决“有新房没新村、有新村没新貌”的问题。勇于探索投入模式、推动模式和管理模式，激活和培育乡村内生动力，为乡村风貌提升添活力、强动力、增后劲。

（四）强化督查考核，落实目标任务。要建立定期督促检查和情况通报制度，严格落实工作责任制和责任追究制。每年将乡村风貌提升三年行动纳入各部门、各镇年度目标责任考核。

（五）强化宣传引导，形成良好氛围。充分利用报刊、广播、电视等新闻媒体和网络新媒体，采用群众喜闻乐见的形式，大力宣传乡村风貌提升三年行动、乡村规划的重大意义和政策措施，提高公众的知晓率和参与度，统一思想认识，激发工作热情，切实发挥农民的主体作用，全力营造全社会关心支持乡村风貌提升的良好氛围。结合开展试点示范，总结并推广一系列符合当地实际、能复制、易推广的好典型、好经验、好做法，推动工作取得实效。

北海市铁山港区人民政府关于印发《北海市铁山港区全面推行“证照分离”改革实施方案》的通知

北铁政发〔2019〕1 号

各镇人民政府，区政府各部门，区直各事业、企业单位，各有关单位：

现将《北海市铁山港区全面推行“证照分离”改革实施方案》印发给你们，请认真组织实施。

2019 年 2 月 22 日

北海市铁山港区全面推行“证照分离”改革实施方案

根据《广西壮族自治区人民政府关于印发广西全面推行“证照分离”改革实施方案的通知》（桂政发〔2018〕50 号）和《北海市人民政府关于印发北海市全面推行“证照分离”改革实施方案的通知》（北政发〔2018〕43 号）要求，铁山港区全面推行“证照分离”改革工作，为确保各项改革措施顺利落地和有效运行，制定本工作方案。

一、工作目标

在铁山港区范围内对《广西壮族自治区全面推行“证照分离”改革实施方案》确定的第一批 100 项涉企行政审批事项分别按照直接取消审批、审批改为备案、实行告知承诺、优化准入服务等四种方式实施“证照分离”改革。建立长效机制，同步探索推进县区涉企行政审批事项改革，做到成熟一批复制推广一批，逐步减少涉企行政审批事项。对所有涉及市场准入的行政审批事项按照“证照分离”改革模式进行分类管理，实现全覆盖。加强事中事后监管，建立部门间信息共享、协同监管和联合奖惩机制，形成全过程监管体系。

二、工作任务

（一）明确改革任务，分类实施改革。区直各部门、各有关单位要按照《北海市第一批“证照分离”改革的具体事项表》，结合铁山港区梳理形成的《北海市铁山港区第一批“证照分离”改革的具体事项表》（附件 1），按照取消审批、审批改为备案、实行告知承诺、优化准入服务等四种方式分类，以统一的事项名称表述、明确的审批部门及层级、规范的经营范围表述、具体的改革举措稳步推进“证照分离”改革。（牵头单位：区工商分局、审改办、法制办、政务服务中心；责任单位：区各有关部门）

（二）制定管理措施，规范实施审批。区直各部门、各有关单位要对照《北海市铁山港区第一批“证照分离”改革的具体事项表》，逐项制定出台本部门本系统直接取消审批、审批改为备案、实行告知承诺、优化准入服务的具体管理措施，同时向社会公开，确保改革在铁山港区与北海市、自治区同步正式实施。涉及改革事项的各有关部门要在提供审批服务窗口的显要位置，公布相应的具体管理措施。实行告知承诺改革的事项，应参照《北海市铁山港区“证照分离”改革行政许可事项告知承诺指引（试行）》（附件 2），制定告知承诺书，提供示范文本，一次性告知企业审批条件和需要提交的材料，规范实施行政审批。实行优化准入服务的事项，要严格按照《北海市铁山港区第一批“证照分离”改革的具体事项表》中的改革举措制定具体管理措施。（牵头单位：区工商分局、审改办、法制办、政务服务中心；责任单位：区各有关部门）

（三）建立工作流程，强化信息互通。各有关部门按照“推送告知”“接收反馈”“社会公示”等全程信息化的工作要求，建立业务协同工作流程，实现登记与审批的有效衔接。区工商分局要积极对接协调上级有关部门，依托自治区政府统一数据共享交换平台，按照统一的数据标准，建立企业登记信息共享数据资源目录，向我区各相关部门开放共享权限，同时加快推进统一标准的企业法人单位基础信息资源库建设，为部门间信息共享提供标准，贯彻执行自治区发布的“证照分离”改革相关事项的经营范围规范表述。涉及改革事项属本级事权的，由我区各部门对接上级相关部门依托数据共享交换平台建立部门内的共享数据资源目录向下共享互通。动态调整政府部门涉企信息资源归集目录，强化政府部门涉企信息归集工作，区各相关部门要及时通过国家企业信用信息公示系统（协同监管平台）归集涉企行政许可、行政处罚、抽查检查信息。健全工商部门与行政审批部门、行业主管部门之间对备案事项目录和后置审批事项目录的动态维护机制，畅通市场主体基础信息和相关信用信息在部门间的推送、反馈、公示通道，实现信息多跑路、群众少跑腿。（牵头部门：区工商分局、政务服务中心；责任单位：区各有关部门）

（四）统筹推进“证照分离”和“多证合一”改革。通过“证照分离”改革，有效区分“证”“照”功能，让更多市场主体持照即可经营，着力解决“准入不准营”问题。铁山港区各相关部门要对“证照分离”改革后的涉企审批事项进行研究分析，属于信息采集、记载公示、管理备查类的事项，原则上要通过“多证合一”改革尽可能整合到营业执照上，使营业执照记载的信息和事项更加丰富，市场主体凭营业执照即可开展一般经营活动，助推市场主体“一照一码走天下”。（牵头部门：区工商分局、审改办、法制办、政务服务中心；责任单位：区各有关部门）

（五）加强事中事后监管，实现多元共治。按照北海市部署，加快建立以信息归集共享为基础、以信息公示为手段、以信用监管为核心的监管制度。切实贯彻“谁审批、谁监管，谁主管、谁监管”原则，行业主管部门应当切实承担监管责任，针对改革事项分类制定完善监管办法，明确监管标准、监管措施，加强公正监管，避免出现监管真空。按照全国统一的“双随机”抽查工作机制和制度规范，在铁山港区逐步实现跨部门“双随机”联合抽查常态化，推进抽查检查信息统一归集和全面公开，建立完善惩罚性赔偿、“履职照单免责、失职照单问责”等制度，探索建立监管履职标准，使基层监管部门在“双随机”抽查时权责明确、放心履职。健全跨区域、跨层级、跨部门协同监管机制，进一步推进联合执法，建立统一“黑名单”制度，对失信主体在行业准入环节依法实施限制。积极探索对新技术、新产业、新模式、新产品、新业态采取包容审慎的监管方式，着力为新动能成长营造良好政策环境。强化企业的市场秩序第一责任人意识，推动建立完善信用修复机制，更好发挥专业服务机构的社会监督作用，引导社会力量共同参与市场秩序治理，逐步构建和完善多元共治格局。（牵头部门：区工商分局；责任单位：区各有关部门）

四、工作要求

（一）加强组织领导，强化责任落实。建立健全北海市铁山港区商事登记制度改革部门联席会议制度，充分发挥联席会议作用，加强对我区“证照分离”改革工作的领导，协调推进改革。铁山港区商事登记制度改革工作领导小组办公室设在区工商分局，根据各部门承担的任务情况，可从涉及具体改革事项的联席会议成员单位中抽调人员参与办公室工作。区直各部门、各有关单位要参照自治区、北海市，以及根据本方案建立本部门主要领导负责的工作机制，层层压实责任，并针对本部门涉及“证照分离”改革事项，制定相关管理措施并向社会公布，同时，报送至铁山港区“证照分离”改革工作领导小组办公室（设在区工商分局）备案。

（二）加强协调配合。区直各部门、各有关单位要依托铁山港区商事制度改革部门联席会议等协调机制，及时沟通和指导协调解决“证照分离”改革中遇到的困难和问题。区工商分局会同有关部门具体负责改革的组织实施，组织改革涉及的相关部门完成信息对接工作；区审改办要对改革后实施的具体事项落实情况进行监督，督促相关部门事中事后监管措施的落实；区法制办负责改革涉及相关规范性文件的合法性审查，指导各级做好相关法规规章和规范性文件的“立改废”等工作。各有关部门要推动修改完善相关法规、规章、规范性文件，做好本系统本部门相关法规、规章和规范性文件“立改废”工作，确保改革在法制轨道上深入推进，确保铁山港区“证照分离”改革稳步推进，如期落地。

（三）强化督查考核。区直各部门、各有关单位要根据本方案及时制定改革任务清单，并将落实相关改革事项具体管理措施的工作列入年度绩效考核内容。要加强对“证照分离”改革工作的督促检查，对工作落实到位、积极作为的典型事例要给予通报表扬；对敷衍塞责、延误改革、工作不力的要严肃问责，确保改革按照要求落地生根。

（四）强化信息化保障。区直各部门、各有关单位要高度重视改革的信息化保障问题，防止信息技术装备落后和软件系统不具备等成为影响改革顺利推进的阻碍因素。要结合实际加大投入，升级改造各自的业务系统，更新设备，确保具备获取和共享相关数据的能力，确保数据在本部门、本系统内实现顺畅传输和共享，确保共享信息在各自部门业务系统的有效融合使用。

（五）强化宣传培训。区直各部门、各有关单位要运用通俗易懂的宣传方式，在各类媒体上进行改革政策宣传解读，提高社会知晓度，及时回应社会关切，夯实改革的社会群众基础，营造有利于改革的良好氛围。要加强政策业务培训，提高本部门、本系统有关业务人员对“证照分离”改革政策文件及相关知识的认识和政策执行水平，提高准入服务效能，确保改革顺利推进。

北海市铁山港区人民政府办公室
关于印发《北海市铁山港区加快推进
全区农业信贷担保体系建设助推乡村振兴工作方案》的通知

北铁政办〔2019〕25号

各镇人民政府，区政府各部门，区直各事业、企业单位，各有关单位：

《北海市铁山港区加快推进全区农业信贷担保体系建设助推乡村振兴工作方案》已经区人民政府同意，现印发给你们，请认真组织实施。

2019年4月26日

北海市铁山港区加快推进全区
农业信贷担保体系建设助推乡村振兴工作方案

为贯彻落实党中央国务院以及自治区党委、自治区人民政府和市委市政府关于实施乡村振兴战略的重要决策部署，进一步发挥政策性农业信贷担保体系作用，切实放大财政支农政策效应，撬动更多金融资本投向农业农村，有效解决农业“融资难”、“融资贵”问题，助推全区乡村振兴、现代特色农业发展和脱贫攻坚。根据《广西壮族自治区人民政府办公厅关于加快推进全区农业信贷担保体系建设助推乡村振兴的实施意见》（桂政办发〔2018〕118号）要求和《北海市人民政府关于印发北海市加快推进全市农业信贷担保体系建设助推乡村振兴工作方案的通知》（北政发〔2019〕7

号）精神，结合我区实际，制定本方案。

一、总体要求

（一）指导思想　全面贯彻落实党的十九大和十九届二中、三中全会精神，以习近平新时代中国特色社会主义思想为指导，认真落实中央“三农”工作方针政策，充分发挥市场在资源配置中的决定性作用和政府引导作用，围绕实施乡村振兴战略，创新财政和金融协同支农机制，全面开展新型农业经营主体“建档立卡”工作，通过政策性农业信贷融资担保机构增信，引资入农，加快农业现代化建设。

（二）基本原则　一是坚持政策定位、专注农业。全区农业信贷融资担保体系建设要牢牢把握专注农业适度规模经营的政策性定位，坚持专注农业、专注适度规模经营，聚焦农业适度规模经营主体“融资难、融资贵”问题，防止农业信贷融资担保工作泛农化、边缘化，更不得脱农、离农。二是坚持全区统筹、以街道落实。区财政局、农业农村和水利局、自然资源局等部门要结合各自部门工作职责，做好全区农业信贷体系建设各项工作，建立全区农业信贷融资担保体系。各镇政府要以开展农业适度规模经营主体“建档立卡”工作为抓手，充分发挥好农业服务的前沿落实作用。三是坚持协同推进、风险共管。区财政、农业、融资性担保机构监管部门等相关单位，建立协商沟通机制，共同推进区域农业信贷融资担保服务网络建设，共同管控担保风险。打造“政银担”优势合作的支农惠农机制。

（三）目标任务　力争2020年底全面实现全区农业信贷融资担保两个全覆盖：农业信贷融资担保服务覆盖辖区三镇，新型农业经营主体“建档立卡”工作覆盖全区所有相关部门。2022年建成覆盖全区乡村联动、高效便捷的农业信贷融资担保服务体系，有效解决好全区农业适度规模经营主体“融资难”、“融资贵”问题。

——到2019年，力争全区新型农业经营主体推荐有融资担保需求的“建档立卡”农业适度规模经营主体达40户以上，实现“建档立卡”担保业务贷款授信12户以上。

——到2020年，力争全区新型农业经营主体推荐有融资担保需求的“建档立卡”农业适度规模经营主体达50户以上，实现“建档立卡”担保业务贷款授信15户以上。

二、主要工作

（一）加快全区农业信贷融资担保服务网络建设

1. 加强基层服务网络建设。按照自治区和北海市的要求，区政府积极主动对接、支持融资担保机构在当地建设分支机构，协调解决办公场所、提供数据信息支持等便利；加快完善全区农业信贷融资担保服务网络体系，在区级设立服务中心，提高农担服务便捷性、可获得性。

2. 强化基层服务网络人员力量。各镇政府要完善工作机制，落实责任、明确牵头部门，协调相关人员帮助开展农业适度规模经营主体“建档立卡”、数据维护管理以及保后服务等工作，按要求及时推荐有融资担保需求的“建档立卡”农业适度规模经营主体给当地融资担保机构。

（二）加快推进全区农业信贷融资担保业务

1. 全面开展农业适度规模经营主体“建档立卡”工作。全区各部门和各镇政府要按照融资担保机构提供的统一规范的操作模式，收集整理区域内的家庭农场、农民专业合作组织、农副产品深加工企业、农业龙头企业等新型农业经营主体的基础信息资料及贷款需求意愿等项目信息及材料，组织筛选、审核并推荐当地涉农贷款项目给融资担保公司，搭建“政担银”的信息沟通平台。

2. 推动担保业务规模化发展。全区各部门及各镇政府要结合当地资源禀赋、优势行业、农业特色产业，努力打造“一镇一品”、“一村一品”，通过农业适度规模经营主体“建档立卡”工作，为地方农业提供批量化、规模化担保融资服务创造条件；要积极协调银行等金融机构加强与融资担保公司合作，进一步优化、简化农业担保贷款审批程序，加快放款速度，满足农业适度规模经营主体贷款时效性需求。

（三）强化农业信贷融资担保风险管控

1. 建立风险防控机制。建立失信联合惩戒机制，建立农业担保违约黑名单，对恶意逃废债及因主观原因违约的经营主体，不得申报和实施财政项目，不得评定各级示范合作社、家庭农场和龙头企业，合力构建良好的信用环境；建立协同帮扶机制，对于因受自然灾害、价格剧烈波动等因素影响而不能按期还款的经营主体，积极协调金融机构采取借新还旧或给予财政补助等方式予以支持，帮助其加快走出困境。

2. 建立风险分担机制。建立风险责任共管机制，明确“政银担”各方责任，合理分担农业信贷融资担保贷款风险，切实维护好、建设好、发展好农担业务和体系建设。

3. 建立信息共享机制。建立信息共享机制，及时与融资担保公司共享当地新型农业经营主体生产经营、政策扶持、信贷支持等情况，有效解决信息不对称问题。

（四）落实农业信贷融资担保扶持政策

1. 落实农担奖补机制。由区财政局牵头制定担保费补助办法，对全区范围内开展的农业信贷融资担保业务予以保费补助，并协商融资担保公司进一步降低担保费收费标准；研究制定奖励政策，对积极参与农业信贷担保业务的金融机构等进行一定补助、对农业信贷融资担保工作推进情况较好的街道给予奖励，确保全区农业信贷担保体系建设有效推进。

2. 完善区级激励政策。积极出台激励政策，对农业适度规模经营主体“建档立卡”工作力度大、成效好，农担业务达到一定规模和数量的街道办事处予以奖励。

3. 叠加财政支农政策。建立财政、政策性担保协同支农机制，财政、农业、林业等部门要加强与融资担保公司的合作，对属于农业信贷担保机构所担保的客户，优先纳入财政专项资金扶持的对象。可将贷款贴息、支持农业产业和农业适度规模经营主体发展资金，通过合作等方式注入融资担保公司，全面撬动金融资本投入农业农村，放大资金效益。

三、保障措施

（一）加强组织领导。建立由区人民政府分管领导为召集人的加快推进全区农业信贷担保体系建设助推乡村振兴联席会议制度（成员详见附件 1），联席会议办公室设在区农业农村和水利局，办公室主任由区农业农村和水利局局长兼任，统筹推进全区农业信贷融资担保体系建设助推乡村振兴的各项工作。将农业信贷融资担保体系建设工作列入重要议事日程，参照建立相应工作机制，制定具体实施方案，出台扶持政策，并将农业适度规模经营主体“建档立卡”等工作列入各涉农街道办事处的目标考核事项。

（二）落实工作责任。区财政局负责统筹协调全区农业信贷融资担保体系建设，按规定落实财政政策；区农业农村和水利局负责全区农业信贷融资担保体系建设的业务指导和政策培训，督促做好农业适度规模经营主体“建档立卡”工作。融资担保机构协助开展农业适度规模经营主体“建档立卡”工作，按公司规定审核并批量推荐有融资需求的经营主体给合作银行，协调合作银行放款。

（三）建立绩效考评机制。区财政局、农业农村和水利局、自然资源局等相关单位要建立全区农业信贷融资担保工作考核评价制度，加大对各镇考核力度；将农业信贷融资担保工作考核结果与财政支农资金安排等挂钩。

（四）加大宣传发动。各有关部门要充分利用传统媒体与新媒体融合等方式，积极开展农担政策宣传推介活动，提高全社会对农担政策的认知度。要及时挖掘、总结和推广农业适度规模经营主体“建档立卡”等工作先进典型经验，为农担政策快速落地营造良好的舆论氛围。

机构全称与简称对照表

（排名按文稿刊出先后为序）

全　称	简　称
中国共产党北海市铁山港区委员会办公室	区委办
北海市铁山港区人民代表大会常务委员会办公室	区人大办
北海市铁山港区人民政府办公室	区政府办
中国人民政治协商会议北海市铁山港区委员会办公室	区政协办
北海市铁山港区发展和改革局	区发改局
北海市铁山港区财政局	区财政局
北海市铁山港区民政局	区民政局
中国共产党北海市铁山港区委党史办公室 北海市铁山港区地方志编纂委员会办公室	区委党史办 区志办
北海市铁山港区农业农村和水利局	区农业农村水利局
北海市铁山港区统计局	区统计局
北海市铁山港区民族宗教侨务局	区民宗侨务局
北海市铁山港区投资促进中心	区投资促进中心
北海市铁山港区精神文明建设委员会办公室	区文明办
中国共产党北海市铁山港区委员会组织部	区委组织部
中国共产党北海市铁山港区委员会宣传部	区委宣传部
中国共产党北海市铁山港区委员会统一战线工作部	区委统战部
中国共产党北海市铁山港区委员会全面深化改革委员会办公室	区委深改办
中国共产党北海市铁山港区委员会巡察工作领导小组办公室	区委巡察办
中国共产党北海市铁山港区委员会老干部局	区委老干部局
中国共产党北海市铁山港区直属机关工作委员会	区直属机关工委
中国共产党北海市铁山港区委员会机构编制委员会办公室	区委编办
中国共产党北海市铁山港区委员会北海市铁山港区人民政府督查绩效考评办公室	区委区政府督查绩效办
中国共产党北海市铁山港区委员会北海市铁山港区人民政府信访局	区信访局
北海市铁山港区档案局　北海市铁山港区档案馆	区档案局　区档案馆
中国共产党北海市委党校铁山港区分校	市委党校铁山港区分校
北海市铁山港区机关后勤服务中心	区机关后勤服务中心
北海市铁山港区政务服务中心	区政务服务中心
北海市铁山港区人民政府土地房屋征收中心	区征收中心
北海市铁山港区退役军人事务局	区退役军人事务局
北海市铁山港区人力资源和社会保障局	区人社局
中国共产党北海市铁山港区纪律检查委员会（北海市铁山港区监察委员会）	区纪委监委

续表

全　称	简　称
北海市铁山港区总工会	区总工会
中国共产主义青年团北海市铁山港区委员会	团区委
北海市铁山港区妇女联合会	区妇联
北海市铁山港区科学技术协会	区科协
北海市铁山港区残疾人联合会	区残联
北海市铁山港区社会科学界联合会	区社科联
北海市铁山港区工商业联合会	区工商联
中国共产党北海市铁山港区委员会政法委员会	区委政法委
北海市铁山港区人民法院	区法院
北海市铁山港区人民检察院	区检察院
北海市公安局铁山港分局	区公安分局
北海市铁山港区司法局	区司法局
中国人民解放军北海市铁山港区人民武装部	区人武部
北海市铁山港区民兵训练基地	区民兵训练基地
北海市铁山港区消防救援大队	区消防救援大队
北海市铁山港区人民防空和海防工作办公室	区人防海防办
北海市铁山港区科技商务和工业信息化局	区科商工信局
广西北部湾新材料有限公司	北部湾新材料公司
斯道拉恩索(广西)浆纸有限公司	斯道拉恩索公司
广西电网有限责任公司北海供电局铁山港供电分局	铁山港供电分局
广西投资集团北海发电有限公司	广投北海发电公司
神华国华广投(北海)发电有限责任公司	国华北海电厂
北海市铁山港(临海)工业区管理委员会	铁山港(临海)工业区管委会
北海市铁山港区扶贫开发和水库移民工作局	区扶贫移民局
北海市铁山港区海洋局	区海洋局
北海市铁山港区交通运输局	区交通运输局
北部湾港股份有限公司北海港分公司铁山港作业区	北海港铁山港作业区
北海市铁山港区住房和城乡建设局	区住建局
北海市铁山港生态环境局	铁山港生态环境局
北海市铁山港区粮食局	区粮食局
广西壮族自治区北海市城区烟草专卖局铁山港专卖所	铁山港烟草专卖所
中国电信股份有限公司北海铁山港区分公司	电信铁山港分公司
中国移动通信集团广西有限公司北海市铁山港分公司	移动铁山港分公司
中国联合网络通信有限公司铁山港区分公司	联通铁山港分公司
北海市邮政公司南康支局 北海市邮政公司营盘支局	市邮政公司南康支局 市邮政公司营盘支局
北海市铁山港区政府采购中心	区政府采购中心

续表

全　称	简　称
北海市铁山港区税务局	区税务局
中国农业银行股份有限公司北海铁山港支行	农行铁山港支行
中国银行股份有限公司北海市铁山港支行	中行铁山港支行
中国建设银行股份有限公司北海铁山港支行	建行铁山港支行
北海市区农村信用合作联社南康信用社	南康信用社
北海市区农村信用合作联社营盘信用社	营盘信用社
中国太平洋财产保险股份有限公司北海中心支公司铁山港营销服务部	太保财险北海中支铁山港营销服务部
北海市铁山港区物价局	区物价局
北海市铁山港区市场监督管理局	区市场监督管理局
北海市铁山港区自然资源局	区自然资源局
北海市铁山港区审计局	区审计局
北海市铁山港区应急管理局	区应急管理局
中华人民共和国北海铁山港海事处	铁山港海事处
中华人民共和国北海出入境边防检查站执勤一队	北海边检站执勤一队
北海市铁山港区教育局	区教育局
北海市铁山港区文体广电旅游局	区文旅局
北海市铁山港区卫生健康局	区卫健局
中国共产党北海市铁山港区委员会台湾工作办公室 北海市铁山港区人民政府台湾事务办公室	区台办
北海市铁山港区南康镇人民政府	南康镇政府
北海市铁山港区营盘镇人民政府	营盘镇政府
北海市铁山港区兴港镇人民政府	兴港镇政府

索　　引

说　　明

一、本索引采用主题分析索引方法。正文(包括条码、文献、资料、图片和表格)中凡具有独立检索意义的完整资料,均可通过本索引进行检索。少数条目名因语言环境需要,在名称前或者名称后酌加修饰词;有的条目名称动词置后;有的条目名称重复的动词作省略;有的条目名称作简化。为突出图片主题,有的图片文字说明作简略处理。

二、索引按汉语拼音字母(同声字按声调)升序排列。类目、分目、次分目作索引款目用黑体字排印,其余均用宋体字排印。表格、图片在其款目后分别注明“表”“图”。

三、索引款目后的阿拉伯数字和拉丁字母(a, b, c)分别表示内容所在的页码和栏别(即左、中、右栏)。

四、索引空两字位起排的款目为上一主题的“附见”。同一主题的“参见”只标页码。为便于读者检索,内容有交叉的款目,在本索引中重复出现。

五、“编辑说明”“大事记”等栏目不作索引,阿拉伯数字开头的款目排在索引的前面。

C

D

F

G

H

J

M

N

P

Q

R

S

Z